教学有方

JIAOXUE YOU FANG

——幼儿园教学活动设计与实施

——YOUERYUAN JIAOXUE HUODONG SHEJI YU SHISHI

何桂香　著

中国农业出版社

北　京

不忘初心，形式只为目的服务

我们一般爱说"形式要为内容服务"，我翻阅了《教学有方——幼儿园教学活动设计与实施》一书，突然头脑中闪现出了"形式要为目的服务"这句话。

意大利瑞吉欧教育体系创始人洛利斯·马拉古奇曾说："在丰富的日常生活中，儿童和成年人共同构建教育。"可见，教育就要寓于幼儿丰富的一日生活之中。幼儿园一日活动中无论是生活活动、区域游戏活动、集体教学活动，还是户外活动，都无"高低贵贱""是非优劣"之分，都是促进幼儿获得良好发展有效而重要的途径和手段。应该从儿童出发，从维护儿童发展利益的角度来取舍，不应为了形式而形式，这才是真正科学、理性、适宜的教育行为。只要怀着"有利于孩子发展"的初心、用得恰当和适合，便是好的手段。

我想起 2015 年受北京市教育委员会学前教育处委托，在全市范围内开展幼儿教师教育展示活动时的情景。在制订活动方案和标准时，我们认真研磨了每一条标准，注重评优活动的专业导向性，注重把握教育基本规律与教育实践的灵活性。当时，已有一套关于幼儿园一日活动（包括教学活动、区域活动、户外活动、生活活动）的评价标准。但是，为了给幼儿园管理者及一线教师实践与探索创造更大的自主空间，使其能根据区情、园情，乃至班情、学情，发挥主动性、积极性和创造性，做出具体而适宜的设计与安排，我们重新制订了一套评价标准。我们从教育的基本原则出发，强调应遵循开展幼儿园一日生活各类型活动的基本规律和基本原则，从一日活动的 3 个维度，制订了17 条标准。这些标准具有指导幼儿一日生活的普适性。现在想来，当时虽然因时间仓促等原因导致制订的标准尚有诸多不完善、不尽如人意的地方，但还是体现了专业引领课程改革方向，打破了固有思维模式对一线教师的束缚，为园所提供了更多可借鉴的儿童发展线索，让园所有更多安排一日活动的自主权。

欧洲公共政策研究所研究显示，影响学前教育质量的要素有 5 点，其中"成人与儿童语言互动的质量""教师对课程的知识储备和对课程的理解""教师对儿童如何学习的理解"居于影响学前教育质量 5 点要素的前 3 位。在集体教学活动中，这 3 点要素都有重要的体现。换言之，在集体教学活动中，教师如何进行启发式提问，如何进行随机教育；教师对活动所涉及领域的知识储备，生成与预成活动之间的关系及如何把握；教师对儿童的身心特点、学习特点等是否了解、能否准确把握，这些都是影响教育质量的重要因素。《幼儿园工作规程》指出："教育活动的组织应当灵活运用集体、小组和个别活动等形式，为每个幼儿提供充分参与的机会，满足幼儿多方面发展的需要，促进每个幼儿在不同水平上得到发展。"师幼互动水平是评价过程性质量的重要方面。在集体教育活动中，往往存在着高密度、高频率的师幼互动机会，同样需要教师树立正确的儿童观、教育观，在充分了解儿童已有发展水平和学习特点、科学而合理预设活动发展目标、对教材充分分析与把握的基础上进行。

何桂香教师及其团队认为，集体教学活动作为传统的教学方式，在幼儿园教育中占据着重要的地位。但幼儿园的现实教育中却存在着诸多问题，如教师不能准确地把握五大领域的核心价值，为了追求教学活动表面的"热闹"，以致在教学环节设计上形成了"拼盘"；教师不能准确地把握幼儿的年龄特点，设计教学活动内容和方式不适合幼儿；教师不能准确地分析幼儿的发展需要，致使幼儿对活动不感兴趣，参与的主动性、积极性不高……该如何认识集体教学活动的价值、如何设计和实施集体教学活动，需要重新审视集体教学活动在幼儿园教育中的地位及其对幼儿发展的特殊意义和价值。教师在尊重幼儿年龄特点和学习特点、把握各领域核心价值的基础上，通过对幼儿科学、准确地分析进行活动准备，注重以幼儿为主体参与活动过程，以及适宜而有效地互动引导幼儿发展。

随着儿童观、教育观、课程观的转变，我们越来越重视幼儿在园的一日活动。当听到谁过分强调集体教学活动时，就会感到与课程改革方向不符。然而，如果我们真正树立起正确的儿童观，真正从儿童的利益出发，就会本着"英雄不问出处"，不论是何种形式，关键要看是否从实际出发，是否契合了儿童利益，是否有利于儿童的发展。因此，应该说错不在形式，不能矫枉过正，不能让活动的组织形式背负起不应有的责任。

综上所述，在认识和选择活动组织形式时，我们应该从以下几个方面思考：

一是要秉持寓教育于幼儿一日生活中、一日生活皆课程的广义课程观。因为儿童是在丰富的日常生活中，与成人共同构建着教育。而集体教学形式是教育的重要、有效途径之一。

二是儿童主导的学习经验和教师主导的学习经验同等重要，二者的整合是促进儿童学习知识和技能的最佳方式。[①] 就像儿童主导的学习经验并非儿童高度控制，而教师主导的学习经验（如集体教学活动）也非成人高度控制。在以教师为主导的集体教学活动中，儿童也必须积极参与其中。

三是强调对集体教学活动中教学策略的研究，是实现超越儿童自然发展、实现教学相长的重要方面。本书突出了对教学的认识，重视教学相长，重视教学的价值和意义。教学应着眼于幼儿的最近发展区，应当走在发展的前面，构建儿童的最近发展区。教师要注意观察、了解幼儿的行为和需求，做到用心研究幼儿，使得教育更有的放矢，促进幼儿在最近发展区获得发展。

---

① 【美】安·S·爱泼斯坦. 有准备的教师——为幼儿学习选择最佳策略［M］. 霍力岩，郭珺等译，北京：教育科学出版社，2012.

四是目前集体教学活动中确实存在着很多问题，需要帮助教师客观、科学地分析，使得教师真正做到知行合一，回归教育本源，理解儿童是什么，儿童在哪里，儿童的学习是怎样发生的，儿童的发展在哪里。

五是各种组织形式均有其不可取代的作用，应该更有针对性地研究幼儿不同的发展领域、不同的年龄阶段，各种活动形式的科学适宜性。

六是在运用集体教学活动这种教育形式时，除了要注重儿童的发展、从儿童出发以外，还要考虑如何整合，因为儿童是一个有机体，幼儿园教育要让儿童以整体的方式去感受和表达这个世界，建立对世界整体的认识。

教学有方，体现了作者团队对一线教师特别是年轻教师满满的爱意，以及他们对儿童发展和教师专业成长的一份初心和善意。他们意识到这是一种促进儿童发展的重要活动方式和手段，既是客观存在，又是教师们尤其是年轻教师也把握不好的重要方面之一。何桂香老师自步入教科研单位便努力尝试以科研带教研的工作思路，满足基层教育教学需求，解决基层教育教学实践中的热点、难点问题。她所主持的两项北京市科研规划课题获得北京市基础教育教学成果二等奖及北京市优秀教育科学成果奖。课题成果《幼儿园区域游戏活动评价策略的研究》解决了教师实践工作中不会指导和评价游戏的难点问题；结合幼儿园新教师多、专业能力不足的现实问题，出版了《成长在路上——幼儿园新教师必读》，帮助新教师解决工作中的困惑和难题。之后，何桂香老师一直笔耕不辍，带领团队为一线教师又奉献了结合实际的专业指导。

总之，见或者不见，集体教学活动就在那里；见或者不见，集体教学活动对儿童发展的价值就在那里；重视、了解、研究、把握、运用……深入了解为什么用、什么时候用、如何应用；不排斥，不避讳，不躲避，让形式为内容服务，让形式为目标服务，让形式真正为儿童的发展服务，这才是专业幼教人应该有的专业态度。

北京教育科学研究院早期教育研究所所长　苏　婧

2020 年 5 月

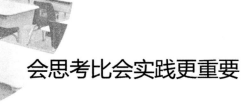

会思考比会实践更重要

2020 年年初的一段时期，让我有了些许时间完成之前未完成的工作，也让我能静下心来思考幼儿园教科研工作该如何满足基层需要和一线教师的实际需求。

之前，我主持的课题成果《成长在路上——幼儿园新教师必读》一书出版。这本书得到了广大一线教师的喜爱和认可，再版了 10 次，累计印刷近 6 万册，该课题成果获得北京市基础教育教学成果奖和北京市优秀科研课题成果奖。有的老师说，这本书伴随了她们的成长，成了老师们离不开的工具书。转眼 10 年过去了，当时的一批职初期教师已经成了如今的骨干教师和幼儿园领导。那么，在幼儿园工作实践中的种种问题，教师们解决了吗？这是我最想知道的。

2019 年，出版社领导又与我联系，一方面表达《成长在路上——幼儿园新教师必读》一书深受读者欢迎，好评如潮；另一方面提出，希望结合当下的实际情况进行改版，为一线教师提供工作上的"抓手"。于是，我又拿出这本书，思考着怎样改版。

现在，出版一本书对于我来说，已经不是什么难事，但是能满足一线教师的需求，解决教师实践中的困难却不是一件容易的事。我常常到幼儿园指导活动，也常常听到教研员和业务干部这样说："现在的老师，也不知道是什么原因，都不会上课了。"在开展教育活动的过程中表现出教师心里只有自己的想法，没有了儿童的视角；只关注外在形式的新颖，没有了对学科特点的理解和把握；只关注活动的流程，没有了对每一个教学环节引导方法的推敲。每当教师开展完教学活动后，我都会结合活动中看到的问题与教师对话、交流，听听执教教师所思、所想，比如：你设计这个环节的目的是什么？（因为看到环节设计流于形式，没有发挥作用）；你准备了这么多的活动材料，你觉得利用得怎么样？（因为看到材料没有被充分利用，没有起到物化目标的作用）；为什么幼儿参与活动的兴趣没有你预期的高，问题出在哪里？（因为看到活动过程都是教师的"一厢情愿"，没有幼儿自主参与活动的意愿）；环节之间难度的递进体现在哪里？（因为看到活动过程没有体现层次性，缺少发展性的引导）；很多时候，教师的答案是：这个，我也没想清楚，我也说不好。这个，我怎么没想到……

这些现象的背后说明什么问题呢？教师已经习惯于"照猫画虎"，习惯于"你说我做"，习惯于"按部就班"，恰恰缺少了自己对幼儿年龄特点、学习方式、学科特点、引导方法的深入思考。从而呈现出来的活动总觉得欠缺火候，不尽如人意；总有意料之外的情形发生；总体现不出精导妙引的过程。在北京市教育活动展示过程中，参与的教师都是各区县推荐的优秀教师，也很少能看到特别精彩的教学活动过程。就算是看到了非常好的教育活动展示，教师梳理出的教案也远不如活动本身精彩。

教师怎么了？问题出在哪里？我认为教师急于盲目地去做、欠缺思考是重要的原因之一。

我想对教师们说：无论做什么，都要养成思考的习惯。

一、思考选材的适宜性

很多教师在选择活动内容时，会结合本班开展的主题活动四处找教学参考书，寻找适宜的选材，或是看到其他教师上过的成功案例拿来就用。缺少思考书上的内容和别人的成功案列是否符合本班幼儿的年龄特点和认知经验，是否能调动本班幼儿的活动兴趣等，造成活动效果与自己预期相差甚远的现象。因此，在活动选材方面，教师要多关注本班幼儿的兴趣和需要，以及本班幼儿在发展方面缺失或薄弱的内容开展活动。

二、思考幼儿的学习方式

教师在教育活动中思考"怎样教"的内容较多，对幼儿"怎样学"考虑得不够。因此，在活动中，经常会听到教师说"我觉得……""我发现……""我想……"，缺少"你发现了什么""你有什么想法""谁还有不一样的方法"等方面的引导，因而为幼儿提供自主操作的机会不多。同时，欠缺对"幼儿在学习过程中会遇到什么困难，我怎样去突破"的思考。在活动中，教师要多换位思考幼儿喜欢什么样的教学形式，多设计一些有趣的情节和好玩的游戏，引导幼儿在操作和体验中获得新的经验。

三、思考活动过程中的细节

教师在活动过程中通常按照教学活动环节进行，但是对于"每一个环节要完成什么目标、活动目标怎样在每一个环节中落实"思考得不够，尤其欠缺对活动中细节的引导，如前一个环节如何为后一个环节铺垫，教学重点和难点如何通过不同环节、不同层次的活动内容来完成，都需要教师细致思考，反复推敲，选择适宜的方法。

四、思考梳理经验的方法

在每一次活动后，教师应如何帮助幼儿梳理经验是教师容易忽略或者做不好的环节。主要表现在幼儿活动之后，教师往往草草收场，匆忙进入下一个环节，或者是顾不上将幼儿个体的经验变成集体的经验共同分享。其实，在每一个环节后，教师都应该有意识地运用各种方法帮助幼儿梳理、总结，形成新经验。

这些问题都是教师实践中的常见问题。那么，如何解决这些问题，本书会帮你找到答案。本书的特点体现在：

一、理论与实践融合

本书在《3～6岁儿童学习与发展指南》的引领下梳理了各领域的学科价值和特点，帮助教师更好地理解学科领域的核心内容，解答学科领域教育"是什么和为什么"的问题。同时，有实践的案例，帮助教师诠释"怎么做"。在理论和实践之间架起了"桥梁"，体现了对学科领域教育的深入理解及教育活动设计与实施的实操性。

二、问题与策略同步

通常，我们容易发现问题，却很难解决问题，而解决问题才是教师最需要的内容。在教师开展各领域活动的过程中，我们会遇到这样、那样的问题，虽然有地域差异，但也有很多共性的问题。本书针对教师的共性问题，为教师支招，帮助教师找到解决问题的对策和方法，有针对性地解决问题。

三、实录与点评共享

本书的活动案例全部采用实录的方式，都是教师实践工作中的成功案例和研究性的活动。读者读后如身临其境，能看到授课教师精导妙引的师幼互动过程，学习到教师的引导方法。同时，通过专家对案例的点评能帮助教师梳理活动中有效的教学方法，体现了对教师实践工作的指导性。

真心希望教师们在平时的工作中多问自己几个"是什么""为什么""怎么做"的问题，有了深度思考，才会有理想的答案。

本书的目标读者是教研员、业务干部、骨干教师和职初期教师，不同的受众群体都能从书中受益。本书可以帮助教研员深入研究学科领域教育的内涵、特点和指导策略；可以帮助业务干部发现教师实践工作的问题，通过教研和看课、评课活动，帮助教师形成设计与实施教育活动的经验与方法；可以帮助骨干教师深入研究促进幼儿发展的多样化方法；可以帮助职初期教师更好地把握幼儿的年龄特点和学习方式。开卷有益，相信此书的内容一定会让你受益匪浅。

本书得到了苏婧、梁雅珠、郎明琪等专家的大力指导，丁文月、孟昭玉、陈琳、白戈、巩爱弟、陈彩霞、苏晖、张妍、付雁、周立莉、张文杰、叶奕民、赵爽、刘婷、张霞、韩鸫、米娜、陈莉、黄培等参与了本书的编写。她们都是来自学前教育各领域研究的领军人物和优秀的教研员、业务干部及优秀教师。相信她们的经验和方法一定能够助力教师专业成长。

感谢参与研究的北京市各区县教研室和幼儿园，感谢案例活动的执教教师和点评教师。

愿此书依旧能一路相随，伴您成长。

北京教育科学研究院早期教育研究所　何桂香

2020年5月

目录

不忘初心，形式只为目的服务
会思考比会实践更重要

第一章　对集体教学活动的再认识

幼儿园一日活动中生活活动、区域游戏活动、集体教学活动、户外体育活动各有其独特的价值，相互间又有联系，不可替代。集体教学活动作为传统的教学方式，在幼儿园教育中占据着重要的地位。相比较其他类型的活动而言，教育者对集体教学活动的研究时间最长。但是，在现实的活动中，我们却很少能看到高质量的集体教学活动。教学活动中，要么是不能把握各领域核心价值，活动各环节变成了"拼盘"；要么是不能把握幼儿年龄特点，在活动中幼儿无发展；要么是不能准确分析幼儿的发展需要，幼儿对活动不感兴趣，参与度不高。出现这些现象的原因何在？在新的社会背景下，我们该如何看待集体教学活动的价值、如何设计和实施集体教学活动呢？这需要我们重新审视集体教学活动在幼儿园教育中的地位及对幼儿发展的促进意义，在尊重幼儿年龄特点和学习特点、把握学科特点的基础上，注重幼儿主动参与的活动过程，通过适宜而有效的互动环节引导幼儿发展。

第一节　《3～6岁儿童学习与发展指南》背景下重新认识集体教学活动

《3～6岁儿童学习与发展指南》（以下简称《指南》）颁布后，幼儿园教育活动越来越强调生活和游戏对幼儿发展的独特价值和"幼儿园一日生活皆教育""游戏是幼儿园的基本活动"等理念。集体教学活动是幼儿园一日活动的内容之一，在贯彻、落实《指南》的过程中，是不是一谈集体教学活动就与《指南》中倡导的重视生活和游戏价值的理念相悖呢？现实中，我们会看到一些现象，集体教学活动面临着越来越尴尬的局面，幼儿园好像一谈教学就色变，一说教学就认为是指教师的"教"，甚至在验收和观摩活动中回避集体教学活动，或者把集体教学活动变为融入区域游戏的小组活动，将集体教学活动渐渐边缘化，从而缩短集体教学活动的时间或者取消集体教学活动，也导致了区域游戏时间过长，幼儿游戏兴趣和意愿减弱，出现频繁换区的现象，这对于培养幼儿的好奇心、专注力及探究能力十分不利。

幼儿园集体教学活动在我国幼儿园的历史发展中起着重要的作用，并且在未来我们依然不能忽视它的重要性。《指南》中提出："幼儿园应经常组织多种形式的集体活动，萌发幼儿的集体荣誉感。"这说明集体活动对于幼儿发展具有重要的意义和价值。《幼儿园工作规程》也提出："教育活动的组织应当灵活运用集体、小组和个别活动等形式，为每个幼儿提供充分参与的机会，满足幼儿多方面发展的需要，促进每个幼儿在不同水平上得到发展。"这说明集体活动对于幼儿的发展具有重要的意义，幼儿园要积极挖掘集体活动的教育价值。

对幼儿来说，灵活多变的活动方式符合他们的发展特点和学习特点，每一种活动方式都有其独特的价值，集体教学活动仍然是幼儿园教育的重要活动形式。由于教师在认识上的不足以及自身专业能力的局限，在设计和实施集体教学活动时，也会出现这样、那样的偏差。这种理想与实践中的偏差恰好是教师需要深入探究和思考的。教师在不断转变着过去"只重知识"的观念和做法，调整着过去"传授式"的教学方法，教师调整和改变的方向在哪里？这涉及教师如何在新的理念下认识集体教学活动的价值，认识生活、游戏与集体教学活动之间的关系。在《指南》的要求下，审慎思考才能让教师更好地把握幼儿的学习方式，重新思考、定位集体教学活动会给幼儿全面和长远发展带来怎样的意义。

一、对集体教学活动概念的再认识

关于"集体教学"的定义，我国不同学者有着不同的表述。冯晓霞教授在《幼儿园课程》一书中指出："集体教学的特点是全班幼儿在同一时间内做基本相同的事情，活动过程一般是在教师的组织指导下进行，当把这种组织形式运用于教学时，就是集体教学。"通常所说的集体教学活动是教师有计划、有目的地组织和实施教育的过程，促进幼儿全面发展的教学活动，它强调了集体教学活动的计划性和目标性，它的实施主体是教师。

在《指南》的教育理念下，我们认识到，幼儿园一日生活更要注重幼儿经验的形成和积累，尊重幼儿的学习方式，关注幼儿的个体差异和整体发展。在《指南》的实施和推进过程中，我们对集体教学活动的认识和看法有了调整和改变：集体教学活动是依据幼儿的年龄特点和需求，选择适宜的活动内容，把握各领域的核心价值，尊重幼儿在学习中的主体地位，促进幼儿全面发展的活动，更加强调尊重幼儿的年龄特点和学习方式，强调以促进幼儿全面发展为核心的功能，强调平等对话的师幼关系，也强调了教师在面向群体的同时，关注幼儿的个体差异。既突出了幼儿是活动的主体，又强调了教师在活动中的指导作用。

二、集体教学活动的意义和价值

集体教学活动的时间比较集中和固定，组织比较严密，幼儿在一定的时间和空间范围内，需要学会倾听，并大胆表达自己的想法，学会遵守活动规则，并适当进行自我约束和控制。集体教学活动形式适宜当前普遍存在的大班额班级情况，这是我国社会、文化和国情造成的。在面向全体幼儿的教育要求下，集体教学活动能够保证所有幼儿都有接受教育的机会，使他们都能达到教育目标的一般要求，是一种比较实际和有效拓展幼儿经验的方式。

在当前幼儿园发展的背景下，集体教学活动的作用和价值是不可替代的，主要体现在以下几个方面：

(一)幼儿学习更加系统

集体教学活动是有计划、有目的的学习过程，五大领域的教学内容有其各自不同的关键经验，这些关键经验的形成需要一个积累的过程。因此，针对某一领域不同类型的活动内容，幼儿获得的经验更有系统性。以数学学习为例，幼儿园的数学教学活动会依据幼儿的年龄特点和发展水平，设计不同年龄班幼儿数学学习的目标和内容，同样是对"数的认识"，小、中、大班会有递进式不同层次的活动内容，使幼儿对数的认知水平不断提升，学习内容更系统。

(二)学习内容更加全面

幼儿园学习的内容兼顾了五大领域七个学科，除了学科本身的学习内容之外，还涉及幼儿的情感态度、学习态度、学习品质等多方面的内容。教师们在制订集体教学活动目标时，也要有意识地考虑幼儿多方面的发展，并渗透于师幼互动的过程中。同时，集体教学活动又与幼儿的生活、游戏内容密切联系、有机结合，在活动形式上，与小组活动、个别指导、家园共育相互配合，有助于幼儿获得更全面的发展。

(三) 教师的指导作用更加凸显

集体教学活动内容的选择尽管来自不同层面,考虑幼儿不同的兴趣和需求,但在设计和实施的过程中,教师的指导作用占据了主要地位。比如活动目标的设计、启发式提问的设计、活动材料的选择、活动过程中的互动,都凸显了教师的指导作用。如果说区域游戏解决了幼儿自主活动和教师对个体幼儿的关注和指导,那么集体教学活动则是面向全体幼儿、最大限度地发挥指导作用的一种方式。

(四) 为同伴交往提供更多的机会

同伴间互相学习是非常重要的学习方式。在集体教学活动中,幼儿针对同一主题发表各自的看法,展现各自的发现,能够感受到与同伴共同学习的乐趣,并能相互交流,相互补充,共同提高。集体活动的方式还有助于幼儿合作、友爱、互助等社会性行为的发展。在集体活动中,幼儿要考虑遵守集体规则、不妨碍他人,这些都是幼儿形成同伴交往和适应集体的良好行为习惯。

高质量的集体教学活动不仅能有效地调动幼儿与教师双方的积极性和主动性,而且能为幼儿生成自己感兴趣的学习任务提供平台。

三、集体教学活动的定位

在《指南》背景下,我们更关注幼儿全面而富有个性的发展。《指南》说明部分提到了关注幼儿的学习方式、关注幼儿学习与发展的整体性、关注幼儿的学习品质、关注幼儿的个体差异,这些都是我们在思考幼儿园集体教学活动的定位时需要着重把握的。

(一) 集体教学活动要与幼儿园日常生活、游戏有机结合

《指南》中强调了幼儿学习与发展的整体性。因此,集体教学活动不是孤立的,而要与幼儿的一日生活、游戏活动有机联系。教师应从幼儿的生活和游戏中发现幼儿的兴趣与需求,生成有价值的集体教学活动,并将集体教学活动延伸到幼儿的生活和游戏中去。同时,教师还要注重领域之间、目标之间的相互渗透与整合,避免片面追求某一方面的发展。

(二) 集体教学活动要关注幼儿的全面发展

集体教学活动有别于其他类型的教育活动,是因为教师能够在观察幼儿生活、游戏等多方面表现的基础上,提取适宜幼儿发展需要的内容开展集体教学活动。它与幼儿自发学习的不同之处在于,能够走在幼儿发展的前面,通过不同方面、不同内容的学习来促进幼儿全面、和谐的发展。不仅关注幼儿身体发展,也关注幼儿心理发展;不仅关注幼儿知识的获得,也关注幼儿情感、态度和习惯的养成;不仅关注幼儿群体的发展,也关注幼儿的个体差异,因材施教,进而从多方面促进幼儿全面发展。

(三) 集体教学活动要强调教师指导的有效性

在集体教学活动的过程中,教师要关注幼儿的学习过程、幼儿在活动过程中的想法、遇到的学习困难、幼儿的个体差异。通过教师与幼儿的互动、幼儿之间的互动、幼儿与环境的互动,帮助幼儿梳理经验,形成系统的知识体系,学会方法,引导幼儿向着更高层次的水平发展。当然,突出教师指导地位的前提是坚持以幼儿为本,遵循幼儿的发展规律,顺应幼儿的年龄特点和学习方式开展活动,师幼的双向互动决定着教师的指导是否有效。

(四) 集体教学活动要注重幼儿良好学习品质的形成

《指南》中指出:"忽视幼儿学习品质培养,单纯追求知识和技能学习的做法是短视而有害的。"我们在进行集体教学活动时,知识作为载体,可以丰富幼儿的认知经验,但它只是其中的一项内容,更重要的是需要我们关注幼儿在学习过程中的兴趣和好奇心,注重幼儿在活动中的主

观能动性，培养他们坚持与专注的精神，发挥他们的想象力与创造力。在遇到问题和解决问题的过程中，培养幼儿自我反省的能力。这些学习品质是幼儿长远发展的基础。

（五）集体教学活动要把握好各领域核心价值和特点

幼儿园的五大领域有其独特的发展价值，它们有着不同的特点，同时又相互贯通、相互影响。我们强调领域的整合，不是追求形式上的融合和多变，而是需要教师不断学习和提升各领域的学科知识，把握各领域的核心价值，了解幼儿在获取这些学科知识中获得经验的递进过程，掌握不同年龄段幼儿在各领域学习过程中的一般规律。教师要有扎实的学科基础，才能在设计和实施集体教学活动时关注到幼儿需要获取的核心经验，递进式地促进幼儿全面、整体发展。

➡ 第二节　当前集体教学活动存在的问题

教师在设计和实施集体教学活动时经常会出现这样、那样的问题，会有"波澜不惊"，也会有"出乎意料"，那么出现问题的症结在哪里呢？究其原因，有以下几个方面：

一、对幼儿的年龄特点、学习方式关注得不够

教师备课往往重视"我怎么教"，设计活动时会"想当然"，将每个程序都想得很周全，却忽略了对幼儿认知规律、年龄特点和需求的考虑，对活动中各环节幼儿的表现思考得不够。《指南》在幼儿学习方式中提到"幼儿是通过直接感知、实际操作、亲身体验来学习的"。教师要时刻铭记：关注幼儿的年龄特点和学习方式的活动才能是高质量的活动。幼儿是活动的主体，要真正实现幼儿在活动中的主体地位，必须源于对幼儿的观察，要把握幼儿的年龄特点和个体差异。教师要尝试站在幼儿的角度思考问题，包括：幼儿喜欢怎样的学习方式、幼儿的已有经验有哪些、这样的提问是否能让幼儿理解、教具何时出现能引起幼儿兴趣、班级环境如何布置便于幼儿活动、如何把握同一班级幼儿的不同发展水平和能力、如何进行个别指导等。既要考虑幼儿共同的年龄特点，又要考虑幼儿能力和水平的差异，才能满足不同发展水平幼儿的需要。

二、没有深入研究选材和利用选材

一般而言，如果选材适宜，活动就成功了一半。未经研究、分析选材，就"全盘照搬"，会导致教学活动脱离幼儿生活经验、不符合幼儿年龄特点，呈现出"表面繁荣"，但幼儿没有真正的收获与发展。因此，教学选材内容应贴近幼儿生活，符合幼儿年龄特点，是幼儿易于接受和理解的内容，且具有"适度的挑战性"特点。

与此同时，教师要钻研选材，明确选材内容的目标和要求，将内容吃透，包括对重点、难点问题分析和突破方法的思考。另外，还要深入挖掘选材的教育功能，充分发挥选材的教育价值。我们经常看到，教学实践中有些活动的选材很好，但教师有效利用选材的效果并不理想。教师在实施教学活动的过程中只是完成教学目标，引导幼儿掌握了相关的知识与经验，欠缺该内容与幼儿生活、游戏的联系，对学习习惯、性格养成等多方面引导的思考，造成选材没有充分发挥作用的现象。

三、活动目标欠缺细致的推敲

活动目标应根据幼儿园的教育目标、领域目标、幼儿的已有发展水平及幼儿要达到的新发展水平制订。目标制订得是否适宜，对活动成败起着决定性的作用。有时，教师制订的目标过空、

过大，呈现出"放之四海皆准"的状况。例如，将目标制订为："喜欢绘画活动，提高小肌肉操作能力。"此目标过大，不明确活动要做什么、怎么做，可操作性不强，并且不是通过一次活动能够达成的目标。目标一定要和本次活动内容紧密结合，明确要达到什么样的结果。同时，该目标表述的主体也不一致，前面的"喜欢"，是从幼儿角度阐述的发展目标，后面的"提高"是从教师角度阐述的教育目标，建议每个教育活动都从幼儿的角度阐述发展目标。有时，教师制订的目标有过难、过易、过多的现象，不符合幼儿年龄特点或远远超出幼儿经验水平，这些都是实践中教师目标制订不适宜的现象。

四、对活动内容是否适合集体教学欠缺思考

活动内容是实现教学目标的载体，是保证集体教学活动有效性的前提。和中、小学课程相比较，幼儿园没有统一的教学大纲、教材和教法，幼儿的兴趣、爱好和已有经验也各不相同。因此，教学内容的随意性比较大。现有的集体教学活动中，有时会出现内容并不适合集体教学的情况：

第一，内容只满足个别幼儿的需要。比如，班中某个幼儿喜欢"无人机"，其他幼儿并没有相关经验，把它作为集体教学活动的内容就不太合适。集体活动内容的选择要符合本班多数幼儿的原有经验、学习和发展水平。关注活动内容的适宜性，符合本班多数幼儿的发展和需要是有效教学的前提。

第二，内容不适合集体教学，适合在其他环节进行。幼儿园一日生活中包含很多环节，如生活活动、自主游戏活动等，每个环节都有其独特的价值，集体教学活动只是其中的一部分，有些内容更适合在一日生活的其他环节来实现。例如，有的教师专门上"认识苹果"的活动，就不如把它放在生活环节，午点吃苹果时，自然而然就认识了。还有的教师专门开展"拼摆小棍"的集体教学活动，就不如把材料投放到活动区，供幼儿自己探索、发现小棍的多种玩法，再通过区域游戏活动分享环节来帮助幼儿梳理、总结、提升经验，探索更多的玩法。

五、对集体教学活动中学科特点的把握欠缺专业基础

《幼儿园教育指导纲要》（以下简称《纲要》）指出："幼儿园的教育活动是教师以多种形式有目的、有计划地引导幼儿生动、活泼、主动活动的教育过程。"既然集体教学活动是有目的、有计划的活动，就需要教师有扎实的学科专业基础，熟知幼儿学科领域中需要获取的关键经验。

教师因为缺乏对集体教学活动核心价值的把握，在活动中就会出现这样、那样的问题。比如，教师组织活动时常常想要"面面俱到"，没有把握本次集体教学活动的关键经验，导致一节活动时间过长、内容过多、目标过难，而最核心的内容没有完成。又比如，在集体活动中没有突出领域的特点。语言活动中幼儿交流与表达的机会很少，变成了制作活动；体育活动中用大量的时间去说，而不是运动；科学活动中，科学概念模糊不清等。这些现象，一方面说明教师对学科特点和幼儿应掌握的核心经验把握得不好，另一方面也显示出教师自身学科知识储备不足。尽管当前教师学历普遍提升，但是职前和职后对于教师专业能力提升的指导与培训依然任重而道远。

六、与幼儿有效互动的能力不足

在《幼儿园教师专业标准》中，对教师的专业能力提出了具体而明确的要求。在现实的活动中，如何与幼儿有效互动是考察教师专业能力的一个标准。当前教师与幼儿的互动多是由教师发

起，且互动的质量不高。具体体现在师幼互动的行为和语言，对于幼儿新经验的获得欠缺有效的引导。例如，在师幼互动提问的有效性方面，教师经常会问"是什么"的问题，在"为什么""怎么办"方面引导不足；在梳理经验的有效性方面，经常会就事论事，得出的经验还是幼儿已有经验，对其发展性经验引导不足。对幼儿的经验进行梳理，帮助幼儿形成新经验的能力普遍偏弱。集体教学活动应发挥其最大的价值，帮助幼儿从已有经验走向更高的发展水平，为幼儿的"最近发展区"提供有效的支持。

第二章 集体教学活动的设计与实施

集体教学活动是幼儿园教学的重要组织形式。在幼儿园教育教学中发挥着重要作用。尽管组织化、结构化的集体教学，在体现幼儿自主性和参与程度、关注幼儿个体差异等方面存在不足，但是其特有的学习氛围、经验共享等是其他教学形式无法替代的。只要我们正视集体教学活动中存在的不足，改善教师教育行为，必将使集体教学活动发挥其应有的作用。

集体教学活动中既有教师的行为，也有幼儿的行为，不同主体之间相互作用。集体教学中，教师的教学行为会受到多种因素的影响，教师自身的个性特征、教育理念、专业知识和当时所处的教学情境都会对活动效果产生影响。教师的教育教学设计能力和实施能力对活动效果影响最大。教学设计是教学行为形成的源头，是教师为了达到一定教学目标，对教学活动进行的系统规划、安排和决策。教学实施是教师具体的教育教学行为，开展活动的过程中，会受到幼儿的反应、时间、空间、材料等多种因素的影响，对教师的专业能力要求更高。

幼儿园集体教学活动基本上由教学活动设计与教学活动实施两部分构成。教学活动的设计是开展高质量集体教学活动的基础，教学活动的实施是检验活动设计是否科学与合理、是否达成活动效果的过程。

➡ 第一节 集体教学活动的设计

教学活动设计是根据教学对象和教学目标，确定合适的教学起点与终点，将教学诸要素有序、优化地安排，形成教学方案的过程。教学活动设计要从"为什么学"入手，然后确定"学什么"，最后确定"如何学"。包含着教学内容、教学目标、教学重点、教学难点、教学方法、教学工具、各环节时间分配、教学过程（包括教师活动、幼儿活动、各环节设计意图）等内容。教学设计是幼儿园教师的入门功夫，更是优秀教师必备的基本功。

集体教学活动的设计是教师的备课环节，是教学效果达成的必要前提，也是教师每天都要进行的一项重要工作。备课环节的精心思考与推敲决定着活动实施过程的质量。

一、集体教学活动设计——备课

备课是教师在活动前的计划和准备，是教师依据教育目标、幼儿年龄特点和各学科特点，选择适宜的教学内容和教学方式，设计和优化教学方案，保证幼儿有效学习的一系列准备工作。它是上好一个活动的前提条件，要想活动"精彩"，备课是很重要的一环。备课时思考得越深入、越具体，活动成功的概率也就越大。

二、教师备课时的常见问题

（一）过于在活动形式上下功夫

教师在设计教学活动过程中，不愿意受传统教学内容的束缚，喜欢各种创新。因此，新颖的选材、多样化的形式都成为教师设计活动关注的点，但是这些形式能否为完成目标服务，教师思考得不够，欠缺对每一个环节深入引导方法的推敲。

如，教师在设计语言故事活动中采用了猜谜语、玩游戏、绘画、表演等多种形式。但每种形式都只是蜻蜓点水、不知道活动的重点是什么，没有预设实现目标的具体方法。因为教师关注的都是外在形式，反而忽略了语言活动中对幼儿理解故事内容，表达自己想法的引导，从设计环节就偏离了语言领域的核心价值。过分追求活动形式新颖会导致教师欠缺对实现活动目标方法的思考，造成形式大于内容的现象。

（二）过于在活动材料上下功夫

教师在设计活动时通常会用很长的时间准备活动材料，要为幼儿提供可操作的、多样化的材料。有这样的想法很好，但是，教师对如何更好地发挥材料作用关注得不够。

如，在科学探究"光影游戏"活动中，为了吸引幼儿兴趣，教师收集了很多资料，并且花费很多的时间制作了课件，还为幼儿准备了各种各样的光影材料，但是课件如何运用、引导幼儿发现什么、材料如何运用，教师都没有在设计环节细致思考，造成花费很长时间制作的课件，在活动中只是导入环节的一种方式，没有充分加以利用，使它成为调动幼儿发现光影秘密的工具。教师费心准备的多种材料反而让幼儿注意力不集中，精力都花在对材料的操作和摆弄上，因为材料都是教师准备的，反而没有了幼儿主动发现和探究的空间。

（三）过于在"怎样教"上下功夫

尽管我们总是提倡教学活动的开放性，教师的观念也在逐步改变。但是，在实践过程中，教师依然更多地关注"我怎样教"，"幼儿怎样学"换位思考得不够。体现在设计活动时每一个环节都是教师从自身的角度考虑用什么样的方法"教"、达到什么目标，将每个环节都想得很周全，但因为对幼儿年龄特点把握得不准确，对幼儿会有哪些需求和表现思考得不够深入，因此，忽视了幼儿"学"的过程。比如，在一次绘本《好饿的毛毛虫》教学活动中，教师为了帮助幼儿理解绘本内容，准备了和绘本内容一致的材料，由于教师没有考虑小班幼儿的年龄特点，当大量的材料出现在幼儿面前时，幼儿都去抢材料，关注点全放在新颖的材料上了，致使活动无法进行。

由于教师在设计环节没有充分考虑幼儿年龄特点和已有经验，造成活动中常常出现教师"意料之外"的场景，教师在既定的设计环节下，面对幼儿表现时，往往不知所措，很难达到预想的效果。因此，教师要在设计环节中充分考虑幼儿的学习过程，预想每一个环节要达到的效果，这是顺利实施教学活动的基础。

三、备课内容

幼儿园教师备课的内容包括活动目标、活动选材、活动中幼儿表现、活动过程与方法等。

（一）活动目标

教学活动的目标是教学活动所要达到效果的规划，在表述时尽量用可以观察到的幼儿行为来表述。

目标制订得是否适宜对活动成败起着决定性的作用。教师制订活动目标时，要依据《纲要》《指南》的精神，将各领域发展目标与本班幼儿实际有机结合，制订目标有以下三个方面的要求：

（1）发展目标符合本班幼儿的年龄特点和实际发展水平，并有一定的挑战性。

（2）发展目标具体、明确、可操作性强，与活动内容有机结合，能自然融合相关领域的教育价值，满足幼儿身心和谐发展的需要。

（3）目标体现知识与能力、过程与方法、情感态度与价值观三个方面，做到维度全面，基于幼儿身心全面发展的需要，同时兼顾不同幼儿的发展水平。

目标虽然是活动过程的出发点和落脚点，也可以随着活动过程中幼儿的表现灵活调整。

教师在设计活动目标时的常见问题有：

1. 表述问题　从教师角度阐述的目标是教育目标，通常用"培养""引导""巩固""发展"等词汇表述；从幼儿角度阐述的目标是发展目标，通常用"喜欢""愿意""知道""尝试"等词汇表述。

教师在写教学目标时建议从幼儿的发展目标阐述，表明通过活动幼儿会获得哪些方面的发展。在表述目标时，通常会看到在一节活动中教师目标表述的角度不一致。如：健康领域活动目标："能够利用轮胎尝试进行投掷、平衡的动作，发展幼儿的身体协调性。"前半句说的是幼儿，后半句说的是教师，且目标范围太广，幼儿身体的协调性不是一次活动就能完成的，没有聚焦此次活动具体的目标。

2. 范围问题　教师在设计目标时容易过大、过广，没有具体指向活动的结果。如：语言活动中，教师把目标定位为："培养幼儿的语言表达能力。"具体来说，要"表达什么"和"怎样表达"都没有体现出来。因为目标不清晰，教师在活动过程中也很难有清晰的引导思路。

3. 层次性问题　这是对教师较高层次的要求，在目标中要把握幼儿已有经验与发展性引导之间的关系，体现引导的层次以及重点要解决的问题。目标表述要留有一定的空间，允许幼儿之间有不同的水平表现，不过分强调达成整齐划一的活动结果和标准。让幼儿在活动中允许基于自己的个体差异参与活动、表达表现。

4. 把握学科特点的问题　每一个学科领域有其独特的价值，尽管需要教师有整合的意识，但在设计目标时要考虑学科领域典型的特点，不能顾此失彼。如，故事《不怕冷的大衣》，教师设计的活动目标是：知道冬天多运动就不怕冷；通过体育运动进一步体验什么是"不怕冷的大衣"。这样的目标没有体现语言活动的特点。

（二）活动选材

一般而言，如果选材适宜、有趣，活动就成功了一半。选材内容应贴近幼儿生活，符合幼儿年龄特点，是幼儿易于接受和理解的内容，且具有"适度新颖性"的特点。教师要钻研活动选材，明确选材内容的目标和要求，充分分析选材本身的特点，对选材中体现的重点、难点问题进行分析，并思考突破重点和难点的方法。另外，还要深入挖掘选材的教育功能，充分发挥选材的教育价值。

除此之外，教师也要关注如何充分利用选材，活动内容可以源于幼儿在生活和游戏中的表现进行选择，也要与幼儿的生活、游戏、家园共育等内容有机联系，最大限度地发挥选材的作用。

（三）活动中的幼儿

每个幼儿都是独立发展的个体，具有自身的主体性，在"以幼儿发展为本"的教育理念下，教师要尊重幼儿在活动中的主体地位，关注幼儿的表现和需求，加强对幼儿的细致观察，把握幼儿的年龄特点。教师要尝试站在幼儿的角度思考问题，包括：幼儿喜欢怎样的学习方式；幼儿的已有经验有哪些；这样的提问是否合适，幼儿是否能理解；教具何时出现能吸引幼儿兴趣，怎样摆放教具便于幼儿活动；如何把握同一班级幼儿的不同层次和能力；如何进行个别指导等。

（四）活动准备

活动准备指为保证教育活动顺利进行，在活动开展前做的经验和物质两方面的准备。经验准备是指幼儿参加该活动需要具有的知识经验和体验，站在幼儿的角度思考幼儿的已有经验、学习方式和方法等，确定学什么、怎么学。物质准备包括活动场地、教具准备、设备、设施、器材的种类和数量等。在备齐物质准备后，教师要试用材料、课件等进行细节检查，保证在活动中顺利运用。教师通常在物质准备方面考虑得比较周到，在关注幼儿经验准备方面略显不足。教师备课时需要多考虑幼儿的已有经验与活动中的自主性，物质材料可以更加开放，不一定都是教师准备好的材料，也可以由幼儿自主探究活动中材料的选择和应用。

（五）活动过程与方法

活动过程与方法解决的是"怎样教"的问题，这最能体现教师的功底，包括怎样导入活动、引发兴趣；怎样组织过程、突破难点；怎样联系经验、鼓励创新；怎样随机调整、灵活互动等过程。好的活动不是教师教会幼儿什么，而是幼儿主动发现了什么，获得了哪些有益于身心发展的经验，因此，引导的方法很重要。教师在设计活动方法时，要考虑活动方法的适宜性，考虑幼儿不同的发展水平和学习方式。"心中有目标、眼中有孩子"是有效引导幼儿获得经验的一把金钥匙。活动过程与方法是备课的主要内容。集体教学活动的过程主要包含三个环节，即导入环节、基本环节、结束环节。各环节设计需要注意以下问题：

1. 导入环节　导入环节是教师根据教学目标、选材特点，有意识、有目的地运用各种教学媒介，通过不同的方式引入本次活动的一种教学行为，是教学的起始环节。需要教师采用形象、有趣的情节或形象、生动的语言导入活动，也需要教师在比较短的时间内吸引幼儿的注意力。

这一环节，主要目的是激发幼儿兴趣或回顾已有经验，因此导入环节不可冗长、拖沓，在短时间内进入主要内容。可以结合不同活动内容，选择不同的导入方式。需要注意的是，引发幼儿兴趣要利用直观的材料或有趣的情境直接切入主题，使幼儿明确此次活动要做什么事，切不可喧宾夺主，顾左右而言他，过多讨论与主题不相关的内容。

2. 基本环节　基本环节是教育活动的主要部分，教师要精心设计好活动的层次和结构，编排活动过程、确定组织形式、采取适当方法、考虑活动的连续性。细致思考每一个环节的目标与师幼互动的有效方式，使教学过程层次清晰，环环相扣。

（1）环节合理，注重层层递进。在活动设计的过程中将目标分解，由浅入深，由易到难，做到环环相扣、层层递进地完成教学目标。

（2）有效提问，注重激发幼儿思考。每一个问题设计都要明确、具体，有助于导入下一个环节；问题要具有开放性，要有助于调动幼儿已有经验，引发幼儿表达自己的想法；问题要具有启发性，有助于引导幼儿思维，有助于帮助幼儿获得新经验。

（3）活动过程要预想细节，着重预想幼儿活动中的表现。"要接住幼儿抛过来的球"，给予幼儿及时、有效的反馈，就要在设计活动时多思考幼儿在学习过程中可能会遇到哪些问题、可能会出现哪些反应等，想在前面就会减少教师实施活动中的忙乱和手足无措。

（4）方法适宜，注重引导幼儿深度学习。能合理使用各类教学辅助工具，如教学挂图、模型、多媒体教学设备等，有效发挥各种工具在教学中的作用。同时结合幼儿的年龄特点和学习方式，更多采用游戏和直观体验、操作的方式，既要围绕教学目标，创设出激发幼儿兴趣并能开启幼儿思维的情境，又要通过幼儿亲身体验、实际操作去获得经验。

3. 结束环节　结束部分是对本次教学活动的经验进行分享的环节，不是草草收尾了事，而是通过多种方式，在幼儿身心放松的情况下，帮助幼儿整理和提升此次活动获得的经验，引导幼儿能将经验迁移到生活和游戏当中，能够举一反三，认识同类事物，同时激发幼儿继续探究的愿望。教师可以根据具体活动内容变换活动结束方式，可以是概括式、评论式、抒情式、展示式、游戏式等，或留下有趣的问题，让意犹未尽的幼儿沉浸在对下一次活动的期盼中。

总之，备课时要精心准备、精益求精。精心准备体现在活动设计上，对方案的每一个环节都要认真、细致地思考，做好活动方案准备、物质准备、经验准备和应变的准备。精益求精就是要仔细地推敲每一个细节，包括问题设计的适宜性、幼儿反应的多样性、回应问题的多变性等。教师可以用"六个适宜"来反思备课环节是否思考全面、深入。

思路适宜——源于幼儿、引导发展；

目标适宜——三维立体、可操可检；

材料适宜——物化目标、操作体验；

过程适宜——严谨自然、层层递进；

方法适宜——灵活多样、实用创新；

互动适宜——真实自然、灵活有效。

➡ 第二节　集体教学活动的原则与方法

从古到今，关于教学活动有很多的说法，"因材施教""寓教于乐"都是我们经常提到的原则。关于教学方法的说法，"教学有法、教无定法、贵在得法"，我们也都耳熟能详。针对我们学前教育对象的特点，在开展集体教学活动时，可以遵循下面的原则和方法，也可以结合本班幼儿的实际特点和活动内容进行灵活调整。

一、设计与实施集体教学活动的原则

幼儿园教学活动与中、小学教学活动最大的区别在于幼儿园没有统一的教材，活动内容更多地源于幼儿的兴趣和需要，它与幼儿一日生活的各项内容都有着密不可分的联系。因此，在设计和实施教学活动的过程中，要遵循以下原则：

（一）生活化原则

教育家陶行知提出："生活即教育。"幼儿的学习亦是如此，它由生活中来，还要应用到生活中去。在《指南》中有"具有良好的生活与卫生习惯""初步感知生活中数学的有用和有趣"等目标，它们都强调了幼儿园教育教学与幼儿生活紧密联系。另外，幼儿的身心发展是在与周围的环境中各种事物、人和事件的相互作用中实现的。集体教学活动就要更多地选择和利用生活中的教育资源，引导幼儿获得经验，并且应用于生活当中。

（二）游戏化原则

游戏是幼儿园的基本活动，结合幼儿年龄特点，教学活动游戏化也是我们所倡导的。在集体教学活动中，利用幼儿喜欢新奇、有趣的游戏特点，在趣味化的活动中潜移默化地引导幼儿获得新知和经验，从而促进幼儿全面发展。活动中，教师可以创设适宜的活动情景、游戏环境、利用有趣的操作材料和好玩的游戏内容，引发幼儿参与活动的兴趣，同时增强幼儿在活动中的主动性、参与度，让幼儿在玩中学、做中学，对学习充满乐趣并能获得新经验、新方法、新能力等。

（三）发展性原则

维果斯基提出"最近发展区"理论，即学生的现有水平与学生可能的发展水平之间存在着差异，这个差异就是最近发展区。因此，教学活动应着眼于幼儿的最近发展区，为幼儿提供有适当难度和挑战性的教学内容，调动幼儿主动学习，使幼儿超越其最近发展区，达到下一个发展水平。这意味着教师要了解幼儿的发展轨迹，能够辨别出幼儿处于何种水平，此水平的下一阶段是什么，由此来组织有层次、促进幼儿发展的教学活动。

（四）科学性原则

幼儿年龄小，知识经验少，辨别能力差，不易分清正确与错误。因此，教学内容要具有科学性，使幼儿正确感知客观事物和现象，形成初步的概念和对事物的正确态度。比如，在幼儿经常参与的光影活动中，幼儿会对多变的影子非常感兴趣。教师需要在幼儿操作和体验的基础上，与幼儿一起梳理光源、遮挡物和影子三者之间的关系，帮助幼儿理解科学现象，形成初步的探究意识。

（五）整合性原则

幼儿园各种教学活动的内容不是分割的、孤立的，应该相互渗透、有机联系。为使幼儿得到全面、协调的发展，在设计与实施集体教学活动时，应考虑到领域之间的渗透与融合。《纲要》中指出："幼儿社会态度和社会情感的培养尤应渗透在多种活动和日常生活的各个环节中。"因此，在设计与实施教学活动时，应注意各领域相互联系、相互渗透，使幼儿获得丰富的经验，全面、协调地发展。教师在运用这一原则时，也要注意不要把"整合"理解为"拼盘"。整合的目的是让学习内容更有意义，它是途径和手段，而不是目的。教师不要单纯地追求外在的形式，而是要在把握各个领域核心价值的基础上，引导幼儿更生动、更有意义地学习。

二、教学活动过程中需要处理好的几个关系

（一）把握好活动目标与活动内容的关系

活动目标预示着教学活动的方向、进程和结果。教学目标的达成度是评价教学效果的基本依据。活动目标要通过具体的活动内容实现，活动目标是内容选择的重要依据。因此，活动目标要与具体的活动内容紧密结合，指向明确。活动内容可以围绕目标选择，为完成目标服务。有的教师提出"是先有目标，还是先有内容"的问题。目标和内容的顺序不是统一和固定的，既可以结合幼儿的发展状况先制订目标，再选择活动内容。也可以先有适宜、有趣的活动内容，再依据幼儿实际发展水平制订相应的发展目标。同一个目标可以通过多个活动来完成，同一个活动内容也可以指向多个目标。

（二）把握好集体教学与游戏的关系

游戏是幼儿的基本活动，它强调的是幼儿自由、自主的活动，能够在最大程度上顺应幼儿的自然发展。集体教学则是教师有目的、有计划地实施教育、促进幼儿发展的过程，突显教师的指导作用。

1. 两者不可相互替代　我们倡导教学游戏化，是顺应幼儿喜爱游戏的特点。游戏化不能等同于游戏，还是要发挥集体教学活动的最大价值。游戏活动则是幼儿自由、自主的活动，强调幼儿个性化的选择，游戏可以帮助教师更加了解幼儿的需求，把握幼儿在各方面发展的水平。集体教学是建立在教师对幼儿发展水平了解的基础上设计的。因此，游戏和教学不可以相互替代。

2. 两者可以优化组合　游戏中，幼儿会有很多自发的探究表现和多样化的玩法。教师在游戏中可以更加直观地了解幼儿的兴趣、发展现状和需求。幼儿游戏中遇到的困难、问题、发现、方法都可以是教师开展集体教学活动的资源。教师从游戏中发现教学的线索，延伸幼儿发起的活动，通过集体教学活动共同解决游戏中的问题，探寻解决问题的方法，帮助幼儿梳理相关经验。同时，集体教学活动的内容、材料都可以在幼儿游戏活动中深入探究和拓展。教师再适时指导幼儿，使游戏和教学相互作用，引导幼儿不断扩展地学习。

（三）把握幼儿园课程中生成与预成的关系

幼儿园课程分为生成和预成两种。预成是教师计划内的活动，为完成教学目标而层层递进地设计教案，更加关注教学目标的实现。生成则是在预成的基础上，随着幼儿兴趣或者随机出现的

事件引发的新内容，更加关注活动中幼儿的表现，因此，也更为灵活和开放。相比较而言，生成课程对教师的要求更高，需要教师不仅关注幼儿的兴趣和表现，抓住教育契机，还要有生成活动的能力，引导幼儿发展。生成课程既不是改变原有的计划，也不是盲目追随幼儿的活动。它需要教师对幼儿感兴趣的事件或者随机出现的问题进行价值判断，调整活动计划，促进幼儿更加有效学习的发展过程。比如，突如其来的"新型冠状病毒"疫情事件就不是教师预成的内容，但又和每个人的生活都发生着联系，可以生成安全卫生、良好习惯、饮食锻炼、关爱他人等活动内容。两种课程各有优势，需要教师处理好生成和预成的关系，既不墨守成规，也不盲目追风，无论哪种课程都要"眼中有孩子"，出发点和落脚点都要有利于幼儿的发展。

（四）把握好幼儿当前发展与长远发展的关系

幼儿的当前发展是指幼儿在某一发展阶段应该具备的知识、技能、情感等。教师在教学活动过程中，结合不同年龄阶段幼儿的不同特点，引导幼儿获得相应的知识、能力和经验。幼儿的当前发展在集体教学活动中是显性的，能够在幼儿活动中表现出来。

幼儿的长远发展是对幼儿今后一生学习与发展都具备的宝贵品质，包括积极的情感态度、良好的行为倾向与习惯、学习品质等。幼儿园集体教学活动必须具有发展性，强调教学效果要服务于长远的发展目标，要立足于幼儿整体的发展，为幼儿一生的发展打好基础。教学活动能够教会幼儿学习方法和品质，能培养幼儿学习兴趣，让他们养成良好的学习习惯等。

幼儿当前发展和长远发展目标相同，在做法上却有很大的差异，教师两方面都要兼顾。相比较而言，培养幼儿长远发展所具备的良好情感、行为习惯、学习品质比获得的知识、经验更重要，它为幼儿今后的学习与生活打下了良好的基础。

三、设计与实施集体教学活动的方法

受幼儿园教育对象年龄小、经验少等因素的影响，教师在设计和实施教学活动过程中需要充分考虑是否适合幼儿。需要教师关注的是，教学一定不是"我来教、你来学"的过程，而是引发幼儿主动学习的过程，是丰富幼儿多方面的经验和知识，获得良好生活、行为和学习习惯的过程。教师要站在幼儿的角度细致推敲教学方法的适宜性、针对性和有效性。

（一）直观感受法

幼儿的年龄特点和具体形象的思维方式决定了在教学活动中教师要更多地选择直观、具体的材料。这种方法的优势在于直观的物品可以激发幼儿参与活动的兴趣，能够调动幼儿相关的经验，可以激发幼儿的参与热情，并引发幼儿表达自己的想法。

直观感受的方法是多样的，最主要的是通过感受能帮助幼儿明确"要做什么"，愉快地进入后面的体验和探究活动。教师可以通过演示欣赏、实物观察、倾听表达、物象分析、游戏表演等方式引导幼儿直观感受，形式可以依据不同领域的特点和活动内容去选择。

（二）操作体验法

幼儿学习的经验是通过亲自实践获得的。因此，在活动中，幼儿的直接操作、体验尤为重要。需要教师依据内容设置一定的情景，提供相应的材料，在幼儿与材料的互动中，获得新经验或者新方法。

这种方法的优势在于顺应幼儿的年龄特点和活动方式。活动中有教师的引导，但更突出幼儿在活动中的主体地位。在操作中，每个幼儿都有自己的发现，这个发现的过程是自己获得的，而不是别人告诉他的，反复、多次地体验和操作，不仅帮助幼儿形成新经验，还能让他将经验迁移到同类的活动中。在这个过程中，帮助幼儿明确了"如何做"的方法，让他们在感性学习的基础上，逐步形成理性的思维方式。

（三）难点分解法

教师在设计教学活动目标时，要设置带有一定难度的挑战性目标。在活动过程中必然会遇到难点。难点分解法的优势在于突出难点，各个击破。因为一节集体教学活动的容量有限，教师在设计和实施活动的过程中，切忌求全，每一次活动要考虑幼儿的实际情况，切忌拔苗助长。在细致分析活动重点、难点后，将幼儿不易掌握的难点问题进行分解，可以分几次活动持续进行，也可以在一次活动中从易到难分为几个层次，以便于幼儿学习掌握，既不枯燥，又有重点。

（四）互动引导法

在活动过程中，教师通过语言的启发与提示引导幼儿与同伴互动、与材料互动、与教师互动，在多方互动中，帮助幼儿不断修正自己的想法、理清思路、积累经验。这一过程可以是谈话、讨论、交流、合作等方式。这种方法的优势在于了解幼儿在活动中的想法和需要，及时以适当的方式应答。在与幼儿的互动过程中，帮助幼儿发现事物间的联系，用自己的方式去解决问题，形成合作探究式的师幼互动。

（五）经验分享法

幼儿喜欢表达自己的新发现和与众不同的想法。但是，受年龄和经验的制约，幼儿的经验是零散的，需要教师选择适宜的时机和方式帮助幼儿梳理和提升经验。比如：在感受环节，幼儿直观感受后，教师可以帮助幼儿梳理、总结，刚才小朋友们提出了几种观点；在幼儿操作后，帮助幼儿梳理有几种方法，哪种方法最有效。在活动结束时，还可以引发幼儿进一步探究的欲望。这种方法的优势在于，虽然活动中每一个时段分享的经验不同，但都能为下一个环节的活动做好铺垫，同时帮助幼儿将零散的经验条理化，形成新的经验。

教无定法。无论哪种教学方法，教师都要依据幼儿的年龄特点和发展状况，有机结合，灵活运用。

➡ 第三节　集体教学活动的实施

尽管教师精心设计了教学活动方案，但是在教学活动实施的过程中也会出现这样、那样的问题和一些意料之外的事情。发生意料之外事情的原因多种多样，有可能是对幼儿的年龄特点和学习方式把握得不好；有可能是学科领域的核心价值和特点把握得不好；有可能是师幼互动欠缺深度；还有可能是材料没有发挥充分的作用……原因有很多，需要教师既要有结合幼儿实际情况灵活调整活动方案的能力，也要有活动后不断思考和不断积累经验的过程，提升驾驭教学活动的能力。

一、把握幼儿年龄特点和活动方式实施教学活动

《指南》的核心理念是"以幼儿为本"。这意味着教师要注重活动中对幼儿年龄特点和学习方式的把握，尊重幼儿个体差异，认识到幼儿学习与发展的整体性，着眼幼儿未来的发展，重视幼儿的学习品质。这些内容贯穿于幼儿教育的始终，也是教师在实施教学活动过程中应遵循的理念。

（一）教学活动过程要围绕目标进行

教师实施集体教学活动时，更要考虑幼儿的年龄特点、发展水平和已有经验，把握幼儿的发展轨迹，制订适合幼儿"最近发展区"的教学目标。通常，我们会看到教师设计好目标之后，在实施活动时将目标抛在脑后，没有完成目标的具体方法。目标是通过内容来实现的，每一个环节都要有落实目标的意识。比如：音乐活动中，教师制订了"感受音乐 A、B 段的不同特点，尝试

与同伴配合节拍和乐句表现音乐"这一活动目标。在实施活动过程中，每一次播放音乐感受的重点是什么、可以用什么方法表达自己的感受，教师要有相应的引导；每一乐句如何合拍做动作、怎样做动作、可以是什么情景、可以怎样变化动作、怎样把动作贯穿在情境中去合作表演，这些都需要教师有具体的指导方法，这样目标才不是虚设。

（二）教学活动过程要把握幼儿的主动探究过程

1. 充分引导幼儿与材料的相互作用 幼儿学习的过程离不开与材料的互动来获得与教学内容相关的经验。集体教学活动是否有效，在一定程度上取决于教学材料是否能够物化目标，为幼儿的学习提供支持。《纲要》中指出："提供丰富的、可操作的材料，为每个幼儿都能运用感官、多种方式进行探索提供活动的条件。"

需要教师注意的是活动材料不是越多越好，而是要充分发挥材料与幼儿的互动作用；活动材料不完全由教师提供，也可以调动幼儿参与材料的收集和选择。幼儿在与材料互动的过程中，教师要注意观察幼儿有哪几种典型表现，他们与材料互动的方法和困难分别是什么，为后面帮助幼儿提取经验奠定基础。

2. 充分引导幼儿表达自己的想法 在实施教学活动的过程中，教师要尽可能多地为幼儿提供表达自己想法的机会，减少"是不是""对不对""好不好"的提问，而是引导幼儿表达"你发现了什么""你有什么不一样的想法""你认为还可以怎样做才会更好"。这些开放性的问题不仅为幼儿表达提供了更多的机会，也为幼儿的思维打开了一扇扇的窗，引导幼儿从多个角度考虑问题，用多种方法解决问题。

3. 充分引导幼儿与同伴的交流、探讨 集体教学活动为幼儿和同伴学习、交流提供了更多的机会。在这个过程中，幼儿受性格与能力的影响，表现出很大的差异。同伴中有拿主意、想办法的主动者，也有愿意跟随的从众者，大家共同完成一件事，为幼儿提供了相互学习、协商解决问题的机会。同时，这样的活动方式也为幼儿提供了与人交往的方式、方法，锻炼了幼儿的社会适应能力，对幼儿社会性发展起着积极的促进作用。

（三）教学活动过程要把握教师清晰的引导思路

一次好的教学活动强调了四个有：有序、有效、有神、有魂。如何实现教师的引导尤为突出。首先，要保证活动层次清晰，每一个环节要做什么事、达到什么样的目标，教师要做到心中有数；其次，要想让活动有效，就要通过教师的引导看到幼儿发展的线索，能引导幼儿学有所获；第三，教师和幼儿的状态应该是积极的，活动中幼儿的状态是考察活动是否有趣的一个标准；最后，每一个活动除了教师把握对幼儿当前发展的价值，还要有对幼儿长远发展的引导，包括态度、习惯、方法等多方面学习品质的引导。

（四）教学活动过程要有突破重点、难点的方法

教学重点是活动中最重要、最基本的内容，教学难点则是活动中幼儿较难掌握的内容。教师在活动前有对重点、难点的阐述，但是，经常看到教师在实施的过程中，突破重点、难点欠缺有效的方法。这个方法要针对不同内容、不同年龄班幼儿的实际水平来引导。如，在大班社会领域活动中，教师设计活动的重点是尝试合作解决游戏中的问题。难点是理解团结力量大，知道一个人不能完成的事可以通过集体的力量去完成。而教师在开展活动的过程中，只是通过故事讲解来完成目标，并没有为幼儿提供合作解决问题和通过亲身体验理解"团结力量大"的方法。因此，没有完成预设的重点、难点内容。社会领域的活动目标一定不能仅靠说教来完成，需要有突破重点、难点的具体方法，可以为幼儿提供体验性的游戏，比如：在规定的时间内一起搭建城堡、一起完成寻宝任务、一起闯关等情节或内容，为幼儿提供真实的、能够共同解决问题的机会，把说教变成幼儿直接参与的体验性活动，这样才能突出重点、突破难点。

（五）教学活动过程要树立动态教学观

从集体教学的角度看，教师要关注教育的过程，树立动态教学观，更多关注幼儿状态，同时随机应变。在观察幼儿的基础上，突破原有教案的"束缚"，引导幼儿思考、讨论，展现教学活动的真实性，从而实现高效的优质教学活动。

教师回应的方式不仅仅是教师简单的回答或者评价，还应包括态度、眼神、肢体语言在内的各种回应方式。教师应运用各种回应技巧激发幼儿的学习兴趣、捕捉幼儿回应中的教育价值，适时引导、推进教师与幼儿之间更深层次的互动，使教学更鲜活。

教学活动的动态教学观还体现在教师对不同能力、发展水平幼儿的关注。当能力较强的幼儿回答问题时，教师要追问一些有一定难度和灵活度较大的问题。对于一些能力、发展水平相对较弱的幼儿，要适当追问一些难度不大、但经过认真思考能够答出的问题，这样可以提升幼儿活动的参与度，也能促进不同发展水平幼儿的思维发展。

二、把握学科领域核心价值和特点实施教学活动

教师在教学活动过程中容易忽视和混淆各领域活动的核心经验，在选择教学活动的时候，关注的是活动内容的新颖性、活动环节的趣味性，却忽视了对该领域核心经验的把握，活动实施中时常会舍本逐末。

《指南》从健康、语言、社会、科学、艺术五个领域描述幼儿的学习与发展，每个领域都有其独特的特点与价值。教师要了解这些特点与价值，采用适当的方法组织并开展各领域教学内容，挖掘领域间融合与渗透的可能性，促进幼儿全面发展。

（一）健康领域的核心价值

健康是指人在身体、心理和社会适应方面的良好状态。幼儿阶段是儿童身体发育和机能发展极为迅速的时期，也是形成安全感和乐观态度的重要阶段。发育良好的身体、愉快的情绪、强健的体质、协调的动作、良好的生活习惯和基本生活能力是幼儿身心健康的重要标志，也是其他领域学习与发展的基础。

（二）语言领域的核心价值

语言是交流和思维的工具。幼儿期是语言发展，特别是口语发展的重要时期。幼儿语言的发展贯穿于各个领域，也对其他领域的学习与发展有着重要的影响。幼儿在运用语言进行交流的同时，也在发展着人际交往能力、理解他人和判断交往情境的能力、组织自己思想的能力。通过语言获取信息，幼儿的学习逐步超越个体的直接感知。

（三）社会领域的核心价值

幼儿社会领域的学习与发展过程是其社会性不断完善并奠定健全人格基础的过程。人际交往和社会适应是幼儿社会学习的主要内容，也是其社会性发展的基本途径。幼儿在与成人和同伴交往的过程中，不仅学习如何与人友好相处，也在学习如何看待自己、对待他人，不断发展适应社会生活的能力。良好的社会性发展对幼儿身心健康和其他各方面的发展都具有重要影响。

（四）科学领域的核心价值

幼儿的科学学习是在探究具体事物和解决实际问题中，尝试发现事物间的异同和联系的过程。幼儿在对自然事物的探究和运用数学解决实际生活问题的过程中，不仅获得丰富的感性经验，充分发展形象思维，而且初步尝试归类、排序、判断、推理，逐步发展逻辑思维能力，为其他领域的深入学习奠定基础。

（五）艺术领域的核心价值

艺术是人类感受美、表现美和创造美的重要形式，也是表达自己对周围世界的认识和情绪态

度的独特方式。

从《指南》各领域核心价值的表述中，我们可以看到，各领域不仅着眼于本领域的知识与技能，更重要的是关注到幼儿的情感态度、习惯、方法等长远发展。这些领域的核心价值是教育教学实施中我们要把握的基本导向。教师实施教学活动的过程中，要清晰、透彻地把握领域的核心价值，做到在活动过程中关注教育价值的多元性及幼儿的长远发展，做到在提升幼儿核心领域发展水平的同时，兼顾其他领域的发展。

三、把握高质、有效的师幼互动实施教学活动

教育过程是一个师幼互动的过程。《纲要》中指出："关注幼儿在活动中的表现和反应，敏感地察觉他们的需要，及时以适当的方式应答，形成合作探究式的师生互动。"教师在教学过程中不仅是组织者、引导者，而且也是观察者、支持者。教师应观察幼儿的兴趣和需要，同时给予幼儿充分探索、主动发展的空间，鼓励幼儿自己发现问题、解决问题，并提供适当的支持。在师幼互动的过程中，教师要认真倾听幼儿的话语，要"接住幼儿抛过来的球"，并积极回应幼儿，进而观察、分析幼儿，提供有效的反馈信息，帮助幼儿提升经验、引导幼儿发展，并及时调整自己的教学方法。

（一）充分尊重，看到幼儿

每个幼儿都有被关注的需要，这是"因为每个孩子都需要被'看到'，每个孩子都渴望被'看到'。被'看到'不仅仅是被认出来，对于幼儿个体而言，被老师'看到'意味着被承认作为一个存在的人、一个独特的人和一个学习的人"。因此，教师要熟悉、了解每个幼儿，分析他们的个体差异，发现积极因素，克服消极因素，关注他们的需要。应站在每个幼儿的角度，用宽容的态度充分理解幼儿。不要急于把"真理"给幼儿，要有足够的耐心，要积极等待、积极引导。给幼儿充分的时间思考问题，表达想法，使他们获得成功的体验。创设平等的环境，使每个幼儿敢想、敢说，幼儿作为活动的主体地位才能得到保证。对于能力较差、性格内向的幼儿，应多提供帮助、指导和鼓励。要有一些自由回答问题的机会，也可以采用轮流回答，不要总是指定某个幼儿回答，争取让每个幼儿都有发言的机会。

（二）适宜提问，启发幼儿

师幼在"抛球——接球"的过程中展开交流，也是双方共同成长的过程。提问是互动的一种重要形式，有利于幼儿参与，发挥幼儿学习的积极性。但并不是提问次数越多、互动频繁、幼儿表现积极、气氛越热闹，活动效果就越好，要看幼儿思维是否真正被拓展和深化，教师不能"为了提问而提问"。

（三）及时表扬，鼓励幼儿

教师要及时激励幼儿，激发幼儿学习的内驱力。表扬的内容应具体、明确，与幼儿做的事情相关，如"你说得很完整""你的想法很有创意""这是一个好办法""你的想法很独特"等语言。要热情地鼓励幼儿，批评时不宜太直接，"错""不对"，这样的词慎用，用积极性的方式提出建议，可以说"再想想""相信你一定能行"，幼儿会得到极大的鼓舞。

（四）面向全体，尊重差异

集体教学活动虽然是面向全体幼儿的活动，教师无论是在活动设计环节、还是在活动实施环节都要考虑幼儿的个体差异，针对幼儿发展水平的不均衡，提供相应的支持。对于能力较强的幼儿可以多提出挑战性的任务，对于能力偏弱的幼儿则要适当降低难度。哪怕是一个简单的提问环节，教师都可以针对幼儿发展水平的差异，为每个幼儿提供表达自己想法的机会。尊重差异，促进每个幼儿都能在原有水平上向着我们期待的方向发展。

（五）关注现场，有效回应

有效的回应是集体教学活动中实现优质师幼互动的关键。教师能在教育现场关注来自幼儿的信息和生成的问题，进行价值判断，作出适宜的回应，是教师专业能力发展的标志。

教师的回应还存在很多问题，告知性回应多，引导性回应少。当幼儿的回答不正确时，教师直接提出答案或者看法，教师根据预设的计划按部就班地组织活动，环环相扣，却忽视了幼儿的实际反应，对幼儿难以回答的问题不加引导，急着把答案告诉幼儿。

重复性回应多，经常听到教师在回应幼儿时说"你是这样想的""你和他想的不一样"等，这样的回应对于幼儿来说只是原有经验的重复，缺少帮助和提升。

存在无视性回应，主要有两种情况：一是经验不足，只关注自己的教育行为，对幼儿的回答不能作出相应的引导或提升，这种现象主要体现在青年教师身上。二是因为教师能力的缺失，不具备足够的分析能力，从而错过有价值的教育契机。

要提高教师有效回应幼儿的能力，需要从以下两点做起：其一，更新观念，增强回应意识。很多教师长期以来受传统教育观念影响，活动组织以单向传授为主，灌输、说教、认知意识强。这需要教师认识到师幼互动这种弹性的教学方法，在相互回应的过程中，最大限度地促进幼儿发展。其二，积累实践经验，丰富回应技巧。有的教师实践经验不足，不能分析和解读幼儿在活动中的闪光点、幼儿真实的问题，不能抓住互动中隐含的教育价值，这需要教师在实践中不断积累观察、分析幼儿的能力，自觉关注如何有效回应，关注回应后幼儿的反应。

第三章　健康领域教育及教学活动

幼儿阶段是幼儿身体发育和机能发展极为迅速的时期，也是形成安全感和乐观态度的重要阶段，维护和促进幼儿身心健康发展，不仅关系到幼儿当前的健康状况，而且对其未来的发展会产生深远的影响。

幼儿的健康涉及身体、心理和社会适应三个方面。树立正确的健康观念是开展幼儿园健康领域工作、促进幼儿健康成长的基础。幼儿的健康教育与幼儿生活息息相关。教师要将培养幼儿健康的体态、良好的适应能力和行为习惯、学会自我服务和自我保护等贯穿到一日生活当中，更要在日常生活中创设安全、温馨的生活环境，促进幼儿保持安定的情绪、形成健康的心理。在幼儿动作发展方面，可以通过开展适宜的室内、外活动，促进幼儿大肌肉和小肌肉动作发展的协调性和灵敏度，提高幼儿身体力量和耐力，增强幼儿体质。

➡ 第一节　健康领域教育价值

由于幼儿的身体发育不够成熟，机能不够完善，对环境的适应能力偏弱，很容易受到不良环境的影响。3～6岁是幼儿身心迅速发展的重要时期。因此，关注和促进幼儿的身体健康和心理健康是这一阶段保育和教育的重要任务，这不仅关系到幼儿当前的健康状况，还会对幼儿未来的发展及一生的健康产生重要而深远的影响。

发育良好的身体、愉快的情绪、强健的体魄、协调的动作、良好的生活习惯和基本的生活能力，是幼儿身心健康发展的重要标志，也是其他领域学习与发展的基础。因此，幼儿园健康领域的活动是幼儿身体和心理发育与健康发展的需要，是实现幼儿全面、和谐发展的基础，同时，也是其一生健康发展的基石。

一、在一日生活中形成积极情绪和健康习惯

健康是个体生存与发展的基础，从小形成积极、稳定的情绪，养成健康的行为与习惯对于幼儿当前发展和后继发展都会起到非常重要的作用。在生活中营造温暖、轻松的心理环境，可以使幼儿形成安全感和信赖感。积极、健康的心理是幼儿后继学习、生活和发展的保障。因此，教师和家长要适时引导幼儿学习用合理的方式表达和调控自己的情绪、情感，使幼儿形成积极、健康的心理状态。健康教育必须结合幼儿的实际生活。一日生活是培养幼儿良好的行为习惯和生活能力的最佳途径，将学习自我服务贯穿于幼儿生活及各项活动中，使幼儿在生活中感知、学习和运用。教师要树立明确的目标意识，利用生活中的教育契机对幼儿进行科学的教育和引导，帮助他们获得科学的健康知识、养成良好的生活卫生习惯、形成基本的自理能力，促进幼儿健康发展。

二、在科学的运动中促进体能发展

体能发展状况和水平是衡量幼儿身体发展与健康水平的重要指标，也是影响幼儿心理发展的一个重要因素。对于幼儿来说，体能锻炼能够提高身体素质，加强其活动能力，能够提高对外界的适应能力。幼儿体能锻炼要以科学运动为前提，教师要根据幼儿生长特点，遵循幼儿动作发展规律，通过科学而有效的活动发展幼儿身体的协调性和灵敏度，使幼儿从小养成科学运动的习惯，运动能力不断发展，最终实现增强体质、提升体能的目的。

三、在运动中提高自我保护能力

《纲要》指出："幼儿园必须把保护幼儿的生命和促进幼儿健康成长放在工作的首位。"这充分说明了幼儿生存、安全、健康在幼儿教育中的重要性。幼儿是通过直接感知、实际操作和亲身体验进行学习的。因此，要抓住生活中的教育契机，通过丰富的活动引导幼儿发现生活中、游戏中的不安全因素，鼓励幼儿思考这种因素可能带来的不良后果，掌握如何避免危险、保护自己的方法。在参与活动的过程中提升幼儿的安全意识，学习自我保护的方法，形成安全防范意识，为幼儿一生的健康、快乐奠定坚实的基础。

四、在运动中形成勇敢、自信的品质

《纲要》指出："在体育活动中，要培养幼儿坚强、勇敢、不怕困难的意志品质。"在运动中，幼儿是通过感知自己的身体进而学会控制自己身体的。而感知和控制的过程是幼儿认识自我的一个过程。这个过程中，幼儿会获得自我认同和自尊，同时在取得进步或者获得成功时获得满足，自信心也随之增强。对于有挑战性的运动，幼儿首先要建立挑战新事物、新高度、新强度的勇气，同时要克服内心的恐惧心理，之后不断地进行尝试。而尝试的过程正是幼儿在自己最近发展区内用自身现有能力对更高、更快、更强目标进行大胆尝试的过程。幼儿一旦在挑战中战胜自己、战胜困难后，他们就会潜移默化地体会到耐心和勇敢的价值。而勇敢、自信等品质是一个人在社会生活中必须拥有的基本素养和必须具备的生存能力。

⊙ 第二节　健康领域教育活动的特点

一、关注幼儿动作发展的规律

幼儿园健康领域的活动必须要遵循幼儿的动作发展规律，循序渐进、科学实施，才能保证幼儿的健康与安全。我们首先要了解幼儿动作发展的规律。3～4岁的幼儿动作发展水平相对较低，平衡、躲闪能力较差，动作不协调，易疲劳；4～5岁幼儿动作的稳定性和灵活性逐渐增强，已经能够适应一定的活动量和活动时间，但动作的准确性和自控能力较差。5～6岁幼儿动作的协调性、灵活性、准确性有了很大的提高，喜欢尝试一些有难度、冒险的动作，协同活动逐渐增多。因此，在集体体育活动的活动内容、活动形式和材料投放方面，必须立足幼儿动作发展的规律，以幼儿健康、安全为前提，使幼儿在积极、愉悦的状态下，全身心地参与活动，锻炼身体，增强体质。

二、关注活动过程的科学性

科学、有效的体育活动是促进幼儿身体正常生长发育、身体素质和机体的适应能力发展的重要因素。教师在教学活动中要针对幼儿的个体差异，合理安排运动强度和密度，这是保证活动科学、有效的关键。

第一，关注体育活动结构的完整性。体育活动的结构设置主要依据幼儿身心活动变化的特点而确定的，包括三部分内容：热身部分、主体部分和放松部分。热身部分一方面可以调动幼儿的运动系统和参与运动的呼吸、血液循环等系统，避免机体在正式活动时受到损伤；另一方面也可以调动幼儿参与活动的兴趣，让幼儿集中注意力，全身心地投入到体育活动当中。热身活动时间不宜过长，约占体育活动的 15%。主体部分主要是通过一定动作的练习提高幼儿身体机能，锻炼幼儿身体的协调性和灵活性，培养幼儿良好的意志品质。这一部分活动量较大，时间安排相对较长，约占体育活动的 70%～80%。放松部分主要是帮助幼儿放松身心，以便较好地恢复身体机能和消除身体疲劳。放松活动后可以引导幼儿回顾活动过程，总结、提升经验。放松活动时间约占体育活动时间的 10%。

第二，关注体育活动活动量的安排。一次体育活动活动量的安排应该由小到大，再由大到小，符合幼儿身体运动规律和身心发展需要。具体来说，活动量包括两方面内容：一是密度，即在一次体育活动中，幼儿身体实际活动的时间占活动总时间的比重。有时在一次体育活动中如果出现幼儿消极等待时间多于运动时间，这便是密度不足的表现。教师要合理安排运动形式，使幼儿在活动中得到充分的锻炼。二是强度，也就是我们所说的运动量。值得注意的是，运动强度较大的活动教师要掌握好运动的持续时间，强度大的运动环节与强度小的运动环节相结合，给幼儿身体缓冲和调整的时间，以免对幼儿的身体造成损伤。运动密度和强度需要教师在活动中同时关注，二者的有机结合是组织好一次体育活动的重要条件。因此，我们要注意运动强度与密度的合理搭配，运动强度较大则密度可以减小一些，反之，强度小，密度则可以增大一些。同时，注意动静结合，保证体育活动的科学、合理，才能保障幼儿在运动中获得有益锻炼。

三、关注自我保护意识和能力的培养

自我保护意识和能力的培养是保障幼儿生命安全、维护自身健康的前提。在幼儿成长的过程中，成人注意保护和照顾幼儿固然重要。但是，教育的最终目的是培养幼儿自我保护的意识和能力。因此，我们要根据幼儿的年龄特点，在活动中引导幼儿了解基本的安全知识，掌握一定的自我保护方法，逐步提高自我保护能力。一方面，由于幼儿活泼、好动，对外界事物充满好奇，喜欢动手摆弄和尝试，同时缺少对危险事物的判断能力，不能清楚地预见自己行为的后果，往往会诱发危险因素。因此，在生活中，教师要合理地利用生活中的资源，对幼儿开展安全和自我保护教育。另一方面，在户外体育活动中，由于幼儿活动范围广、情绪比较兴奋，大肌肉动作、大运动量活动比较多。而幼儿动作的灵敏性和协调性有限，自我保护意识和自我保护能力相对薄弱，容易发生磕碰、摔伤、撞伤等情况。因此，需要教师在组织体育活动时要把幼儿的安全放在首位。具体可以这样做：第一，教师检查活动场地和器材是否安全、便于幼儿活动，排查可能出现的安全隐患，做到心中有数。第二，带领幼儿一起观察场地和活动材料，鼓励幼儿观察、思考可能存在的危险，如何避免。之后，和幼儿一同制订活动计划，引导幼儿树立安全意识，提高自我保护能力。第三，活动中关注幼儿动作的规范性，减少危险行为。不规范的动作可能会造成幼儿身体的损伤。活动过程中，活动位置和人数多少、材料使用等方面也会产生安全隐患，所以教师必须做到及时发现并查找原因，针对情况进行合理指导。第四，利用活动后的总结帮助幼儿掌握安全自护的方法。每次体育活动后，教师可以借助小结环节引导幼儿表达自己在运动中遇到的危险和自我保护的方法，实现分享学习，强化安全意识。

四、关注对幼儿勇敢、自信等学习品质的培养

幼儿阶段所获得的个人体验及外部对他的态度和评价，在很大程度上影响着幼儿对自己的评价。成人的称赞及同伴的羡慕有利于幼儿形成自我肯定的概念认知，积极的自我概念将促使他们更加积极向上，勇敢自信。健康领域的活动是培养幼儿自信、勇敢、坚毅等优秀品质的重要途径。在体育活动中，教师要为幼儿创设具有挑战性的游戏情境，提供具有差异性、层次性的材料，鼓励幼儿根据自己的能力和需要进行挑战。成功之后，教师要多运用鼓励性的语言支持幼儿再向更高层次挑战。遇到困难，和幼儿一起分析原因，支持幼儿克服困难的决心。同时关注幼儿的心理需求和情绪变化。对受挫的幼儿，教师要给予更多的关注，引导幼儿用积极、乐观的态度正确看待成败与输赢，选择适宜的挑战，同时不灰心、不气馁，运用有效的策略支持幼儿在活动中获得更多成功的体验，从而提升自信，在一次次地尝试和锻炼中形成坚毅、勇敢的意志品质。

⊕ 第三节　健康领域教学活动的目标与内容

一、健康领域的目标

《指南》中指出："健康是指人在身体、心理和社会适应方面的良好状态。"由此可见，幼儿园健康活动的目标是促进幼儿身体健康、心理健康及社会适应能力发展的。

二、健康领域的内容

（一）身心状况

包括幼儿身体和心理两方面的发展状况。在身心状况中，特别提到幼儿要"具有健康的体态"，为了达到这个学习与发展目标，教师在日常生活中要关注幼儿的体态，帮助他们形成正确的站、坐、行走等姿势，及时引导和矫正幼儿不正确的体态。可以通过健康活动学习、图例和互动环境引发幼儿观察模仿、树立良好榜样等方式，引导幼儿在一日生活中互相学习、互相提醒，形成良好体态。在关注幼儿身体发展的同时，教师更要关注幼儿的情绪情感和心理健康。教师要欣赏幼儿，发现他们的优点，宽容和理解幼儿不当行为，建立平等、和谐的师幼关系。同时，教师要具有敏锐的观察能力，发现幼儿在一日生活中的不良情绪，通过询问、沟通等方式了解原因，积极地进行疏导和排解，帮助幼儿学会恰当的表达情绪、化解不良情绪。引导幼儿形成良好的情绪常态，提高幼儿环境适应能力，促进幼儿身心健康发展。

（二）动作发展

包括身体大肌肉动作和手部小肌肉动作的发展。大肌肉动作和小肌肉动作都是幼儿"动作发展"中的重要内容。在大肌肉动作发展方面，要注意兼顾幼儿的平衡能力，动作协调、灵敏方面的发展，适当的力量和耐力锻炼。教师可以开展丰富多样的适合幼儿年龄特点的室内、外体育活动，使幼儿积极锻炼，增强体质。在小肌肉发展方面，重点在于发展幼儿精细动作的灵活性与协调性。要充分利用日常生活中的各个环节，鼓励幼儿自己的事情自己做，通过自我服务和参与力所能及的劳动进行锻炼。同时，教师要创造条件和机会，提供给幼儿多次感知操作材料的机会，引导幼儿在有目的的游戏中提高小肌肉动作的灵活性。

（三）生活习惯与生活能力

包括与幼儿健康成长密切关联的生活习惯、卫生习惯、生活自理能力、安全常识与自我保护能力。生活习惯、生活能力和自我保护能力的培养应当立足于幼儿生活，结合幼儿一日生活各个

环节开展随机的健康教育，培养幼儿的良好习惯和生活能力。也可以针对幼儿的具体情况和健康教育重点、难点等内容开展有目的、有计划的学习和锻炼，帮助幼儿提升认识，提升能力。同时，教师要重视家园共育对于幼儿生活习惯与能力培养的重要作用。通过多种方式加强家园联系，实现对幼儿教育的一致性和一贯性，才能给幼儿创造一个持续、稳定的学习环境，有利于幼儿习惯的养成和能力的提升。

➔ 第四节 健康领域教学活动中的常见问题

幼儿健康已经成为教师时刻关注的问题，但在健康教育活动实践中，仍然存在很多问题，只有解决好这些问题，才能有效发挥健康教育活动的价值，真正促进幼儿健康发展、全面发展。

一、关注身体健康多，对心理健康关注得不够

身体健康与心理健康之间是密切关联、相互影响的。身体健康是心理健康的基础，心理健康又是身体健康的必要条件。幼儿期不仅是身体发育的关键期，更是性格养成的关键期，培养身心健康的幼儿是我们的使命。然而在幼儿园教育活动中，一方面，教师将关注点放在了易于辨识、更容易获得结果的幼儿身体健康上面，而忽视了需要仔细观察、细心聆听、耐心引导的心理健康。另一方面，很多教师将心理健康和身体健康的培养割裂开来，甚至认为心理健康与体育运动等教学活动的关系不大。因此，教师往往更注重幼儿外在技能的学习。例如：关注幼儿是否跑得快、跳得高、投得远，对幼儿内心的感受如幼儿是否在活动中能够乐于接受挑战、积极面对失败、不怕困难、保持乐观情绪等积极、健康的心理状态关注得不够。因此，健康教育的目标是培养身心健康的幼儿，两者缺一不可。

二、关注下肢动作多，对上肢锻炼得不够

幼儿天性好动，喜欢跑跑跳跳。在日常的体育运动中，教师组织追跑、跳跃类活动数量居多。在此类体育活动中，大部分锻炼的是幼儿下肢的动作和力量。还有些教师存在这样的错误观念，认为下肢的活动可以带动幼儿全身进行运动，如当幼儿在做跑的动作时是全身都在运动中的，而单一的上肢运动则不能达到这样的效果。但事实上，在进行下肢锻炼时，上肢虽然也在随着运动，但是运动强度是十分微弱的，所以上肢得到的锻炼也是十分有限的。幼儿本身上肢力量发展就比较薄弱，要让幼儿的身体实现协调、灵敏、均衡的发展，需要均衡锻炼上、下肢动作，丰富和加强上肢锻炼的内容。

三、关注活动类型多，对活动深度研究得不够

教师在组织体育活动时能够考虑不同类型的活动内容，尽可能地保证幼儿多方面运动的体验，提高幼儿运动兴趣，获得快乐体验等。但是，研究活动的深度不够。就一个活动内容而言，如何科学、合理地组织，如何科学、有效地提高幼儿的身体素质、真正促进幼儿健康发展方面研究不足。在教学活动实践中，存在着这样的现象：活动内容多而杂，华而不实，深入研究幼儿发展规律和运动特点不足，一方面是教师对幼儿健康活动和体育运动的关键经验概念不清晰、理解不透彻、目标定位不准确，另一方面是教师在如何通过教学过程落实教学目标思考得不足。这样的教学活动实质上只是走了过场，并不深入，对于幼儿的发展来说也不会起到很大的作用。

四、关注运动方式多，对活动材料探究得不够

活动材料是支撑幼儿学习和锻炼的重要媒介，对提高幼儿健康教育和体育锻炼具有重要的作用，是支持幼儿主动学习、探究自身能力、完成运动目标的重要一环。然而，在教学实践中，教师将精力更多地放在活动形式的设计中，忽略了活动材料的灵活运用和科学使用，造成了教育资源、活动时间的浪费，以至于影响教育效果和幼儿发展。因此，教师首先要加强对活动材料价值的分析和研究，例如，材料的一物多用；哪些材料便于幼儿根据自己的需要自主选择；在投放材料时，哪些材料具有梯度，能够满足不同能力的幼儿参与挑战；哪些材料方便幼儿自主取放、易收整，便于培养幼儿合作能力和自我服务意识，同时能够节省活动中搬运器材的时间，提高活动效能；哪些材料可以引导幼儿探究多种玩法，发挥材料的挑战性等。只有教师深入研究材料的特点和特性，才能针对教育目标灵活运用，发挥材料在教育活动中的最大功效。

五、关注体育活动时间多，对运动强度、密度研究得不够

现阶段，大部分教师都能注意和把握每次体育活动的时间，同时也能够在组织时按照热身活动——主体活动——放松活动的流程进行。一次体育活动运动强度与活动密度的安排是保证活动质量和效果以及幼儿安全、健康和发展的前提。不同类型的体育活动，它的运动密度与时间的比例和运动强度存在巨大差异。然而，在体育活动中，教师们却容易忽略这两方面内容。以幼儿在活动中的强度为例，有的教师在环节安排上，只注重活动的连贯性和挑战性，一个游戏紧接着一个游戏，一个挑战接着一个挑战，看起来非常精彩，但是幼儿连续参与，活动强度和密度过大，导致运动超出幼儿身体负荷，运动量超越了幼儿身体的承受范围或强度持续承受时间。而幼儿自我控制和自我调节能力有限，教师如果没有观察和思考意识，不能从幼儿的表情、脸色和身体状况等细节中发现问题，调整活动节奏，致使幼儿发生动作变形、体力透支等情况，损害幼儿身体。有的活动则是运动强度、密度不足，达不到锻炼的目的。

➡ 第五节　健康领域教学活动的指导要点

一、关注幼儿心理健康，培养幼儿乐观、积极的态度

在一日生活中创设温馨的人际交往环境，让幼儿感受安全和关爱，理解幼儿的不良情绪和不当行为，给予适宜的引导，帮助幼儿形成积极、稳定的情绪情感。在体育活动中，在保证幼儿身体发展的同时，也要关注幼儿的心理健康。教师可以尝试从以下三个方面着手：第一，设置适宜的情境。情境的创设要依据不同阶段幼儿的年龄特点和活动内容进行创设。适宜的情境能够激发幼儿参与活动的积极性，促进幼儿以积极的情绪和情感参与到活动中去。第二，科学安排活动过程。在活动过程中，一方面要给予幼儿充分体验、参与活动的机会，避免消极等待。另一方面教师要通过活动间隙的交流和细心观察，发现幼儿的身体和情绪状态，及时与幼儿进行交流，疏导不良情绪。第三，提供有层次性的活动材料。幼儿在运动能力和心理素质方面存在差异，因此，适宜的材料对幼儿在活动中体验成功至关重要。层次性的材料可以满足不同能力和水平的幼儿自主选择，帮助他们在自己能力范围内尝试挑战，获得自信。

二、合理分配上、下肢运动，促进幼儿动作均衡发展

幼儿动作发展需要上、下肢协调一致。因此，对上、下肢的锻炼需要均衡。首先，可以在一

次活动中穿插和安排上、下肢的运动，保证运动量的平衡。如新的活动内容如果是上肢运动，那么在复习的内容上就可以选择下肢运动，避免幼儿身体局部过度疲劳。也可以利用游戏情境，创设整合性的活动内容。其次，教师可以有目的地安排相邻两次体育活动或户外活动的内容，轮流设计上、下肢运动。例如，上午重点开展幼儿上肢运动，下午重点进行下肢运动，保证上、下肢都能得到均衡锻炼。

三、关注活动过程的层次性，确保幼儿运动方式科学、健康

前面我们已经提到，幼儿体育活动包括热身环节、主体环节和放松环节三个部分。每个环节对于幼儿健康发展都有特殊的目的和意义。因此，在活动组织的过程中，教师要重点关注以下几个方面：首先，三个环节缺一不可，不能随意删减。第二，三个环节按顺序依次进行，不能随意颠倒、调换。第三，每个环节的内容要做到充分、有效，能够实现环节目标，确保活动符合幼儿机体运动规律，促进幼儿在运动中获得有益锻炼，提高身体素质。

四、关注活动材料的科学运用，支持幼儿开展多样化体育活动

活动材料为幼儿参与体育运动提供重要支持，也是教师组织教学的重要手段。因此，教师必须对所有材料的用途、功能和特点全面地了解、深入地分析，才能在活动中恰当、灵活地运用，支持幼儿有效进行体育锻炼。反之，则会出现材料使用不当或使用不充分，消耗活动时间的问题。教师可以从两个方面入手：第一，一物多用。即一种材料支持多种运动形式。如常见的包装纸盒，可以利用其外形特点开展不同动作的锻炼，可以用纸盒运东西，加强上肢力量的练习，也可以用于跨、跳等挑战性游戏，还可以引发幼儿自己设计材料的多种玩法，起到多样化锻炼的目的。第二，多种材料支持同一种动作练习。例如：开展爬的活动，垫子、纸箱、轮胎、纸板都可以作为爬的材料，由于这些材料质地、构造不同，使幼儿爬行的感觉和难易程度形成较大差异，丰富了幼儿多种运动体验，增加了幼儿参与活动的乐趣，提升了运动的层次性。同时，在活动中，教师要注重鼓励幼儿自主选择材料，探索材料的不同玩法。

五、关注活动的科学性，保障运动强度、密度的合理性

一次体育活动能否达到科学的锻炼标准，要看活动的强度与密度安排得是否合理。在具体教学活动中，开始部分以运动量不大的、有针对性的准备练习活动为主。主体部分应逐渐加大运动量的强度和密度，使幼儿达到适宜的生理负荷曲线高峰。一般情况下，教师可以依据幼儿面部表情、汗液分泌、呼吸和运动情绪进行判断。更为科学、准确的方法是测量心率。幼儿平均心率在140～170 次/分钟，心率最高不超过180 次/分钟，最低不低于130 次/分钟。结束部分可以安排活动量较小的游戏或放松活动。教师在组织、指导活动时，要注意活动形式动静结合、节奏紧密，减少消极等待时间，保证运动量的强度和密度科学、合理。

六、关注幼儿的意志、品质，培养幼儿自信、勇敢的品格

体育运动是培养幼儿良好的学习品质和坚强、勇敢、自信等优秀品格形成的重要途径。因此，教师要通过创设环境和提供支持的方式促进幼儿意志、品质的形成与发展。首先，要为幼儿提供充分体验和在集体面前表现的机会，在体验中积累经验，在展示中建立自信。第二，关注幼儿的情绪变化，多给幼儿心理安慰和疏导，支持他们找到解决困难的方法，树立应对困难的信心。特别是当幼儿感到困惑或因缺乏自信而出现消极心态时，教师更要理解并引导幼儿，使幼儿认识到自己的力量和能力，提升自信心，以积极的状态投入到活动中。第三，为幼儿设置有差异

性难度的运动，让每个幼儿能够根据自身的运动能力选择适宜的活动，获得成功的体验。第四，设计具有多层次、挑战性的活动，鼓励幼儿积极挑战，不怕挫折和失败，勇于想办法解决问题。同时，在活动中培养幼儿的合作意识，提高幼儿的合作能力。

➡ 第六节　健康领域教学活动案例及点评

一、小班活动案例

案例一：保护我的小脚丫（安全自护）

◆ **活动来源**

脚对于幼儿来说，并不陌生，每天的行走、运动都离不开脚。幼儿对于脚的功能，已有一定的感性认知。小班幼儿处于具体形象思维阶段，还不能将具体的、零碎的认识进行概括和归纳。为了引导幼儿自己探索小脚的秘密，加深对脚的认识，养成良好的卫生习惯，知道必要的安全、保健常识，因此，我们设计了"保护我的小脚丫"的活动。

◆ **活动目标**

（1）在活动中探索脚的秘密，体验游戏的快乐。

（2）在游戏中，能感知物品的软硬及鞋子大小的不同。

（3）知道生活中鞋能保护自己的脚，穿合适的鞋行走、跑跳最安全。

◆ **活动重点**　感知物品的软硬及鞋子大小的不同。

◆ **活动难点**　知道生活中鞋能保护自己的脚，穿合适的鞋行走、跑跳最安全。

◆ **活动准备**

1. **经验准备**　前期熟悉《大钉子、小钉子》的歌曲。

2. **物质准备**　用海绵铺的路；用石子铺的路；爸爸、妈妈、小朋友的鞋若干双；音乐《大钉子、小钉子》。

◆ **活动过程**

（一）开始部分：游戏"彩色的路"

1. 引发幼儿走彩色路的兴趣

教师：孩子们，你们看看前面有什么？

幼儿1：我看到了，有两条路。

幼儿2：我看到了，是彩色的路。

2. 带领幼儿走走这两条路，引导幼儿发现每条路的不同

教师：你们想不想试着走一走这两条路？

幼儿：想。

教师：今天走这两条路的时候，我们要将自己的鞋脱掉，光着小脚走一走。

幼儿：太有意思了，光着脚丫走。

教师：现在，我们把自己的小鞋脱下来，放在鞋架上。

幼儿把鞋和袜子脱下来，放在鞋架上。

教师：请你走一走这两条路，体验一下，不穿鞋走路是什么感觉？

幼儿光着脚，走一走这两条路。

3. 分享走两条路的感受

教师：你们刚才走了这两条路，小脚丫有什么感觉？

幼儿1：这边这条路走着软软的感觉。

幼儿2：这边这条路有东西硌着我。

幼儿3：硬硬的感觉，走着不舒服。

幼儿4：两条路看着一样，走起来的感觉却不一样，一条路脚走起来的感觉很舒服，另一条路走起来不舒服，有点疼。

幼儿5：这条路，我走到了头。另一条路，我只走了两下，就不敢走了。

4. 请幼儿穿上自己的袜子再走一走，并说出自己的感受

教师：请小朋友们穿上自己的袜子，再走一走这两条路。

幼儿穿上自己的袜子，走一走这两条路。

教师：请你说一说，和刚才光着脚走的感觉一样吗？

幼儿：走软软的路时，还是软软的感觉。

幼儿：穿上袜子以后，我稍微敢走这条硌脚的路了，脚不疼了。但是，还是不舒服。

5. 请幼儿穿上自己的鞋走一走，并说出自己的感受

教师：现在，你们再穿上自己的鞋，走一走。

幼儿穿上自己的鞋，走一走这两条路。

教师：请你说一说，这次走的感觉是怎样的？

幼儿：刚才觉得软软的路，现在感觉不是很软了，有点像走平地了。

幼儿：这回再走刚才硌我脚的路，我都不怕了，一点儿也不疼了。

教师小结：我们的小脚能感觉软硬不同的物品，当有疼痛感的时候，就说明物品对我们的脚是有伤害的。同时，我们也知道了袜子和鞋对小脚是有保护作用的。

（二）基本部分：游戏"穿穿大鞋和小鞋"

1. 请幼儿观察鞋架上的鞋

教师：请小朋友看一看，你发现架子上有什么？

幼儿1：有妈妈的鞋、爸爸的鞋。

幼儿2：有高跟鞋，有皮鞋、运动鞋。

幼儿3：都比我们的鞋子大。

2. 请幼儿分别穿上爸爸、妈妈和自己的鞋做游戏，感受它们的不同

教师：你们选一双自己爸爸或妈妈的鞋，穿一穿。在保护自己不受伤的前提下，我们一起玩一个游戏。

幼儿自由选择穿爸爸或妈妈的鞋。

教师：下面，我们玩一个"走一走　跑一跑"的游戏，注意保护自己别受伤。

幼儿听教师的指令做相应的动作。

3. 幼儿分享穿大鞋的感受

教师：刚才，你们穿爸爸、妈妈的鞋做游戏，有什么感觉？

幼儿1：妈妈的鞋有点儿高，我不敢跑。

幼儿2：这个鞋老掉。

幼儿3：我穿妈妈的鞋走不稳。

幼儿4：我老拖着鞋走。

教师小结：穿上爸爸、妈妈的大鞋，小朋友们都会走不稳，鞋容易掉，还容易摔跤，影响自己的活动，只有穿上合适的鞋才安全和舒服。

（三）结束部分：游戏"大鞋小鞋踏踏踏"

1. 教师和幼儿一起回忆歌曲《大钉子、小钉子》

教师：你们还记得我们唱过的歌曲《大钉子、小钉子》吗？

幼儿：记得。

教师：我们一起唱一遍吧！

2. 幼儿和教师一起改编歌曲《大鞋小鞋踏踏踏》

教师：现在，我们把歌词改一改，把大钉子改成大鞋，小钉子呢？

幼儿：改成小鞋。

教师：想一想，敲敲敲改成什么？鞋子发出的声音是怎样的？

幼儿：踏踏踏。

3. 玩游戏"大鞋小鞋踏踏踏"

教师：请幼儿一只脚穿着自己的小鞋，另一只脚选一只大鞋穿上，边唱歌边做动作，再次感受穿着两种鞋的不同。

◆ **活动延伸**

（1）在日常活动中，还可以投放不同材质的毯子，引导幼儿光着小脚丫，在毯子上走一走，用脚感受不同材质的毯子。如塑料地毯是光滑的；电热毯通上电，是热热的感觉；毛毯是扎扎的感觉等。

（2）可以将爸爸、妈妈的鞋投放到娃娃家，增加幼儿扮演家长的兴趣，在游戏中体验穿不同鞋带来的乐趣。

（3）看一些有关保护脚的视频，学会自我保护的方法。

◆ **活动反思**

幼儿在生活中因为好奇，总喜欢穿大人的鞋跑来跑去，缺乏自我保护意识，容易受伤。通过这个活动能够初步引导幼儿形成安全意识，学会保护自己小脚丫的方法。

活动环节的游戏设置从幼儿的生活中来，能够抓住幼儿的兴趣，利用环环相扣的游戏，丰富幼儿的感知经验。在操作、尝试中，引导幼儿体会保护自己身体的重要性。虽然活动的主体是小班的幼儿，但他们同样能通过体验材料说出自己的感受。教师通过提问、体验、延伸等活动帮助幼儿进一步了解脚的功能，体验脚踩在不同材料上的感觉。在情景中引导幼儿认识为什么要穿鞋，穿合适鞋的原因，从而让幼儿对自我保护、自身安全有更加清晰和准确的认识。

（执教教师：北京市西城实验幼儿园　崔瑾洁）

◆ **活动点评**

此活动内容源于小班幼儿生活中的表现，很好地把握了小班幼儿的年龄特点，在满足幼儿好奇、好动、好问的基础上，帮助幼儿获得新经验。

活动过程在多样化游戏体验中进行。活动过程设计了三个游戏，每个游戏内容都为完成活动目标提供了具体的操作方法。幼儿在游戏中明确了脚的功能和保护小脚不受伤的方法。活动内容融合了幼儿多种体验和多个领域的内容，并且具有延续性，可以不断拓展幼儿的新经验，增强幼儿自我保护意识。

（活动点评：北京教育科学研究院早期教育研究所　何桂香）

案例二：帮助老鼠阿姨送礼物（上肢力量）

◆ **活动来源**

在体能测试过程中，我发现本班幼儿"投掷"这项测试成绩普遍偏低，一方面说明幼儿上肢力量薄弱，另一方面也反应了平时幼儿园活动中专门针对幼儿上肢锻炼的活动较少。殊不知，一些体育活动看似需要下肢的爆发力来完成，但经过仔细分析才发现，上肢也有着重要的作用。比如：体能测试中的跳远，一些幼儿跳不远的原因在于不知如何摆臂，而非下肢力量不足。要提升幼儿身体动作的协调能力，需要保证上、下肢动作均衡发展。结合幼儿体能发展中的缺失和体育活动中上、下肢活动不均衡的问题，我设计了此次活动，目的在于加强幼儿上肢动作和力量的锻炼，使幼儿上、下肢能够均衡、协调的发展。

◆ **活动目标**

（1）尝试用端、托、举、抱、传、拉等方式运送礼物。

（2）能够在搬运礼物的过程中保持身体的平衡。

（3）体会用多种方法玩鞋盒的乐趣。

◆ **活动重点** 尝试用端、托、举、抱、传、拉等方式运送礼物。

◆ **活动难点** 能够在搬运快递的过程中保持身体平衡。

◆ **活动准备**

1. 经验准备 阅读过绘本《老鼠阿姨的礼物》；玩过多人排成一队传递物品的游戏。

2. 物质准备 音乐《嘀嗒节奏音》、舒缓音乐、装有轻重不同玩具的鞋盒（至少每人2个）、大纸箱若干、大麻袋、小动物毛绒玩具若干、宽阔的场地（长度约20～30米），拱形门若干。

◆ **活动过程**

（一）开始部分：情境引入、快乐热身

教师：今天，老鼠阿姨给小动物们准备了许多礼物。但是，这么多的礼物，它搬不动，想请小朋友们帮帮忙。

幼儿：我愿意帮助老鼠阿姨。

教师：搬运礼物需要费很大的力气，很辛苦。我们一起听着好听的音乐，先活动一下身体吧！

教师带领幼儿听音乐活动全身，重点活动肩膀、手臂、手腕、膝盖和脚踝等部位。

（二）基本部分：结合绘本情节，开展与礼物有关的游戏

1. 掂掂礼物有多重

教师：这里有许多礼物。请你选三个礼物盒，分别拿起来掂一掂，说一说你发现了什么。

幼儿1：这个特别轻。

幼儿2：这个盒子里面东西多。

幼儿3：这个礼盒大。

幼儿4：这个是重的，这个是轻的。

2. 给礼物做检查

（1）介绍游戏玩法。

教师：今天，我们要送的每一件礼物都要先进行安全检查。接下来，要先把礼物送到对面的检查站（场地对面拱形门的位置）进行安检，然后再把礼物拿回来。要走着去，走着回。小朋友们要拿着东西走，需要注意什么呢？

幼儿1：别摔倒。

幼儿2：不要把礼物掉到地上。

（2）幼儿尝试游戏。

教师：请小朋友们每人选择一个礼物盒，用自己的方式拿着礼物盒，走到对面的检查站进行安检，然后再拿着礼物走回来。

重点指导：启发幼儿用自己的方式搬运礼物。运送礼物的过程中，不要着急，提醒幼儿不能跑。

（3）经验分享。

教师：刚才，你是怎么把礼物运去安检的？和大家说一说，小朋友们也可以学一学。

幼儿1：我把礼物抱在了怀里，这样就不会掉了。

幼儿2：我用两只手托着礼物，快掉了，我就把它靠在身上。

幼儿3：礼物有点沉，我就学爸爸扛着我的样子，扛着礼物。

教师：放肩膀上，这个办法和别人都不一样。

幼儿：我是这么举的（胳膊肘朝下，手持盒子朝上，两手托举）。

教师：托举的办法也不错哦！

3. 给小动物送礼物

（1）介绍游戏玩法。

教师：这次要帮老鼠阿姨送礼物啦！我们要拿着礼物，走着送到小动物的花园里，再跑回来。因为，礼物太多了，老鼠阿姨说：请大家一次要多拿几个礼物。想一想，怎样才能多拿一些呢？你们可以先试一试！

幼儿：我这样，用胳膊夹着（一个胳膊下面夹一个鞋盒）。

教师：好方法，看他的小手还紧紧地托着盒子的底部呢！

幼儿：看我胳膊多长，能抱两个。

教师：你把盒子垒成"大高楼"，走起路来，它会不会倒啊？

幼儿1：不会的，我的手托着呢，它还能靠在我的肚子上。

幼儿2：我能这样（把两个鞋盒横在胸前，胳膊向前伸长，一边用胸口抵住，另一边用双手揽住）。

教师：你们可真聪明，都想出了好办法。小朋友们拿这么多、这么重的礼物，我们要注意安全，不要摔倒哦！

（2）幼儿送礼物。

幼儿将礼物送到小动物的花园（场地对面毛绒小动物处），再跑回来。

重点指导：鼓励幼儿用自己的方法坚持把礼物送到指定位置。如果有些幼儿坚持不下去，可以选择另一种方式继续送礼物。提示幼儿走着去，跑着回。

（3）经验分享。

教师：请小朋友们互相说一说，你是怎么运送礼物的，胳膊有什么感觉？

幼儿：我都快要拿不住了，就这样，（边说边示范动作）给小动物送礼物的。

教师：你半路换了一种搬运方法，最后还是把礼物送到了。能坚持到底，给你点赞。

幼儿：我胳膊都累了，我也送到了。

教师：你们都能坚持到底，不怕累。咱们给自己鼓鼓掌吧！

4. 神奇的工具

（1）尝试新材料。

教师：小朋友们都很努力，但是礼物还是没有送完，我们还可以怎样运，一次能多运几件礼物呢？（教师边说边引导幼儿观察工具和材料）请小朋友们先试一试，还有什么办法能多运礼物？

幼儿1：哈哈！看我把小盒子装在大盒子里啦！

教师：怎么运呢？

幼儿1：推。（幼儿弯着腰，推着大鞋盒在地上走）

幼儿2：我还能找找更大的盒子。

教师：你一个人，推得动吗？

幼儿3：我也想推着走。

教师：很好啊！如果太重，你们可以一起推。

幼儿4：我的大口袋，装好多。（用麻袋装了三个盒子）

幼儿5：口袋太大，你拿不动。

幼儿4：我能拉着走，看！（幼儿拽着口袋，倒退着走）

（2）幼儿搬运礼物。

教师：你们的方法太好了！如果你运完一次，还可以再运送一次哦！也可以试试别人的方法。

重点指导：鼓励幼儿尝试用多种办法运送礼物，遇到有困难的幼儿，进行个别指导，支持他们把礼物运送到目的地。

配班教师支持几名幼儿探索用推的方式运送最大的纸箱。

5. 老鼠阿姨的彩虹伞

（1）提出新任务。

教师：看，小动物们都喜欢礼物。老鼠阿姨又准备了许多礼物，还给咱们送来了一个大大的彩虹伞。请小朋友们想一想，怎样才能一下子就把所有的礼物都送到小动物那里呢？

幼儿1：把彩虹伞变成一个大口袋，把礼物都装上。

幼儿2：彩虹伞不是口袋，是平平的。

幼儿3：把礼物放在彩虹伞上，我们拉着走。

教师：怎样才能让礼物不从彩虹伞上掉下来呢？

幼儿3：我们抓着彩虹伞的边，不让它掉下来。

教师：大家一起试试吧！

（2）大家一起运礼物。

重点指导：幼儿将礼物放在彩虹伞上，大家围着彩虹伞站一圈，抓住彩虹伞的边缘，保持一定的距离，一起向前走。重点关注走在彩虹伞前面的幼儿，指导他们身体向前，双手放在身后，抓着彩虹伞。

6. 给老鼠阿姨送礼物

（1）介绍游戏玩法。

教师：小动物们收到老鼠阿姨送的礼物都非常高兴！它们也要给老鼠阿姨一个惊喜，也需要小朋友们帮忙，你们愿意吗？首先，请小朋友们排成长长的一队，把老鼠阿姨和小动物花园连起来，然后将小动物的礼物一个一个地传到老鼠阿姨家里。

（2）幼儿传送礼物。

幼儿将小动物们的礼物盒通过传递的方式传到老鼠阿姨家。

重点指导：这一环节提示幼儿传礼物的时候要拿好礼物，传完礼物，可以适当放松休息。

（三）结束部分：放松活动

1. 大鞋子舞会

教师：老鼠阿姨收到了小动物们送的礼物特别高兴！邀请我们参加它的特殊舞会，分享它的快乐。请小朋友们穿上用废弃礼物盒做的大鞋子，随着音乐跳舞吧！

重点指导：幼儿自选鞋盒，跟着音乐慢慢走，并做放松手臂的动作。

2. 收拾、整理材料

教师和幼儿伴随音乐一起将鞋盒收拾整齐。

◆ 活动反思

此次活动以幼儿喜欢的绘本作为切入点，利用绘本故事情节生成了一次既有趣又有意义的体育活动。活动中，教师能够充分利用鞋盒可以变换多种玩法的特点，引导幼儿尝试用端、托、举、抱、传的动作运送礼物。幼儿既有个体运送礼物的体验，也有和同伴一起运送礼物的体验，体验共同游戏的快乐。每一个环节难度递进，有效地锻炼了幼儿的上肢力量，同时，促进了幼儿上、下肢协调运动的能力。

（执教教师：北京市丰台区第一幼儿园　张铃悦）

◆ 活动点评

教师能够关注小班幼儿动作发展中上肢力量不足的问题，有针对性地开展活动，并且能够结合小班幼儿爱模仿、爱游戏的特点设计游戏情境和好玩的内容，不仅关注了问题，而且能较好地把握幼儿年龄特点。活动突出了以下几个特点：

1. 活动材料物化目标

活动中的鞋盒、纸箱、彩虹伞都是可以变换多种玩法的材料。活动中，教师为幼儿提供了探究材料不同玩法的机会，幼儿可以自由尝试，也可以通过同伴间的模仿学习，对材料不断地尝试和体验，不仅充分利用了材料，也为完成目标提供了依据。

2. 多种方式指向目标

活动过程可以结合绘本故事内容展开，在游戏情境中层层深入，每一个环节都不是孤立的，既为下一个环节做好铺垫，又能层层递进，增加难度，不断地帮助幼儿形成经验、落实目标。

3. 多个目标自然融合

活动中自然渗透多个目标，体现领域之间、目标之间的自然融合，如大小、轻重的感知和比较，小盒子可以放进大盒子里，物品数量多了要用更大的材料装运，小朋友愿意帮助别人做事情、知道分享礼物等目标，这种自然渗透和巧妙融合对幼儿发展起到了有效作用。

（活动点评：北京教育科学研究院早期教育研究所　何桂香）

案例三：原来我们都会哭（心理健康：排解不良情绪）

◆ 活动来源

随着幼儿对幼儿园的逐步适应，没有了分离焦虑，孩子们哭闹的现象会减少。然而，我发现班级里有许多幼儿遇到一些小事总爱哭鼻子，有时甚至大哭不止。一方面是因为小班幼儿的年龄特点，情绪不稳定，起伏大。另一方面与现在幼儿以独生子女为主，家长对幼儿过度保护、过分溺爱有关。还有就是幼儿对自我情绪认识不清，缺少自我调节的意识和方法。为了培养幼儿良好、稳定的情绪，提高幼儿自我调节情绪的能力，我设计了此次活动，旨在通过活动促进幼儿心理健康发展。

◆ 活动目标

（1）知道每个人都会哭，哭是人们表达不同情绪的一种方式。

（2）愿意表达自己的感受，了解调节坏情绪的多种方法。

（3）体验与同伴一起游戏的快乐。

◆ 活动重点　知道每个人都会哭，哭是人们表达不同情绪的一种方式。

◆ **活动难点**　了解自我调节坏情绪的方法。

◆ **活动准备**

1. 经验准备　看过《狮子王》的动画片，了解喜羊羊、美羊羊等动画角色，与家长提前沟通，需要时可以视频通话。

2. 物质准备　美羊羊、喜羊羊和沸羊羊的手偶，小狮子的毛绒玩具，《哭鼻子小孩》小葫芦剧场视频或音频片段、解放军流眼泪的照片（如看信、退伍、受表彰时的照片）

◆ **活动过程**

（一）开始部分：情境导入，引出关于"哭"的话题

1. 动画片情节引入活动

教师用手偶讲述故事：美羊羊不小心丢了心爱的小皮球，伤心得哭了起来。沸羊羊说："丢了东西就哭鼻子，一点儿也不勇敢，是个胆小鬼。"美羊羊不服气地说："你难道就没哭过吗？"沸羊羊挠挠头，不好意思地说："嗯，其实我也哭过。"美羊羊接着问："你什么时候哭呢？"沸羊羊涨红了脸，说："我打针的时候哭了。"

2. 引发幼儿回忆自己哭的情形

教师：美羊羊想问问小朋友们，你们也哭过吗？因为什么事情哭呢？

幼儿1：我哭过，离开妈妈，上幼儿园的时候。

幼儿2：我也哭过，是我摔倒了，腿流血了。

幼儿3：我把青菜扔到地上，爸爸批评我，我就哭了。

幼儿4：我想吃冰激凌，奶奶不给我买，我就哭。

幼儿5：姐姐总是比我跑得快，我就生气地哭了……

教师：现在，大家都悄悄地和身边的小伙伴说说，你是不是哭过呢？是什么时候哭的？

幼儿互相说一说自己哭的经历。

教师：怎么才能知道大家是不是都哭过呢？请哭过的小朋友做一个小哭脸的表情。（教师也做哭脸表情）

幼儿：老师，您也哭过吗？

教师：对呀，老师也哭过。

幼儿：你为什么哭啊？

教师（皱了皱眉头）：小时候和你们一样，打针的时候哭过，第一次上幼儿园的时候哭过，还有很多呢，长大的时候，（想了想）我最好的朋友要去很远的地方，我就哭了。（表现很难过的样子）

幼儿：老师，你别伤心。

教师：看来，我们都哭过啊！

（二）基本部分：愿意表达自己的感受，知道每个人都会哭

1. 还有谁会哭

教师：幼儿园里的哥哥、姐姐和老师们也都会哭吗？

幼儿：会哭吧？

教师：我们可以去采访他们，你想问谁呢？

幼儿1：我想问高个子的小燕老师，她那么高，也哭吗？

幼儿2：我想问小瑞哥哥（男老师）。

幼儿3：我想问问大班的哥哥、姐姐。

幼儿4：我想问问食堂的阿姨，她们不怕烫，肯定不哭。

幼儿5：我想问保安叔叔，他哭过吗？

教师：好，你们都想好了要问谁，再想一想见面要怎么问，要注意有礼貌哦！

教师（班里三位教师分工，分组带着小朋友去采访）：去一层问的小朋友跟着×老师，去二层问的小朋友跟着我，去问保安叔叔和食堂阿姨的小朋友跟着×老师。

幼儿分组去采访。

重点指导：路上注意安全，幼儿轮流询问，引导幼儿把问题说清楚。

教师：你们都有答案了吗？

幼儿：高个子的小燕老师也哭过呢！

幼儿（偷偷地说）：小瑞哥哥长大了，只哭过一次，他说不能告诉别人，这是我们的秘密。

幼儿：大班的哥哥说，跳绳比赛，他没得第一，就哭了。

幼儿：保安叔叔说，给老家妈妈打电话时哭了。

幼儿：食堂阿姨说，爸爸生病了，她就哭了。

教师：听完大家的调查，你们发现了什么？

幼儿1：所有人都会流眼泪。

幼儿2：大家都不勇敢。

幼儿3：我们都会哭。

2. 勇敢的人也会哭吗

教师：我们都哭过，不过最勇敢的人是不是就不会哭了呢？

幼儿1：勇敢的人肯定不会哭，我爸爸就勇敢，咬了舌头也不哭。

幼儿2：勇敢的人也哭，就是不让人看见。

幼儿3：勇敢的人没有眼泪。

教师：勇敢的人到底会不会哭呢？咱们先想一想，谁是勇敢的人？咱们可以用视频或电话问问他呢！

幼儿：我想问问我爸爸，他肯定不会哭。

微信语音连线幼儿的爸爸，幼儿：爸爸，你哭过吗？

幼儿爸爸：小时候，因为我最喜欢的小狗去世了，所以哭了。不过，我现在不爱哭了。

幼儿1：我爸爸小时候哭过，现在勇敢了。

幼儿2：我觉得解放军叔叔最勇敢，他们从来不哭吧！

教师：解放军叔叔一般的时候不会哭，但有时候他们也会哭呢！来，我们一起看看他们的照片。

观看解放军图片。

第一幅：退伍军人哭的照片。

第二幅：边防战士读妈妈来信时的照片。

第三幅：完成任务、接受表彰的解放军照片。

幼儿1：哦！最勇敢的解放军叔叔也会哭啊！

幼儿2：小孩儿爱哭，大人也会哭。

教师：你们说得都很对，我们在失去自己喜欢的东西、身体不舒服、离开亲人和朋友、遇到伤心事儿的时候都会哭。

幼儿1：为什么那位解放军叔叔得到奖牌的时候也哭了呢？

幼儿2：高兴的时候，有的人也哭呢！我妈妈上次看电视时，笑得都流眼泪了。

教师：哦！看来我们高兴或激动的时候，也可能会流眼泪呢！哭是我们表达伤心或开心的一种方法。不开心的时候哭一会儿，就能把藏在我们身体里不好的坏情绪都释放出来，我们就轻松啦！所以，偶尔哭一下是很正常的，不是我们不勇敢哦！

3. 经常哭会怎么样

教师：看来伤心、难过时，哭是很正常的事儿。如果因为一点儿小事，就哭起来没完，到底好不好呢？

幼儿：不好，我妈妈说，总是哭的小朋友不漂亮。

教师：嗯嗯，有道理，哭的样子确实不好看。

幼儿1：大声哭的时候，嗓子会疼。上次，我就是因为哭得太大声，嗓子都发炎了。

幼儿2：又哭又闹，爸爸说会吵到邻居。

幼儿3：总是哭，别的小朋友就不喜欢你啦！

教师：你们喜欢什么样的小朋友呢？

幼儿：我喜欢勇敢、爱笑的小朋友。

教师：小朋友们总是哭不仅会伤害自己，还会影响别人。我们一起听听，医生是怎么说的吧！

看课件小葫芦剧场《哭鼻子小孩》，哭对身体伤害的视频片段。如果考虑幼儿长时间观看视频，会伤害眼睛，可以改为听声音。

教师：刚才，医生说经常哭对咱们的身体哪里不好了？

幼儿1：眼睛容易发炎。

幼儿2：爱生病。

幼儿3：肚子疼，吃东西不舒服。

教师：总哭鼻子，会让我们情绪不好，生气、伤心，这样我们身体的"小卫士"就会离开我们，小病毒就会来到我们身边。

幼儿：爸爸、妈妈会担心的。

教师：嗯嗯！是这样的。

（三）结束部分：知道不开心时，可以怎么做

1. 我们也有好办法

教师用手偶模仿美羊羊，教师：有的时候，我也不想哭，可是眼泪就会往下流。遇到伤心的事，怎么才能让我不哭了呢？小朋友们，你们有什么好办法帮帮我吧！

幼儿：和爸爸、妈妈说，他们一定有办法，是爸爸、妈妈告诉我的。

教师：嗯嗯！我的爸爸、妈妈也是这样说的。

幼儿1：唱歌啊！奶奶说唱歌就开心了！

幼儿2：我爷爷说唱京剧。

教师：哦！做一些自己喜欢的事情，就会忘掉不开心，好办法！

2. 勇敢的辛巴

出示小狮子手偶，教师：想一想《狮子王》里的小辛巴被赶出荣耀国，它是怎么从伤心、难过变成快乐的呢？

幼儿：和野猪彭彭、猫鼬丁满玩。

教师：哦！和好朋友说一说，玩一会儿，就会开心了。

3. 向喜羊羊学习

喜羊羊（配班教师扮演）：我是开心、快乐的喜羊羊，伤心、烦恼找不到我。

教师：让我们快来和喜羊羊学习赶走坏情绪的好办法吧！

配班教师用相机抓拍游戏过程中幼儿开心的表情。

（1）多做运动更快乐。

喜羊羊：运动能让我们忘掉烦恼，快来和我做运动吧！

教师带领幼儿和喜羊羊一起边说儿歌边做动作。

儿歌：

太阳公公眯眯笑，我对着阳光开口笑，

做做操、跑跑步，多做运动没烦恼。

（2）唱歌跳舞真快乐。

喜羊羊：你们最喜欢唱什么歌啊？

幼儿1：《小狗汪汪队》。

幼儿2：《小跳蛙》。

喜羊羊：我们一起唱歌喽！

教师播放音乐，和幼儿一起演唱他们想要唱的歌曲，听音乐，唱歌、跳舞。

（3）和好朋友玩游戏。

喜羊羊：现在，和你的好朋友玩一玩"开火车找朋友"的游戏吧！

游戏玩法：幼儿站成一个圆圈，选三名幼儿当火车头，边唱《找朋友》儿歌边找朋友，被找到的朋友接在火车头后面，大家一起继续找朋友。

附儿歌：

开火车找朋友

找啊，找啊，找朋友，

找到了一个好朋友，

敬个礼啊，握握手，

我的火车开走啦！

喜羊羊：哈哈！看我的好方法很灵吧！大家都很开心呢！（看几张教师拍下的开心照片）

喜羊羊：最后，我还有一个最棒的办法，能让小朋友不开心的时候，很快开心起来，不再哭鼻子。

幼儿：什么办法？

喜羊羊（神秘地说）：如果你遇到不开心、难过和烦恼的事，你就把它赶快说给最喜欢你的人听，他肯定能帮你把伤心赶走，这样你就不用再哭啦！

教师：如果你有伤心事，你会和谁说呢？

幼儿1：和爸爸、妈妈说。

幼儿2：姥姥最爱我，和她说。

幼儿3：我和老师说。

教师：哦！你们都学会了对付伤心、难过的好办法了，那我们都是快乐的喜羊羊啦！

◆ **活动反思**

此次活动以幼儿熟悉的动画角色引出话题，第一环节通过表达自己的哭鼻子经历、调查幼儿园中叔叔、阿姨和小朋友，以及电话访问和看图片的方式使幼儿了解到：哭是很正常的事，是每个人都会经历的，哭能够释放坏情绪，是可以被人理解的。第二环节通过引导幼儿自由表达和听医生的专业揭秘发现，偶尔哭是正常的，但是经常哭就会对身体造成伤害。第三环节通过喜羊羊参与的方式让幼儿通过模仿和体验游戏的方式了解调节自己情绪的好方法。整个活动用情境贯穿，幼儿充分参与，在观察、思考、探究和游戏中学习理解，取得了良好的效果。

（执教教师：北京市丰台区丰台第一幼儿园　陈彩霞）

◆ **活动点评**

培养幼儿积极、稳定的情绪情感是《指南》中健康领域的教育目标之一，更是促进幼儿心理健康发展的重要一环。此次活动，教师能够准确地把握小班幼儿健康领域的核心目标，以幼儿生活中常见的哭鼻子现象为切入点，以探索答案的方式层层深入，引导幼儿发现哭鼻子是非常正常和普遍的现象，减少幼儿对哭鼻子的偏见以及造成的心理阴影。用幼儿已有经验和同理心引导幼儿能够正确地对待哭鼻子的现象；同时，通过情境、媒介和游戏引导幼儿表达自己的感受、获得排解不良情绪的多种方法。教师能够创设由动画环境、园所环境、同伴环境、家园环境组成的、多样化而丰富的学习环境，幼儿通过说、问、听、做、玩等多种方式主动参与，享受快乐的学习过程，对于幼儿保持积极、稳定的情绪起到了很好的作用。

（活动点评：北京市丰台区丰台第一幼儿园　陈彩霞）

二、中班活动案例

案例一：打败小病毒（上肢力量、投掷）

◆ **活动来源**

在平时体能测试项目练习中，我发现班里的幼儿对投掷活动兴趣较低，且上肢力量较为薄弱。《指南》中提出："健康领域动作发展目标：4～5岁幼儿具有一定的力量和耐力，能单手将沙包向前投掷 4 米左右。"为了调动幼儿的运动兴趣，锻炼上肢力量，我在孩子们喜欢的动画游戏"愤怒的小鸟"基础上设计了游戏"打败小病毒"的体育活动。鼓励幼儿通过搬、抬、举等方式，运用大小不一的纸箱，自己动手搭建城堡，再运用肩上挥臂投掷的方式打中小细菌，将上肢动作和力量的锻炼内容融于自主、有趣的游戏之中，使幼儿逐渐掌握投掷的动作要领，锻炼幼儿的上肢力量和投掷能力，并从中体验体育运动的乐趣。

◆ **活动目标**

（1）掌握肩上挥臂投掷的动作要领。

（2）尝试运用搬、抬、举、托等多种方式搭建纸箱城堡。

（3）体验与同伴共同游戏的快乐。

◆ **活动重点**　尝试运用多种方式搭建纸箱城堡。

◆ **活动难点**　掌握肩上挥臂投掷的动作要领。

◆ **活动准备**

1. 经验准备　玩过投掷游戏，玩过"愤怒的小鸟"游戏。

2. 物质准备　宽阔的场地、用粉笔画好 4 米距离的标记、大小不同的纸箱若干、毛绒玩具、小垒球、纸球、彩旗一面、律动音乐。

◆ **活动过程**

（一）开始部分：提出任务、激发兴趣

教师：今天，医务室的保健老师向我们发出求助，想让我们完成一项重要的任务哦！在完成任务前，让我们先来活动活动身体吧！

教师播放律动音乐，带领幼儿活动身体各个部位：头、颈、肩膀、上肢、腰部、膝盖、脚腕、手腕等，其中重点活动肩膀、手臂和手腕。

（二）基本环节：尝试运用搬、抬、举、托等多种方式搭建纸箱城堡

1. 游戏一：合作搭建大城堡

（1）提出问题，引发讨论。

教师：最近，天气越来越冷了。有很多病毒想要来我们幼儿园，我们要怎么保护自己呢？

幼儿1：要多锻炼身体，我们就不怕小病毒了。

幼儿2：把手洗得干干净净，讲卫生，小病毒就会离我们远远的。

幼儿3：要多喝白开水，还要早睡早起，身体就会很健康。

幼儿4：关好大门，不让小病毒进来。

幼儿5：外出时戴好口罩，就不怕病毒了。

教师：大家的方法都很好，以后，我们可要坚持这么做哦！医务室的老师建议我们搭一个坚固的城堡，作为隔离区，阻止病毒进入幼儿园。你们想一想，用什么好办法可以搭建城堡呢？

幼儿1：像搭房子一样，围成一个围墙，我们可以待在里面。

幼儿2：把纸箱摞在一起，当作围墙。

教师：看，之前小朋友们收集了许多纸箱，可是有些箱子太大、太沉，我们搬不动，怎么办？

幼儿1：可以试着推一推。

幼儿2：可以和其他人一起搬。

幼儿3：我们还可以找好朋友一起抬着走。

教师：好吧，让我们试一试！在搭城堡的过程中，要注意安全，不要碰到别人。

（2）搬运纸箱，搭建城堡。

幼儿和教师一起搭建城堡。

重点指导：指导幼儿根据地面画好的两层城墙位置进行搭建。同时根据箱子大小选择适合的方式移动箱子。在堆高纸箱的过程中，引导多人一起用搬、抬、举的方式，将纸箱堆高。

（3）交流方法，提升经验。

教师：在搬运纸箱的过程中，你发现了什么好方法？你们是怎样把大纸箱放到高处的？

幼儿1：我自己搬不动的纸箱，就和好朋友一起抬着走。

幼儿2：我发现特别大的纸箱，两个人不好抬，一起推着走，更省力气。

幼儿3：我抬着累了，放到肩膀上扛着，就好多了，嘿嘿！

幼儿4：有一个大纸箱，我们两个人放不到高高的纸箱上。这时，小凯来了，他钻到纸箱底下，用手使劲儿往上托，我们一起举，就把纸箱摞高了。

教师：在搬运纸箱的过程中，你们用了搬、抬、举、托和扛的方法，真是聪明又有力气。两层围墙的城堡已经建好了，快来捏捏手臂，放松一下吧！

2. 游戏二：打倒小病毒

（1）消灭病毒墙。

教师：小病毒现在粘在了最外层的城墙上了，我们可以用武器——小垒球消灭它们。

①教师介绍玩法：请你站在防护内城的安全防护线后面，拿武器向对面的墙上投掷。只要打中城墙，就能消灭一部分病毒，大家加油哦！

教师讲解动作要领：手拿小垒球，放在肩上，两脚前后分开站立，身体左侧对着病毒墙，然后转体挥臂，把小垒球经肩上向前、向上方、向远处掷出去。

幼儿站在防护城内，将武器使劲儿投向墙面，每人投 3~4 次。

②教师指导要点：预备时能转体、挥臂。投时能转体、挥大臂，带动小臂，将投掷物向前上方投出。

教师：请消灭最多病毒的小朋友来介绍一下自己的好方法吧！城墙这么远，你们还能打到病毒，你们是怎么做到的？

幼儿（边示范边说）：脚得一前一后（站立），得用力气。

教师：小朋友们注意观察他的身体，身体重心先向后，再向前倾，同时挥动手臂，向前甩手腕，用腰部的力量带动上肢发力，重点使用臂力，我们来学一学。

幼儿：我发现他后面的腿开始是弯的，扔球的时候是直的。

教师：对，说明我们用手在投掷，但是腿也要用力蹬地，才能把力气通过身体和手臂传给手。

③再次尝试练习，每人投 2~3 次。

（2）隔网打病毒。

①教师介绍游戏玩法：这回小病毒也变厉害了，它们设立了一面防护网保护自己。请你站在防护城里面，把小武器使劲儿投出去，注意让小武器从彩旗的上方飞过去。

幼儿自主游戏，自由体验隔网打病毒 3~4 次。

②指导要点：针对幼儿上一次出现的问题，引导幼儿挥臂时要将小武器放在肩的上方，注意挥臂幅度要大，甩动手腕将武器投远。

教师：怎样才能把小武器投过高高的彩旗呢？

幼儿 1：要把小武器往斜上方扔。

幼儿 2：要用力气使劲儿扔才行。

幼儿 3：小武器要放在肩膀上，胳膊要划一个大圈，再扔出去。

教师：很好，我们一起学习一下这个动作。（幼儿模仿，学习动作）

（3）打中小病毒。

①教师介绍玩法：这次挑战升级了，到城墙上游戏的小玩偶被病毒感染了。请小朋友们分成两组，分别站在两层城墙后面，用消毒炮弹（纸球），打对方城墙上的玩偶。打中了，就能成功救起一只小动物，但是注意自己不要被消毒炮弹打中哦！

②分组游戏，如果一组幼儿把小动物都打中了，就去帮助另一组幼儿。

教师：小玩偶这么小，你们是怎么打中它们的呢？

幼儿 1：要眼睛盯着小玩偶，看准它所在的位置。

幼儿 2：可以伸出左手来瞄准。

幼儿 3：多试几次，就能打中它。

教师：你们可真厉害！这次把小病毒都赶跑了！

（三）结束部分：放松身体，收拾、整理材料

1. 放松活动

教师：我们胜利了，医务室的老师们夸奖小朋友们真能干！大家一定很累了，让我们听着音乐，放松一下自己的身体吧！

播放轻音乐，做放松活动。对重点部位如手腕、小臂、大臂、肩膀、腰、腿等部位做舒展和拉伸动作，放松身体。

2. 收拾、整理材料

引导幼儿收拾、整理纸球。纸箱最好不收，其他班级可以继续玩，下午或隔天再收。

◆ **活动反思**

本次活动通过"搭建防护城堡""消灭小病毒"的情境展开，激发了幼儿参与活动的兴趣。在活动准备过程中，幼儿利用材料自己搭建了"城堡"，充分发挥了幼儿的主体作用。游戏环节由易到难、层层递进，使幼儿在游戏情境中充分体验投掷动作的要领，思考、发现身体运动的规律。在快乐的游戏中，自然而然地学习到了肩上挥臂、投掷的方法，进一步锻炼了幼儿的上肢力量和身体的协调性。

（执教教师：北京市丰台区丰台第一幼儿园　李　妍）

◆ **活动点评**

投掷是体育活动中常见的内容。本次活动中，教师打破了常规的做法，将活动与幼儿发展中的问题、生活中发生的事件巧妙地结合在一起，突出了四个关注：

1. 关注问题，促进发展　教师能够及时发现本班幼儿动作发展的弱项，通过投掷活动锻炼和提高幼儿上肢力量，弥补平时上肢锻炼不足的问题。

2. 关注生活，巧妙设计　教师能结合"新冠肺炎"疫情这一幼儿亲身经历的事件开展活动，情节设计得巧妙、有趣，不仅锻炼了幼儿的上肢力量，引导幼儿掌握了投掷动作要领，而且活动内容源于生活，潜移默化地让幼儿明白只有养成良好的卫生习惯才能防止病毒入侵。

3. 关注材料，物化目标　活动中，教师结合打败病毒的情节，选择了纸箱、纸球等常见的活动材料。这些材料简单、易变，不仅与本次活动目标相结合，为幼儿提供了可操作的材料，而且也可以与幼儿的经验相结合，创造出多种变化的玩法，充分发挥了其物化目标的作用。同时，这些材料还可以用于后面的延伸活动，引导幼儿创造性地进行其他类别的游戏。

4. 关注经验，层层深入　教师的活动环节设计得非常巧妙，层层深入地引导幼儿探索用多种方式搬运材料。在"消灭病毒"的环节中，不断提高挑战难度，使幼儿不仅获得了真实的游戏体验，而且能够通过教师帮助幼儿分享、梳理经验掌握肩上挥臂、投掷的动作要领，实现了在玩中学、在游戏中锻炼身体的教育目标。

由于教师关注了以上几个方面的有效引导，使得活动达到了预期的效果。

（活动点评：北京教育科学研究院早期教育研究所　何桂香）

案例二：勇敢的小士兵（上肢力量）

◆ **活动来源**

我与幼儿一起讨论参加全园"六一"儿童节游艺活动中他们最喜欢的游戏时，很多孩子说特别喜欢玩隔壁中班设计的"拉绳索"游戏，因为好玩、有意思，以前没这么玩过。此游戏就是幼儿仰躺在长长的地垫上，两只手拉着绳索，带动身体向前方移动。孩子们在谈话中表现出了对这个游戏的浓厚兴趣。同时，幼儿也说到在"拉绳索"游戏中的困难，就是有时候使劲儿拽绳子，但身体向前移动得还是很慢，好像用不上力气。这也反映出幼儿上肢力量薄弱的问题。于是，我设计了中班"勇敢的小士兵"这次体育教学活动，旨在引导幼儿通过双手拉动绳索带动身体向前移动，在多种变化的玩法中，提高幼儿的上肢力量。

◆ **活动目标**

（1）能够掌握双手拉绳子带动身体向前移动的动作要领。

（2）愿意尝试和挑战拉绳索移动身体的多种方法。

（3）理解并遵守游戏规则，体验与同伴共同游戏的快乐。

◆ **活动重点**　掌握双手拉绳子带动身体向前移动的动作要领。

◆ **活动难点** 挑战拉绳索移动身体的多种方法。

◆ **活动准备**

1. 经验准备 前期有坐在滑板车上拉动绳子移动身体的经验。

2. 物质准备 四轮或六轮滑板车十余辆、长度约 11 米的绳子 4 根、每组 60 厘米×90 厘米的地垫 6 块、酸奶盒制作的"炸药包"、场地布置"弹药库"、律动音乐以及爆炸声的音效。

◆ **活动过程**

(一)开始部分：交代任务、激发兴趣，热身活动(重点是上肢运动)

教师：小朋友们，今天，我们来当勇敢的小士兵，要执行几个有难度的任务。我刚刚接到司令员下达的命令，需要我们渡过大河、穿越电网、炸掉敌人的弹药库，你们有没有信心接受挑战？那么，在执行任务前，我们先来做热身运动，准备一下吧！

首先，教师带领幼儿通过快慢交替的跑步加速血液循环，进行常规的热身准备活动。然后，教师带领幼儿跟随音乐节奏活动身体各部位，重点活动肩膀、大臂、小臂、手腕、腰部、背部等。

(二)基本部分：愿意尝试和挑战拉绳索移动身体的多种方法

场地布置：提前将 4 根长绳分别固定在场地内相隔不远的 2 根或 4 根柱子上(或其他可以固定的位置)，并展开成一条直线，相互间隔一定距离。

1. 渡过大河(坐在滑板车上，拉动绳索，移动身体，移动长度为 10 米)

(1)介绍游戏玩法。

教师：今天，司令员交给我们的任务是为前线运送炸药包，炸掉敌人的弹药库。但是，通往敌人弹药库的路上设置了很多障碍。首先，我们要渡过一条大河，"小船"(即滑板车)上没有船桨，需要我们拉着河面上的绳子过河。

方法：幼儿自愿分成 4 组(每组 5～8 人，每组 3～5 辆滑板车，可以根据幼儿人数调整滑板车的数量)，待第一辆滑板车前进一段路程后，第二辆滑板车方可出发。(游戏前明确规则：行进到前方红线处就可以按照箭头指示的方向返回，活动密度把握在不与前面幼儿发生碰撞的基础上，引导幼儿鱼贯前行)

(2)经验分享及小结。

教师：你是怎么让"小船"(滑板车)向前移动的？你的双手是怎么拉绳索的？

请幼儿描述方法、示范动作，引导幼儿回顾坐在滑板车上双手交替拉绳索带动身体移动的经验。

幼儿 1：我是两只手一起向前拉绳子的。

幼儿 2：还可以两只手倒手，一前一后拉绳子。

幼儿 3：倒手的时候要注意保持身体平衡，不然会摔倒。

教师：对，小朋友用两只手同时拉绳子，或者一前一后交替着拉绳子，都可以使"小船"向前移动。

2. 穿过电网(仰躺在地垫上，拉动绳子，移动身体，移动长度为 5.4 米)

(1)教师交代新的任务，明确注意事项。

教师：刚才，我们克服了困难，在没有船桨的情况下，渡过了一条宽宽的大河，通过了敌人设立的第一道封锁线。接下来，我们会遇到第二道封锁线，就是敌人在弹药库周围的地面上设置了好几道看不见的电网，弹药库附近的地面上还有密密麻麻的水坑。我们在水中前进时，如果碰到上面的电网，就会发生触电的危险。所以，我们首先需要派出特种兵，迅速拼装一座"浮桥"（注：地垫总长为 5.4 米）。然后，小士兵们躺在"浮桥"上，拉动绳索前进。你们千万要注意，一定不要掉下"浮桥"！（每组幼儿合作将 6 块地垫拼接成"浮桥"）

（2）本轮游戏分两个层次进行。

①自由探索拉绳索前进的方法（第一次）。

重点引导幼儿自主探索拉绳索的方法。（为保证活动密度，引导幼儿在与前面伙伴不发生碰撞的前提下鱼贯前行）

提问：你是怎么拉绳索向前移动的？

幼儿 1：两只手拉着绳子，脚蹬着地，向前走。

幼儿 2：我是两只手来回倒，一前一后，往前拉的。

教师：刚才，有的小士兵脚没动，只用双手拉绳子前

进，有的小士兵是双手交替，同时用脚帮忙蹬着地前进的。但是，我发现脚蹬地的动作大，很容易碰到身体上方的隐形电网。刚刚，我们通过的只是第一道电网，后面的电网离地面更近了。我们来试试脚不动，只用双手拉绳子的方法通过第二道电网。

②脚不动、双手拉绳索前进（第二次）。

重点引导幼儿脚不动，依靠上肢力量及身体的辅助动作，双手拉绳子前进。

（为保证活动密度，引导幼儿在与前面伙伴不发生碰撞的前提下鱼贯前行）

提问：脚不动，只用双手拉绳子，可以让身体向前移

动吗？

幼儿 1：我刚才就是特别用力地拉绳子，脚不帮忙，感觉

有些累。

幼儿 2：拉的时候特别慢，着急就想用脚帮忙。

幼儿 3：我可以只用手拉绳子，不碰到上面的电网。

教师：刚刚，我发现每一个小士兵都在努力遵守规则，基本上没有用脚帮忙，靠着小手，拉动绳子，通过了第二道很低的电网。虽然胳膊已经有些累了，但我们都坚持了下来。请小士兵们互相帮忙，放松一下刚才用很大力气拉绳索的胳膊。（幼儿互相帮忙，放松臂部肌肉）

3. 运送炸药（持物绳索游戏，移动长度为 5.4 米）

（1）布置有难度的任务，激励幼儿坚持完成。

教师：刚刚，我们已经突破了敌人的两道电网。现在，离敌人的弹药库越来越近了，弹药库就在绳索尽头的小房子里，你们看到了吗？接下来，我们需要想想，怎样才能完成司令员交给我们的最终任务——炸掉敌人的弹药库。你们有什么好主意吗？

幼儿 1：手榴弹。

幼儿 2：炸药包。

教师：对，我们的库房里有很多"炸药包"，你们现在的任务就是要把"炸药包"悄悄地运到对面敌人弹药库的周围。这是我们完成任务的最后一关了，小士兵的胳膊已经不像刚开始那么有劲儿了，你们还有信心完成任务吗？

（2）本轮游戏分两个层次进行。

①第一次"运送炸药包"（自由探索双手拉绳、持物前进的方法）

重点引导幼儿探索在移动过程中把"炸药包"放在身体的哪个部位。（为保证活动密度，引导幼儿在与前面伙伴不发生碰撞的前提下鱼贯前行）

提问：怎样才能既带上"炸药包"，还能双手拉着绳索前进呢？想想"炸药包"可以放在哪里？

幼儿1：我是放在肚子上。

幼儿3：我用腿夹着。

幼儿3：我放在头上顶着。

幼儿4：我塞在衣服里面。

教师：你们的"炸药包"都运过去了吗？有没有掉下来的？哪种方法不容易让"炸药包"掉下来？

幼儿1：我的"炸药包"掉下来了，开始是放在肚子上的，后来我就用腿夹着"炸药包"，这样就不会掉了。

幼儿2：用头顶着"炸药包"往前走得有些慢，所以我就像萱萱一样，把"炸药包"塞在衣服里面，这样就不会掉下来啦！

教师：在运送"炸药包"的过程中，有很多小士兵都调整了运送"炸药包"的方法。你们发现问题后，能及时想办法解决，很优秀！

教师：请小朋友们看看弹药库周围的炸药包，你们发现了什么？

幼儿1：炸药包有点少。

幼儿2：炸药包有点乱。

教师：真棒，小朋友们发现刚刚运过去的"炸药包"数量还不够炸毁敌人的弹药库，你们应该已经很累了，还能不能再坚持送一批"炸药包"过去呢？我们把炸药包都放在一起，增加它的爆炸威力。

②第二次"运送炸药包"（双脚夹物前行）。

重点引导幼儿发现问题后，调整自己放"炸药包"的位置。过程中，为保持活动密度，幼儿继续保持鱼贯前行的队形。

教师：小士兵们，这是最后一批"炸药包"，我们顺利地运送到对面敌人的弹药库，就可以炸掉敌人的弹药库啦！建议有力气的小士兵可以用脚夹住"炸药包"往前走，当然，你也可以像之前那样塞在衣服里。

教师：小士兵们这次运送"炸药包"的速度更快了，而且没有一个"炸药包"掉到旁边的"水坑"里，你们都是细心、勇敢、坚持、不怕累的小士兵。

教师：听，这是什么声音？是爆炸的声音！（配课教师播放爆炸的音效）敌人的弹药库终于被我们成功炸毁。耶，我们胜利啦！

（三）结束部分：放松活动

1. 放松游戏

播放律动音乐，做放松活动。重点拉伸以下部位：手腕、小臂、大臂、肩膀、腰、背部等。

2. 收拾、整理材料

引导幼儿将滑板车、地垫、团好的绳子送到指定地点，收好。

◆ **活动反思**

本次活动以小士兵完成任务为主线，以通过一道道障碍、运送炸药包、炸毁敌人弹药库的游戏贯穿始终，激发了幼儿参与活动的兴趣。在动作方面由坐姿到躺姿、由空手拉绳索到持物拉绳索，体现了动作由易到难、循序渐进的过程。同时，教师注重在每个环节之后给予肯定与表扬，关注到了幼儿意志、品质的培养。

（执教教师：军委机关事务管理总局红星幼儿园五棵松园　郭小艳）

◆ **活动点评**

目前上肢肌肉力量发展薄弱是幼儿普遍存在的问题，在平时幼儿园组织的活动和游戏中，除投掷活动外，很少能看到针对发展上肢力量的内容。教师能抓住幼儿生活中的兴趣点，巧妙地将"拉绳索"动作植入游戏、融入发展目标之中，促进了幼儿上肢力量的发展。本活动有五个方面值得肯定：

1. 兴趣与发展有机结合　教师基于幼儿生活环境即身处军营之中，及幼儿前期源于"六一"儿童节游艺项目的兴趣，为解决幼儿上肢力量薄弱的现实问题，从"拉"的动作入手，较好地把握了发展上肢运动能力所涉及的动作选择和层次设置，锻炼了上肢肌肉力量。

2. 任务情景设计巧妙　结合日常生活中幼儿对解放军的崇拜之情，活动中引入小士兵完成"炸弹药库"的任务情境，设计了"渡过大河""穿过电网""运送炸药"三个游戏环节，将其贯穿活动始终。活动中层次清晰，通过设计不同拉绳索移动身体前行的任务，巧妙地提升了幼儿重复练习的兴趣，使幼儿对后面的内容充满期待，参与度高。

3. 动作难度层层递进　活动中，由于要靠上肢力量拉动自己的身体，对于上肢力量比较薄弱的幼儿来讲较为吃力，活动内容对幼儿具有一定的挑战性。所以，教师通过增加游戏性、不断变化动作难度来调动幼儿持续参与活动的积极性，设置了难度递进的三个层次来完成"拉"的动作：从自由探索、限定只能用手、再到双腿夹物，通过一步步限定幼儿身体动作，使活动环节环环相扣，直指发展幼儿上肢力量的目标。

4. 自主探索体验在先　活动中，教师注重为幼儿提供自主探索、发现的机会，不以成人固有的方法限制幼儿，每一次提出新的任务后，都引导幼儿先自主探索、感知体验如何完成动作，允许幼儿根据自己的已有能力完成任务。如：持物前行是教师在活动中安排的最后一个任务，设计的初衷是通过持物来控制幼儿身体的其他部位不动，有效运用上肢肌肉力量来移动身体。这个任务不仅增加了对上肢力量的控制，同时需要控制好下肢，完成这个动作对于不同能力、水平的幼儿来讲是有差异的，因为活动已接近尾声，上肢力量弱的幼儿其上肢肌肉已经比较疲劳。因此，教师没有"一刀切"，而是以建议的方式提出用双脚夹物的方法运送第二批"炸药包"，同时，允许幼儿将炸药包塞进上衣里。

5. 活动密度张弛有度　教师注重活动中幼儿运动的频率和密度，为了保证一次活动中幼儿的有效运动时间，在每个环节中注意引导幼儿自己调节与前面幼儿的距离，一个接一个鱼贯而行。同时，每个环节后的分享及小结，既是幼儿缓解运动疲劳、放松的时间，也可以帮助幼儿梳理、总结提升运动经验。整节活动过程紧凑，张弛有序。

（活动点评：军委机关事务总局红星幼儿园玉泉路园　苏　晖）

案例三：有趣的推箱子游戏（上肢力量）

◆ **活动来源**

"推"这个动作是幼儿在日常生活中经常用到的，幼儿也很喜欢这个动作。在户外活动时，小朋友们很喜欢推着小车或小三轮车运东西。虽然幼儿很喜欢推小车，但是，我发现在推的过程中由于幼儿上肢力量不足，身体不协调，或者方法不正确，往往一边推一边踢着小车走，小车很容易翻倒。"推"这个动作看似很简单，却包含两方面的力量，需要一个向下的力固定住物品，还有一个向前的力帮助物品移动。幼儿在平时锻炼下肢的跑跳类活动比较丰富，上肢的锻炼除了投掷和爬行活动其他的几乎很少，基于以上的几个原因，我特别设计了"有趣的推箱子游戏"这个活动。

◆ **活动目标**

（1）掌握"推"的动作要领，尝试用手臂力量控制物品的方向。

（2）体验多种推箱子的方法，能够用自己的办法解决生活中的实际问题。

（3）感受在游戏中克服困难和帮助他人的乐趣。

◆ **活动重点** 掌握"推"的动作要领，尝试用手臂力量控制物品的方向。（通过设置障碍使幼儿在"推"的过程中加大难度，帮助他们更好地控制推箱子的方向和速度）

◆ **活动难点** 体验多种推箱子的方法，能够用自己的办法解决生活中的实际问题。（"推箱子上下坡"是这个活动的难点。由于在上坡的时候使用的力改变了方向，幼儿不好控制。教师提示幼儿使劲儿向上推，小脚用力蹬，帮助他们更快地掌握动作要领，能在游戏中迁移经验）

◆ **活动准备**

1. 经验准备 在日常生活中，幼儿具备推动生活中各种不同物品的游戏经验。

2. 物质准备 废旧的纸箱子、柔力砖、小椅子、土豆若干。

◆ **活动过程**

（一）开始部分：准备活动，重点活动上肢

教师：小朋友们，我们今天要玩好玩的游戏，先来活动一下身体吧！手臂伸平后自由旋转，找到一个合适的位置站住。

通过"我的身体哪儿会转"的小游戏，充分活动上肢、腰部和腿部，为后面推箱子的活动做准备，并加入一些跳的动作进行热身。

（二）基本部分：体验多种推箱子的方法，能够用自己的办法解决生活中的实际问题

1. 自由推箱子，目的是使幼儿与箱子建立联系，初步丰富推箱子的经验

教师：孩子们，前两天，老师带你们一起玩了"推小车"的游戏。你们看，今天用小朋友们和老师共同准备的材料来做游戏，看看是什么？

幼儿：纸箱子！

教师：今天，我们一起来玩一个"推箱子"的游戏。一会儿，每个小朋友选择一个纸箱子，自由地在场地上推一推、试一试，看看箱子可以怎么玩。

幼儿1：可以推着玩儿。

幼儿2：可以拉着玩儿。

教师：请小朋友们说说，你是怎么推箱子的？

幼儿1：这样弯着腰，向前推。

幼儿2：用胳膊向前推。

2. 设置障碍推箱子

教师：你们发现，老师在地上画了三条路线吗？

幼儿：发现了！

教师：你们猜一猜，这是什么？这三条路线，怎么做游戏呢？

幼儿：我们可以摆放障碍，再玩"推箱子"的游戏。

教师：说得真好，我们怎么摆放障碍呢？大家可以讨论一下。

幼儿开始讨论，最终得出设置障碍的方法。

教师：好的，讨论结束了。我们一起来设置障碍吧！按照你们讨论的方法，线的地方摆柔力砖，圆圈的地方摆小椅子，开始吧！（三条路摆好后，请幼儿推箱子试一试）

图示：

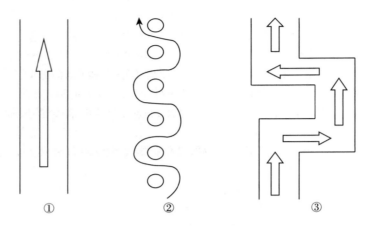

① ② ③

说明：

①第一条路为直行路线。推箱子的时候，要走直线，不能碰到两边的柔力砖。

②第二条路为"S"形绕行路线。推箱子的时候，要控制好箱子前进的速度和方向，不要碰到小椅子。

③第三条路为转弯路线。推箱子的时候，要控制箱子的方向，不要碰到两边的柔力砖。

教师：我们来试一试，这次不仅要推着箱子走，还要注意不要碰到障碍物哦！现在，这有三条路，小朋友们自己选择路线，去试试吧！

幼儿尝试推箱子，不碰到障碍物。

教师：你们在玩的时候发现什么了？

幼儿：我们随便推箱子走，走到中间，容易互相碰撞。

教师：那怎么办？

幼儿：要顺着一个方向走就碰不到了。

教师：你们这个办法真好，我们再来试一试吧！

3. 挑战难度，推箱子上下坡的游戏

教师：孩子们，刚才你们推着箱子走三条路线时表现得特别好，不仅顺利地躲避了障碍物，而且还知道互相谦让，按照顺序走。老师这里还有一个更难的挑战呢！你们敢不敢试一试？

幼儿：敢！我想试试！

教师：你们真勇敢啊！这里有一个斜坡，你们一会儿推着小箱子上去试一试。想一想，推箱子上坡和平地推的时候有什么不一样的地方？

图示：

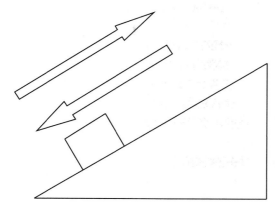

教师：和平地推的感觉一样吗？

幼儿：不一样！必须使劲儿推，不使劲儿就推不动了！

教师：你们说得真好！上坡的时候推箱子要用力向上推，而且小脚还要使劲儿蹬地。

教师：那下坡的时候呢？

幼儿1：下坡的时候不能太快。

幼儿2：下坡的时候不能太用力。

教师：快给这两个小朋友鼓掌，他们说得非常正确。不能太快，也不能太用力，小脚慢慢挪动，手要扶住箱子，还要注意安全。

4. 推箱子运土豆

教师：小朋友们，你们猜一猜，今天中午吃什么啊？

幼儿：西红柿炒鸡蛋、鸡翅、炖豆腐……

教师：不对，你们都没猜到。老师告诉你们吧！今天中午，我们吃土豆烧牛肉！但是，厨房的老师太忙了，土豆还在小院子里呢！你们愿意帮厨房的老师运土豆吗？

幼儿1：我愿意！

幼儿2：我也愿意！

教师：可是，我们没有小车啊，怎么运呢？谁有好办法？

幼儿：纸箱子可以运土豆！

教师：你们真聪明，小朋友们一起帮忙运土豆吧！

幼儿往箱子里装土豆，发现装多了，推不动。

教师：小朋友们觉得一次运几个土豆合适？

幼儿1：我觉得可以装20个。

幼儿2：20个太沉了，根本推不动。

幼儿3：3个吧，我觉得肯定没问题。

幼儿4：我不同意，一次装3个要跑很多次才能运完。

教师：小朋友们商量一下，我们装几个土豆合适？

幼儿：10个。

教师：每个小朋友每次运10个土豆，装好土豆，仔细数一数，小朋友们也可以互相检查一下箱子里是不是10个土豆。好了，我们出发吧！（幼儿运送的路上要绕行三条障碍路并上坡）

幼儿在上坡的过程中，互相帮忙把装有土豆的纸箱子推上坡。

（三）结束部分：放松活动

教师：孩子们，你们刚才互相帮助，把土豆送到了厨房。厨房的老师非常感谢你们，你们真棒，累了吧？和老师一起放松一下吧！两个小朋友互相捶一捶胳膊和后背，然后，我们一起听音乐做"全身抖一抖"的小游戏。

教师：老师留一个小问题，请小朋友们想一想，纸箱子除了推，还能怎么玩？我们下次再来试一试！

◆ 活动反思

幼儿在整个活动的过程中情绪饱满，积极性很高。选材来自幼儿生活已有经验，符合幼儿的年龄特点和发展现状。

游戏设计比较科学，层层递进，环环相扣。运用多个环节，帮助幼儿掌握推的动作要领，并且能与生活实际相结合解决问题，自然渗透了1～10点数的数学内容，同时引导幼儿体会帮助他人做事的乐趣。

活动中材料简单，对于锻炼幼儿上臂的力量起到了很好的作用。在游戏中，不是为了锻炼而锻炼，而是巧妙地与生活情境相结合，大大提高了幼儿参与活动的兴趣，同时，在活动中达到锻炼上肢力量的目的。这个活动的灵感从幼儿的生活中来，教师发现了幼儿感兴趣的点——"推"这个动作，继而发现幼儿在动作发展过程中上肢力量不足的问题。通过参加活动解决问题，在生活中再遇到这样问题的时候处理起来也会更加得心应手。我想这个体育活动最可贵的地方就是来源于生活，又能还原于生活。

（执教教师：北京市第四幼儿园　陈冠楠）

◆ 活动点评

体育游戏"推箱子"是一个立足于幼儿体能需要的有趣活动。教师利用生活中常见的材料，精心设计活动环节，激发幼儿不断迎接挑战，获得多种发展。这个活动值得学习和借鉴的有以下几个方面：

1. 活动内容源于幼儿的兴趣和发展需要　由于教师在日常生活中对幼儿有细致地观察和了解，既发现幼儿对"推"这个动作感兴趣，也发现幼儿在"推"时出现的一些问题，根据幼儿的兴趣和上肢动作发展的需要，设计开展体育活动，将幼儿的兴趣和发展需要有机结合。

2. 环节设计科学、合理 以"推箱子"来贯穿活动始终，每一次推都引导幼儿获得不同的体验和发展。从幼儿自由推箱子——绕过障碍物推箱子——在斜坡上推上、推下，游戏难度一步步加大，活动也越来越有趣。幼儿在感受快乐的同时，也要不断克服困难，迎接新的挑战。在运土豆环节，箱子有了重量，再一次增添了游戏的乐趣。在整个游戏中，幼儿"推箱子"的环节设计得科学、合理，紧扣幼儿的发展目标。

3. 巧妙利用幼儿园的环境资源 借助幼儿园的自然条件——斜坡开展活动。使幼儿平时经常跑上、跑下的斜坡成为教学活动的有利资源，在斜坡上推箱子玩，更加真实、自然。

4. 活动融合多领域目标 在"推箱子"活动中，幼儿的上肢得到锻炼，感受在不同的地方推箱子，身体的不同部位用力情况是不同的。那么如何用力？如何控制箱子？如何在推的过程中又快又稳？这也是需要幼儿不断探究和解决的问题，幼儿不断尝试后进行自我调整，发展了对自身动作的控制能力。通过帮厨房老师运土豆的环节，激发幼儿愿意帮助别人的积极情感，同时也获得自己有能力帮别人的自豪感。每个小朋友一次运 10 个土豆的要求使真实的生活情境自然、巧妙地融入，同时渗透了数学的内容。在放松环节，幼儿之间互相捶一捶胳膊和后背，同伴间友好、互助和关爱，增进了幼儿之间的情感，获得了幼儿园集体生活的愉快体验。因此，这个"推箱子"的体育活动实际上融入了多领域的目标。

（活动点评：北京市第四幼儿园 徐海娜）

三、大班活动案例

案例一：输不起的莎莉（心理健康：正确面对输赢）

◆ **活动来源**

升入大班后，幼儿的竞争意识增强了，尤其是在足球联赛练习的过程中，幼儿出现了情绪管理方面的问题，在比赛中极其在乎输赢、害怕失败。面对输赢时，幼儿不知道该如何调节自己的情绪，因此出现了埋怨、指责的现象，而过于看重结果会让幼儿忽略过程中的快乐。其实，不论是赢不起的骄傲、还是输不起的沮丧，都会失去同伴的尊重，还有可能失去朋友。所以，我选择了和幼儿一起阅读、讨论《输不起的莎莉》这本绘本，借助这个故事，帮助幼儿学习在面对输赢的时候如何调节自身情绪和行为的好方法，懂得"玩得开心就是赢"的道理。

◆ **活动目标**

（1）感受自己和他人在竞赛游戏中面对输赢的情绪变化。

（2）学习面对输的时候，调节自身情绪和行为的好方法。

（3）敢于大胆表达自己内心的感受和想法。

◆ **活动重点** 理解输与赢的不同心情。

◆ **活动难点** 能迁移经验，调节自己的负面情绪。

◆ **活动准备**

1. 经验准备 参加过足球联赛，对输和赢有一定的认识。

2. 物质准备 故事《输不起的莎莉》电子绘本、球、球筐、音乐。

◆ **活动过程**

（一）开始部分：游戏传球比赛，感受输与赢

1. 传球比赛游戏

幼儿分为两组，进行传球游戏比赛，哪组先把球传到筐里，哪组胜利。

2. 感受游戏后输与赢的心情

（二）基本部分：学习面对输的时候，调节自身情绪和行为的好方法

1. 结合体验游戏讲述故事，理解故事内容

（1）出示绘本图片，猜一猜莎莉是一个什么样的孩子。

（2）观察图片，讨论莎莉在球场上发生了什么。

（3）讲述故事，理解莎莉不仅输掉了比赛，还失去了朋友。

2. 结合自己的生活，帮助莎莉找到面对输球时调节自身情绪的好方法

（1）看一看故事中的莎莉是怎么做的。

（2）幼儿结合自己比赛的经验讨论并分享好方法。

（3）继续讲述故事。

3. 回顾故事，感受莎莉输掉比赛前后情绪的变化

小结：当输掉比赛的时候，我们学会了一个好方法：深吸一口气，大声地对自己说："玩得开心就是赢。"

4. 再次游戏，尝试借助图书及更多的方法调节自己的情绪

教师：今天，咱们先玩一个传球游戏。我们分两队，第一排是第一队，第二排是第二队。我们先来数一数，每队的人数一样吗？

教师：两队人数不一样，怎么办？

幼儿：让老师参加游戏。

教师：好的，让老师参加第二队。

教师：请小朋友们听好要求，现在，我们进行传球游戏比赛。球要从头上传过去，哪一队先把球传到球筐里，哪队就算胜利。你们想不想赢？

幼儿：想！

教师：现在，请两排的小朋友们在线的后面站成两队。

教师：准备好了吗？

幼儿：准备好了！

教师：听口令，预备——开始。

幼儿进行传球比赛。比赛结束后，请幼儿回到座位上，坐好。

教师：我想问问，赢了的小朋友们，你们现在是什么心情啊？

幼儿1：开心。

教师：为什么开心啊？

幼儿1：因为我们传球赢了，我们很棒！

教师：我还想问问，输了的小朋友们，你们现在什么心情呢？

幼儿2：有的小朋友哭了。

教师：为什么哭啊？是因为输掉了比赛吗？

幼儿点点头。

幼儿2：不高兴。

教师：比赛结束了，有输有赢，有开心和不开心。其实，不管是输还是赢都没有关系，因为还有比输和赢更重要的东西。今天，我给小朋友们带来了一个故事，故事的主人公名叫"莎莉"。我们一起来看一看，莎莉是一个怎样的孩子？

教师讲述故事前几页。

教师：你们觉得莎莉是一个怎样的孩子？

幼儿1：坏孩子。

教师：为什么说她是坏孩子？

幼儿1：因为她总想争第一，不给别的小朋友机会。她这么做，别人也不开心了。

幼儿2：她喜欢赢，不喜欢输。

教师：这个喜欢赢、不喜欢输的莎莉在赛场上是什么样子的？让我们一起来看一看。

教师演示图片。

教师：你们觉得赛场上的莎莉是什么样子的？

幼儿1：她在赛场上很生气、着急，头上都冒火了。

幼儿2：她把手张开，防着别人，不让大家抢球。

幼儿3：她用手指着别人，不尊重同伴。

幼儿4：她的眼神很凶。

幼儿5：她的脸都红了，说明她太生气了。

教师：她为什么会这么生气呢？

幼儿：因为她怕自己踢输了。

教师：我们看看是不是这样？

教师讲述故事，并演示下一张图片。

教师：你们看看，又发生了什么事情？

幼儿1：她在批评对手。

幼儿2：我也觉得她在批评对手。

教师：你觉得他们在说些什么？

幼儿：不知道。

教师：我们一起听一听。

教师讲述故事，并演示下一张图片。

教师：接下来呢？

幼儿1：爆发了。

幼儿2：所有小朋友都离开了她。

教师：这时候的莎莉是什么样子的？

幼儿：依然很生气。

教师：接下来，又会发生什么呢？（演示下一张图片）

幼儿：她的朋友都走了，操场上就剩下她一个人了。

教师：这时候，莎莉的心情是怎样的呢？

幼儿1：很伤心，她都哭了。

幼儿2：很沮丧。

教师：你们觉得画面上的小男孩，在和她喊什么？

幼儿1：莎莉，你快走吧，我们不是朋友了。

幼儿2：我们再也不和你玩了。

教师：我们来看看，到底发生了什么？

教师讲述故事，出示下一张图片。

教师：妈妈告诉莎莉一个什么好方法？我们一起来做一做吧！

教师：闭上眼睛，深呼吸，告诉自己玩得开心就是赢。

教师：你们还有没有什么好的方法，来帮助莎莉呢？

请幼儿分组讨论。

幼1：告诉自己输了就输了，大家一起玩就好。

幼2：虽然输了，但是你也玩了，开心就好。

幼3：输和赢都没有那么重要。

教师：我们看看，莎莉有了这些好方法，在接下来的比赛中会发生什么？

教师继续讲述后半部分故事。

教师：莎莉在后面的比赛中用了妈妈的好方法，不断地和自己说"玩得开心就是赢"。

幼儿听音乐，教师完整地讲述故事。

教师：我希望小朋友们在以后的比赛中也能运用这个好方法，调节自己的情绪，感受玩得开心就是赢。

教师：你们能这样想就太好了，我们再玩一次传球比赛，好不好？

幼儿：好。

（三）结束部分：游戏中自然结束

第二次玩传球比赛，赛后两队队员互相击掌，感受玩得开心就是赢！

◆ **活动反思**

此次活动达到了活动目标和预想的效果。在开始环节，通过游戏让幼儿切实体验了失败与成功的心理变化。当面对失败的时候，幼儿不能接受，有的幼儿甚至留下了伤心的眼泪。幼儿带着这种真实的心理体验，自然进入到学与教的环节中。由于幼儿感同身受，能够感受到莎莉心情的变化，对理解故事起到了很好的作用。在活动中，幼儿都能积极参与到话题的讨论中，大胆、真实地表达自己的内心感受。通过阅读绘本故事，帮助幼儿找到了一个调节自身情绪的好方法。

（执教教师：北京市西城区信和幼儿园　李思瑶）

◆ **活动点评**

大班幼儿喜欢参与竞争游戏，他们喜欢证明"我能行、我很棒"。但是，在竞争活动中却过于关注结果，不能很好地对待输和赢，出现输不起的现象。教师能够把握大班幼儿这一特点，关注幼儿心理健康，选择适宜的活动内容和方式，疏导幼儿的负面情绪，对于幼儿当前发展和后继发展都起到了积极的促进作用。

活动中，教师运用了游戏体验、移情理解、转变态度、获得方法的引导过程，不仅激发了幼儿参与活动的主动性，也巧妙地疏导了幼儿输不起时的负面情绪和心理。教师能够从幼儿的视角出发换位思考解决问题的方法，而不是单纯的说教，引导幼儿与莎莉的表现产生共情，从而更好地理解故事的内容。引导幼儿在追求荣誉之心与释放压力之法之间达到很好的平衡，关注幼儿心理健康成长，有效促进幼儿全面发展。

（活动点评：北京教育科学研究院早期教育研究所　何桂香）

案例二：建筑师（折返跑、合作搭建）

◆ **活动来源**

冬季天气寒冷，在体育活动时需要增加运动量。于是，我有意选择了运动强度较大的折返跑内容，来锻炼幼儿大肌肉力量以及运动的耐力。但在运动的过程中，我发现很多幼儿的运动耐力差，并且不愿意在冬季进行户外运动。幼儿在进行活动时，没跑一会儿，就表示"老师，我累了""太冷了，老师，我们回去吧"。为了激发幼儿冬季户外运动的兴趣，加强幼儿的跑步耐力。我设计了"建筑师"这个折返跑体育运动和搭建游戏相结合的活动内容，引导幼儿在体育运动中发展身体技能和思维能力，同时对幼儿不怕困难、坚持做好一件事、合作解决问题的学习品质也起到了促进和发展作用。

◆ **活动目标**

（1）有一定的耐力，并能坚持多次折返跑（折返距离30米）。

（2）愿意参与挑战性游戏，尝试合作搭建稳固高楼的方法。

（3）能够与同伴协商、合作解决游戏中遇到的问题，体验与同伴共同游戏的快乐。

◆ **活动重点** 有一定的耐力，并坚持多次折返跑。

◆ **活动难点** 愿意参与挑战性游戏，尝试合作搭建稳固高楼的方法。

◆ **活动准备**

1. 经验准备 幼儿有折返跑的经验，能够做快跑、急停、转向等动作。

2. 物质准备 幼儿人数6倍的长方形积木块、2个不同颜色的圈。

3. 场地布置 选用长50米、宽30米的长方形场地，提前将幼儿人数6倍的长方体积木块摆放在场地的一侧。

◆ **活动过程**

（一）开始部分：热身活动

1. 交代任务，激发兴趣

教师：小朋友们，今天，我们来当工程师，一起建造一座又高又结实的大楼。在搭建之前，我们要进行建筑工具的检查。

2. 热身活动（重点是下肢、脚踝和膝关节）

检查车轮（脚踝关节运动）、检查车轴（膝关节运动）、检查起重机（上肢运动），教师带领幼儿跟随音乐活动身体各部位，重点活动脚踝、膝盖等下肢以及腰、背等部位。

（二）基本部分：折返跑，合作搭建

1. 游戏"运送砖块比赛"，看谁运得多

（1）教师向幼儿介绍游戏任务及规则。

教师：孩子们，你们想不想做一名优秀的"建筑师"。首先，我们需要搬运建筑所用的材料。需要建筑师搬运得既快速又安全。运送的过程中，不要撞到身边的小伙伴。下面，请建筑师们帮忙把操场一边的砖块分别运到两个建筑工地。比比看，哪组运得又快又多又安全。建筑师们，你们准备好了吗？

幼儿1：愿意，准备好了。

幼儿2：我也准备好了。

教师将幼儿分成男孩子和女孩子两组，分别运送砖块到操场另一侧的两个建筑工地。看看哪组运得多。

游戏玩法：幼儿分成两组，男孩组和女孩组。分别站在各自的建筑工地内。当游戏开始后，两组幼儿到对面去拿建筑材料——砖块，运回自己的建筑工地。游戏材料是幼儿人数的6倍，当所有的材料拿完后，比赛结束。提示幼儿不要争抢材料，当一个小朋友拿起材料后，别的小朋友就不能拿他手里的材料了。最后，以运送材料数量多的组为胜利组。

（2）经验分享及小结。

提问：刚才，你们用什么方法运材料的？

幼儿1：我用两只手，一手一个，飞快地跑。

幼儿2：我是先拿近处的材料，这样，可以少跑一些路。

幼儿3：我一次多拿一些，这样就能运得多。

教师：没错，我看到了，你刚才一次拿了很多材料，在路上发生了什么事？

幼儿3：跑回来的路上，材料掉了，我就捡掉的材料，结果就又掉了好几个。

教师：对，我也看到了。小朋友们觉得这个办法怎么样？

幼儿4：不能拿得太多，刚才豆豆拿得太多了，走几步就掉，而且走得特别慢。

幼儿5：可以稍微多拿点，但是不能掉，这样又快又多。

教师：小朋友们有这么多好方法，你们可以在接下来的比赛中试一试这些方法，看看能不能帮到你们。

2. 游戏"搭建高楼"

（1）教师交代新的任务，明确注意事项。

教师：接下来的任务需要建筑师们开动脑筋，你们把搭建的材料运回来之后，要建造一座最高的高楼。可以建造成任何形状的高楼，但必须是最高的。因为只有最高的才能获胜。

游戏玩法：将幼儿分成两组，男孩组和女孩组，分别站在各自的建筑工地内。当游戏开始后，两组幼儿到对面去运建筑材料，运回自己的建筑工地。游戏材料是幼儿人数的6倍。幼儿把游戏材料运回建筑工地后，开始搭建高楼，看看哪组搭建得高。所有材料用完，游戏结束。最后，通过测量高楼搭建的高度来判断胜利组。

（2）第一次搭建游戏。

竞赛游戏开始后，幼儿折返跑运送建筑材料到自己的建筑工地，然后开始搭建高楼。男生组所有的小朋友都是拿材料后就把材料散落在搭建区，当材料快拿完时，才开始搭建。因为材料堆放得比较乱，所以搭建一开始就不太顺利，需要先把场地腾出来，然后再开始搭建。搭建过程中，男孩组将3排积木并排摆放，并用长方形积木最短边叠放的方法搭建，所以搭建过程中用了很多的材料，但高度不够。女孩组与男孩组的方法截然不同，她们有简单的分工，两名幼儿负责搭建，其余幼儿负责搬运材料，搭建方法也有所不同，她们把长方形积木块立起来，用长方形积木稍长的边进行高度交错叠加。

教师提问：你刚刚用了什么方法搬运材料的？

幼儿：两只手放在一起端着材料，可以一下端起4块积木都不掉。就这样（用手比画姿势），这样材料就能运得多。

教师：你的方法很好，这样每次搬运的材料就更多了。

幼儿：我们分成两个小组，一组搬运材料，一组搭建。搭建的人要少一些，这样就能搭建得快一些。

教师：你们看看，男孩组和女孩组搭建的方法有什么不同？为什么女孩组搭建得高？

幼儿：女孩组搭建得要空一些，而且是把长方体积木立起来搭建的，所以女孩组搭建得高，用的材料也少。

教师：很好，小朋友们观察得很仔细。女孩组搭建的方法既节省材料，又能搭得很高。但是，谁的建筑更结实呢？

幼儿：男孩组的建筑更结实。

（3）第二次搭建游戏：看谁搭得又高又结实。

教师：建筑师们，这次我们又有了新的挑战，需要你们开动脑筋，设计出又高又结实的建筑物。建筑的形状、外观都不受限制。当搭建完成后，我们两个组的建筑要能经受住对方的考验，最终，搭建得又结实又高的组获胜，建筑师们加油！

游戏玩法：幼儿依然分成两组，男孩组和女孩组，分别站在各自的建筑工地内。游戏材料是幼儿人数的6倍。幼儿把场地对面的材料运回建筑工地，搭建高楼，看看哪组搭建得建筑又高又结实。所有材料用完，搭建结束。进行第二阶段坚固程度测试。幼儿运用接力的方式，用积木在离高楼 5 米左右的距离进行投掷，击倒建筑物。每人一次机会。最后，通过剩下的、没有倒塌的建筑高度来判断胜利组。

幼儿进行第二次搭建游戏。

教师：在刚才的游戏中，你们有什么好的经验互相分享吗？

幼儿：我们提前商量好搭建的方法，这样搭建得特别快。

教师：提前有一个计划，这样就不会手忙脚乱了，这是个不错的方法。

幼儿：我们组这次让跑得快的幼儿负责运材料，跑得慢的幼儿负责捡材料和搭建高楼。

幼儿：投掷的时候，打高楼的下面，更容易使建筑倒塌。

幼儿：我们组搭建的高楼分为两层，底下的几层搭建得大，用的材料多，上面的部分搭建得小，这样才能让建筑又坚固又高。

教师：你们太棒了，想出了这么多好方法。咱们一起看看，男孩组的高楼为什么又高又结实？他们的积木是怎么摆放的？

幼儿：积木和积木之间是交错的。

教师：对，这样上面的积木压着下面积木的接缝儿。我轻轻晃一晃，你们看，是不是很结实？

（4）第三次搭建游戏。

教师：建筑师经过几次的搭建，你们都有了很多好方法，相信你们能用更棒的方法把高楼搭得更高、更结实，这也是咱们今天的终极挑战。我会给你们 5 分钟的时间商量搭建方案。希望你们的建筑能通过考验，获得最后的胜利。建筑师们加油！

幼儿商量搭建方案，并进行第三次搭建游戏。

教师：在刚才的游戏中，我看到你们又想出了很多好方法。

幼儿：我们的方法是在我们的建筑前面搭建一座围墙，这样就能保护建筑，不被打倒。

幼儿：我们把建筑物搭建成投掷这面窄、投掷不到的面宽，这样建筑就不容易被打倒了。

教师：小朋友们，你们想的方法真厉害，建筑又高又结实。你们在搭建过程中一直在坚持，有的小朋友运送材料跑了好多次，中途也没有停下来休息，依然在坚持。你们都是最棒的建筑师，我们一起为自己鼓鼓掌吧！

（三）结束部分：放松活动

1. 放松游戏

播放轻音乐，做放松活动。通过拉伸类动作，重点放松脚踝、膝盖、大腿、小腿、腰部、背部等。

2. 收拾、整理材料

引导幼儿将游戏材料送到指定地点收好。

◆ **活动反思**

通过"建筑师"这个体育游戏，孩子们得到了充分的锻炼。活动的强度、密度都很适宜，幼儿的运动热情高昂。在冬季户外能看到孩子们流汗，说明达到了一定的运动量，增强了幼儿的心肺功能，好玩的游戏也激发了幼儿户外游戏的热情。活动促进了幼儿运动、数学、社会性等多方面的发展。孩子们通过积累经验，每一次的游戏水平都有所提高，每次玩的方法都不一样，我由衷地为幼儿活动中的创造性表现而高兴。

在活动过程中，孩子们的运送方法随着经验的提升更加多样，如：两人合作，一人捧着积木，另一人往上叠加积木，这样一次能拿很多。还有一个小朋友把外套脱下来装材料。随着孩子们运送方法越来越多样、高效，材料就显得有些少了，以后再开展这种活动还需要适当补充材料。

（执教教师：北京西城宣武回民幼儿园　汪旭峰）

◆ **活动点评**

看男教师带小朋友上体育活动是一种享受，教师的阳光和热情带动和激发了幼儿参与活动的热情。活动中，幼儿始终积极投入，兴趣盎然，与寒冷的天气形成了鲜明的对比，说明教师的引导是有趣和有效的。此次活动的主要优势体现在以下几个方面：

1. 情节有趣，难度递进　教师能够结合幼儿冬季不喜欢锻炼的现实情况，利用好玩的游戏情节吸引幼儿参与活动。游戏中幼儿变成了"搬运工"和"建筑师"的角色，融入角色的引导比单纯的练习动作更加有趣。同时，有比赛情节的设计，顺应了大班幼儿喜欢参与竞赛游戏的特点。在活动过程中，每一次游戏都有目标，从运送建筑材料的数量到搭建高楼的高度、再到结实程度，每一次引导任务明确，体现了层层递进的过程。

2. 强度适宜，密度合理　教师可以根据天气变化随时调整活动密度。此次活动，幼儿根据不同的任务多次折返跑，虽然活动强度、密度较大，但却是适宜的、科学的。受任务的驱使，幼儿提高了身体耐力。幼儿微微出汗，也增强了幼儿的心肺功能。每次活动后，教师利用短暂的时间分享游戏经验，既为幼儿提供休息和调整呼吸的时间，也帮助幼儿及时梳理游戏中的好方法。

3. 关注上、下肢动作的均衡，科学、合理　此次活动虽然是以折返跑为主要内容，但是，教师在此过程中巧妙地加入了运材料、投掷等上肢力量的活动，使上、下肢动作能够均衡发展。这也是需要教师平时在体育活动中多加关注的问题，既要考虑动作的多样性，也要考虑上下肢动作发展的均衡性。相比较而言，平时的活动中，教师引导幼儿下肢锻炼的内容较多，对幼儿上肢力量锻炼的关注普遍偏弱。

4. 过程开放，体现对幼儿多方面发展的引导　活动的过程和层次虽然是教师的巧妙设计，但是在活动过程中教师又能够置身于幼儿身后，每个环节都没有提出具体要求和规定动作，给幼儿留有很大的自主空间，引导幼儿自主发现问题、用自己的办法去解决问题和学习、借鉴别人的好方法，这也是教师组织和开展活动的巧妙之处。同时，这个活动自然渗透数学、社会、学习品质等多方面的内容，体现了教师驾驭活动的能力很强，既体现了幼儿的主体性，也突出了教师的主导作用。

（活动点评：北京教育科学研究院早期教育研究所　何桂香）

案例三：植物大战僵尸（并步躲闪）

◆ **活动来源**

从幼儿动作的发展规律来看，最初是掌握动作的基本要领，然后通过逐步增加运动的难度提高运动水平，最终获得更多的运动经验，提高身体素质。移动身体是幼儿的基本运动能力。在行进中移动身体并能灵活躲闪，则是幼儿动作发展的较高水平。

走，相对于其他基本动作来说最为简单，尤其是大班幼儿，已经能够非常协调、灵活地走，并能变换走的姿势、走的速度开展游戏。"并步走"的动作，幼儿在平时活动时很少涉及，在并步走的过程中还要灵活躲闪，则更有难度和挑战性。为了丰富幼儿不同的运动经验，锻炼幼儿灵活躲闪能力，我设计了此次活动。活动借鉴了幼儿喜爱的"植物大战僵尸"中的情节，也顺应了大班幼儿喜欢挑战和竞赛游戏的特点。

◆ **活动目标**

（1）掌握并步走的动作要领，能在游戏中左右移动、灵活躲闪。

（2）敢于参与挑战性游戏，能够协商解决游戏中出现的问题。

（3）能够遵守游戏规则，体验合作游戏的快乐。

◆ **活动重点**　掌握并步走的动作要领，能在游戏中左右移动、灵活躲闪。

◆ **活动难点**　敢于参与挑战性游戏，能够协商解决游戏中出现的问题。

◆ **活动准备**

1. 经验准备　幼儿有初步躲闪的经验。

2. 物质准备　锥形筒 12 个、自制太阳花（若干）、软球（若干）、"植物大战僵尸"的游戏背景音乐。

◆ **活动过程**

（一）开始部分：准备活动

1. 热身活动

（1）教师带领幼儿进入场地，进行热身活动。幼儿分三队，跑步入场。

（2）幼儿跟随教师口令进行热身活动，如扩胸、绕臂、绕膝盖、绕手腕、绕脚踝。

2. 初步体验、交流分享

（1）游戏一：小螃蟹——模仿螃蟹走，初步体验并步走的方法。

①模仿螃蟹走。

教师：小朋友们，你们知道螃蟹怎么走吗？我们一起来学一学螃蟹走的动作。

教师：刚才，我们学螃蟹横着走，两只脚先走一步、再并在一起的动作叫并步。

教师：螃蟹还可以怎么走？

教师分别带领幼儿连续向右或向左移动，速度可以由慢到快。

幼儿：两个脚是一个跟着一个，横着动的。

幼儿：可以边走边跳，这样很快。

②游戏："请你和我不一样"——锻炼反应能力。

教师：看看哪个小朋友和我的动作不一样。如果我往左边走，你们应该往哪边走？我步子大，那你们的步子呢？看看谁的反应最快！

教师通过变换方向、速度、步幅等提升幼儿的反应能力。

（2）游戏二：小螃蟹躲炸弹——体验并步躲闪，提升身体灵敏度、协调性和反应能力。

教师：刚刚小朋友们反应都很快，你们想不想玩一个"小螃蟹躲炸弹"的游戏？

介绍玩法：在"小螃蟹躲炸弹"的游戏里，由我来扔炸弹（软球），小朋友要注意看炸弹落的方向，必须学着小螃蟹走路那样迅速躲开，看看谁能不被炸弹击中。

①幼儿游戏，教师扔了几个炸弹后，组织幼儿交流、分享经验，强调游戏规则，巩固并步躲闪动作。

提问：你是怎么躲炸弹的？脚是怎样移动的？

教师：我往左扔，你应该往哪个方向躲？

②教师带领幼儿继续玩"小螃蟹躲炸弹"的游戏，提醒幼儿用并步的方法躲避炸弹。教师通过变换速度、缩小幼儿活动范围、用假动作迷惑等方式扔炸弹。

层次一：教师按匀速左右扔球，幼儿左右躲闪。

层次二：教师加快左右扔球速度，幼儿快速左右躲闪。

层次三：教师做左右假动作扔球，幼儿体验假动作躲闪。

（二）基本活动：游戏"植物大战僵尸"（巩固运用并步躲闪动作，能左右移动、灵活躲闪）

1. 介绍"植物大战僵尸"的游戏玩法和规则

（1）游戏玩法。

教师：我们知道在"植物大战僵尸"的游戏里，太阳花能给豌豆射手带来能量，僵尸把太阳花都抢走了，需要豌豆射手们闯关，到城堡里，抢回太阳花，放进能量包里。请小朋友们分成三组，一组小朋友当"僵尸"，另外两组小朋友当"豌豆射手"。每个豌豆射手闯关后，只能拿一朵太阳花。

幼儿自选要扮演的角色。注意幼儿都会抢着当豌豆射手，引导幼儿协商解决问题。

（2）游戏规则。

豌豆射手：每队每次只能有一名豌豆射手出发闯关。当前面的豌豆射手闯关成功后，后面的豌豆射手才能出发。每次闯关只能拿一朵太阳花。被僵尸抓到的豌豆射手要回到队列的后面重新开始。如果违反游戏规则多拿了太阳花，就要把你所有的太阳花都放回城堡里。

僵尸：双脚只能在两个锥形筒之间左右移动，不能前后迈出。双手只能左右拦截，不能抓豌豆射手。如果违反游戏规则，就要交出一朵太阳花给豌豆射手。

2. 进行三次游戏

（1）第一次游戏（初次尝试游戏，理解、熟悉游戏规则）。

游戏场地：豌豆射手分 3 列纵队，站在起点。每队前方各有 2 个僵尸，3 队僵尸共 6 名幼儿，僵尸前后间隔一段距离；每个僵尸把守在相距 1.5 米的两个锥形筒之间。

幼儿游戏后交流、分享经验。

教师：豌豆射手遇到僵尸后，用什么动作才能过关？（重点强调规则）

幼儿：左右来回走，分散僵尸的注意力。

幼儿：要与僵尸的方向相反。

教师：如果两个人方向总是一样，豌豆射手怎么办？谁来说一说，你有什么好办法？（启发幼儿用假动作）

幼儿：动作要比僵尸快。

幼儿：你站在左边，他以为你要从左边过，然后突然从右边跑过去。

教师：那么僵尸怎么防止对方冲过你的防线呢？

幼儿：左右移动的速度要快。

幼儿：不能分心，眼睛一直盯着对方。

教师组织幼儿交流一下游戏中有无违规的现象，并再次明确游戏规则。接下来，由教师当裁判，违反规则的要上交太阳花。

（2）第二次游戏（缩短防线距离，拓展并步躲闪经验）。

教师：经过刚才的闯关游戏，僵尸发现豌豆射手从城堡里抢走了很多太阳花，所以，他们增加了闯关难度，把防线的距离变窄了（注：两个锥形筒之间改为 1 米）。现在，轮换第二组小朋友当僵尸，第一、三组小朋友当豌豆射手。豌豆射手们一定要想办法闯关成功哦！

教师：请豌豆射手说说，这一次，你是怎么闯关的？

幼儿：左右移动的速度要更快，找到空隙，才能闯过去。

幼儿：分散僵尸的注意力，这样才能插空闯过去。

教师：那么僵尸们又是怎么防守的呢？

幼儿：左右移动的距离短了，更好抓了。

幼儿：手臂张开，速度要快，很好抓。

（3）第三次游戏（增加双方人数，提高活动密度、合作闯关）。

教师：请小朋友们想一想，你们有什么好办法让游戏更好玩？

幼儿：由两名僵尸共同把守关口，让豌豆射手一个都过不去。

幼儿：豌豆射手也可以同时派出两个人，联合闯关。

（注：两个锥形筒之间的距离改为 2 米）

教师：我们来试一试小朋友们说的办法。两个队的小朋友先商量一下，怎么才能让自己的队赢。

教师：接下来，所有的小朋友分成 2 组，第一组为僵尸组，第二组为豌豆射手组。每个阵地有两个僵尸一起守关，两个豌豆射手同时闯关。

教师：守关、闯关人数都增加到 2 个人后，你们来说说，各自用了什么方法？豌豆射手们，你们是用什么办法闯关的？

幼儿1：两个豌豆射手要看好自己闯关的方向，看到空儿就赶快闯关。

幼儿2：一个豌豆射手分散两个僵尸的注意力，另一个豌豆射手闯关。

教师：僵尸们，你们有什么好办法拦住豌豆射手？

幼儿3：两个僵尸的速度要一样，不能一个慢、一个快。

幼儿4：两个僵尸要分工，看好自己这边，盯着对面的豌豆射手。

（三）结束部分：放松活动

1. 放松活动

教师带领幼儿放松身体，进行拉伸运动，如弓步压腿、弓步侧压腿、踢腿，通过拉伸动作放松幼儿紧张的肌肉。

2. 统计太阳花数量，确定胜利组

游戏结束后，请双方各自统计一下自己这边太阳花的总数，看谁赢得了最终的胜利。

◆ 活动反思

本活动游戏情节的设计来源于网络游戏"植物大战僵尸"中的部分片段，是幼儿所熟悉的内容。整个活动始终围绕幼儿左右并步躲闪的目标展开。在这个活动中，掌握左右并步动作本身对于大班幼儿来讲难度不大，而通过双方之间并步躲闪——拦截提高幼儿身体灵敏度、协调性和判断、反应的综合能力是本次活动的难点。活动中，教师没有动用很多材料来创设游戏情景，而是将活动材料尽量化繁为简，充分利用常见的体育器械开展游戏。通过设计层次丰富的游戏情节来实现和调动幼儿兴趣的目的。活动中，幼儿情绪饱满、兴趣浓厚。在整个游戏中，教师能通过各种方式引导幼儿重复、巩固用并步动作进行躲闪，并注重在每个环节的游戏之后帮助幼儿分享、交流闯关经验。同时，对于游戏规则的遵守，教师也很关注，在每次小结时都会进行强调，保证了游戏的顺利进行和活动目标的达成。

（执教教师：军委机关事务管理总局红星幼儿园五棵松园　马蕾蕾）

◆ **活动点评**

此次活动选材与众不同，借鉴了幼儿喜欢的游戏情节，发展幼儿并步走的协调能力、灵活躲闪能力、合作解决问题的能力，突出了对幼儿参与体育活动兴趣的引导，突出了对幼儿动作发展水平的引导，也突出了对幼儿克服困难、合作解决问题等能力和品质的引导。

1. 活动情节有趣、有序、有挑战 本次活动引入"植物大战僵尸"中抢夺与看守太阳花的对阵情节，满足了大班幼儿喜欢挑战和喜欢竞争游戏的年龄特点。情节设计由易到难，有序开展，每一次游戏都有新的挑战内容。特别是游戏情节中的躲闪、拦截、合作等要素的融入，促进了幼儿的动作向更高水平发展。同时，设置多个问题情境，在引导幼儿想办法解决问题的过程中，也促进了幼儿思维能力和社会性发展。

2. 教师指导有法、有效、有提升 本次活动各层次设计清晰、完整，环环相扣、层层递进，这反映出教师对幼儿运动能力、学习特点和最近发展区的准确思考与分析。

指导有法体现在教师对每个环节的巧妙设计，循序渐进地提升游戏难度，渗透了并步走的方向（左右）、速度（快慢）、步幅（大小）、防守距离（宽窄）的变化，如躲闪的动作、扔炸弹速度的变化（由慢速到快速），活动范围的变化（由宽到窄），扔炸弹动作的变化（由常规动作到假动作）。以此不断增加幼儿并步躲闪的活动密度，并在变化中逐步提升其身体的灵敏度、协调性和反应能力。在"植物大战僵尸"的游戏中，教师为豌豆射手与僵尸之间设计的躲闪与拦截、人数与距离的变化，使目标在层层递进的活动内容中得以实现。幼儿体验每一种方法后，教师都能引导幼儿发现问题，不仅为幼儿提供自主解决问题的机会，也帮助幼儿梳理经验、迁移经验，达到了"授人以渔"的目的。

3. 活动材料简单、多变、能推广 活动中所使用的游戏材料简单、易于准备，同时在活动过程中易摆放，能移动。幼儿可以根据游戏情节，自主调整材料，缩短了环节之间的时间，提高了活动效率，便于同行在常态工作中借鉴、推广。当幼儿熟悉游戏规则后，还可以用身边更为简便的物体代替。

（活动点评：北京教育科学研究院早期教育研究所 何桂香）

案例四：小小快递员（折返跑）

◆ **活动来源**

本学年，我园借力专业团队，为孩子们提供了更多、更有意思的体育游戏活动。大班幼儿喜欢竞赛性和有挑战性的活动内容。在跑的游戏中，总是不断挑战着速度，享受着速度带给他们的快乐，其中有一个游戏叫"机智的狐狸"，是有关基本动作——折返跑的游戏。孩子们对于折返跑这个关键动作还不能很好地掌握要领，同时游戏等待的时间较长，为了解决这些问题，我设计了本次体育活动"小小快递员"。

◆ **活动目标**

(1) 愿意挑战不同距离折返跑的游戏，能够连贯地完成动作。

(2) 掌握折返跑的动作要领，能够在接近目标时减速或急停并转身跑回。

(3) 能够协商解决问题，体验竞赛游戏带来的乐趣。

◆ **活动重点** 掌握折返跑的动作要领，能够在接近目标时减速或急停并转身跑回。

◆ **活动难点** 能够连贯地完成动作，能够协商解决问题。

◆ **活动准备**

1. 经验准备 初步体验并基本掌握折返跑的技能；能够听懂游戏规则并遵守规则进行游戏；幼儿对快递员的工作初步了解。

2. 物质准备 快递盒若干个（大小、形状、重量各不相同）、圈 8 个、充气棒 2 个。

◆ **活动过程**

（一）开始部分：热身操《健康歌》

教师：每个小朋友找到一个点站好。在好玩的游戏开始之前，我们先来热热身，跳一跳《健康操》，把身体活动开。主要活动下肢：腿、脚踝、胯等部位，避免在激烈的游戏中扭伤。

（二）基本部分

1. 创设"小小快递员"的情境，掌握折返跑的技能，动作敏捷、连贯

教师：今天，我们玩的游戏跟快递员有关。你们知道快递员是做什么的吗？

幼儿：送快递。

幼儿：把大家从网上买的东西送到家。

幼儿：帮人送礼物。

教师：你们说得都对，为什么管他们叫快递员呢？

幼儿：因为他们送东西很快。

幼儿：要及时送到，大家等着用呢！

教师：你们真聪明！今天，我们玩的第一个游戏叫"小小快递员"，小朋友们都来当快递员，去送物品。

（1）游戏一：收发快递，通过游戏掌握折返跑的技能。

教师：请大家先看一看，运动场上有什么？这些材料都是怎么摆放的？

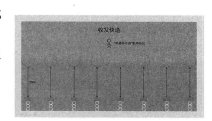

幼儿：运动场两侧各有 8 个圆圈，在一侧的每个圆圈里有一个快递纸箱。

幼儿：我想是要把快递纸箱送到对面的圆圈里。

幼儿：8 个圆圈应该是小朋友分 8 个小组进行比赛。

幼儿：我觉得应该是从圆圈里取快递，再去送快递。

教师：你们说得都对，我们要成立 8 个快递小组，小朋友们分 8 组进行游戏。每组第一个小朋友用最快的速度跑到前方的圈里，取到快递纸箱，返回，交给下一个小朋友。下一个小朋友再拿着快递纸箱，送到对面的圈里，再空手跑回。再下一个小朋友再去前面取快递返回。大家把物品从一个地区（圆圈）送到另一个地区（圆圈），经过几次周转后，物品离它的主人会越来越近。

提示：拿完快递赶快回来，加快跑的速度。

（游戏进行 2～3 分钟，每名幼儿了解游戏规则，教师观察幼儿折返跑动作完成的情况）

（2）游戏二：快递争夺战，在接近目标时减速或急停并转身，连贯完成动作。

教师：小快递员们太棒了！这次，老师也要加入这个好玩的游戏，和大家一起争夺快递。老师要在圈后面用充气棒打来打去，扰乱小快递员的工作。

教师：当老师拿着空气棒来到你面前的时候，你该怎么办呢？

幼儿：我就停下来，不往前跑了。

幼儿：我提前看着前面，要是发现老师要过来了，我就慢点跑，等老师走了，我再放下或取走快递纸箱。

教师：你们的办法都很好！如果小朋友减速或者马上停下，老师就不会继续打了。如果被充气棒打到，快递归老师所有。我们的游戏开始吧！

游戏进行 3～5 分钟，每名幼儿都有被"袭击"的机会。

教师：刚才，谁没有被击中？你用的什么好方法？

幼儿：我没有被击中，我看到空气棒过来了，我就停住，不跑了。我用前腿支撑住身体，要不，我就要摔倒了。

幼儿：我从远处看到老师过来了，我就减速、慢点跑，这样我一下子就停住了。

…………

2. 快递中转站

教师：刚才，8 个快递小组都成功地完成了任务，非常棒！现在，我们快递公司有了一个新难题，大家快看看，每个快递公司起点处有什么变化？

幼儿：有好多的快递纸箱。

幼儿：比刚才多了很多的纸箱。

幼儿：而且大小、形状都不一样。

教师：快递公司一下子多了很多快递。大家快想想办法，怎么把这么多的快递送到对面的中转站去。大家可以先分小组商量一下，试一试。

第一组幼儿：大的箱子，我们可以一人拿一个；小的箱子，一次可以多拿几个。

第二组幼儿：咱们可以把大的箱子里面放上小的箱子，这样一次就可以多拿几个了。

第三组幼儿：这个大箱子太大了，一个小朋友可拿不了，咱们一起推着走吧！

第四组幼儿：咱们快点跑，就能快点送完快递了。

…………

教师：大家商量好了吗？咱们试一试吧！看看哪个小组能用最快的速度将这么多的快递纸箱送到对面的中转站去。

第一次游戏，幼儿尝试自己的方式运送快递，直到最后一组幼儿全部完成。

教师：我看到了很多组尝试了不同的方法运送快递纸箱，请小朋友们说一说，你们组用了什么方法？这个方法，你们觉得怎么样？

幼儿：我们小组的方法是大家快点跑。我觉得这个方法挺好的，因为我们组的小朋友都跑得特别快，就是往返跑了好几次，有点累，下次可以一次多拿几个箱子再跑，这样就能少跑几趟了。

幼儿：我们组先装了一下箱子，小的箱子装进大的箱子里，这个方法挺好的，就是在装箱子的时候，耽误了一些时间，下次我们可以装得快一些。

幼儿：老师，我们想使用小拉车，可以吗？这样就能快一些了。

幼儿：可以，这个方法不错。

幼儿：我不同意，这样就不公平了。

教师：大家认为呢？大家同意吗？

幼儿：我同意，我认为只要方法好就行。

幼儿：我也同意，我们大家都可以使用不同的工具。

教师：既然大家都同意，那就使用吧！

教师：刚才，大家使用了不同的方法，有的推、有的搬，还有的组大家合作，一起抬着走。大家还都提出了改进的方法。我们的终极挑战赛就要开始了，大家准备好了吗？

幼儿：准备好了。

教师：出发！

幼儿运用各自小组商量好的方式搬运纸箱，直到最后一组结束。

教师：快递员们辛苦了！我们都完成了今天的快递任务。我们请搬运最快的小组说一说，你们用什么好方法搬运的快递？

（三）结束部分

教师带领幼儿做放松活动，帮助幼儿放松身体、消除疲劳、恢复体力。

1. 放松活动

教师：小小快递员们都辛苦了，快给自己放松一下吧！捶捶自己的腿，敲敲自己的胳膊，帮好朋友拍拍后背……

2. 体育礼仪

教师：小朋友们辛苦了！

幼儿：老师辛苦了！

3. 收拾、整理材料

教师：每个小组拿着自己小组的快递纸箱，把它送到目的地。

幼儿共同动手，收拾、整理材料。

◆ **活动反思**

本活动结合"快递"这个孩子们常见的生活事件设计，贴近幼儿生活。通过情境法创设出快递员收发快递的情境，激发幼儿对本次活动的兴趣。

本次活动共由 3 个游戏组成。

第一个游戏为"收发快递"，引导幼儿自主体验折返跑，目的是初步感知折返跑动作。

第二个游戏"快递争夺战"。教师在折返点用充气棒"拦截"幼儿，从而帮助幼儿进一步掌握动作要领：急停→重心降低→转身→重心转移。通过活动，可以看出幼儿在遇到教师的充气棒时，有明显的急停和重心转移的动作，达到了游戏目标。在这个游戏结束后，我请孩子们分享了在这个游戏中的发现，他们边用动作边用语言表达出自己的认识与想法，如"看见老师的充气棒过来时，我马上就停住了"。这时，孩子们在折返点已经不是正面面对折返点了，而是侧身，这是他们将所有动作一气呵成、连贯完成动作的结果。

第三个游戏"快递中转站"，属于合作游戏。这个游戏的目的是在游戏情景下，促进大班幼儿合作、协商，运用多种途径解决问题的能力。在面对更多快递箱子需要搬运的问题中，幼儿通过协商找到最快、最适宜的搬运方式。从游戏中可以看出，大班幼儿合作协商、积极动脑、敢于迎接挑战的良好学习品质。从体育运动上来说，之前的两个环节幼儿下肢运动比较多，设计这个环节通过搬、推、抬、拉等不同上肢运动，均衡幼儿的动作发展，满足幼儿活动量的需求。

活动结束后，我询问了幼儿参与活动的感受，有些幼儿则向教师提了建议：下次想玩带障碍一类的游戏。幼儿是活动的主体，我会尊重幼儿的想法，再进行体育活动时，将幼儿的想法尽量融合进来，再组织活动。

（执教教师：北京市西城区三教寺幼儿园　田　蕊　活动指导：张　妍）

◆ **活动点评**

此活动内容和情境创设来源于生活，又高于生活。幼儿对于快递员的职业有一定的了解，游戏中将快递员角色与折返跑的内容有机结合，提高了幼儿参与活动的热情。

活动目标是锻炼幼儿折返跑的能力，折返跑的距离是在幼儿承受能力范围之内，又有对速度和耐力的要求，具有一定的挑战性，符合大班幼儿的能力和水平，同时兼顾了对幼儿社会性发展的引导。

活动重点虽然是下肢动作的锻炼，但教师巧妙地将上肢力量的锻炼融入其中，体现出对幼儿上、下肢动作均衡发展的要求。活动过程层次清晰，游戏设计难度递进，要求不断提高，从没有要求的折返跑，到掌握动作要领的折返跑，再到合作完成任务的折返跑，体现了对幼儿动作发展的引导过程。

教师在指导过程中能够关注并帮助幼儿提升经验，引导幼儿协商解决游戏中的问题，体现了教师有效指导与幼儿为活动主体的有机结合。

（活动点评：北京市西城区三教寺幼儿园　张　妍）

第四章　语言领域教育与教学活动

幼儿时期是语言发展的关键期，幼儿的语言能力并非与生俱来，而是伴随幼儿的器官发育、神经系统日趋成熟，与幼儿的生活经验和表达动机密不可分。幼儿的语言发展需要环境的支持，需要经验的支持，还需要在丰富的语言环境中多加运用来促进其发展。

语言是幼儿交流和思维的工具。对幼儿思维发展和社会认识能力都起着极其重要的作用，同时，幼儿语言的学习与发展对其他领域有着重要的影响。

➡ 第一节　语言领域教育的价值

幼儿语言的发展贯穿于各个领域，也对其他领域的学习与发展有着重要的影响。《指南》指出了幼儿语言发展的重要意义："幼儿在运用语言进行交流的同时，也在发展着人际交往能力、理解他人和判断交往情境的能力、组织自己思想的能力。通过语言获取信息，幼儿的学习逐步超越个体的直接感知。"幼儿园语言领域的教育能够通过多种活动拓展幼儿经验，丰富语言内容，增强理解和表达能力，引导幼儿自然而然地产生对语言的兴趣。

一、促进幼儿语言发展

语言贯穿于人们的生活、学习和交往之中，它的作用不容小觑。培养和发展幼儿的语言能力，是幼儿园教育的一项重要任务。而幼儿园语言教育活动又是其中最重要、最系统的途径之一。幼儿园语言领域教育有其独特的价值，教师通过组织丰富、多样的语言活动，促进幼儿语言能力的发展；通过营造支持性的语言环境，丰富幼儿的语言经验；通过多种形式的引导过程，提高幼儿语言学习的兴趣。

（一）有利于幼儿语言能力的全面发展

幼儿的语言能力包含语音、词汇、语句、理解能力与口语表达能力等，幼儿园语言领域教育活动会根据语言领域的阶段目标及本班幼儿发展水平与需求设计活动，每次活动或者每个阶段都会制订明确的教育目标。其中既有倾听、表达，也有欣赏文学作品和早期阅读等方面的语言活动，通过开展有目的的语言教育活动，促进幼儿语言能力的全面发展。在设计语言领域活动时，教师要根据《指南》中语言领域的目标要求及本班幼儿语言发展的实际状况和发展趋势，有计划、有目的、有层次、有步骤地设计活动，引导幼儿进行语言知识的学习，从而提高幼儿语言能力，全面实现学前教育阶段的语言教育目标。

（二）有利于幼儿获得丰富的语言经验

幼儿语言学习的经验也是语言运用的经验。幼儿园的语言教育活动是将幼儿置身于语言环境或语言信息传递中主动学习语言的过程。教师把幼儿语言学习过程与幼儿园其他领域教育活动密切结合，可以与幼儿一起讨论，引导幼儿讲述，从而清晰地表达自己的想法。教师还可以通过日常生活中与幼儿一起交流感兴趣的话题，在互动过程中输入词汇、句式、语言表达的方式，从而转化为幼儿自己可以运用的语言经验。教师还可以通过日常的语言交往或有组织的语言教育活动，引导幼儿积极、主动地参与，从而使幼儿获得丰富的语言经验。

（三）有利于幼儿提高语言学习兴趣

语言有其自身的结构要素和结构规则，是一个复杂的符号系统。幼儿除了通过活动和交往，在自然而然的环境中学习语言，还能够通过感受不同题材的儿童文学作品提高语言学习的兴趣，比如朗朗上口的儿歌、情节生动的故事、好玩的语言游戏等。在活动中，幼儿可以自主地表达自己的想法，可以愉快地与教师、同伴交流，可以在游戏情境中习得新本领。这些都为幼儿后继提高学习兴趣奠定了良好的基础。

二、促进幼儿认知发展

幼儿通过语言学习，逐渐能够将原来对事物外在的、粗浅的认识，上升为能够用语言概括其特征；从对事物单一的看法和容易混淆的概念，到逐渐能够将事物之间建立联系，形成自己的判断；从说话不准确、不完整，到能够完整、连贯地表达自己的想法，甚至能够很有创意地进行表现与创造，这些方面都表明语言活动能够促进幼儿的认知发展。

三、促进幼儿社会性发展

幼儿是通过交往学习语言的。怎样与人友好交往，虽然是社会领域的话题，但是在交往的过程中离不开语言的运用。幼儿逐渐能够理解他人的语言，并且能够将他人的语言与自己的行为建立联系。成人鼓励性的语言使幼儿知道哪些做法是正确的，要继续坚持，哪些做法是不对的，需要改进。在与成人、同伴交往的过程中，幼儿逐渐学会通过语言解决矛盾，逐渐知道约束和调节自己的行为，逐渐尝试用语言表达自己的想法和美好的情感。实践证明，语言发展能够促进幼儿社会化的发展。

➔ 第二节　语言领域教育活动的特点

儿童从生命早期就开始慢慢理解和使用语言了。语言作为交流和思维的工具，使人们能够将看到、听到或者感受到的想法表达出来。幼儿园语言领域的教育有其独特的特点，语言是在运用的过程中发展起来的，它贯穿于生活的方方面面，在幼儿园一日生活的各个环节中都能够应用到语言。语言的学习也渗透在一日生活的各个环节之中。同时，幼儿语言的发展与其情感、经验、思维、社会交往能力等其他方面的发展密切相关。因此，发展幼儿语言的重要途径是通过互相渗透的各领域教育，在丰富多彩的活动中拓展幼儿语言经验，提供促进语言发展的条件。此外，语言学习的形式也是丰富多样的。教师能够借助丰富的活动、文学作品、交流互动、环境支持等多种手段促进幼儿语言发展。

一、在生活中渗透

日常生活和游戏为幼儿提供了大量语言交往的机会，使幼儿通过实践、练习、巩固、理解和运用语言。日常生活和游戏还为幼儿提供了有关各种事物和人际交往的丰富经验，为幼儿的语言活动积累了素材。通过生活中各环节的内容，教师可以对幼儿语言学习进行渗透性引导和有针对性的指导。教师可以通过日常交往活动了解幼儿语言发展的现状，熟悉每名幼儿语言发展的水平。在交往过程中，教师可以有意识地为幼儿提供尽可能多的语言表达机会，不断丰富幼儿的表达经验，提高幼儿对语言的理解能力，并观察和了解幼儿的语言发展状况，给予有针对性的指导。

二、在活动中发展

这里所说的活动不单纯指语言教学活动，而是与幼儿的生活、游戏建立有机联系的各种活动。它们可以围绕某个话题展开，又在活动中不断丰富幼儿多方面的经验。如：天气播报员、周末趣闻、小小广播站、故事大王、表演大舞台等活动。在这类语言活动中，幼儿运用语言表达自己对事物的感受，能够丰富幼儿语言表达的直接经验，提高语言能力。幼儿在多种活动中表现出表达的热情，根据主题会有不同程度的参与，不仅表达能力不断提高，也促进了其他方面的发展。

三、在文学作品中学习

儿童文学作品是指与0～6岁儿童心理发展水平及接受能力、阅读能力相适应的各类文学作品的总称，包括寓言、童话、儿童故事、儿歌、儿童诗、谜语、绕口令、儿童散文、儿童小说、儿童科学文艺等多种体裁。儿童文学是用语言塑造文学形象的艺术，儿童在接受文学作品的同时感受到了语言美、形象美、心灵美、意境美。儿童文学作品向幼儿传递了各种文化知识、观念、态度和情感，栩栩如生的描写让幼儿产生了超时空的想象力。儿童在学习文学作品中通过欣赏、复述、朗诵、表演、创编等活动接受优秀文化的熏陶，在内化的基础上，不断滋养语言实践的兴趣和能力。

四、在表达中提升

语言表达在幼儿日常的各种活动中必不可少。因此，在幼儿日常的各项活动中都渗透着语言引导的契机。教师要抓住每一个可以引导幼儿表达的机会，除了专门的集体教学活动之外，教师要更多地与幼儿交流、沟通，了解幼儿的想法，引导幼儿更清晰、准确地表达自己的想法。教师可以利用零散的时间随时与幼儿交流，如：你今天为什么这么开心，有什么高兴的事；你这么喜欢玩这个游戏，好玩在哪里；谁是你的好朋友，你为什么喜欢他；今天来幼儿园的路上发生了什么事；爸爸带你出国玩了，你见到什么新奇的事情？这些生活场景和话题就在身边，教师也要不断鼓励幼儿从敢说、爱说到会说，幼儿在与人交流的过程中，不断地获取信息并进行加工，在表达中不断提升语言能力。

五、在环境中支持

发展幼儿语言能力的关键是要为幼儿创设无所不在的支持性语言环境。也就是说，教师要为幼儿创设更多说的机会，并积极鼓励，引导幼儿有效应答。无所不在的语言环境，一方面包括了日常生活的点点滴滴，可以为幼儿的表达提供机会，另一方面也包括创设专门的游戏区，如表演区、阅读区、角色区等。为幼儿语言发展提供更多的支持，既有投放目标化材料对幼儿参与活动的支持，也有师幼互动过程中教师鼓励性语言与行为的支持。在自由、宽松的环境中，更能激发幼儿表达的愿望，体验与人交流的乐趣，使幼儿更加敏感、主动地吸收、加工和输出语言信息，促进语言表达能力的发展。

➡ 第三节　语言领域教学活动的目标与内容

《指南》中将幼儿语言领域的目标分为：倾听与表达、阅读与前书写准备两个方面。具体为：

认真听并能听懂常用语言；愿意讲话并能清楚表达；具有文明的语言习惯；喜欢听故事，看图书；具有初步的阅读理解能力，具有书面表达的愿望和初步技能。由此可见，幼儿园语言领域的目标，不再强化知识点，而是更加关注幼儿的兴趣与习惯、态度与能力，这些内容对于幼儿的长远发展起到非常重要的促进作用。与此同时，强调了幼儿的语言能力是在交流和运用的过程中发展起来的。因此，在幼儿园教育中，我们要选择丰富、多样的内容达成目标，鼓励幼儿在专门的语言活动中激发表达愿望，习得语言文化，发展语言运用水平。

一、语言领域教学活动的目标

《指南》明确了我国3～6岁儿童语言学习与发展的目标要求。这些目标要求从儿童语言运用能力的角度出发，提出幼儿园阶段幼儿语言学习和发展必须获得的基本能力。从整体来看，《指南》的幼儿语言学习与发展目标可以分为两大类：幼儿口头语言的学习与发展目标、幼儿书面语言准备的学习与发展目标。

二、语言领域教学活动的内容

语言领域学习的内容主要分为两部分：即口头语言和书面语言。口头语言的经验是幼儿在听和说的过程中获得的，包括谈话活动、讲述活动和语言游戏。幼儿书面语言活动包括文学活动和早期阅读两大类。

（一）谈话活动

谈话活动是指有计划、有目的地围绕某一话题进行对话交流的活动。幼儿在这个过程中能够表达自己的想法，倾听他人意见，从而获取更多的语言经验。

（二）讲述活动

讲述活动是指通过构思完整表达自己对讲述对象认识和看法的过程。幼儿从中获得独立思考和完整、连贯讲述的经验。主要活动有叙事性讲述和描述性讲述。叙事性讲述指将事件发生、发展和结局按顺序完整地进行讲述。如：故事讲述。描述性讲述指能将自己经历的、看到的事物进行描述，用语言概括其基本特征。如：看图讲述、实物讲解等。

（三）语言游戏

语言游戏是指用游戏的方式组织语言活动，目的在于培养幼儿机智、灵活运用语言的能力。幼儿在边说边玩中获得新的语言经验，也能够在游戏中理解规则，体验"玩中学"的快乐。主要活动有语音游戏、词汇游戏、语句游戏等。

（四）文学作品

通过优秀的文学作品欣赏与表达、表现的引导，提高幼儿对文学作品的理解能力，文学作品中有优美的语言、有丰富的内容、有多变的情节、有积极的情感、有美好的行为，作品中蕴含着多种教育价值。这些内容丰富了幼儿的语言经验，也对幼儿多方面发展起到潜移默化的作用。

幼儿园文学作品欣赏的题材丰富，包括儿歌、寓言、童话、故事、诗歌、散文、谜语、绕口令等。在与文学作品互动的过程中，幼儿倾听、理解和欣赏文学作品内容，进而尝试用自己的方式表达、表现对作品的理解，从而提高语言的运用能力。

（五）早期阅读

早期阅读活动是为幼儿创设接触书面语言的环境与材料支持，帮助幼儿获得初步地运用书面材料表达自己的经验和想法。幼儿早期读写经验是指幼儿在理解视觉材料（如图画和文字等）并尝试运用图文表达个人经验的过程中获得的语言经验。其核心是运用图文等视觉材料，培养幼儿阅读兴趣，养成良好的阅读习惯。包括前图书阅读、前书写等内容，为幼儿后继学习奠定良好的基础。

➡ 第四节 语言领域教学活动中的常见问题

幼儿园语言教育对于幼儿全面发展有着重要的意义和价值。但在实践活动中，受教师个人经验、教育观念、学科知识和实践能力的影响，存在着很多问题，需要教师关注和调整教育行为。

一、关注表达能力培养，对倾听能力关注得不够

认真倾听是幼儿获取信息的前提，也是幼儿理解和表达的条件。它对于发展幼儿语言和思维能力十分有益。在现实活动中，大多数教师能够有意识地为幼儿提供表达的机会。但是，幼儿往往会发生答非所问的现象，其原因之一便是幼儿没有认真倾听，没有辨别要表达什么观点。我们也会看到在某个幼儿回答问题时，其他幼儿并没有认真听，而是急于表达自己想法的现象。另一个原因是由幼儿年龄特点决定的，他们有意注意时间短，注意力容易分散，缺乏倾听别人说话的耐心，所以幼儿有时候根本没听清楚或听得不完整。培养幼儿认真倾听的习惯非常重要，但是教师在实践工作中关注得不够。教师要注重培养幼儿的倾听能力，用游戏化的方式、鼓励性的语言，培养幼儿良好的倾听习惯。引导幼儿能专注地倾听，能分辨和理解倾听的内容，这是幼儿表达的基础。

二、关注集体教学活动的开展，对日常生活语言关注得不够

教师在语言教学活动中能够关注对幼儿清楚、连贯和完整表达的引导，也能够在活动中不断丰富幼儿的词汇，帮助幼儿提高表达能力。但在生活环节中，有很多引发幼儿表达想法的契机，教师关注得不够。比如：教师在进行儿歌教学时，外面下雪了，孩子们的注意力都转向窗外飘落的雪花，教师还是按教案进行活动就不够灵活。这时可以临时调整一下，带着幼儿出去赏雪、玩雪，引发幼儿即兴创编儿歌比在教学活动中的学习更有价值。实际上，生活中有很多引导幼儿表达的机会需要教师关注，哪怕就是一个小朋友哭了，也可以和小朋友们交流，你有没有哭过，是因为什么事情哭，不仅关注幼儿的情绪，也关注幼儿的心理健康，引导幼儿知道排解情绪的多种方法。如果教师对生活中的小事总是视而不见，就会失去很多教育契机。正是因为教师关注幼儿生活中的事件，才能不断丰富集体教学活动的内容。同时，生活中，教师也要多与幼儿交流，更多地了解幼儿的想法。

三、关注语言领域中语言能力培养，对其他领域中语言发展关注得不够

任何一个学科领域的学习和指导都离不开语言。但是，在其他领域教学活动中，教师却不太关注对幼儿语言表达的引导，体现在遇到能引发幼儿发表想法的机会时，用教师的想法代替了幼儿的想法，表现在活动中就是经常会听到教师说"我发现……""我觉得……"。还有一种现象就是，教师觉得每一个学科有其各自的特点，不能都变成语言活动。于是，有很多需要幼儿观察和表达的内容，教师一带而过，没有给幼儿留下思考和讨论的时间。例如，数学活动中关于组成分解的内容，"每个数字可以分成几组""分出来的组数和原来的数字比有什么变化""你还发现了什么规律"等，这些能够引导幼儿发现组合分解规律的问题，如果教师没有为幼儿提供发现和表达的机会，并且帮助幼儿梳理零散的经验，幼儿很难掌握其规律。因此，在各个领域教学活动中，教师都要关注对幼儿语言的引导，多为幼儿提供表达的机会。它不仅促进幼儿语言能力的发

展，也能够帮助幼儿建立一种思维方式，促进其他领域的学习和发展。

四、关注表达能力强的幼儿，给表达能力弱的幼儿机会不多

在语言教育活动中，我们观察到教师与个体幼儿互动的频次很不均衡。有的幼儿在一次活动中发言 10 次左右，有的幼儿从始至终都没有发言的机会。这其中，有的幼儿是举手了，但是教师没叫到他的名字，有的则是幼儿没有举手发言的意愿。究其原因有两种：一是教师喜欢叫愿意回答问题的小朋友，因为他们总能说出教师心中的答案，在班里能起到带头作用；二是有的幼儿属于"心中有数"型的，受不敢说、不会说、怕说错等多种因素的影响，就是不举手发言。尽管原因多样，教师在活动中也要尽可能多地关注那些不敢说、不会说、怕说错不同发展水平的幼儿。对于胆小的幼儿要多鼓励其表达，对于不主动表达的幼儿要多给机会，前提条件是教师的眼中要有每一个幼儿，特别是对平时不主动表达的幼儿更要多加关注，这样才能引导每个幼儿从原有水平向着更高的水平发展。

五、利用绘本开展教学活动，对其他类型的活动关注得不够

幼儿园语言活动的类型很多，但是在幼儿园的语言活动中，教师基本用绘本教学代替了语言活动。绘本故事因为画面优美、情节有趣、形象生动，同时又蕴含不同的教育价值，确实深受幼儿喜爱。但是，语言活动不能仅仅局限于绘本教学，谈话、儿歌、看图讲述、语言游戏都是语言活动的内容，而且具有不同的目标和方式，满足幼儿的多种体验。教师不能顾此失彼，用单一的活动类型去开展教学活动，要在丰富、多样的语言活动中引导幼儿体会语言的乐趣，激发其学习语言的兴趣。

➡ 第五节　语言领域教学活动指导要点

幼儿的语言能力是在运用的过程中逐渐发展起来的。幼儿语言能力的提升离不开教师的有效指导。在幼儿园开展语言领域教育活动时，需要教师把握好以下几个指导要点。

一、培养幼儿良好的倾听习惯

幼儿学习语言是从倾听开始的，倾听是幼儿学习语言的输入过程。倾听是幼儿感知和理解语言的基础。幼儿养成良好倾听习惯不仅给幼儿表达自己的观点奠定了基础，也为幼儿社会性发展起到了积极的促进作用。

在培养幼儿倾听习惯时可以用以下几种方法：

首先，教师在日常活动中要有意识地引导幼儿在别人说话时有礼貌地倾听。在活动中，提示幼儿听清楚问题再回答，教师也要注意清晰而准确地表达自己的提问或者总结，这样幼儿才能够听清、听懂。

其次，要教师结合幼儿有意注意时间短和喜欢游戏的特点，培养幼儿的倾听能力，逐步增加幼儿有意注意的时长，提高幼儿的学习兴趣。比如：可以玩听说游戏，通过好玩的游戏情境提高幼儿的倾听能力。游戏难度可以从简单到复杂不断提升，幼儿在轻松、愉快、饶有兴趣的游戏中，按照游戏规则，听指令玩游戏，在游戏中养成良好倾听的习惯。

再次，通过欣赏文学作品养成倾听习惯，培养倾听能力。幼儿通过倾听喜欢的文学作品，可以更好地理解作品、表达对作品的感受，通过认真倾听去感受作品中人物的情感经历和内心世界。教师可以围绕作品设计不同的表达方式，采用不同的语调、语气、语音等方式吸引幼儿倾

听，帮助幼儿加深对文学作品的理解与思考。

最后，亲子阅读是一种有效促进幼儿倾听能力的方式。在轻松的环境下，有更多一对一听与说的机会，幼儿倾听的专注度也会有所提高。家长的陪伴和讲解能帮助幼儿进一步理解阅读的内容，丰富幼儿经验，让幼儿养成良好的倾听习惯。

二、把握日常生活中的教育契机，提高幼儿语言运用能力

在日常生活和活动中，教师有很多与幼儿互动交流的机会。看似无意的聊天都可以发现平时教学活动中没有注意的线索。生活活动中，教师需要多与幼儿交流，把握教育契机。如：幼儿有情绪变化、寻求帮助、与伙伴共同游戏等都是教师发现幼儿想法、关注幼儿语言能力的机会。幼儿在不同的场景中也在不断地接受和尝试运用新词、新句，学习运用语言与周围的人进行交流。

幼儿园还可以开设不同的活动区游戏，提高幼儿阅读兴趣，扩大幼儿的交往范围，提高幼儿运用语言的能力。如：读书区、角色区、表演区等。区域游戏中丰富的材料和活动内容都会为幼儿交流和表达提供更多的机会。除了专门的语言教学活动，日常生活中、游戏中都是幼儿学习语言、运用语言的机会，同样需要教师关注。

三、与其他领域活动有机结合，促进幼儿语言能力的发展

《指南》中特别强调了领域之间、目标之间的相互促进和整合，幼儿语言的发展也渗透在各个领域中。如：幼儿对于音乐作品的理解，就可以与幼儿自主表达相结合；科学探究活动中，幼儿的操作过程和发现的经验都可以通过语言来描述，同时对幼儿的思维发展也起着重要的作用；美术作品也蕴含着许多幼儿想说的话……幼儿有一百种语言，需要教师关注与引导，无论在任何学科、任何活动中都要为幼儿提供表达与交流的机会。

四、关注个体差异，鼓励幼儿愿意表达自己的感受

幼儿的语言能力受多种因素的影响表现出一定的差异，这就需要教师在各类活动中关注那些不太爱表达的幼儿，利用各种资源和方式为幼儿提供更多的表达机会。

教师在日常活动中，需要有意识地观察平时说话较少或者不爱表达的幼儿；观察他对什么感兴趣，教师可以从幼儿感兴趣的事情入手，引导幼儿表达自己的想法。同时，分析幼儿不爱表达的多种原因，对于缺少自信的幼儿，教师可以采用多鼓励的方式引导幼儿；对于语言发展迟缓的幼儿要多给方法；对于心里有数的幼儿，引导幼儿把想法说出来。在活动中，可以结合幼儿语言发展的水平，调整教师的指导策略。简单的问题多请缺乏自信的幼儿回答，降低难度和要求，帮助幼儿不断建立自信；对于不爱表达的幼儿可以用承担不同的角色方式吸引他们，鼓励幼儿说出想法。只有教师关注了幼儿发展中的差异，才能够有的放矢地积极引导，促进不同发展水平的幼儿向着更高水平发展。同时，教师还要依据幼儿语言发展的表现，做好家园共育的工作，指导家长多鼓励幼儿表达方面的进步，家园配合，形成教育合力，促进幼儿语言发展。

五、努力营造高质量的语言环境，开展丰富多样的语言活动

多元化的语言环境创设有利于幼儿由被动学习转化为主动学习。高质量的语言环境，除了我们说到的生活、游戏和各种活动的支持以外，也离不开语言环境和材料的支持。

首先是材料的多样化，如图书资料、电脑网络、电话、答题卡、访问卡及书写材料等。引导幼儿在发现问题、提出问题时，不能单纯地依赖教师给予答案，要把自己的发现自豪地告诉同伴，从而使语言活动朝着深层次发展。

其次是材料投放形式多样化。适当选用一些简单的辅助材料，如小屏风、小栅栏或小操作台、表演台等，让幼儿在操作材料的过程中积极、主动地表达。

再次是活动形式多元化。幼儿是通过交往来学习语言的。比如，当幼儿画好一幅画后，他会告诉教师自己画的内容。这时，教师就可以将他说的内容记下来，然后再读给他听；小组讨论某个问题时，教师将每个幼儿的发言记下来，然后对幼儿的发言进行归纳、整理；在幼儿计划自己的活动时，让他们用小纸条记下、画下自己想要做的事，并让他们在小组里把所"写"的计划读给别人听等。

最后是空间环境多元化。兴趣与需要是引发幼儿探究的动力。幼儿园的空间、设施等应有利于引发、支持幼儿的语言学习活动。比如，在墙面上创设不同内容的墙饰，以间接的方式引起幼儿注意，逐步引导幼儿的语言学习，是非常重要的。以往，我们常常把墙饰布置得高高的，幼儿看着非常吃力，没有与墙饰互动。为了利于引发、支持幼儿与周围墙面之间发生积极的作用，要最大限度地利用好墙饰，我们必须将所有的墙饰与幼儿的视线平行，让墙饰成为真正的应答环境。

六、教师需注意语言的规范性，为幼儿做好示范

教师语言的规范对幼儿有着重要的意义和作用。但是，教师语言的规范性会受到多方面的影响，比如：教师的教龄、语言习惯、幼儿的个体差异、教师对师幼关系的认识等多种因素，教师应该在专业成长过程中不断积累经验，规范自己的语言习惯。

首先，教师需要树立正确的教育观和儿童观，建构平等的师幼对话。如果教师和幼儿以"教育者"和"受教育者"的角色进行对话，师幼都会失去自我作为特定主体的本质。只有建构平等的师幼对话，教师才能把"话语权"还给幼儿，师幼之间进行有效的对话。

其次，要对教师进行关于教师语言使用习惯的培训，在教师正式进入幼教岗位前要进行专业培训，规范教师教育活动中使用的语言，并通过各种形式的培训和观摩学习，引导教师重视语言规范性对幼儿教育的重要影响。

最后，教师要在教育、教学实践过程中加强自身的学习和反思，不断探索如何在教学实践中发挥语言的有效性，提高教学效果和效率。教师语言规范性和有效性的提高，不仅可以减轻教师的负担，而且可以使师幼对话变得简洁、有序，师幼关系也会变得更加平等、和谐、融洽，促进幼儿最大程度的发展。

➡ 第六节 语言领域教学活动案例及点评

一、小班活动案例

案例一：变汽车（谈话活动）

◆ 活动来源

《怪汽车的故事》讲述了三只聪明又机灵的小动物把又大又重的蔬果变成了"怪汽车"的故事，情节简单、有趣，形象生动，适合小班幼儿学习。故事中的小动物、蔬果、房屋和车子都是幼儿熟悉和喜爱的事物，有利于幼儿表达想法并支持幼儿迁移生活经验。于是，我选择并设计了此次谈话活动"变汽车"。活动以"开车"游戏导入，结合课件引导幼儿在有趣的游戏情境中看看、说说、玩玩，帮助幼儿在理解故事内容的同时主动表达，在轻松的环境中获得语言、情感方面的发展，体验语言活动的快乐。

◆ **活动目标**

（1）能够根据话题表达自己的想法。

（2）尝试用自己的办法变汽车，并能将"我把……变成了汽车"的句式说完整。

（3）喜欢参与活动，感受语言活动的快乐。

◆ **活动重点** 能够根据话题表达自己的想法。

◆ **活动难点** 能将"我把……变成了汽车"句式说完整。

◆ **活动准备** 《怪汽车的故事》图片、音乐《小汽车》。

◆ **活动过程**

（一）开始部分：情景引入，激发兴趣

教师带领幼儿模仿开车动作进入教室，之后引导幼儿坐在座位上。

教师：今天，我们要去森林郊游啦！小司机们准备好，我们开车出发喽！穿过草原，跨过小河，我们到达目的地喽！

（二）基本部分：愿意表达自己的想法

1. 蔬果变"房子"

教师：刚才，我们开车去森林里玩，小朋友们知道森林里有什么吗？

幼儿：有大树。

幼儿：有小鸟和小兔子。

幼儿：还有大灰狼。

教师：嗯嗯！你们说得很好，森林里有许多小动物和植物。不过，今天，小动物们都不在森林里，你们知道为什么吗？

幼儿：它们找吃的去了。

幼儿：我们来了，它们害怕我们。

幼儿：它们在睡觉吧？

教师：你们说得都有道理。不过，我听到的消息是，它们出去找房子了。到底有哪些动物去找房子了呢？

教师出示 PPT 图片（或者用实物玩偶代替），引导幼儿观察。

（小兔子、小猫咪和小猴子，找到了水果和蔬菜）

教师：谁去找房子了？它们找到房子了吗？

幼儿：有三个小动物去找房子了。

幼儿：它们没找到房子。

教师：它们找到了什么？

幼儿：找到了大西瓜。

幼儿：找到了大萝卜。

幼儿：还有大南瓜。

教师：小动物们找呀找，只找到了一些水果和蔬菜。它们说：这就是它们找到的房子，你们觉得对吗？

幼儿：这不是房子。

幼儿：房子应该有房顶。

幼儿：还有窗户和门。

教师：天快黑了，小动物们请小朋友们帮帮忙，怎样把这些水果和蔬菜变成它们的房子呢？

幼儿：把西瓜挖个洞，把西瓜瓤吃了，就变成西瓜房子啦！

幼儿：给大萝卜安上窗户和门，小兔子就能住进去了。

幼儿：让小猫咪住在南瓜里，这个南瓜很大。

幼儿：用石头在南瓜上砸个洞，就能住进去啦！

2. 运"房子"

教师：小动物们觉得小朋友们的建议都很棒！可是，它们怎么把房子运回家呢？大家快出出主意吧！

幼儿：把大西瓜房子滚回家。

幼儿：小兔子和小猴子能抬着萝卜房子走。

幼儿：推着大南瓜房子走。

幼儿：放进河里。

幼儿：不行，水会把房子冲走的。

幼儿：西瓜也是圆的，钻到里面，"骨碌骨碌"地滚回家。

教师：你们的办法可真棒！我们来学一学小朋友们的办法：滚一滚、推一推、砸一砸（带领幼儿用双臂和手模拟相应的动作）。

3. "房子"变车子

教师：小动物们说你们的方法可真好！小狐狸帮大家想了个办法，它想把房子变成汽车开回去。怎么能变成汽车呢？

幼儿：给大南瓜安上轱辘。

幼儿：有方向盘才能开。

幼儿：要给汽车加满油。

教师：我们一起告诉小动物们吧！

师幼：给大西瓜、大萝卜和大南瓜安上轮子和方向盘，加满油，就可以开走啦！（教师带领幼儿用动作表现：安上方向盘、装上大轱辘、给汽车加满油）

4. 游戏：变汽车

教师：哇！你们和小动物们都好聪明啊！除了蔬菜和水果之外，你们还能在咱们的教室里找到其他能变成"汽车"的东西吗？如果你找到了，可以和你的好朋友、老师们说一说，你是怎么把你找到的东西变成"汽车"的？

幼儿：我把小椅子变成汽车了，安上方向盘、装上大轱辘、给汽车加满油。

幼儿：我把这本书变成汽车了，滴滴——按一按就是喇叭。

幼儿：我把娃娃家的小盆变成汽车的方向盘啦！

（三）结束部分："开汽车"游戏

教师：让我们开着自己的小汽车去森林里看看小动物们的新房子吧！

播放音乐《小汽车》，幼儿开着"汽车"离开，活动自然结束。

◆ **活动反思**

此次活动以故事情境导入，通过小动物们找房子的故事引出一系列话题。在活动中，通过情境游戏的方式引发幼儿学习兴趣，运用语言共情的方法调动幼儿已有经验，鼓励幼儿想办法解决问题，使幼儿能够置身于故事情节中，积极动脑筋回答问题，主动表达自己的想法。同时，活动过程动静交替，给幼儿创设了充分表达和亲身体验的机会，增添了幼儿的学习情趣，使幼儿在说说、玩玩中体验谈话活动的快乐和有趣。

◆ **活动点评**

此活动利用有趣的故事情节引出谈话活动，在情境和游戏体验的过程中为幼儿的表达提供了依据。

幼儿自始至终都置身于游戏情境中，在帮助小动物们找房子、变房子、运房子和变汽车的系列活动过程中，充分调动了幼儿的多种感官，使幼儿在看、听、说、玩中体会到游戏的乐趣，活动方式特别符合小班幼儿思维依赖于具体行动的特点。幼儿的语言伴随着动作体验，在玩的过程中，丰富了语言表达的经验。

在活动中，教师能够为每个幼儿提供表达机会，幼儿表达的频次和机会比较均等，保证每名幼儿都能够根据自己的意愿和想法尽情地表达，体验谈话活动的乐趣。

（执教教师：北京市西城区三教寺幼儿园 刘 伟）

（活动调整、点评：北京市丰台区丰台第一幼儿园 陈彩霞）

案例二：小黑捉迷藏（语言游戏）

◆ **活动来源**

我班幼儿的年龄在3～4岁之间，我发现他们在表达时语句还不够完整，而且说话声音比较小，很多幼儿在众人面前比较胆怯，不敢表达。同时，我也发现他们非常喜欢游戏，在游戏的过程中，状态很放松，能够自然地释放自己的情感，说话也更加自然和勇敢。捉迷藏就是小班幼儿非常喜欢的游戏活动，他们对这个游戏很熟悉，百玩不厌。由此，我根据绘本故事《小黑捉迷藏》的内容设计了此次游戏活动，旨在藏藏、找找的游戏过程中激发幼儿表达的愿望，培养幼儿敢于表达自己意愿和想法的能力。

◆ **活动目标**

（1）尝试用完整的短句"小黑藏在×××"表达自己的发现。

（2）愿意在大家面前讲话，能大方地表达想法。

（3）游戏中，体验藏藏、找找、说说的乐趣。

◆ **活动准备**

1. 经验准备 玩过说儿歌、走圆圈的游戏；会说儿歌"小脚小脚走走，小手小手摆摆，眼睛四处看看，跟着××去旅行"。

2. 物质准备 自制圆形黑色卡片（人手一张），各种场景的图片（如森林、小河、草原、沙漠、大海、高山、马路、超市、游乐场等）。

◆ **活动过程**

（一）开始部分：感受"捉迷藏"游戏的快乐和藏的有趣

1. 提问引出话题

教师：小朋友们玩过"捉迷藏"的游戏吗？"捉迷藏"的游戏怎么玩？

幼儿：我玩过，就是藏起来。

幼儿：不让人找到。

幼儿：藏在桌子底下。

幼儿：数"1、2、3"开始。

幼儿：我来藏，爸爸找。

教师：我知道了，你们都玩过"捉迷藏"的游戏。捉迷藏要有人藏起来，有人去找，对不对？

2. 游戏"捉迷藏"

教师：现在，我们来玩"捉迷藏"的游戏，我来找，你们来藏（活动室、睡眠室都可以藏，另外两位教师负责安全看护）。藏的时候，要注意安全。我数"1、2、3、4、5"，数到"5"的时

候，我就要开始找了。(教师数得慢一些)

重点指导：教师找到幼儿时，可以个别提问："你藏在哪里了?"鼓励幼儿说出自己藏身的位置。

3. 游戏小结

教师：刚才，你藏在什么地方了，快和小朋友们说一说。

幼儿：椅子后面。

幼儿：桌子下。

教师：把话说完整就更好了，要说清楚："我藏在××里了。"("我藏在"三个字重音)再说一次试一试。

幼儿：我藏在椅子后面了。

幼儿：我藏在桌子底下了。

幼儿：我藏在娃娃家里了。

幼儿：我藏在睡眠室的门后面了，嘿嘿!

幼儿：我藏在钢琴下面了，老师没找到我!

教师：请小朋友和你身边的小朋友说一说，你刚才藏在哪里了，再听一听他藏在哪里了。

(二)基本部分：尝试用完整的短句"小黑藏在×××"表达自己的发现

1. 认识新朋友

教师出示小黑(圆形的黑色卡片)。

教师：有个新朋友也很喜欢玩"捉迷藏"，看看它长的什么样子呢!

幼儿：黑黑的。

幼儿：圆圆的。

教师：它是一张黑色圆形卡片，它的名字叫"小黑"，来和它打个招呼吧!

重点指导：鼓励幼儿用自己的方式和小黑问好。

幼儿：你好，小黑!

幼儿：嗨!

幼儿：你好，小黑! 我叫大壮。

教师：你们都是有礼貌的好孩子，说话真好听。小黑喜欢和你们一起做游戏。

2. 藏小黑

(1)提出游戏玩法。

教师：小黑也想玩"捉迷藏"的游戏了，请小朋友们把它藏起来。藏的地方要和刚才你藏的地方不一样哦! 藏完之后，把"你把小黑藏到哪里了"的秘密告诉一个你最喜欢的朋友。

(2)幼儿藏小黑。

重点指导：每人拿一张小黑卡片，把小黑藏起来。配班教师也去藏一些小黑卡片，并关注幼儿游戏中的安全。教师引导幼儿把自己藏小黑的秘密和其他小朋友分享："你把小黑藏在哪里了，快把秘密告诉你的好朋友。"主班教师可以观察和倾听幼儿间的交流。

3. 找小黑

(1)找小黑。

教师：小黑说，谢谢小朋友们帮忙把它们都藏好了。它们想看看，小朋友们还能不能把它们找出来。我们快去找小黑吧!

重点指导：尊重幼儿的想法，准许幼儿找自己藏的小黑，也可以找好朋友藏的小黑，还可以去不同的地方找一找。当幼儿找到小黑后，引导幼儿自主和同伴分享自己从哪里找到了小黑。

（2）说一说小黑藏在哪里了。

教师：太棒了，你们都找到小黑了。快来和大家分享一下你的发现："小黑藏在哪里了？"

幼儿：我的小黑藏在了娃娃家的小床上。

幼儿：小黑藏在书架上了。

幼儿：小黑藏在我的小床上了。

幼儿：我找到的小黑藏在窗帘后面了。

幼儿：我找到了两个小黑，一个是我放在花盆后面的。嘻嘻！一个是我找到的，在花瓶里找到的。

教师：你的两个小黑分别藏在哪里了，你能大声地告诉小朋友们吗？

幼儿：我的小黑藏在了花盆里，还有一个小黑藏在了花瓶里。

教师：小黑夸你们，眼睛亮，小嘴巴说话也很清楚、完整。给你们点赞！

4. 外面的世界

教师：小黑来到了幼儿园，还想到外面去看一看。看看，你们认识这些地方吗？（在地板上摆出不同场景的图片）你认识哪里，就请你拿起卡片，给大家看一看，说出这个地方的名字。

幼儿：这里是沙漠（拿起卡片）。

幼儿：大森林。

幼儿：我认识沙漠，骆驼住在沙漠里。

幼儿：这是游乐园，我最喜欢去啦！

幼儿：这里是停车场。

幼儿：这是大马路，小朋友们不能走。

教师：请小朋友们把卡片图案朝下，放在地面上。再把小黑藏到卡片的下面。咱们和小黑一起去旅行。

5. 小黑去旅行

教师：我们要和小黑玩去旅行的游戏喽！

（1）介绍游戏玩法。

教师：请小朋友们围着地上藏有小黑的卡片站成一个大圆圈，边走边说儿歌："小脚小脚走走，小手小手摆摆，眼睛四处看看，跟着小黑去旅行。"说到最后一句"跟着小黑去旅行"时，要停下脚步，拿起离自己最近的一张卡片和下面的小黑。说一说，你找到的小黑藏在哪里了。

（2）第一次游戏：小黑去旅行。

重点指导幼儿把话说完整，说话的声音要让小朋友们都能听见。

幼儿：我的小黑藏在了大树林里。

幼儿：我的小黑藏在白云里。

幼儿：小黑藏在汽车里。

幼儿：小黑藏在小河里。

（3）第二次游戏：小黑去旅行。

教师：你们说得都很清楚，这次还可以说一说，小黑去的是什么样的地方。比如：这是什么样的草原啊？（教师拿起草原的图片）

幼儿：绿绿的草原。

幼儿：大大的草原。

教师：很好听啊！小黑更喜欢这里啦！小黑藏在绿绿的草原里。

重点指导：幼儿在短句的基础上加一些简单的形容词。鼓励大家模仿学习说得好的语句。

幼儿：小黑藏在高高的楼顶上。

幼儿：小黑藏在有好多好吃的超市里。

幼儿：小黑藏在白白的云朵里。

（三）结束部分：引发后续活动兴趣

教师：小黑去了这么多好玩的地方，它很开心！一会儿，我们喝些水，休息一下，说说你还想带着它去哪里玩呢。

幼儿：我想带着它到外面玩捉迷藏。

幼儿：我和它上大滑梯去玩。

幼儿：我带它去看看我们的小菜园。

教师：在咱们班的图书区，有一本《小黑捉迷藏》的书，里面的小黑都藏在不一样的地方，你也可以到那里去找小黑！

◆ **活动反思**

此次活动源于班级幼儿在语言表达中的实际问题。我设计了"小黑"这个有趣的拟人角色，利用班级内的各种环境和材料，为幼儿完整表达提供了有力的支持。游戏中，幼儿兴趣高涨、心情愉悦。我发现平时不爱说话和不敢表达的孩子都积极投入其中，能主动地说出自己的想法。这样的活动方式满足了幼儿的需求，顺应了幼儿的年龄特点。同时，也说明游戏情境创设和材料投放都达到了预期的效果，完成了预设的教学目标。

◆ **活动点评**

此活动的亮点一在于将语言发展目标巧妙地融入幼儿喜爱的藏藏、找找游戏之中，用游戏贯穿活动过程，在自然的环境和有趣的情境中，幼儿没有任何压力，更愿意主动表达自己的想法。

亮点二在于游戏材料和空间环境的巧妙运用，为幼儿在充分地体验中获得丰富的表达素材，有效支持幼儿在游戏感知和亲身体验中大胆表达自己的发现。

亮点三在于教师能够关注幼儿表达的频次，为幼儿创设多种表达的机会，使幼儿能根据自己的需求自主选择与教师说、与同伴说、与大家说，每名幼儿都能够在活动中充分表达自己的想法。活动过程中，教师还能够针对幼儿语言表达的不同水平进行了有针对性的指导，逐步增加表达难度，使每一名幼儿都能够在轻松、愉快的游戏中满足强烈的表达愿望，提升表达能力和水平。

活动结尾也是一个亮点，从幼儿游戏兴趣的引导转向阅读兴趣的引导，持续地多方面引导会对幼儿语言发展起到积极的促进作用。

（执教教师：北京市丰台区丰台第一幼儿园　陈彩霞）

案例三：《小兔子开铺子》（儿歌）

◆ **活动来源**

小班幼儿特别喜欢在桌面摆弄玩具，最近一段时间，我发现小朋友们经常会在游戏时吆喝"卖杯子喽""卖玩具筐喽"。游戏时，幼儿经常会自发地玩买卖游戏。看到幼儿的表现，我发现这首《小兔子开铺子》儿歌正好是买卖物品的内容。于是，想通过集体教学活动丰富幼儿语言及买卖物品的经验，再与活动区游戏相结合，进一步满足幼儿兴趣，提升幼儿语言表达能力。

◆ **活动目标**

（1）喜欢说儿歌，能够理解儿歌内容。

（2）初步尝试运用量词（如张、把、双、个、顶等）进行游戏。

（3）感受语言活动的乐趣，能在生活中运用量词。

◆ **活动重点**　理解儿歌内容。

◆ **活动难点**　能够尝试说出物品的量词。

◆ **活动准备**

1. 经验准备　幼儿有玩买东西游戏的经验。

2. 物质准备　PPT课件，创设游戏情境，包括售货厅（小红桌子2张），兔子头饰2个，儿歌中所需的杯子、袜子、帽子等实物，购物的袋子，染纸盘子10个、折纸小鱼10条、纸杯花朵10朵。

◆ **活动过程**

（一）开始部分：创设情景，引起幼儿参与活动的兴趣

1. 创设情景，引出"小兔子"的角色，激发幼儿兴趣

教师：孩子们，请你们猜一猜，今天哪个小动物来和我们做游戏？

教师：让我们一起来看一看，它是谁？

幼儿：是小兔子。

幼儿：我最喜欢小兔子了。

2. 播放PPT课件，引出儿歌《小兔子开铺子》

教师：小兔子特别喜欢我们班的小朋友。今天，它新开了一家铺子，欢迎大家光临。

教师：谁知道什么叫铺子？

幼儿：不知道。

教师：看一看，这是什么地方？

幼儿：商店。

幼儿：超市。

教师：铺子就是我们生活中的商店、超市，里面有吃的、用的、玩的。

教师：小兔子的铺子里都卖些什么呢？我们一起去看看吧！

（二）基本部分：理解儿歌内容，学习量词

1. 播放PPT课件，帮助幼儿理解儿歌前半部分内容，认知物品名称并学习量词

教师：小兔子的铺子里面有什么？

幼儿：桌子。

幼儿：椅子。

幼儿：还有袜子。

幼儿：我看到了杯子和帽子。

教师：有多少张桌子、多少把椅子、多少双袜子？

教师逐一展示其他物品的图片。

教师：请小朋友们看一看、数一数、说一说，小兔子的铺子里，每样物品有多少？

幼儿：桌子，有一个。

教师：一张桌子，桌子我们要说"张"，"一张桌子"。

幼儿：我看到两把椅子。

幼儿：袜子有三只。

教师：小朋友们看看，我手里的小袜子有几只？

幼儿：两只。

教师：对，两只袜子叫"一双"。

幼儿：一双袜子。

教师：小兔子的铺子里有几双袜子？

幼儿：三双袜子。

教师：小兔子的铺子里，还有其他的商品吗？有多少？

幼儿：有四个水杯。

教师：非常好，四个水杯。

幼儿：还有五个帽子。

教师：是的，有五顶帽子。帽子要说"顶"，"五顶帽子"。

幼儿：五顶帽子。

2. 看图片，帮助幼儿理解儿歌后半部分内容，巩固理解量词

教师（咚咚咚）：快来看看，谁来买东西啦？

幼儿：五只小猴子。

教师：请你仔细听一听，小猴子都要买什么？

教师模仿小猴子1：小兔子，我要买一张桌子。

教师模仿小猴子2：小兔子，我要买两把椅子。

教师模仿小猴子3：小兔子，我要买三双袜子。

教师模仿小猴子4：小兔子，我要买四个杯子。

教师模仿小猴子5：小兔子，我要买五顶帽子。

教师：小兔子的铺子里还有东西吗？

幼儿：没有了。

教师：小兔子把东西全卖完了，小猴子们都买了什么？我们一起帮它想一想吧！（教师带领幼儿再次看图完整地说儿歌）

幼儿：小猴子买了一张桌子。

幼儿：小猴子买了两把椅子。

幼儿：小猴子买了三双袜子。

幼儿：小猴子买了四个杯子。

幼儿：小猴子买了五顶帽子。

教师：小兔子，开铺子，一张桌子，两把椅子，三双袜子，四个杯子，五顶帽子。来了五只小猴子，买了一张桌子、两把椅子、三双袜子、四个杯子、五顶帽子。小兔子的东西卖完了，明天再来开铺子。（教师带领幼儿再次看图完整地说儿歌）

（三）结束部分：角色游戏扮演，幼儿在应用语言的过程中自然结束活动

1. 游戏："小兔子开铺子"

教师：今天，我来扮演小兔子，请小朋友们到小兔子的铺子来买东西。（物品不局限于儿歌内容）好不好？

幼儿：好。

教师：小朋友们买东西时要注意有礼貌，会说有礼貌的话我才卖给你东西；说清楚"我要买……"我才能够卖给你想要买的东西。

幼儿：小兔子你好，我要买一辆小汽车，请帮我拿一下，谢谢。

幼儿：小兔子你好，我要买三根香蕉，请帮我拿一下，谢谢。

幼儿：小兔子你好，我要买一个手套，请帮我拿一下，谢谢。

教师：你是要买一双手套吗？

幼儿：是的，一双手套。

教师：请小朋友们把买到的东西放在购物袋里，回到座位上，和你身边的小朋友说一说，你买了什么东西？

2. 教师引出小一班礼品店，鼓励幼儿学习将新的量词运用到生活中

教师：今天，小兔子铺子里的东西都卖完了，它真开心！我们班也开一间礼品店吧，里面可以卖许多好玩、好看的东西。游戏的时候，小朋友们可以来买礼物，也可以为咱们的礼品店提供可以卖的礼品！

幼儿：好呀！我们叫"小一班礼品店"。

附儿歌：

小兔子开铺子

小兔子，开铺子，一张桌子，两把椅子，三双袜子，四个杯子，五顶帽子。

来了五只小猴子，买了一张桌子、两把椅子、三双袜子、四个杯子、五顶帽子。

小兔子的东西卖完了，明天再来开铺子。

◆ 活动反思

在本次教学活动的过程中，孩子们始终保持高涨的学习热情和兴趣，是因为活动满足了幼儿喜欢小动物、爱游戏的特点。游戏场景的模拟再现和色彩鲜艳的图片，孩子们都非常喜欢。当出示带有动画的PPT图片时，孩子们的注意力都非常集中，因为画面直观、生动，幼儿能够较快地记住儿歌的内容，并能积极、主动地数一数、说一说看到的物品。点数环节虽然不是此次活动的主要目标，教师也将点数的方法自然渗透在活动过程中，引导幼儿指一个数一个，体现了不同领域的融合。为了进一步帮助幼儿理解儿歌中的"量词"，教师又创设了真实的买东西情景，结合幼儿的实际生活经验和游戏兴趣，鼓励每一名幼儿积极参与买东西，并且将对量词的运用渗透在游戏过程中，扩展了幼儿的经验。通过创设情景满足了幼儿游戏的欲望和需求，也便于教师一对一地纠正和指导幼儿量词的运用。在有趣的活动中，较好地完成了本次活动的教学目标。

（执教教师：北京市西城区三义里第二幼儿园 陈 思）

◆ 活动点评

此活动内容源于幼儿的兴趣。教师能关注幼儿在游戏中的表现，选择与幼儿兴趣相吻合的教学活动内容，并与后续的活动区游戏紧密结合，体现了教师不仅能关注到幼儿，还能对幼儿进行有效引导。

活动方式游戏化的过程顺应了小班幼儿的年龄特点。活动中，无论是游戏场景、直观图片和亲身体验游戏，都满足了幼儿直观认知伴随具体行为的特点，为幼儿提供了直观的、体验式学习的引导。

活动中能够自然渗透礼仪教育、点数方法等内容，不仅是对当前教学活动的引导，还能够将活动和日常生活相结合，将经验迁移到游戏活动中去。教师具有目标融合的意识，并能在活动中很好地落实。

（活动点评：北京教育科学研究院早期教育研究所　何桂香）

二、中班活动案例

案例一：洞（看图讲述）

◆ 活动来源

"洞"对于幼儿园的孩子来说，一直是一个充满了神秘与惊奇的地方。他们总是喜欢探究各种各样的洞，对于洞里可能存在的东西及情景充满了兴趣与奇思妙想。他们喜欢用手指探索能够触摸到的所有洞，喜欢把小手伸进鼻孔和耳朵；总是挖开地上的蚂蚁洞；喜欢桥洞；在车子经过长长的隧道时，会发出大大的惊呼声……"洞"总是能够吸引孩子们的兴趣。绘本《那是一个洞吗》是一本洞洞书，里面有各种各样有趣的洞，正好符合幼儿对于"洞"的探索兴趣。中班幼儿已经能够使用比较连贯的语言对画面进行表达，于是，我根据幼儿的兴趣点和发展水平，从绘本中选择了形象鲜明、主题突出、贴近幼儿生活的7幅画面，并且加入了猫捉老鼠的情节，设计了"洞"这次看图讲述活动。

◆ 活动目标

（1）能够根据看到的画面内容说出有什么、发生了什么事。

（2）能够猜想并说出"这个洞是……"的句式。

（3）体验参与语言活动的乐趣。

◆ 活动重点　能完整地说出"这个洞是……"的句式。

◆ 活动难点　根据画面内容进行想象，并表达自己的想法。

◆ 活动准备

1. 经验准备　知道哪些动物生活在洞里。

2. 物质准备　布质玩具老鼠、故事图片盒、小兔子的家、青蛙的泥洞、火圈、蚂蚁洞、树洞。

◆ 活动过程

（一）开始部分：教师情境导入，引发幼儿兴趣

教师：今天，老师要给小朋友们讲一个有趣的故事，看一看谁来了。

教师：吱吱吱，一只小老鼠正在外面玩耍，突然，"喵"的一声。

教师：哎呀！猫来了，小老鼠想赶快跑回家。

（二）基本部分：逐页观看图片，引导幼儿想象、表达

1. 出示图片一

教师：小老鼠很着急，它能往哪儿跑呢？

幼儿：草地上有个洞。

教师：小老鼠看到了一个洞，小老鼠的家就住在这个大大的洞里，它来到这个大大的、高高的洞前面，可是洞那么高，它怎么才能爬到洞里呢？

幼儿：有梯子、楼梯。

教师：小老鼠顺着梯子，爬到了这个大大的洞里。

2. 出示图片二

教师：这么大的洞？会是小老鼠的家吗？

幼儿：应该会！

幼儿：不会！

教师：如果这个洞不是小老鼠的家，它会是谁的家呢？

幼儿：老虎的家。

幼儿：这是一只大猫的嘴里。

幼儿：小鸟的家。

幼儿：狮子的洞。

幼儿：猫的洞。

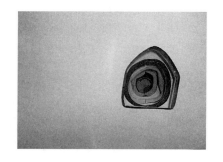

教师：咱们一起来看一看，这到底是不是小老鼠的家？

教师操作教具，出示第二张图片。

教师：这个洞是……

幼儿：小狗的家。

请幼儿用完整的话讲述"这个洞是……"。

幼儿：这个洞是小狗的家。

教师：小老鼠可着急了，心想：这个洞是小狗的家，不是我的家。于是，小老鼠接着往里走。

3. 出示图片三

教师：你觉得这个洞是不是小老鼠的洞？

幼儿：我觉得是田鼠的家。

幼儿：我觉得是鼠鹰的家。

幼儿：这个洞，我琢磨着是小猫的家。

教师：咱们一起来看一看，它到底是什么？

教师操作教具，出示第三张图片。

教师提示幼儿用一句清楚、完整的话讲述"这个洞是……"。

教师：这个洞是……

幼儿：这个洞是小兔子的帽子。

幼儿：这个洞是小白兔的魔法帽。

幼儿：这个洞是小兔子的新帽子。

幼儿：这个洞是一只小兔子的新的魔法帽。

教师：这个时候，小老鼠心里可着急了，谁在后面追呢？

幼儿：老猫。

教师：这也不是小老鼠的家，小老鼠接着往里跑。

4. 出示图片四

教师：又出现了一个洞，这个洞会是什么？是不是小老鼠的家？

教师：这个洞除了是小动物的家，还会不会是什么别的地方？

幼儿：藏宝藏的地方。

幼儿：是乌龟的家。

幼儿：这是小老鼠的家。

幼儿：我觉得里面装了很多宝藏的木盒子。

幼儿：我觉得这个洞里有蛇。

教师：咱们一起看一看，这到底是什么？是不是小老鼠的家？

教师操作教具，出示图片四。

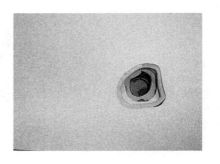

教师：这个洞是什么？（青蛙的嘴）

幼儿用一句清楚、完整的话讲述"这个洞是……"。

教师：什么样的青蛙？什么颜色的？它想要做什么？

幼儿：这个洞是青蛙的大嘴巴。

幼儿：这个洞是青蛙的魔术嘴。

幼儿：这个洞是青蛙碧绿的大嘴巴。

幼儿：这个洞是青蛙圆圆的嘴巴，它想要吃东西。

幼儿：这个洞是青蛙绿油油的大嘴巴。

配班教师发出猫的叫声："喵——"

教师：猫追来了，小老鼠赶紧往前跑。

5. 出示图片五

教师：这个洞看上去小多了，会不会是小老鼠的家？

幼儿：我觉得这个洞是一头猪。

幼儿：我觉得这个洞是猪鼻子。

幼儿：我觉得是猪的大嘴巴。

幼儿：就是老鼠的家。

教师：我们一起来看一看，这个洞到底是什么？

教师操作教具，出示图片五。

教师：这个洞是什么？

幼儿：这个洞是小熊的面包圈。

幼儿：这个洞是小熊的甜甜圈。

幼儿：这个洞是小熊的饼干。

幼儿：这个洞是棕色小熊的饼干。

教师：这个洞也不是小老鼠的家，小老鼠着急了，说："小朋友们，快和我一起找找我的家吧！"小老鼠急急忙忙地跑了进去，心里想，这下小猫可钻不进来了。

教师：你们觉得这个洞，是老鼠洞吗？

幼儿：应该是吧！

幼儿：是！打开看一看吧！

教师：咱们一起看一看，这个洞到底是什么？

6. 出示图片六

教师：仔细看一看，这个洞是什么？

幼儿：猫的家。

教师：这个小小的洞，会是猫的家吗？

幼儿：不是猫的家，因为洞太小了，猫钻不进去。因为里面全是老鼠。因为里面有老鼠在睡觉呢！

教师：这个洞是不是老鼠的家？

幼儿：是。

教师：我们来猜一猜，洞里会有谁？它们在做什么？

幼儿：好多的老鼠在吃奶酪。

幼儿：好多的老鼠在吃西瓜……

教师：咱们一起来看一看，这个洞到底是不是小老鼠的家？洞里都有谁？

7. 出示图片七

教师：这是不是小老鼠的家？

幼儿：是。

教师：小老鼠的家里都有谁？它们在干什么？

幼儿：洞里有小老鼠的好朋友，在吃奶酪、在唱歌，有的小老鼠正在搬奶酪，猫在外面往里看呢！

（三）结束部分：游戏"小老鼠钻洞"

教师：小老鼠成功地回到了自己的家，它们高兴得唱起了歌。

教师：现在，我们来和小老鼠一起玩一个"老鼠钻洞"的游戏，好不好？

1. 教师讲解游戏玩法

教师：一会儿，我当老鼠妈妈，你们当小老鼠，我们来钻洞。每到一个洞的前面，你们都要先告诉妈妈"这个洞是一个什么……"，然后，咱们再一只接一只、不推不挤地钻进去。

2. 进行游戏

班里摆放若干个"洞"，教师带领幼儿模仿小老鼠钻洞。每到一个洞前，教师引导幼儿表达"这个洞是……"。

幼儿：这个洞是树洞。

幼儿：这个洞是蚂蚁洞。

幼儿：这个洞是小兔的房子。

幼儿：这个洞是火圈。

幼儿：这个洞是青蛙的泥洞。

再次游戏时，引导幼儿可以不说刚才看到的洞，说出自己的想法"这个洞是……"，游戏自然结束。

◆ **活动延伸**

（1）户外活动时间，利用活动教具开展体育游戏"我们来钻洞"。

（2）讲一讲，小老鼠家里有可能发生什么有趣的事情？守在洞口的猫，最后怎么样了？

（3）和爸爸、妈妈一起找一找生活中的"洞"。

◆ **活动反思**

在设计本次活动时，教师用游戏情景贯穿整个活动，使活动始终保持轻松、愉快、有趣的氛围，从而为幼儿提供更好的学习环境。活动以小老鼠找洞引发，自始至终让幼儿沉浸在游戏情景中，以看图讲述为基础，加入了创意、想象等环节，鼓励幼儿大胆思考和表达自己的想法，为幼儿创造了更积极、更宽松的语言表达环境。

本次活动层次清晰，较好地完成了教学目标。幼儿在活动中一直情绪高涨。活动目标有针对性，活动内容符合幼儿年龄特点，教具可操作性强。幼儿在活动中始终沉浸在教师创设的情境中，积极性高。教师能够有针对性地进行提问，进行随机教育，及时肯定和鼓励幼儿。

（执教教师：北京市丰台区蒲黄榆第一幼儿园　王　婧）

◆ **活动点评**

此次活动有三个突出的亮点：选材有趣、设计巧妙、引导有效。

1. 选材有趣　活动内容源于绘本故事，但是，教师并没有完全按照绘本的内容开展教学，而是依据小班幼儿的认知特点，只选取了其中的几幅画面，把故事内容灵活地调整为适合小班幼儿讲述的活动，同时加入了好玩的游戏情节，使整个活动更加活灵活现、生动有趣。

2. 设计巧妙　体现在过程和层次设计上，由好玩的猫追老鼠的情节引出"洞"，由洞的大小变化，引导幼儿猜想和表达，结果总在意料之外，充满了变化和惊奇；同时，教具制作非常巧妙，幼儿能直观地感受画面，充满想象的空间，为完成目标提供了有效的支持。最后的游戏体验更是把活动推向高潮。通过"老鼠钻洞"的游戏，幼儿可以迁移活动经验，个性化地表达想法，引出寻找生活中的洞后续活动，使活动延续下去。

3. 引导有效　教师能够把握幼儿的年龄特点，准确定位活动目标，活动重点、难点有突破的方法，整个活动由浅入深、由易到难，层次性强。活动中使用了情景贯穿、观察讲述、角色体验等方法，层层递进，很好地完成了目标，并且能够引发后续活动，达到了预期的效果。

（活动点评：北京教育科学研究院早期教育研究所　何桂香）

案例二：《猪爸爸变胖记》（续编故事）

◆ **活动来源**

本班幼儿喜欢听故事，也喜欢在"欢乐小剧场"中表演故事。他们不仅能表演学习过的故事情节，也喜欢自己创编故事情节进行表演。但是，孩子们在表演的过程中经常会出现以下几个问题：第一，故事讲述不完整，缺少语言的描述；第二，表演时记不清出场的顺序；第三，演员声音小，不敢大胆地表达；第四，小观众看不懂故事，经常给演员提意见。

针对以上问题，教师设计了系列看图讲述、故事表演和续编故事的活动内容，目的是培养幼儿连贯、完整的语言表达能力，敢于在集体面前表演的能力，以及能够用适宜的方法评价他人的能力。

◆ **活动目标**

（1）能够根据图片线索续编故事情节。

（2）能够比较连贯、完整地按照时间、地点、人物、事件讲述续编的故事。

（3）敢于表达自己的想法，喜欢参与续编活动。

◆ **活动重点**　根据图片内容续编故事情节。

◆ **活动难点**　按照时间、地点、人物、事件讲述续编的故事。

◆ **活动准备**

1. 经验准备　幼儿有创编儿歌和故事的经验。

2. 物质准备　场景图片、人物图片、记录表、画笔、纸。

（1）场景图片。

操场　　　　草地　　　　超市　　　　落叶堆　　　　森林　　　　图书馆　　　　小河边

（2）人物图片。

斑马苏怡　　大象艾米丽　　毛驴戴芬　　兔爷爷　　小狗丹妮　　小猴子　　小鹿

（3）记录表。

◆ 活动过程

（一）开始部分：讲述故事

教师：今天，老师带来了一个小朋友创作的故事，我们一起来听一听。

这个故事的名字叫《猪爸爸变胖记》。晴朗的一天，小猪佩奇一家带着生日蛋糕，去给猪爷爷庆祝生日。嘀嘀，嘀嘀，一家人出发了。车子刚开到一半，"咔嚓"一声就坏在了半路上。猪爸爸说："这蛋糕再放着，可就坏啦！不如我把它吃掉吧！"说完，他就"啊呜、啊呜"地吃了起来。不一会儿，就把蛋糕都吃光了。眼看着猪爸爸的肚子就鼓了起来，变得更圆、更大了。

（二）基本部分：创编故事

1. 出示摸箱，引导幼儿说出续编故事中的地点

教师：请小朋友们猜一猜，爸爸的肚子变大了，后面还会发生什么事情呢？

幼儿：爸爸的肚子变大了，需要把爸爸送到医院去。

幼儿：猪爸爸跑步去了。

幼儿：猪爸爸睡着了。

教师：我这有一个神秘的盒子，盒子里有更神奇的东西。每个小朋友拿一张图片，想一想，猪爸爸会和卡片上的内容发生什么事？猪爸爸去了哪儿？做了什么？

幼儿：我抽到的是森林。猪爸爸会去森林里散步。

幼儿：我抽到两棵大树。猪爸爸会在树林中玩"捉迷藏"。

教师：他在和谁玩捉迷藏呢？

幼儿：大老虎。

幼儿：我抽到的是一辆公交车。猪爸爸坐上了公交车，他要去幼儿园接乔治放学。

幼儿：我抽到了游泳池。猪爸爸去游泳池游泳啦，他要减肥。

2. 带入寻找神秘人的情景，引出人物

教师：老师给小朋友们每人发一张长长的纸。请每位小朋友把你抽到的第一张卡片贴到最上面，猜猜接下来，猪爸爸会遇到什么神秘人呢？快找找神秘人在哪儿？门口有没有？玩具柜里有没有？地上有没有？

幼儿：老师，我在桌子下面找到啦！

幼儿：我找到了大象艾米丽。

幼儿：我找到了小狮子。

教师：快把你找到的"人"贴到长纸条后面。咦？猪爸爸发现了什么地方，又发现了什么

87

人？接下来，发生了什么事呢？

3. 利用线索引导幼儿表达故事内容

（1）幼儿表达与分享。

幼儿：猪爸爸走进了山洞，他碰到了大象艾米丽，艾米丽带着他去奶牛场喝牛奶去了。

教师：讲了地点，讲了人物，还讲了发生了什么事。如果能把是什么样的山洞、大象长的什么样，再讲得完整一些，就更好了。

幼儿：猪爸爸来到了大街上，穿过大街，它遇到了小狗丹尼。

教师：猪爸爸遇见了一只什么样的小狗？

幼儿：猪爸爸来到了大街上，大街上人很少。突然，有一只活泼、可爱的小狗丹尼跑过来，它对着猪爸爸摇头摆尾，表示友好。它要和猪爸爸做朋友。

教师：这次讲得真完整，还用了好听的词汇，真棒！

教师：刚刚，小朋友们抽到了山洞、树林、大街、厨房、游泳池这些地方，你们又找到了故事中的神秘人物，还有的小朋友把后面发生的事都讲出来了。下面，就让我们想一想，后面还会发生什么事。你可以和身边的小朋友说一说，也可以把后面发生的事简单地画出来。

（2）幼儿用简单的线条或符号记录故事情节，进行小组分享。

教师：哪位小朋友画好了，可以和我们分享一下。

幼儿：猪爸爸去了电影院，可是座位太小，猪爸爸太胖了，他坐不下去。于是，它走出电影院。路上，猪爸爸遇到了一匹白马。它想：看看白马多漂亮，我太胖了。于是，猪爸爸和白马赛跑，跑着，跑着，猪爸爸减肥成功了。

教师：他讲了一个什么样的故事？你觉得怎么样？好在哪里？

幼儿：我觉得是个有意思的故事，因为猪爸爸减肥成功了。

幼儿：他讲的故事很完整，很有意思。

教师：我们再来请小朋友讲一讲你的故事。要学习刚才那位小朋友把故事讲完整，讲清楚时间、地点、人物、发生了什么事，结尾怎么样。

幼儿：猪爸爸首先去了游泳池游泳，他游得非常开心。在泳池边，他遇到了小狐狸，小狐狸邀请他去了恐龙博物馆参观。

教师：去恐龙博物馆参观的想法不错哦！

幼儿：猪爸爸来到了运动馆，做完运动。他遇到了小羊苏西，他们一起回家。猪爸爸想吃汉堡、薯条和冰激凌，小羊苏西都不允许。她告诉猪爸爸吃这些食品不健康，吃胡萝卜最健康。

教师：哦，这是关于健康食物的故事，而且地点、人物、事情讲得很清楚、很完整。

（三）结束部分：分享故事

教师：小朋友们讲的故事真精彩！快去和其他老师或小朋友们分享一下吧！

幼儿：找伙伴或者老师分享自己编的故事。

◆ **活动反思**

此活动针对幼儿的实际问题、幼儿的语言能力与水平而设计的。活动基本完成了预定目标，整个活动充满了神秘和欢乐的气氛，孩子们通过说一说、找一找、想一想、画一画等形式，感受续编故事的乐趣。幼儿在活动中由简单、不完整地表达，通过借助故事讲述卡纸、地点图片、人物图片等方式逐渐大胆想象并清晰地讲述故事、丰富故事情节，较完整地将地点、人物、事件续编入故事结构中。活动通过抽取神秘地点、寻找神秘人物、创编故事情节等策略引导幼儿层层递进地将故事三要素逐一加入自己续编的故事中，从而感受到创编故事的乐趣和成就感。

（执教教师：北京市西城区和平门幼儿园　王雨萌）

◆ **活动点评**

教师能够通过观察发现幼儿在区域游戏活动中表达能力普遍偏弱的问题，利用集体教学活动解决幼儿发展中的共性问题，活动选材的针对性强；在活动中，教师能够利用开放的故事情节，引发幼儿续编多样化的结尾，为幼儿自主表达提供了开放的空间，同时，巧妙地运用图片，为幼儿讲述提供依据和线索，体现了材料的目标性；教师能够结合活动中幼儿表达的实际情况为幼儿提供讲述故事生动、有趣的具体方法，拓展了幼儿讲述故事的经验和水平，体现了指导的有效性。同时，活动内容又可以与区域游戏活动有机结合，引发幼儿自己设计服装、道具去表演，体现了活动的延续性。

（活动点评：北京教育科学研究院早期教育研究所 何桂香）

案例三：《胡同里的北京娃》（诗歌）

◆ **活动来源**

我们的幼儿园处于北京市西城区西四北三条胡同里，又是四合院文物保护单位。孩子们多数都是周围的居民，在胡同里出生，在胡同里长大。本次活动通过欣赏和学习诗歌《胡同里的北京娃》，目的是利用身边的文化资源，引导幼儿更深地体会老北京的胡同文化。这首诗歌内容浅显易懂、生动活泼，贴切地描述了胡同中小朋友的生活与感受，能够使幼儿产生共鸣。

◆ **活动目标**

（1）了解老北京人的生活，感受老北京的胡同文化，体验做北京娃的自豪。

（2）能够连贯、完整地讲述画面内容，感受诗歌语言和画面的美。

◆ **活动重点** 能够连贯、完整地讲述画面内容，敢于表达自己的想法。

◆ **活动难点** 感受老北京的胡同文化，体验做北京娃的自豪。

◆ **活动准备**

1. 经验准备 幼儿有胡同及四合院的生活经验或对胡同及四合院有所了解。

2. 物质准备 幼儿搜集来的四合院、胡同的图片（照片），电脑大屏幕，音频录制胡同里的声音（自行车铃声，过路人打招呼的声音，快递打电话的声音，汽车喇叭声等嘈杂的声音，以及安静的午后、晚间的声音）。

◆ **活动过程**

（一）开始部分：回顾幼儿对四合院的已有经验

1. 图片引出四合院，说说我们的家

教师：我们一起先来看看小朋友们带来的图片吧！（集体观看全部图片，电脑播放，用大屏幕观看）

幼儿：这是我家！

幼儿：那个是我们家胡同！

幼儿：这个是我妈妈和我一起找到的照片……

2. 请幼儿介绍自己带来的图片（照片）

教师：哪位小朋友能够说一说，图片中是哪里？人们会在这里做些什么？小朋友介绍时，用连贯的语句讲述：我的家住在……有……有……还有……我喜欢我的家，或者我会在四合院里做……做……还会做……我喜欢我的家。

幼儿：这是我的家——四合院，有大门、有影壁墙，还有月亮门，我喜欢我的家。

幼儿：我和我的小伙伴会在四合院里捉迷藏、跳皮筋，还会听姥姥讲故事，我喜欢我的家。

教师：你们看到了这么多，也听到了这么多。现在，请你们拿着自己的照片，和你的同伴讲一讲、说一说。

（二）基本部分：欣赏和理解诗歌内容，感受诗歌语言和画面的美

1. 完整欣赏诗歌

教师：刚才，小朋友们介绍了自己的家、四合院和胡同的照片。老师给你们带来了一首关于胡同和四合院的诗歌，你们来听一听，诗歌中都讲了什么？

教师朗诵诗歌。

教师：请你们说一说，刚才的诗歌里讲了什么？

幼儿：我听见有弯弯曲曲的胡同。

幼儿：还有亲亲热热的胡同。

教师：这些词汇真好听，以后再介绍我们的胡同时，也可以这样说。

幼儿：我听到有小鸽子、喜鹊叫"喳喳"，还有小朋友上学……

2. 表达想法

教师：诗歌里讲了这么多事情，请你再仔细听一听，和刚才小朋友讲到的有哪些一样的地方？

教师第二次朗诵诗歌。

幼儿：我们也住在胡同里。

幼儿：我们幼儿园就是四合院。

幼儿：我家的胡同就是弯弯曲曲的。

幼儿：我也看见过小鸽子、小喜鹊。

幼儿：胡同旁边也有高楼、有大厦。

教师：你们觉得这首诗歌里哪里最好听？

幼儿：我喜欢里面说的"弯弯曲曲"。

幼儿：我觉得"亲亲热热"比较好听。

幼儿：我喜欢里面说的"悄悄话"。

幼儿：我喜欢"小喜鹊叫喳喳"。

3. 学习诗歌《胡同里的北京娃》

（1）学习诗歌：幼儿和教师一起朗诵诗歌。

①出示表现诗歌内容的图片，帮助幼儿理解诗歌内容。

教师：弯弯曲曲的什么？什么样的胡同里？

幼儿：胡同里、弯弯曲曲的。

教师：住着谁？

幼儿：北京娃。

②变换方式，教师提示关键词，帮助幼儿记忆诗歌内容。

教师可以根据幼儿掌握的情况，增加或减少提示的诗句、词语等。

③将来小朋友们长大了，想怎么把北京建设得更美好？

幼儿：要学习本领。

幼儿：要保护环境。

幼儿：还要减少交通拥堵。

幼儿：马路上有好多漂亮的灯。

教师：你们说得真好，老师也期望你们长大后，能把我们的家、我们的胡同、我们的北京建设得更美好。

（2）伴随优美的音乐，教师带领幼儿完整地朗诵诗歌，引导幼儿感受作为北京娃的自豪。

（三）结束部分：尝试加入动作进行朗诵

教师：这首优美的诗歌，小朋友们已经学会了。现在，可以随意加上自己的动作。朗诵的同时，加上表演。

幼儿按照各自意愿试一试，增加动作并朗诵。

教师：老师把诗歌的录音和这首诗歌的歌曲放在表演区里。你们在区域活动的时候，可以进行表演。

◆ **活动延伸**

（1）鼓励幼儿将自己最喜欢的胡同、四合院生活用画笔画出来，大家相互交流、分享。

（2）表演区增加表演诗歌的内容。

附诗歌：

胡同里的北京娃

弯弯曲曲的胡同里，住着一群北京娃。

弯弯曲曲的故事里，有座四合院儿的家。

早晨上学，像小鸽子去学飞，

傍晚回家，像小喜鹊叫喳喳。

要知北京娃在想什么？就请听听他们的悄悄话、悄悄话。

亲亲热热的小胡同里，飞出一群北京娃。

亲亲热热的院子里，走出童年梦中的画。

画座大厦，有霓虹灯在闪光；

画座高楼，是北京娃新的家！

要知北京的明天怎么样？就请看看今天的北京娃、北京娃！

◆ **活动反思**

开展本次活动前，教师请幼儿与家长一起搜集了有关胡同生活和文化的图片和照片，利用亲子活动为本次活动做了铺垫。照片是孩子们自己带来的，丰富了幼儿的前期经验，能更好地调动幼儿表达的愿望，为幼儿大胆讲述打下了良好的基础。通过收集照片、欣赏照片、讲述照片，加深幼儿对生活环境的了解，增强了幼儿的语言表达能力及在集体面前大胆讲述的能力。诗歌题材贴近幼儿生活，使幼儿更加为生活在北京、生活在胡同里感到开心与自豪。通过欣赏诗歌，为幼儿种下了一颗热爱北京的种子，萌发长大后要把北京建设得更加美好的愿望。

（执教教师：北京市西城区西四北幼儿园　侯靖怡）

◆ **活动点评**

此活动巧妙地运用幼儿园周边得天独厚的胡同资源，选择适宜的题材进行教学活动，起到一举多得的作用，既引导幼儿了解了北京的胡同文化，增强了自豪感，又在幼儿心中种下将来把北京建设更加美好的种子。不仅对幼儿语言发展，也对幼儿社会性发展，起到了积极的促进作用。

活动前，教师能够关注幼儿经验，从收集自己的家、四合院、胡同的照片开始，收集的过程也是幼儿了解生活环境、身边资源的过程，给教学活动奠定了良好的经验基础。

学习的过程中，教师没有把重点放在对诗歌的记忆上，而是充分给予幼儿语言表达的机会，以及对幼儿将来长大建设北京的引导上，体现了语言活动对幼儿多方面发展引导的价值取向。

（活动点评：北京教育科学研究院早期教育研究所　何桂香）

案例四：《梳子》（仿编诗歌）

◆ **活动来源**

《梳子》是台湾作家谢武彰在1990年创作的一首诗歌作品。这首诗歌画面感很强，用比喻的手法，将生活中优美的场景与母子间互相依恋的亲情形成呼应。诗歌重复的句式和内容易于幼儿理解和记忆，也利于幼儿结合生活中常见的情境进行模仿和创编。

结合中班幼儿的年龄特点，他们的词汇和生活经验逐渐丰富，在具体形象思维的基础上，抽象思维开始萌芽，具备了初步的迁移能力。同时，中班幼儿有着丰富的想象力，喜欢想象与表达，他们眼中的世界充满着浪漫的色彩。因此，我设计了本次诗歌欣赏和仿编活动，因为诗歌比较简短，幼儿很容易掌握。因此，设计时加入了仿编的环节，帮助幼儿在感受诗歌句式特点的基础上表达自己的想法，感受文学作品的魅力。

◆ **活动目标**

(1) 能够理解诗歌内容，感受诗歌语言和形式的美好。

(2) 尝试用"××是××的梳子，梳着××的头发"仿编诗歌内容。

(3) 喜欢参与仿编活动，愿意表达自己的想法。

◆ **活动准备**

PPT课件、优美舒缓的音乐、小黑板、生活中常见物品的图片（飞机、蓝天、双手、钢琴、小汽车、马路、铅笔、纸）、句型卡、诗歌《梳子》的音频。

◆ **活动过程**

（一）开始部分：出示梳子照片，用生活中使用梳子的经验引发幼儿兴趣

教师：小朋友们看，今天，老师请来了什么物品和我们做游戏？（出示PPT课件）

幼儿：梳子。

教师：生活中，谁用过梳子？梳头发的时候，是什么感觉？

幼儿：姥姥给我梳过；我给妈妈梳过头发；我给小妹妹梳过头发。梳头发的时候，感觉头发很软。

教师：图上是谁在梳头发？

幼儿：第一幅图是妈妈在给宝宝梳头发，第二幅图是宝宝在给妈妈梳头发。

（二）基本部分：学习诗歌《梳子》

1. 播放录音，初步感知诗歌内容

教师：接下来，我们要听一首好听的诗歌，这首诗歌的名字就叫《梳子》。请你们仔细听，诗歌里都讲了谁给谁梳头发。

附诗歌：

梳　　子

妈妈用梳子，梳着我的头发，

我也用梳子，梳着妈妈的头发。

风是树的梳子，梳着树的头发。

船是海的梳子，梳着海的头发。

2. 根据诗歌内容提问，进一步理解诗歌内容

根据诗歌内容提问，通过观察画面，理解风和树、船和海的关系，进一步理解诗歌，帮助幼儿感受诗歌的表现手法。

教师：在这首诗歌里，都谁用梳子梳头发了？梳着谁的头发？

幼儿：风给树梳头发；船给海梳头发。

教师：为什么说风是梳子？

幼儿：因为树在刮风的时候会摇来晃去。

教师：哦，谁能用动作表现一下，风是怎么吹着大树的？

教师：看来，你们在生活中也见过风吹大树的样子。请你闭上眼睛想一想，风吹着大树的时候是什么样的？和梳头发的动作哪里一样？

教师：睁开眼睛，请你一边欣赏这幅图片，一边来说一说。（出示风吹柳树的图片）

教师：因为风很温柔地吹拂着大树，树叶随着风摆动，这个动作很像梳头发。

教师：所以我们可以说——

幼儿齐：风是树的梳子，梳着树的头发。（出示句型卡，随着幼儿说出"风"和"树"，出示空格里的内容）

教师：诗歌里还说了谁给谁梳头发？

幼儿：船梳着大海的头发。

教师：为什么是船给大海梳头发？

幼儿：因为船在海里飘着，海就会一个上一个下、一个上一个下，就像梳头发一样。

教师（出示船在海上航行的图片）：哦，船在海面上缓缓地航行，大海上出现了一层层波浪，这个动作也很像梳头发。所以我们说——

师幼：船是海的梳子，梳着海的头发。（一边说，一边在空格里出示相应的内容）

教师：诗歌里还说了谁给谁梳头发？谁能用诗歌里好听的话来说一说？

教师出示相应画面。

幼儿：妈妈用梳子，梳着我的头发。我也用梳子，梳着妈妈的头发。（一边说一边把句型卡里的内容填上）

3. 幼儿尝试有感情地朗诵诗歌，感受诗歌语言的美

教师：现在，我们一起来朗诵一遍这首好听的诗歌吧！想一想，要用什么样的声音来朗诵呢？梳头发的时候是什么感觉？

幼儿：很柔软，梳起来很温柔。

教师：所以我们朗读这首诗歌的时候，可以用温柔、缓慢的声音。

 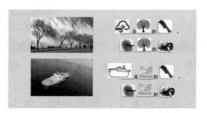

4. 幼儿尝试仿编诗歌，出示四组物品图片，请幼儿找到谁是梳子，谁是头发

教师：原来生活中有很多东西，通过我们的想象，都可以比作梳子和头发。小朋友们看看这些物品，它们可以比作头发和梳子吗？

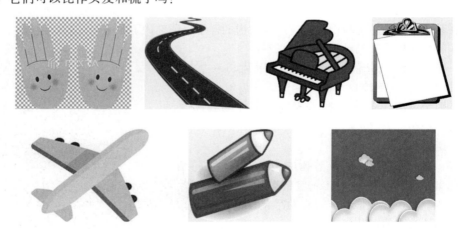

教师：谁是梳子？梳着谁的头发？要想用诗歌里优美的话说出来，我们应该把它们放在填空卡的什么位置？请你想好后，上来把图片贴在大屏幕上。（一边贴一边按照诗歌的句式朗诵出来）

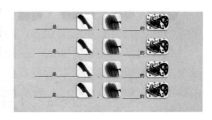

教师：你们真了不起，用我们生活中的物品，自己编出了一首新的诗歌。我们一起来朗读一遍吧！

汽车用梳子，梳着马路的头发；

手用梳子，梳着钢琴的头发；

飞机用梳子，梳着天空的头发；

铅笔用梳子，梳着白纸的头发。

（三）结束部分：自由创编、仿编诗歌，引导幼儿使用恰当的词汇和句式

教师：在生活中，还有什么东西像梳子和头发一样呢？

教师：用诗歌里的句子说说吧！老师把你说的记下来，也编成咱们班的诗。

幼儿：水杯是水的梳子，梳着水的头发。

幼儿：鼠标是电脑的梳子，梳着电脑的头发。

幼儿：手是遥控器的梳子，梳着遥控器的头发。

幼儿：电是电线的梳子，梳着电线的头发。

幼儿：阳光是太阳的梳子，梳着太阳的头发。

幼儿：白云是蓝天的梳子，梳着蓝天的头发。

幼儿：指针是钟表的梳子，梳着表盘的头发。

幼儿：婴儿车是草地的梳子，梳着草地的头发。

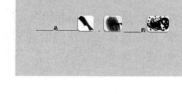

教师：这些诗句真是太有趣了，你们真是了不起的小诗人！我们下次再一起朗读它们吧！

◆ **活动反思**

本次活动中，仿编环节成了活动的高潮是我之前没有想到的，也没有想到幼儿这么喜欢这样的题材和方式。说明当教师给幼儿提供自主表达的机会时，幼儿天马行空的想象和表达会超出成人的想象。我想这正是诗歌的魅力吧！它可以是温柔的，可以是好笑的，也可以是感动的。在完成活动的过程中，我运用了直观的图片帮助幼儿理解诗歌内容，又利用生活中的物品，拓展幼儿的经验，进一步帮助幼儿找到两种事物的联系，知道"……是……的梳子"，最后用更加开放的方式引导幼儿在没有任何约束的情况下自由仿编诗歌，达到了预期的效果。幼儿仿编的内容比我预设的内容更丰富。

（执教教师：北京市西城区三教寺幼儿园 刘 璐）

◆ **活动点评**

本活动的诗歌选材短小，只有四句话，有利于幼儿理解。教师能够在帮助幼儿理解诗歌内容的基础上进行仿编活动。教师没有将儿歌学习作为重点，而是把重点放在仿编诗歌的引导上，为幼儿个性化的表达提供了更为开放的空间。

在活动过程中，教师利用问题帮助幼儿理解诗歌内容，"谁用梳子，梳着谁的头发"，帮助幼儿明确两种事物和梳子之间的联系，为幼儿后面的创编奠定了基础。接着，教师用图片帮助幼儿记忆诗歌，突破活动重点。在仿编的过程中，教师进一步引导幼儿把握诗歌句式进行创编，从有图片的定向创编到发散内容创编，难度层层递进，突破了难点。

需要提醒教师注意的是，将学习诗歌与仿编诗歌放在一次活动中，教师要考虑诗歌的难度和活动的容量，尽量避免活动难点、内容过多的现象。

（活动点评：北京教育科学研究院早期教育研究所 何桂香）

三、大班活动案例

案例一：猜猜乐（语言游戏）

◆ **活动来源**

猜谜游戏是幼儿喜爱的一项活动内容。传统的猜谜游戏中通常是教师说谜面、幼儿猜谜底。

"我说你猜"的形式比较多，当一个人说出谜底后，其他的人也就没有了表达的机会，很难再有后续活动。受幼儿个人生活经验和对文字理解能力的影响，在幼儿园进行猜谜游戏也存在一定的难度。幼儿喜欢猜谜游戏，怎样能让活动更有趣，引导幼儿也参与到说和猜的过程，我设计了本次教学活动内容，将大班幼儿仿编谜语的游戏教学活动进行了演绎，选择创设了一个"猜猜乐""抢答抢猜"的游戏情境，让猜谜语游戏变得更加有趣。

◆ **活动目标**

（1）能够用清楚、完整的语言描述事物的主要特征。

（2）尝试依据信息进行推理和判断，说出答案。

（3）愿意遵守游戏规则，体验与同伴共同猜谜的快乐。

◆ **活动重点**　能够用清楚、完整的语言描述事物的主要特征。

◆ **活动难点**　尝试依据信息进行推理和判断，说出答案。

◆ **活动准备**

1. 经验准备　有猜谜语的经验。

2. 物质准备　游戏玩法图示、记分牌、生活中常见物品的图片、PPT 课件。

◆ **活动过程**

（一）开始部分：由猜谜游戏引出活动

1. 由猜谜游戏引出活动

教师：小朋友们都很喜欢玩猜谜语的游戏。大家还记得猜谜语怎么玩吗？

幼儿：老师说谜面，小朋友来猜，看谁先猜对答案。

教师：今天，我们来玩一个新的游戏。请大家仔细听一听游戏的玩法。

2. 出示游戏玩法图示，幼儿看图，讨论游戏规则

教师出示 PPT 图片，教师：今天，我们要玩一个"猜猜乐"的游戏。请小朋友们看看，这个游戏怎么玩？

幼儿：有一个眼睛的图片，说明要用眼睛来看图上的内容。

幼儿：猜的小朋友用眼罩蒙上眼睛，不能偷看。

幼儿：许多小朋友一起说。

教师讲解游戏规则：今天，我们要玩的"猜猜乐"游戏和平时玩的不一样。需要邀请一个小朋友来猜谜，其他小朋友来提供关于谜底的信息，但不能直接说出答案。这里的信息是什么意思呢？就是要说出所猜事物最明显的特征，让猜谜人来猜。大家看大屏幕上的图片，猜谜的人不能偷看图片，要戴上眼罩。大家一起用语言来描述图片上的物品，但是不能直接说出答案，直到猜谜人猜出图片上的物品。

（二）基本部分：尝试游戏，激发幼儿兴趣，进一步了解游戏规则

1. 初次尝试游戏，理解游戏规则

（1）教师邀请一名来猜谜的小朋友上前，并为其戴上眼罩。

（2）教师播放 PPT 课件，展示图片——一双筷子。

提醒幼儿：千万不能把答案说出来哦！

（3）待全体幼儿看清图片后，关闭图片，并将猜谜小朋友的眼罩摘下来。

教师：不能直接说出答案是什么，小朋友们可以说什么，才能让猜谜人猜出答案呢？大家可以想一想。

幼儿1：细细的、长长的。

猜谜人：是棍子吗？

大家回答：不对。

幼儿2：它有两个。

幼儿3：它是吃饭用的。

猜谜人：筷子。

教师帮助幼儿梳理描述事物和猜谜的方法。

教师：刚刚，小朋友说了什么，怎样能帮助猜谜人猜出答案？

幼儿：说它是干什么用的。

幼儿：要说有几个。

幼儿：要说是什么形状的。

教师：对，小朋友要用语言描述出图片上物品的形状、数量和做什么用。猜谜人听到这些有用的信息，才能猜出正确答案。

2. 再次游戏，细化规则

播放PPT课件，展示图片——火龙果，再次进行猜谜
游戏。

幼儿1：它是紫红色的，吃起来甜甜的。

猜谜者：西瓜。

幼儿：不对。

幼儿：形状有点像萝卜。

猜谜者：萝卜。

幼儿：不是蔬菜，它是一种水果，身上还有软刺。

幼儿3：是热带水果，切开它，里面有许多的小黑芝麻。

猜谜者：火龙果。

教师：这次，小朋友猜得有点慢。我们要怎样提供信息才能让猜的小朋友很快猜出来呢？

幼儿：要说形状。

幼儿：要说它是什么品种。

幼儿：要先说最主要的。

教师帮助幼儿梳理观点：先说最主要的内容"这是一种水果"，再说它的形状、颜色、味道。信息越多，猜谜人越好猜。

3. 分组游戏，"抢答抢猜"竞赛

在游戏的过程中，进一步强调游戏规则：不能说出答案。明确猜谜游戏成功的关键是要清楚地说出物品的主要特征，信息越多，猜谜的正确率越高。

（1）介绍竞赛游戏的玩法，明确游戏规则。

根据幼儿人数，把幼儿分成两组。每组各出一个猜谜人，大家一起为猜谜人提供信息，哪组猜谜人最先猜对答案，哪组得分。答对一题得10分，最后得分多的小组获胜。

游戏规则：直接告诉答案的不能得分，还要扣去10分。

（2）幼儿分组竞赛。

教师播放PPT图片，图片分别有：扑克牌、幼儿园保健医、猪八戒、滑梯、超市、企鹅、钟表、酸奶……

教师出示扑克牌图片，请一组幼儿选出猜谜人，一组的其他幼儿看到图片后，为猜谜人提供信息。

幼儿：是长方形的。

猜谜者：积木。（不对）

幼儿：是用纸做的。

幼儿：有四种花色。

猜谜者：餐巾纸。（不对）

幼儿：数学区有这种材料，能玩游戏。

一组有个小朋友看猜谜人说不出答案，就着急地小声说：是扑克牌。

二组小朋友马上提出：他们违规了，要扣 10 分。

教师：对，小朋友愿意为自己组多得分是好事，但是不能违规。一组扣掉 10 分。

游戏继续进行。一组的小朋友都指责告诉猜谜人答案的瑞瑞：都是因为你，扣分了吧！

这个小朋友委屈得快要哭了。

教师：没关系，瑞瑞也是着急得分。但是，我们不能违反游戏规则。请瑞瑞来当猜谜人，继续游戏，争取为自己组多得分。

游戏继续进行。每次猜谜后，教师帮助幼儿梳理表达物品特征的方法。

教师出示幼儿园保健医的图片，提示幼儿遵守游戏规则，不能说出答案。

幼儿 1：她是一个人，短头发。

幼儿 2：她穿着蓝色的衣服。

幼儿 3：她戴着表。

幼儿 4：她有点胖。

猜谜者：佳佳妈妈。（不对）

幼儿 5：她是幼儿园老师，但不是咱们班的。

猜谜者：大二班孙老师。（不对）

幼儿 6：她是给小朋友检查身体的。

猜谜者：保健医王老师。（对了）

教师：这次小朋友猜对了，得 10 分。你是怎么猜出来的？哪条信息最有用？

猜谜者：我听到小牛说是"幼儿园的老师"，萌萌还告诉我"是给小朋友检查身体的"，把这两个信息加在一起，我就猜出来了。

教师：小朋友在说人物的时候，要讲清楚，她是做什么工作的、有什么特点，别人才能猜出来。

继续游戏，教师重点提示：提供的信息要先说最重要的，再不断补充前面小朋友没有说过的信息。同时，猜谜者不能只听一个小朋友说的内容，要把大家说的内容合在一起分析、判断，才能更加准确。

（三）结束部分：归纳与提升

教师：在猜谜的过程中，为了让小朋友更快地猜出答案，我们要根据图片上的内容来进行具体的描述。不同的图片内容，可以根据它们的特征来具体说明。

教师：如果是食物类，可以分别从不同食物的味道、颜色和外形特征来说。

教师：如果是物品类，可以从它们的功能即它们是做什么用的来说，还有就是从外形最有特点的地方来说。

教师：如果是一个场景，我们可以从这个场景与我们自身、生活之间的联系来说，还可以具体说说，这个场景里都有什么，它周围的环境是怎样的。

◆ **活动延伸**

（1）互动游戏，抽取图片，与现场观摩的教师玩猜谜的互动游戏。

（2）将卡片放在活动区，幼儿继续游戏。

（3）幼儿也可以继续收集图片或实物，丰富此游戏内容。

◆ **活动反思**

本次活动内容的设计以猜谜游戏贯穿始终，采用竞赛游戏的方式，符合大班幼儿的年龄特点。活动形式颠覆了传统猜谜只有两人互动游戏的过程。巧妙的设计让所有的幼儿都能为"猜谜者"提供信息。能够进行猜谜的物品有很多，在本次活动中，教师精心挑选了幼儿生活中熟悉的人物或物品，但又有些难度和挑战，经过说和猜的过程，对幼儿语言表达能力和思维都起到了促进作用，猜谜的内容涉及日常用品、水果、玩具、人物、动物等多种类别，幼儿在说和猜的过程中又加深了对不同类别物品的认知经验。在游戏中，幼儿更加自主、自由、自愿，并与同伴一起感受语言游戏带来的快乐，提升了幼儿的语言能力。

（执教教师：北京市西城区三教寺幼儿园 齐 彤）

◆ **活动点评**

1. 丰富大班语言活动的形式，用竞猜游戏的方式，提高幼儿语言交流与思维的能力 由"猜谜语"活动引出"猜猜乐"的游戏，突破了传统活动中"我说你猜"的形式，而是大家都可以结合自己的经验表达物品的特点，有说的技巧，也有听者获取信息进行判断的思维过程。

2. 活动选材看似无意，实则精心 活动中涉及猜什么和怎样猜两个内容，教师是在精心选择的基础上确定猜什么的内容。图片有不同的类别，包括日常用品、水果、人物、动物等，在每一类内容幼儿猜中之后，教师都能及时帮助幼儿梳理这一类物品应该怎样描述的经验和方法，为幼儿清晰而准确的表达提供了方向，同时如何对大量信息进行整合、分析，又为幼儿猜谜提供了依据。

3. 引导的过程层层递进，张弛有度 教师从猜谜游戏引出活动，层层递进，过程中如何遵守规则、如何提供信息、如何整合信息，教师的引导都能做到张弛有度，既能调动幼儿表达的兴趣和欲望，又能引导幼儿遵守游戏规则。遇到违规情况，严格按规则扣分，又不打击幼儿的积极性，给违规幼儿提供为本组得分的机会，引导幼儿明确遵守游戏规则的重要性。教师很好地把握了活动的节奏，遇到难猜的图片时，允许幼儿充分试误，不急于告诉幼儿正确的方法，而是让幼儿多次尝试后明确表达的不清晰会导致结果的不正确，自己去调整说的方法和猜的方法。这种张弛有度的引导使幼儿自主获得发现问题和解决问题的方法。

（活动点评：北京教育科学研究院早期教育研究所 何桂香）

案例二：《云彩和风儿》（仿编诗歌）

◆ **活动来源**

最近，天气特别好！小朋友们在户外游戏时，看到蓝天、白云都很高兴。有的孩子指着云彩说："看，多像老鼠。"有的孩子则说："像蛋糕。"……孩子们喜欢看天上云彩的变化，越看越出神，他们对云彩的形状和变化产生了极大的兴趣。变化的云彩确实让人充满了无限的遐想。结合幼儿的兴趣，我找到了《云彩和风儿》的诗歌，在学习诗歌后引发幼儿仿编诗歌的活动，目的在于启发幼儿想象，敢于大胆表达想法，乐于尝试创编完整的语句。

◆ **活动目标**

（1）能清楚、连贯地朗诵诗歌，喜欢参与语言活动。

（2）尝试运用"云彩变成……在哪儿……做什么……"句式仿编诗歌。

（3）愿意把自己仿编的诗句与同伴交流、分享。

◆ **活动重点** 尝试运用"云彩变成……在哪儿……做什么……"的句式仿编诗歌，能清楚、连贯地朗诵诗歌。

◆ **活动难点** 敢于大胆表达想法，乐于尝试创编完整的语句。

◆ **活动准备**

1. **经验准备** 教师带领幼儿学习过诗歌《云彩和风儿》；幼儿有看过不同形状云彩的经验。

2. **物质准备** 诗歌《云彩和风儿》、钢琴曲《山涧》、PPT课件。

◆ **活动过程**

（一）开始部分：猜谜语

教师：今天，老师带来了一个谜语，我们大家一起来猜猜。

身体轻又轻，空中来旅行。有时像棉絮，有时像鱼鳞。

谁来猜一猜，谜语说的是什么？

幼儿：云彩。

教师：老师也给小朋友们来了一些云彩的照片，我们一起看云彩吧！

教师：看看这朵云像什么？

幼儿：像一只小狗。

幼儿：像一匹奔跑的马。

教师：你觉得它还像动物中的什么呢？

幼儿：像鳄鱼趴在地上。

幼儿：我觉得像老鹰。

幼儿：也像一个大飞机。

教师：你觉得它还像交通工具中的什么呢？

幼儿：像变形汽车。

幼儿：像太空舱。

幼儿：我觉得像人在游泳。

教师：你想得真好，这片云彩，它还像人在做什么动作呢？

幼儿：划船。

教师：如果你能把话说完整，就更好了。

幼儿：这张图片上的云彩，好像人在划船。

教师：真棒！我们是大班的小朋友了，希望我们以后都能这样清楚、完整地说出自己的想法。

幼儿：也像人在推车。

教师：这天上的云彩真有趣！你们知道是谁让它们变得一会儿像这个，一会儿像那个吗？

幼儿：是风。

（二）基本部分：在理解句式特点的基础上，尝试仿编诗歌

1. 复习诗歌

教师：我们学过一首《云彩和风儿》的诗歌，我们一起来复习一下。

教师播放课件《云彩和风儿》，激发幼儿兴趣，引导幼儿一同朗读诗歌。

教师：诗歌中的云彩都变成了谁？它都在哪里做什么，谁来说一说？

幼儿：云彩变成小青蛙，呱呱呱，小青蛙蹲在荷叶上，正在捉害虫。

幼儿说诗歌，教师把幼儿说的内容用图片展示在磁铁板上，帮助幼儿分析句式特点。

2. 分析诗歌的句式特点

教师：第一个变成了什么小动物？小青蛙先是什么样？它的叫声是什么样的？（出示青蛙张嘴的图片）然后它在哪儿，在做什么？（出示青蛙捉害虫的图片）

教师依次出示四种动物在哪儿做什么的图片，请幼儿观察后说出"你发现了什么"。

幼儿：先说是什么动物。

幼儿：然后是动物的叫声。

幼儿：最后是动作，在哪儿做了什么。

3. 尝试仿编诗歌

（1）帮助幼儿分析、梳理诗歌的句式特点及变化。

教师：刚才，小朋友们发现诗歌里的四句话说了两件事：

第一：说清楚云彩变成了什么。

第二：说清楚在哪儿、干什么。

（2）教师：刚才，小朋友们说出云彩能变成很多物品。现在，请小朋友们想一想，它们还可以在什么不同的地点？

幼儿：可以在山上。

幼儿：可以在森林里。

幼儿：可以在花园里。

幼儿：还可以在草原上。

（3）教师：变出的物品会在不同的地点做什么事呢？请小朋友们想一想，用诗歌中的句式完整地说出一句话。

幼儿：吹呀吹，云彩变成小蝴蝶，它在花丛采蜂蜜。

幼儿：吹呀吹，云彩变成小恐龙，它在森林找妈妈。

教师：小朋友编的诗句可真好听！我知道，每个小朋友都有自己的想法。现在，四个小朋友为一组，按照学过的诗歌来创编一首我们自己的诗歌吧！

（三）结束部分：分组合作，仿编诗歌

1. 分组讨论，创编诗歌

幼儿分组讨论，创编诗歌，可以提供笔和纸，引导幼儿用简单的图画或符号来记录本组的创编内容。

2. 分享幼儿仿编的诗歌

请幼儿把自己组创编记录的符号贴在黑板上，分享创编的诗歌。

教师：哪一组愿意分享你们合作创编出来的诗歌。

幼儿：我们组。

天上的云彩真有趣，天上的风儿真能干！

吹呀吹，云彩变成大老虎，藏在森林找食物；

吹呀吹，云彩变成大熊猫，卧在竹林吃竹子；

吹呀吹，云彩变成小花猫，躺在窝里睡懒觉；

吹呀吹，云彩变成小松鼠，蹲在树洞啃松果。

教师：你们编的诗歌太好听了！小朋友们说说，他们组的诗歌哪里编得好？

幼儿：有大动物，也有小动物。

幼儿：在不同的地方。

幼儿：他们编的词特别好听，有藏、有躺……

教师：你们说得真好，这首诗歌太有意思了！今天，我们先说到这儿，没有说到的组，我们户外活动回来后，有时间再接着说。小朋友们也可以把自己创编的诗歌在活动区游戏时画一画，演一演。看看我们小朋友还有哪些更有意思的想法。

◆ **活动延伸**

（1）教师与幼儿一起到户外，两个小朋友一组，一个当风儿、一个当云彩。风儿一吹，云彩就变换形象（也可以风儿指定云彩变成什么样子，云彩就变成什么样子）进行游戏。

（2）活动区游戏时，引导幼儿用自己喜欢的方式表达、表现诗歌内容。

（3）将幼儿创编的诗歌收集成册，制成幼儿自己创编的图画书。

◆ **活动反思**

本次活动是在幼儿学习过诗歌的基础上，引导幼儿进行仿编活动。之前上过类似的活动，我都是把学习诗歌、创编诗歌、表现诗歌放在一起。形式虽然多样，但是，我发现每一个环节的内容，幼儿都没有掌握。这次活动重点放在仿编诗歌上，在帮助幼儿理解诗歌句式特点的基础上，幼儿仿编出自己喜欢的内容。让我没有想到的是，幼儿仿编的诗歌超出了我的想象，每一句都那么好听。说明这样的方式、方法是适宜的，也是有效的，很好地完成了目标。以后再开展类似的活动，我也知道了要突出重点，不能把所有想做的事都放在一次活动中，要多换位思考幼儿的学习特点。这是我这次活动最大的收获。

（执教教师：北京市西城区马连道幼儿园　熊　琦）

◆ **活动点评**

此活动内容是学习诗歌后的第二次活动，也是教师曾经把学习诗歌、仿编诗歌、吹画表现诗歌放在一次活动后的第二次尝试。两次活动，两种截然不同的效果，让我们欣喜地看到教师从观念到行为的转变。教师的转变体现在以下三个方面：

1. 从教师怎么教转向幼儿怎么学　活动中，教师更多引发幼儿表达自己的想法，为幼儿提供发现诗歌特点的机会，为幼儿合作创编诗歌搭建平台，为幼儿学习他人优点提供机会。教师设计活动的所有环节着重考虑幼儿自主参与。

2. 从关注外在形式到关注、突出重点　此次活动，教师能够始终围绕重点内容，展示突破重点的方法。从开始的导入环节引导幼儿发散想象，为后面的创编提供了方向，使幼儿获得云彩可以变成动物、交通工具、人的不同动作等经验；接下来，通过复习诗歌帮助幼儿发现诗歌的句式特点，为幼儿仿编奠定基础；幼儿在单独仿编一句话的基础上提供合作仿编的机会，增加了同伴间相互交流的机会，也拓展了幼儿仿编的内容。

3. 从重视知识的传授到关注教育的整体性　教师不再纠结幼儿是否学会了诗歌，而是把对幼儿知识的关注转向对幼儿多方面能力与品质的培养。比如，与人合作、发现别人仿编的优点等，并且将集体教学活动与区域游戏活动、户外体育活动有机联系，以点带面，促进幼儿多方面的发展。

这种依据教学中反映出的问题，有针对性地调整与改进是教育、教学活动中特别提倡的，对于教师专业能力的提升能够起到很好的作用。

（活动点评：北京教育科学研究院早期教育研究所　何桂香）

案例三：《我的大花裤子》（故事活动）

◆ **活动来源**

随着大班幼儿能力的不断提升，我发现，近期班里的小朋友特别爱给别人挑毛病，以显示"我很能干"，却忽略了别人的感受。这几天，本班的几名幼儿因为做操的动作发生了争执。小远指责查尔斯说："你做操的动作不好看。"查尔斯哭得很伤心："我已经很努力了，你们还说我。"看到这些现象，我认为这是需要教师帮助和引导幼儿解决问题的契机，也是非常有教育价值的内容。《指南》中也提到：要引导幼儿"知道别人的想法有时和自己不一样，要能够倾听、感受别人的意见。"所以，我想通过集体教学活动完成这个目标。但是，在寻找资源的过程中发现没有幼儿能够理解的绘本。我便自己尝试创作了绘本《我的大花裤子》，通过故事内容引导幼儿能换位思考，理解别人的想法。

◆ **活动目标**

（1）能够在观察图片的基础上，大胆表达自己的想法。

（2）愿意尝试倾听和接受别人的意见，不能接受时会说出理由。

（3）能够友善地和同伴交流、游戏。

◆ **活动重点**　能够在观察图片的基础上，大胆地表达自己的想法。

◆ **活动难点**　愿意尝试倾听和接受别人的意见，不能接受时会说出理由。

◆ **活动准备**　幼儿平时发生冲突的视频、自制绘本《我的大花裤子》、封面和封底、不同的杂志。

◆ **活动过程**

（一）开始部分：出示杂志，引出观点

教师站在活动室中间，纵向出示一本杂志，放在两组幼儿中间。一边的幼儿只能看到杂志的封面，另一边幼儿只能看到杂志的封底。

教师：请小朋友们观察一下，你在杂志上都看到了什么？

教师：请左边的小朋友说说，你看到杂志上有什么？请右边的小朋友说说，你看到了什么？

教师：为什么我们看同一本杂志，看到的内容却不一样呢？

幼儿：因为我是从这边看的，他们是从那边看的。

教师：对，因为小朋友从不同的角度看，所以看到的内容也不一样。

（二）基本部分：讲述绘本，理解故事内容

1. 出示绘本《我的大花裤子》第一页

教师：有一天，我特别高兴，你们看看我的表情是怎样的？

幼儿：很开心。

幼儿：很高兴。

教师：你们说说，我为什么高兴？

幼儿：因为你玩得特别开心！

幼儿：因为你吃了好吃的吧？

教师：因为我穿了一条我特别喜欢的大花裤子，所以我特别高兴。

2. 出示绘本《我的大花裤子》第二页

教师：我穿着我的大花裤子特别高兴。我就来到小刺猬面前，对小刺猬说："小刺猬，你看我的大花裤子，好看吗？"小刺猬摇着头，说："不好，不好。"

教师：小刺猬为什么不喜欢我的大花裤子？

3. 出示绘本《我的大花裤子》第三页

教师：既然小刺猬不喜欢我的大花裤子，我去找小兔子，让它看看我的大花裤子，它肯定喜欢。于是，我找到小兔子，问："小兔，你看我的大花裤子漂亮吗？"小兔子看了我一眼，一个劲儿地摇头，说："不行，不行。"

教师：小兔子为什么也不喜欢我的大花裤子？我的表情是怎样的？

幼儿：因为裤子太难看了。小兔子觉得裤子不好看，所以你就不开心了。

幼儿：因为男孩子不能穿花裤子。

幼儿：因为这条裤子不漂亮，所以小兔子说不行。

4. 出示绘本《我的大花裤子》第四页

教师：既然小刺猬和小兔子都不喜欢我的大花裤子，我去找小青蛙，让它看看我的大花裤子，它肯定喜欢。于是，我找到小青蛙，问："小青蛙，你看我的大花裤子漂亮吗？"小青蛙看了看我的大花裤子，跳起来说："脱掉，脱掉，你穿我的裤子吧！"

教师：小青蛙喜欢我的裤子吗？为什么？我的表情是怎样的？

幼儿：小青蛙不喜欢这条裤子，请你换上它的裤子。你很生气。

幼儿：小青蛙喜欢绿色的裤子，不喜欢花裤子。你不开心。

教师：你们有过这样的时候吗？你们喜欢的，别人说"不好"。

幼儿：我喜欢穿裙子，妈妈非要让我穿裤子。

幼儿：我喜欢画画，爸爸非要让我弹琴。

幼儿：我和妈妈都不喜欢爸爸抽烟，可他还是抽。

5. 出示绘本《我的大花裤子》第五页

教师：你们都不喜欢我的大花裤子，我去找幼儿园的伙伴一起看一看。你们看看发生了什么事？为什么会发生这件事？

幼儿：小朋友们都笑了。

幼儿：裤子上面有一个洞。

教师：谁能完整地讲一讲这张图片的内容。

幼儿：你穿着大花裤子来到幼儿园，没想到，小朋友们见到你都哈哈大笑，原来你的裤子后面漏了一个很大的洞。

教师：没错！我的裤子漏了一个大洞，好丢人呀！那我以后需要怎么做，才能不发生这么丢人的事情？

幼儿：出门时，看一看裤子有没有洞。

幼儿：听听别人的意见。

6. 出示绘本《我的大花裤子》第六页

教师帮助幼儿梳理经验：倾听别人的意见，有自己的思考，尝试理解站在别人的角度去看事情。

教师：你们说得真好，我刚才太着急了，都没有问问小刺猬、兔子和青蛙，为什么说不好、不行、还让我脱掉裤子。

（三）结束部分：迁移经验，帮助幼儿化解发生的争执

教师播放幼儿平时发生冲突的视频，引导幼儿观看，并请幼儿回答问题。

教师：视频中，小伙伴为什么吵架？他们每个人是怎么想的？

教师：我们应该怎么做，才能化解争执、减少不愉快的事情呢？

◆ **活动反思**

本活动，我设计了3个环节来引发幼儿思考和活动目标的达成。第一个环节，共同看一本书，"为什么我们看到的内容是不一样的"，引发幼儿思考。原来我们观察的角度不一样，感兴趣的内容也不一样，所以，我们看到的也不一样。第二个环节，绘本阅读。通过逐页观察绘本画面，帮助幼儿理解绘本内容，理解我们看到的或者观察到的事物是不全面的，得到的信息是不一样的。当别人给我们提建议的时候，我们应该怎么做？第三个环节，播放不愉快的幼儿冲突视频。大家一起说说，视频中的小朋友为什么不高兴？我们以后可以怎么做？幼儿结合生活经验，表达自己的想法，并迁移到生活中，帮助幼儿认识到要倾听别人的意见，才能减少矛盾，最终完成活动目标。

（执教教师：北京市西城区宣武回民幼儿园 汪旭峰）

◆ **活动点评**

本次活动成功之处体现在精心制作的绘本内容和精导妙引的活动过程，表现出以下几种有效引导的方法：

1. 情境带入法 教师在导入环节就带入情境"从杂志上看到了什么"，直接点明主题：不同角度看问题，结果也会不一样。

第二个带入是通过精心制作的绘本内容，将幼儿带入故事情境中。教师创编的教材能针对幼儿发展中的问题，是教师自己绘画、设计、创编的内容，使教材非常契合幼儿当前发展的实际，有明确的目标及导向。这种情境带入法能让幼儿觉得好玩和有趣，对于解决实际问题更有实效。

第三个带入是结尾的经验迁移，用教学活动的经验解决生活中的问题。

2. 幽默对话法 教师的幽默在于他将自己置身于故事之中。在开展这次活动的过程中，教师特意穿了一条大花裤子，师幼形成了非常有意思的幽默对话场景。活动中，教师巧妙地引导幼儿发表看法，结尾又出人意料，体现了教师个人风趣、幽默的特点。在宽松的氛围中，幼儿获得了新经验。这个经验会对幼儿生活和与他人交往起到很好的作用，实现了对幼儿语言发展和社会性发展的多个目标。

3. 发散迁移法 整个活动设计是幼儿猜想、预测的过程，这种方法的好处在于能够让幼儿有发散的空间，有个性表达的空间，养成自己思考的好习惯。将教学活动与幼儿的生活、游戏紧密结合，从而有效促进幼儿全面发展。

（活动点评：北京教育科学研究院早期教育研究所　何桂香）

第五章　社会领域教育与教学活动

"三岁看大，七岁看老。"是我们耳熟能详的一句话，在幼儿三周岁时就可能看到他长大后甚至到老的心理与个性。这不仅告诉我们，幼儿时期是人性格形成、个性品质等发展的关键期，同时也在提醒我们，人的社会性和个性特征具有稳定性。由此可见，学前期的社会领域教育尤为重要，它为人的一生发展奠定了坚实的基础。

➡ 第一节　社会领域教育的价值

社会领域的学习是幼儿学习与发展的核心任务之一，它的实质在于社会化，并在社会化的过程中，逐渐形成良好的社会性与个性。即：幼儿在自己学习和生活的环境中，逐步建构对自己、对他人、对社会的认识，逐渐形成良好品行，建立良好的人际关系，逐步成长为合格的社会人。

回想我们从小到大的成长经历，真正支持我们不断发展、进步的是在成长过程中获得的情感、态度和价值观。也许我们学的知识已经淡忘了，但在学习过程中形成的自我情绪管理和调控能力、良好的品质和习惯、人际交往的态度却成为我们尽快适应不同环境、获得安全感和归属感、不断实现自我价值的前提。因此，社会领域的核心价值在于引导幼儿学会共同生活，形成和谐的社会关系，促进其社会性不断完善，并奠定健全人格的基础。具体表现在以下几个方面：

一、形成良好的人际关系，促进幼儿社会化发展

人际关系是幼儿社会性发展的重要内容。积极的人际关系是幼儿心理健康发展的重要前提。社会领域教育就是引导幼儿通过社会交往，初步学会站在自己和他人的角度思考问题，接纳、尊重他人的观点和意见，发展同理心及良好的社会行为技能，建立归属感，促进社会交往能力的提升。

二、增强自我认知，促进幼儿个性健康、和谐的发展

个性是指具有一定倾向性的心理特征总和。在日常生活中，每个人对自己、对他人的态度和行为都存在着一定的差异，都有自己比较稳定而独特的行为方式。社会领域教育就是引导幼儿与真实的社会生活互动，通过社会交往形成对人、对己的态度。在社会化过程中，幼儿不仅通过他人对自己的态度和评价形成自我认知，也会利用自我认知对别人的行为进行评价，从而发展社会性。因此，幼儿自我认知的发展是社会性发展的首要任务和重要基础。幼儿通过认识自己，而后发现自我与他人的区别与独特性，不断悦纳自我和他人，形成自信心，进而更为主动、大胆地参与到各项活动中，逐渐形成良好的行为模式和行为习惯，促进个性健康、和谐的发展。

三、树立规则意识，提高幼儿自我约束和自我调节能力

社会领域教育注重帮助幼儿建立是非观念、发展规则意识。学前期是幼儿是非观念重要发展的时期。幼儿在与他人的交往中，逐渐了解了什么是对的、应该做的，什么是错的、不应该做的，并逐步形成规则意识。在此基础上，不断提高自我约束、自我调节的能力。

四、形成良好的学习品质，为终身学习和发展奠定基础

社会领域教育直接促进幼儿非智力因素的发展，而非智力因素对幼儿身心全面发展，特别是智力发展有着重要的影响。幼儿非智力因素如：对周围人或环境的好奇、积极和主动的交往态度、和谐而融洽的人际关系以及遵守规则的行为习惯等，对幼儿学习与发展具有保障和促进作用，并帮助幼儿在潜移默化中形成品质和习惯，为终身学习和发展奠定基础。

⊕ 第二节　社会领域教育活动的特点

幼儿社会领域的学习是在真实的社会环境与人际交往中进行的，具有以下几个特点：

一、在模仿中学习

模仿是幼儿学习的重要方式之一，尤其是幼儿社会化学习，他们经常会自觉或不自觉地重复他人的行为。模仿，可能是行动类的，也可能是态度类的。模仿的对象可能是现实生活中的真人、真事，也可能是电视、图书、故事中的虚构形象，但最容易模仿的就是他亲眼所见的。所以，作为父母、教师更要注意自己的言行对幼儿潜移默化的影响。

二、在同化中感受

社会领域的同化是指个体的态度和行为受周围其他人的影响而逐渐变得与其相似的现象。同化效应是个体在潜移默化中对外部环境的一种不自觉调适。同化中含有模仿的因素，但更多强调的是团体行为和情感态度的感染与熏陶，幼儿园的文化、班级的班风都会对幼儿产生影响，这就是环境的同化作用。

三、在强化中调整

强化是在现实生活中伴随着幼儿行为而产生的不同结果和体验。这些结果和体验会对其行为产生一定的影响，幼儿会根据结果和情感体验的性质来调整自己的行为。强化的作用体现在能增强给幼儿带来益处和愉快体验的行为；会减少或消失带来坏处和消极体验的行为。强化可以来自自我，也可以来自他人，如：经常打人的幼儿会被同伴孤立，没有朋友，这种感受促使他以后也许不再打人了，这是他亲身感受的、直接的，这就是自我强化的作用。值得注意的是，来自他人的表扬或鼓励也可以强化幼儿的良好行为，但最终能够唤起幼儿内在的自我满足时才是最有效的强化。

四、在体验中理解

体验是幼儿亲历某件事并在此过程中对事物产生真切的感受，从而形成某种态度和认识的过程。体验既是一种活动，也是活动的结果，是幼儿社会化重要的学习方式，是认识和态度形成的基础。幼儿在亲身参与、实践的过程中，对其中所隐含的道理和意义形成独特的感受和领悟，这

种感受和领悟是直接的，极具个人特征，他人无法替代，而且往往是最深刻的。

幼儿有关社会性的学习与发展是一个较为复杂的过程，包含的内容极其丰富，不同内容又有不同的学习方式和特点。教育要根据不同的学习内容采用符合幼儿发展规律和年龄特点的方式灵活进行，以促进其健康发展。

➡ 第三节 社会领域教学活动的目标与内容

每个幼儿从出生的那一刻起就处于一定的社会环境和社会关系中。社会环境和社会关系是儿童身心发展的基本条件，也构成了其身心发展的重要内容。社会领域的学习与发展，其实质在于促进幼儿社会化，逐渐形成良好的社会性与个性品质。社会化与个性化是在同一个过程中发生的，是逐步协调、统一的过程。

人际交往与社会适应是《指南》中社会领域学习和发展的两个重要目标和内容。它们既是幼儿社会学习的目标与内容，又是其社会学习的基本途径。幼儿在与人交往的过程中，不仅会形成积极的交往态度、发展基本的交往技能以及对人、对己的正确认识与态度，而且在适应社会生活的过程中，也会了解社会行为规范并自觉遵守，也能体会到自己与所在群体的密切关系，并逐步形成归属感。

对《指南》中社会领域的学习与发展目标及其在各年龄阶段的表现进行学习和分析后，可以发现，其内容包括：

一、积极的交往态度和不断丰富的交往技能

积极的交往态度是社会发展的重要前提和保证。在这样的态度驱使下，才能愿意走进真实、多元的交往情境中，如团结、合作、分享等，不断丰富交往技能，与同伴友好相处。

二、对自我和他人的正确认知和适宜的行为

能在认识自我的基础上，逐步认识他人，关心、尊重他人，具有自尊、自信、自主的表现，如发展爱心、自尊心、自信心等。

三、对集体生活及社会关系的态度及行为

喜欢并适应集体生活，愿意遵守基本的行为规则，并能在集体活动中逐步建立归属感。

➡ 第四节 社会领域活动的常见问题

在开展社会领域活动时，教师容易出现说教现象、仅仅依赖于社会领域活动进行社会领域教育等问题。教师在教育实践中的主要问题体现在以下几个方面，这些问题需要教师关注并调整。

一、易目标化，忽视幼儿兴趣和需要

"兴趣和需要是最好的老师。"这句话在幼儿的教学中尤为重要，社会领域的教育亦是如此。目前，幼儿园社会领域教育容易过分强调知识性、规则性、外显性，而缺乏对幼儿社会情感、态度的培养，忽视幼儿对社会环境、社会现象、社会中人与事的兴趣，并且更多的是教师计划、组织的活动，从而影响教育的效果。因此，值得注意的是，幼儿对待周围人、事、物的态度和兴趣与幼儿社会性发展是紧密联系的，教师要善于发现孩子们的兴趣和需求中所蕴含的教育价值及可

拓展的教育生长点。在满足兴趣、需求的同时，挖掘行为背后的社会教育价值，促进幼儿社会性品质和行为的发展。

二、易创设情境，脱离幼儿真实生活

生活经验是课程内容的重要来源和依据。社会领域的课程内容更要从幼儿出发，从幼儿的生活实际出发。但是，出于安全因素的考虑，目前教师很难带着幼儿走出幼儿园，把教学活动与社会生活相联系，与家庭、社区相联系。致使教师经常在教学中创设一些脱离幼儿实际生活的"情境"，不易引导幼儿在感受和体验中学习。在活动中，教师说教多，实施效果不佳，容易造成幼儿言行不一致的现象。由此可见，社会领域的教育只有与幼儿现实生活紧密联系，才能引起幼儿的兴趣，容易被幼儿所理解和掌握，并自然运用到现实生活中。因此，社会领域教育内容的选择应以幼儿的发展为依据，根据幼儿对生活的观察和需要，以各种幼儿可感知的方式呈现，使教育内容真正被幼儿所理解、接受并内化为自己的行为，达到社会性教育的效果和目的。

三、易说教，忽视幼儿活动体验

社会领域教育内容涉及面广，内容繁多，灵活性很大，与其他领域教育相比，实施起来难度大。在现实工作中，教师的教育方法比较单一，说教比较多，融入其他领域的教学比较普遍，真正的社会领域教学内容比较少，也比较枯燥，容易出现把社会领域的教育内容当成"知识"来教的情况。活动中，由于幼儿探索、体验的机会少，不能内化为幼儿的主体感受，导致幼儿社会认知表面化，造成幼儿会说不会做的现象。因此，社会领域教育是一种心灵的教育，要通过亲身体验才能激发幼儿内心的情感体验，并加强理解和认知，从而真正体现在社会行为上。

四、易成为单一的"社会课"，忽视幼儿学习的渗透性和反复性

幼儿社会品质的形成是循环往复的，幼儿的表现也会出现反复。因此，社会领域教育具有特殊性，是需要在幼儿生活中潜移默化并长期引导的教育。但在教育实践中，教师期望通过专门的社会领域教学活动来达到教育效果，而忽视渗透在其他领域和一日生活中的随机教育；期望通过幼儿园组织的教学活动来达到教育效果，而忽视家庭和社区的教育，各种教育资源之间不能协调地发挥作用；期望通过几次教学活动就达到较好的教育效果，而忽视社会教育的持久性特点。需要注意的是，社会教育是一个长期的教育过程，幼儿的表现可能会出现反复，难以形成立竿见影的效果。因此，社会教育贵在生活、游戏中的一贯、渗透和坚持。

➡ 第五节　社会领域教学活动的指导要点

社会领域的学习相对比较综合，往往融合在幼儿的各种学习活动中。尤其是幼儿社会情感、态度的学习，往往不是教师、家长直接"教"的结果，而是在实际生活和活动中积累相关的经验和体验而逐步获得的，是在具体的环境和幼儿的相互作用中获得的，是幼儿身边亲近、信赖的人（如家长、教师、同伴等）潜移默化作用的结果，需要家庭、幼儿园、社会保持一致，密切配合。因此，我们在社会领域的教育中要突出以下几个方面的指导要点。

一、环境熏陶

（注重建立良好的人际关系，为幼儿创设宽松、融洽的人际环境）

创设爱与宽松的人际环境是发展幼儿社会性的前提和基础。良好的、积极的环境能够引发、

维持、强化积极的社会行为，使幼儿良好的道德品质得以巩固和发展。良好的人际关系不仅指师幼关系，还包括幼儿生活中并存的重要亲子关系、同伴关系等。幼儿在温暖、关爱、平等的环境氛围中自主交往，大胆表达与表现，在积极、健康的人际关系中获得安全感和自信心，形成基本的认同感和归属感，这是幼儿社会性健康发展的基础和保证。

二、情境引导

（注重结合具体的情境，引导幼儿获得丰富的情感和交往体验）

幼儿园社会教育的关键是增强幼儿的情感体验。没有情感的参与，社会认知是苍白的，是难以产生行为动机的，社会行为则是表面的、难以持久的。幼儿的生活离不开交往，他们就是在不断与人交往的过程中学习、理解、掌握交往的基本规则和技巧。幼儿每天的生活中会发生很多有关交往的故事，教师不仅要善于抓住这些情境，巧妙地引导幼儿感悟和发现，不断丰富他们的情感体验，还要注重提炼和再现对全班幼儿有教育价值的交往情境，引导大家讨论、分析，帮助幼儿梳理、总结、提升经验，并能迁移到日常行为中，从而引导幼儿逐步调整自己的行为，体验集体生活的快乐。

三、体验渗透

（注重提供实践和巩固的机会，帮助幼儿在生活和游戏中积累经验）

幼儿的社会性主要是在日常生活和游戏中通过观察和模仿潜移默化地发展起来的。作为教师，要注重将社会领域内容渗透在幼儿一日活动中，注重体验式教学，使幼儿在生活和游戏中体验交往的乐趣，促进幼儿人际交往和社会适应能力的发展。因此，教师不仅要善于充分利用现实生活，发现生活事件、生活活动中一切可以利用的机会，鼓励幼儿自主地学习、实践，以巩固、形成基本良好的社会行为，同时要引导幼儿在"做中学"，例如，小小值日生、欢迎新朋友、照顾动植物等常规活动，帮助幼儿在充分的交往实践中积累经验，培养责任感，获得积极、自信的态度，感受文明交往的乐趣。

四、榜样示范

（注重发挥成人的榜样作用，使幼儿在生活中自然而然地习得社会规则）

社会学习具有潜移默化的特点，尤其是在社会态度和社会情感的学习中，成人要注意通过环境、言行影响并感染幼儿。幼儿的情感发展还不成熟，他们还不善于控制或调节自己的情绪，而且幼儿情绪变化快，很不稳定，容易受别人的影响。因此，我们成人应该在生活中采取正确的言行对待周围的一切，自然影响和带动幼儿表现出这些积极的行为，并习得这些积极的行为。幼儿对规则的学习同样要注重榜样示范。成人尊重约定的规则，并率先遵守规则，会让幼儿对规则产生敬畏感，从而遵守班级、社会约定的规则。

五、内化养成

（注重教育的一贯性和一致性，使幼儿逐步形成内在的品德与习惯）

《指南》强调了家庭和幼儿园的生活、同伴游戏、社区环境与文化、大众传媒等都是幼儿社会性发展学习的重要途径。不同的发展途径需要建立起教育的一贯性以及一致性，因此，要把幼儿园、家庭、社区联系在一起，构建"培养共同体"的理念，达成教育的默契。由此可见，幼儿在家、园、社会一体化的共育过程中，应处于主导地位。教师有责任把国家、社会赋予我们正确的教育观念传递给家长，引导家长意识到自己责任的重大，激发他们积极合作、参与的态度，创设共同教育的平台，以确保社会教育的一贯性与一致性，使幼儿在任何场所都能表现出正确的态度和言行，从而内化到自己的行为中，形成真正的良好品质，使幼儿终生受益。

➲ 第六节　社会领域教学活动案例及点评

一、小班活动案例

案例一：懂礼貌的孩子人人爱（礼貌用语）

◆ **活动来源**

礼貌行为是一种良好的习惯，既需要习得、也需要培养的教育过程。礼貌教育是小班幼儿社会领域教育中重要的学习内容，需要教师注重在生活和游戏中引导幼儿了解礼貌行为，学习并正确使用礼貌用语。在日常生活中，我发现有些幼儿比较有礼貌，能够正确使用简单的礼貌用语，而有些幼儿需要及时引导和教育。为此，我设计了本次活动。依据小班幼儿爱模仿、喜欢在真实情景中游戏的特点，我采用了情景表演的形式，用抓拍的形式记录了一些发生在幼儿生活中的典型情景，以此调动幼儿积极参与活动，在体验、理解、感悟中主动学习，并尝试使用礼貌用语。

◆ **活动目标**

(1) 感知、理解在不同生活情景中常用的礼貌用语。

(2) 愿意学习并运用简单的礼貌用语，体验有礼貌交往的快乐。

◆ **活动重点**　学习生活中常用的礼貌用语。

◆ **活动难点**　能够在生活情景中运用适宜的礼貌用语。

◆ **活动准备**

(1) 情景表演"去兔妈妈家做客"（邀请配班教师和大班幼儿共同表演）。

(2) 抓拍本班幼儿生活中有礼貌行为的照片及视频片段，内容如下：

片段一：早晨幼儿来园时，有礼貌地问候老师及同伴的视频。

片段二：户外游戏时，小班幼儿在沙坑玩完后，不会穿鞋，大班姐姐帮忙后，小班幼儿有礼貌地说："谢谢姐姐。"

片段三：游戏时，幼儿不小心撞到别人，有礼貌地说："对不起。"被撞到的幼儿回答："没关系。"

◆ **活动过程**

(一) 开始部分：情境导入，引发幼儿活动兴趣

导入环节：情景表演——感知和理解在不同生活场景中合理地使用礼貌用语。

观看情景表演。

教师：今天，兔妈妈邀请小动物们来家里做客。请你们仔细看看，都来了哪些小动物？它们都做了什么？说了什么？

表演内容：小花猫轻轻地敲门，兔妈妈问："是谁呀？"小花猫说："是我，小花猫。"兔妈妈开门："请进，小花猫。"小花猫说："你好，兔妈妈。"兔妈妈说："你好，小花猫，欢迎你到我家来。"兔妈妈把小花猫带到桌子前，说："请坐，这是你爱吃的鱼。"小花猫双手接过鱼，说："谢谢兔妈妈！"兔妈妈高兴地说："不用谢，你多吃点儿，真是个有礼貌的好孩子！"

接着，小老虎上场。它重重地敲门，兔妈妈把门打开后，它不向兔妈妈问好，就直接闯了进去，往椅子上一坐。兔妈妈说："小老虎，我请你吃点心。"小老虎一只手接过兔妈妈给的点心，马上放进嘴里，也不说"谢谢"。小老虎吃完东西后，拍拍肚子，自言自语地说："我吃饱了。"然后，不和大家打招呼，就走了。兔妈妈看着小老虎，皱起了眉头，摇摇头，又叹了口气。

最后，小狗出场，它和小花猫一样很有礼貌。

（二）基本部分：理解在不同生活情景中常用的礼貌用语，学习并运用简单的礼貌用语

1. 通过提问，引导幼儿知道常用的礼貌用语

（1）教师提问，引导幼儿进行讨论：去别人家做客时，说什么话，才会让人觉得舒服，怎样做才能让人喜欢。（引导幼儿感知并理解做客时有礼貌的语言和行为）

教师：哪些小动物到兔妈妈家做客了？

幼儿：小花猫、小老虎和小狗。

教师：你喜欢谁？为什么？

幼儿：我喜欢小花猫和小狗，因为它们有礼貌。

教师：小花猫、小狗是怎么做的？

幼儿：它们会轻轻地敲门，会对兔妈妈说"谢谢"。

幼儿：还会用双手接兔妈妈给的好吃的。

幼儿：还会问好。

教师：兔妈妈为什么对小老虎摇头又叹气呢？

幼儿：因为小老虎重重地敲门，也不问好；兔妈妈给它好吃的东西时，它不说"谢谢"；走的时候，也没有说"再见"，很没有礼貌。

（2）教师对本环节进行小结。

教师：小朋友们，你们都不喜欢小老虎，说它没有礼貌。那要做有礼貌的孩子，去人家做客时，我们应该怎么做呢？（引导幼儿——梳理并巩固故事中的礼貌语言及礼貌行为）首先，要轻轻地敲门，进门先问好，要双手接别人给的东西，还要说"谢谢"，走的时候要说"再见"。有礼貌的孩子，大家都喜欢。我们都要这样，做个有礼貌的好孩子！

教师：最近，我在咱们班里发现了许多这样有礼貌的孩子。我把他们都照了下来，你们想不想看看？

2. 观看幼儿生活中有礼貌行为的照片，引导幼儿学习并使用礼貌用语

（1）出示片段一的照片，引导幼儿在早来园时有礼貌地问候教师。

教师：看看这是谁？发生在什么时候？

幼儿：阿宝。

幼儿：早上到幼儿园时。

教师：他特别有礼貌。你们猜猜，他说了什么？做了什么？

幼儿：他在跟老师问好。

幼儿：他在鞠躬问好。

教师：我们要向他学习，早来园时有礼貌地问"老师早"，还给老师认真鞠躬。我们一起向他学一学吧！

教师带领全班幼儿一起模仿阿宝有礼貌的问好行为。

教师：晚离园时，我们又该说些什么？

幼儿：跟老师说"再见"，也要向老师鞠躬、行礼。

教师：我们一起学一学。（请幼儿做一做）

（2）出示片段二的照片，引导幼儿知道在别人帮助自己之后要说"谢谢"。

教师：我们来看看，这两位小朋友在干什么呢？

幼儿：大姐姐在给然然穿鞋子。

教师：你们猜一猜，然然会跟大姐姐说什么呢？

幼儿：会说"谢谢姐姐"。

教师：我们得到别人帮助时，一定要主动地说"谢谢"，这样才是有礼貌的好孩子。

（3）出示片段三的视频录像，引导幼儿知道不小心碰到别人时要说"对不起"。

教师：我们一起看看这段录像中，我们班的 3 个小朋友发生了什么事？

幼儿：是大亮、小玉和春天。

幼儿：他们在建筑区呢，在搭积木。

幼儿：春天不小心和大亮碰到了一起，春天马上说"对不起"。

教师：原来他们在玩的时候不小心撞在了一起，春天马上跟大亮说了声"对不起"，大亮也赶快说"没关系"。他们都是有礼貌的好孩子。

教师：我们平时一起玩游戏的时候，如果不小心碰到别人，应该马上说什么呢？

幼儿：要赶快说"对不起"，这样别人就会原谅你。

教师：对，小朋友如果不小心碰到别人，或者让别人不舒服了，就要马上跟别人道歉，要说"对不起"。这样，别人就知道你是不小心的，就不会生气了，也会很快原谅你。当别人跟你说"对不起"的时候，你应该说什么呀？

幼儿：要说"没关系"。

教师：对了，这样做，我们大家都是好朋友，也都是有礼貌的好孩子。

（三）结束部分：鼓励幼儿在生活和游戏中正确使用礼貌用语

教师：今天，我就将咱们班有礼貌的小朋友照片贴在我们的"礼貌墙"上，以后大家都跟他们学习，做有礼貌的好孩子。希望我的相机能把每位小朋友有礼貌的样子都照下来，让我们"礼貌墙"上的照片越来越多。

◆ **活动反思**

首先，本次活动结合小班幼儿爱听故事的特点，设计了故事情境表演，引导幼儿在轻松、愉快的故事氛围中初步了解礼貌用语和礼貌行为，并从故事角色的情感表现中，理解大家都喜欢有礼貌的孩子。

其次，通过收集幼儿日常生活中的情形，帮助幼儿进一步学习和使用礼貌用语，在分析、讨论中受到熏陶和启发，懂得道理，体现了寓教于生活的教育理念。这次活动达到了预期的教学效果，起到了树立榜样和鼓励的作用。现在，我们班很多幼儿能够主动问好，甚至一些性格内向的幼儿在不用家长提醒的情况下，也能主动和教师、同伴打招呼，愿意主动与人交往了。之后，我们还会鼓励幼儿将活动中学到的礼貌用语、礼貌行为继续在日常生活中加以运用，并将我们的做法分享给家长，在家园共育中，帮助幼儿形成良好的礼貌行为和习惯，伴随幼儿一生。

（执教教师：北京市西城区三义里第一幼儿园 徐 伟）

◆ **活动点评**

中国自古以来崇尚礼仪文化的传承，礼貌行为是人类为维系社会正常生活秩序而要求人们共同遵守的、最基本的道德规范，它是人们在长期共同生活和相互交往中逐渐形成的。文明礼仪行为习惯的养成需要从娃娃抓起。幼儿园的文明礼仪教育要从幼儿的文明礼貌行为开始。本次活动体现了以下几个特点：

1. 活动来源密切结合幼儿在集体生活中的问题，符合幼儿经验与水平　小班幼儿从入园开始就进入了一个社会性的集体环境中，结识了许多新的同伴和成人，他们的交往范围扩大了，交往活动增加了，一些在家庭中未曾遇到的同伴间冲突、矛盾和交往问题也由此产生。教师观察到班级中幼儿常见的矛盾和冲突，有幼儿年龄小、社会经验少的原因，也有缺乏适宜交往方法的原因。因此，教师利用班级集体生活的环境，引导幼儿学会适宜问好、正确致歉、简单的待人接物等礼貌用语和行为，非常适合小班幼儿的实际生活。

2. 以生动的情景表演方式导入，引导幼儿关注和使用礼貌用语　教师以"去兔妈妈家做客"的情景表演引起幼儿兴趣，幼儿在生动、活泼的情境中，直观感受到不同小动物的表现。在幼儿观看表演的基础上，教师引导幼儿积极参与、共同讨论，形成正确的礼貌行为认知，获得鲜活的感性经验。

3. 充分利用幼儿生活中的事件，引导幼儿向同伴学习交往经验　教师要在日常生活、游戏活动中渗透对幼儿良好的行为习惯和文明礼仪行为的教育。如进行友爱同伴、文明礼貌、待人接物、诚意致歉等。本活动，教师录制了3段幼儿来园、游戏时的录像片段，以随时发生在幼儿身边的事件作为礼貌教育的契机，以幼儿熟悉的同伴为榜样开展教学活动，引导幼儿愿意主动、适宜地使用礼貌用语，懂得礼让，对人有礼貌，从而初步养成良好的行为习惯。

（活动点评：北京市西城区三义里第一幼儿园　池雨蒙）

案例二：美丽小区，我的家（认识居住环境）

◆ **活动来源**

小班幼儿初入幼儿园，进入一个新的社会群体，最重要的就是获得安全感和归属感，建立自信心。班级里开展了"欢欢乐乐一家人"的活动，随着主题活动的结束和小朋友对幼儿园环境的逐渐熟悉与适应，他们经常会跟教师分享他们在家的生活和在小区里游戏的趣事。《指南》中也提出了："要在认识自己的家庭、居住的小区、街道中逐步形成对家庭、家乡的认知，引导幼儿在熟悉的基础上，热爱自己的家乡。"于是，我设计了本次活动。通过活动不仅能了解幼儿对家及社区的认识和想法，而且能够支持幼儿在表达、交流和游戏中进一步熟悉自己所居住的环境，将家、小区延伸到更大的空间，增强幼儿对家乡的喜爱之情。

◆ **活动目标**

（1）知道自己居住的小区，乐意与同伴分享对小区的认识。

（2）喜欢自己居住的环境，愿意和他人分享小区中的所见、所闻和趣事。

（3）能够在别人讲话时，认真地倾听。

◆ **活动重点**　愿意与同伴分享对自己所住社区的认识，并主动表达出来。

◆ **活动难点**　喜欢自己居住的环境，愿意和他人分享在小区中的所见、所闻和趣事。

◆ **活动准备**

1. 经验准备

（1）玩过开汽车去郊游的游戏，知道如何排队开汽车。

（2）知道自己居住的小区名称，有在小区里玩耍的丰富经验。

2. 物质准备 每名幼儿准备自己居住小区的照片1～2张、舒缓音乐、不同种类的小动物毛绒玩具若干、小动物对话的语音、可供幼儿游戏的班级场地、课件。

◆ **活动过程**

(一)开始部分：以小动物对话引出对家的理解和认识

1. 导入环节

出示三个毛绒玩具小鱼、小鸟和小鹿，营造出小动物们在聊天的氛围。

教师：小朋友们猜一猜，小动物们在说什么呀？

幼儿：在说秘密。

幼儿：它们说要玩游戏。

幼儿：小鸟说："我会飞，你们不会。"

2. 播放课件：小动物的家

教师播放课件，引导幼儿观看小动物对话。小鸟说："我的家可美了。"小鱼说："我的家可大了。"小鹿说："我的家里有许多小伙伴呢！"

提问：它们在说什么悄悄话呀？

幼儿：小鱼说它的家很大。

幼儿：小鸟说它的家特别美。

幼儿：小鹿说它的家有小伙伴，我也有。

小结：原来它们在介绍自己的家呢！

提问：你知道它们的家在哪里吗？

幼儿：小鱼的家在大海里，我还去过大海呢！

幼儿：小鸟的家在大树上。

幼儿：小鹿的家在大草原上，我在电视上看过小鹿。

幼儿：不对，小鹿的家在树林里。

教师：小鹿说：你们说得都对，有的小鹿生活在草原上，有的生活在树林里。

3. 小朋友的家

教师：小动物们说小朋友们懂得知识可真多，知道它们住在哪里，小动物们也想知道你们的家在哪里？

(二)基本部分：引导幼儿描述对小区的认识和喜爱，鼓励幼儿用语言表达出来

1. 说一说，我的家在哪里

提问：谁想和小动物们说一说，你的家在哪里呀？

幼儿：我住在丰益花园。

幼儿：我的家在盛鑫花园。

幼儿：我的家在西局欣园。

幼儿：我的家在东大街东里3号楼。

教师：你们都知道自己家所在的小区，有的小朋友还说出了几号楼。请你们和身边的小朋友说一说，自己的家住在哪里吧！注意别人介绍时要认真倾听，看看谁记住了好朋友的家住在哪里了。

提问：谁来说一说，你好朋友的家在哪里？

幼儿：可可家住在体育馆路2号院。

幼儿：冬冬说他家住在庄维花园。

幼儿：一诺家住在望园。

幼儿：不对，是望园东里。

教师：哦！小朋友们真棒，都知道了自己家住的小区叫什么名字，而且你们不仅知道自己家住的小区名字，还知道了好朋友家住的小区名字。原来不同的小区，名字也是不一样的啊！小动物们也说：这次它们知道了小朋友是住在小区里的。谢谢你们。

2. 看一看，我住的小区真美丽

教师：小朋友都知道了你住的小区叫什么名字了，它是什么样的呢？请你把自己带来的小区照片拿出来看一看，再讲一讲你家小区是什么样子的。

（1）看照片。

教师：还可以把自己小区的照片给好朋友看一看，讲一讲。

幼儿和同伴分享自己小区的照片，说说自己家住的小区样子。

（2）找最美。

提问：你觉得你家小区哪里最美呀？

幼儿：我家小区里有一个大花园，里面有好多花。

幼儿：我住的东安街9号，门口有个保安室，里面住着保安爷爷。他最喜欢我了，每天他都和我打招呼，我也和他说："保安爷爷好。"

幼儿：我家丽泽景园也有保安叔叔，还有一个大喷泉，能喷水。

幼儿：我的丰益花园里有个小树林，那里有许多小鸟在唱歌。

幼儿：看，我家小区有一块大石头，上面写的是周庄家园，爸爸告诉我的。

教师：小朋友们说得真好，我们每个人住的小区都很美，而且我们发现，每个小区美丽的地方还不一样呢！有的小朋友说花很美，有的小朋友说喷泉美，还有的小朋友说小区保安爷爷也很美。我们是不是都特别喜欢自己家的小区啊？

3. 找一找，自己家的小区

（1）游戏："找呀找，我的家"。

教师介绍游戏规则：请小朋友们和老师围成一个大圆圈，把自己家小区的照片摆放在圆圈的地面上。现在，我们要变成小鸟、小鱼还有其他小动物，听着音乐去旅行啦！（按顺时针方向沿着圆圈走、小跑）音乐停了，就要到圆圈里找到自己家小区的照片，举起来说："我到家啦！"

教师：一定要记住你家小区长什么样子。

（2）依据幼儿兴趣，游戏重复2～3次。

指导重点：每次将照片变换不同的位置摆放，注意幼儿在圈中行动的安全，避免推挤、碰撞。

（3）经验分享。

教师：刚才，你是怎样找到自己家的？

幼儿：我看到了绿色的草坪。

幼儿：我家小区门口有一个取水机器。

幼儿：我家小区的门卫爷爷穿的衣服是黑色的。

指导重点：引导幼儿记住自己小区的特点，在寻找自己家小区照片的时候仔细观察，区别自己家小区和别人家小区不一样的地方，就能快速地找到。

4. 聊一聊，小区里的快乐时光

提问：你喜欢在小区里做什么？和谁在一起的？

幼儿：我喜欢和鹏鹏、大宝（幼儿小区玩伴）一起玩跷跷板。

幼儿：我在小区里骑自行车，爸爸跟着我跑，嘿嘿！

幼儿：我和奶奶在小区里散步。

幼儿：我和萌萌在楼下给小娃娃做饭。

幼儿：我喜欢看楼下爷爷、奶奶们下棋。

幼儿：我最喜欢健身器，那里有好多小朋友。

幼儿：我和爸爸、妈妈，还有小狗，在小花园玩。

教师：我知道了，你们的小区里很有意思，有很多好玩的地方，还有很多的好朋友。请你和身边的小朋友讲讲你在小区里发生的、好玩的故事吧！

5. 想一想，我家在几楼

教师：你家的小区那么多好玩的、好看的，一定很大吧！你知道，小区里只有你家一栋楼，还是有很多楼呢？

幼儿：很多楼。

幼儿：丰益花园有好多楼，看！在幼儿园里也能看见，那里还有好多人。

幼儿：我家住在 6 号楼。

教师：田田都知道她家住几号楼了？还有谁能说出你住什么小区几号楼呢？

幼儿：我在丽泽景园 3 号楼。

幼儿：爸爸没告诉我住几号楼。

教师：我们知道了一个小区里有很多楼，每座楼里又有很多户人家，许多人都住在一起，像个大大的家一样。我们现在已经知道了自己小区的名字，还说出了小区里最美的地方，还有那么多有趣的故事。大家生活在小区这个大大的家里，真是快乐多又多啊！

（三）结束部分：延伸对小区的喜爱之情

游戏："坐车回家喽"。

1. 介绍游戏规则

教师：把自己家小区的照片找一个地方放好。（教师指导幼儿放在明显的位置，每张照片间留出一定的距离）小朋友们坐上我的公共汽车，要回家喽！听司机报站，说到哪个小区的名字，车辆停稳后，住在这个小区的小朋友就可以下车回家啦！

2. 游戏玩法

教师当司机，幼儿在后面排成一排，做开汽车动作，向前慢跑。汽车开到一个小区照片时，汽车停车。教师和幼儿说出小区名称，幼儿观看照片辨认，是自己小区的就可以下车啦！

3. 指导重点

主班教师指导：幼儿边玩游戏边根据照片说出自己家小区的名字或其他小朋友家小区的名字（自然记忆，不强求），并和教师一起报站名："×××小区到了，请下车。"

配班教师指导：已经下车的幼儿可以在小区位置等候车辆。汽车来了，请小朋友再次上车，反复游戏。

游戏提示：可以充分利用活动室、睡眠室和楼道增加游戏空间，当幼儿熟悉游戏规则后，可以请幼儿当司机。

◆ **活动反思**

此次活动的内容源于幼儿比较熟悉的小区环境，与幼儿生活紧密结合。在活动过程中，关注了小班幼儿爱游戏的特点，通过让幼儿说一说、看一看、找一找、想一想、玩一玩等多种形式，调动了幼儿的多种感官，吸引幼儿积极参与到活动当中。在这样有趣的说说、玩玩活动中，幼儿增进了对自己家小区的主观认识和了解。

在指导过程中，教师注重鼓励幼儿在观察、回忆、交流和挖掘感受中，让幼儿从自己的视角表达对小区的理解和喜爱之情，注重幼儿的体验和参与，从而在自然而美好地沟通、交流、体验中，培养幼儿对社区的归属感和喜爱之情。

（执教教师：北京市丰台区丰台第一幼儿园 陈彩霞 张铃悦）

◆ **活动点评**

幼儿归属感的培养是《指南》社会领域中"社会适应"的一项重要目标。幼儿归属感的建立是由认识和感受家庭、小区、街道、地区、国家等身边事物开始并逐渐扩大形成的。

小班幼儿初入园时，对家庭的关注和了解较多，随着年龄的增长，开始关注周围更多的人及环境，但对小区的概念还是比较模糊，需要教师有意引导。本次活动的内容设计合理，目标定位准确，贴近小班幼儿的认知经验和认知能力，并抓住了从"小家"到"大家"的关键点，拓宽了幼儿的社会认知。

活动过程根据小班幼儿具体形象思维的特点，让幼儿通过多种方式参与其中，在说、做、玩、思中逐渐形成对小区比较全面的认识。教师巧妙地从小动物入手，之后引导幼儿循序渐进地表达出自己对小区美好生活的体验，从而激发幼儿对小区的认同和热爱之情。教育方式自然、流畅，教育形式轻松、活泼，教育目标层层递进，取得了良好的效果。

（活动点评：北京市丰台区丰台第一幼儿园 陈彩霞）

案例三：亲亲热热抱一抱（感受和表达爱的方式）

◆ **活动来源**

拥抱是表达爱的一种方式，是亲子间最常见的情感表达方式，也是最直接、最自然的情感交流。幼儿在家中经常被爸爸、妈妈拥抱，感受着来自父母浓浓的爱，也会在情感需要的时候拥抱爸爸、妈妈。我们意识到这种爱的表达方式可以丰富幼儿与同伴之间的交往技巧，本次活动就利用了一个温馨、感染力十足的动物故事，引导幼儿理解拥抱在与小朋友交往中的作用，并初步学会用拥抱来表达自己的情感。

◆ **活动目标**

（1）理解不同的拥抱给人带来的不同感受，学习拥抱这种交往方式。

（2）知道在适宜的情景下用拥抱表达自己的感情，体验拥抱传递的情感。

◆ **活动重点** 知道拥抱在不同情境中带给人的不同感受。

◆ **活动难点** 初步体验拥抱带给自己和他人的不同情感体验，并用自己的话表达出来。

◆ **活动准备**

1. **经验准备** 活动前与每名幼儿抱一抱。

2. **物质准备** 自编故事《嘟嘟熊的拥抱》，捕捉不同情景下的拥抱图片或视频。

◆ **活动过程**

（一）开始部分：抱一抱幼儿，引入活动

回忆拥抱带给自己的感受。

1. 幼儿和教师拥抱

教师：刚才，我和你们做了一个什么动作？你有什么感受？

幼儿：拥抱，很温暖、很开心……

教师：你们有那么多美好的感受啊，我也想感受一下，你们能抱抱我吗？

（幼儿上前抱抱教师，教师及时表达谢意）

2. 引出小熊嘟嘟的拥抱

教师：小熊嘟嘟也得到了很多拥抱，我们一起来听听，谁会给它拥抱呢？

（二）基本部分：知道在适宜的情境中用拥抱表达自己的感情

1. 欣赏故事第一段：小熊得到别人的拥抱

（1）提问：嘟嘟得到了谁的拥抱？

幼儿：有小白兔的拥抱，有小牛的拥抱，还有许多小动物。

教师：嘟嘟得到了很多朋友的拥抱，感觉怎么样？

幼儿：心里暖暖的，真开心！像阳光照在身上一样，暖暖的。

小结：原来得到别人的拥抱，我们心里很开心、很温暖，会感到很幸福、很快乐。

（2）提问：小朋友们想一想，你得到过谁的拥抱？

幼儿：爸爸妈妈、爷爷奶奶、老师、小朋友。

（3）提问：你在什么时候得到过拥抱？

幼儿：妈妈下班回来，我们就会拥抱。

幼儿：高兴的时候，和好朋友拥抱。

幼儿：我伤心的时候，也想让妈妈抱抱。

（4）提问：得到拥抱时，你的心情是什么样的？

幼儿：高兴、快乐、幸福、喜欢……

（5）出示教师和幼儿拥抱的照片，进一步讨论。（早来园时、幼儿哭闹时、遇到开心的事情分享时、自己获得成功时、表达很喜欢某人时……）

教师：在幼儿园里，老师也给过你们大大的拥抱，想想是在什么时候？我们一起来看一看吧！

教师：小朋友在幼儿园得到了老师的拥抱，故事中的嘟嘟也得到了这么多拥抱，那么嘟嘟会不会把自己的拥抱送给别人呢？我们继续听故事。

2. 欣赏故事第二段：小熊给别人的拥抱

（1）提问：嘟嘟把拥抱送给了谁？

幼儿：嘟嘟送给了小白兔拥抱，还给小鸭子送了拥抱。

教师：发生了什么事情？嘟嘟为什么拥抱好朋友？

幼儿：小兔子放风筝成功了，嘟嘟送给它拥抱。

幼儿：小鸭子摔倒了，嘟嘟赶快抱抱它。

教师：它们感觉怎么样？

幼儿：它们会觉得很开心，很温暖。

小结：嘟嘟看到好朋友做事情做得好、做得成功的时候，就抱抱它，用拥抱来祝贺它。看到好朋友伤心了、不开心的时候，也抱抱它，安慰一下它。给别人拥抱会让别人变得开心、快乐。

（2）回忆生活情形，谈一谈相关体验。

教师：你会不会把你的拥抱送给别人呢？你会送给谁呢？为什么？

幼儿：我会把拥抱送给我的好朋友，因为我喜欢和她一起玩。

幼儿：我会把拥抱送给老师，因为老师喜欢我们、照顾我们。

幼儿：我会把拥抱送给妈妈，因为我爱妈妈，妈妈也爱我。

幼儿：我会把拥抱送给希希，因为今天早上来园时她想妈妈了，她哭了。

小结：跟好朋友打招呼的时候，可以抱一抱；当你喜欢别人，想要告诉他的时候，也可以抱抱他；当你看到朋友做事情成功的时候，也可以抱抱他，一起庆祝。除了这些，当你看到小朋友伤心、不高兴的时候，也可以给他们一个温柔的拥抱，这样，他们感受到了你的爱和温暖，很快就会变得开心了。

（三）结束部分：游戏"抱一抱"，体验拥抱带来的快乐

播放舒缓的音乐，引导幼儿伴随舒缓的音乐与自己的好朋友轻轻地拥抱。

1. 引发情感讨论，强化情感体验

教师：小朋友们，当你被好朋友轻轻地抱抱时，有什么感觉啊？

幼儿：很舒服！很开心！暖暖的感觉。

教师：那你们去抱抱好朋友的时候，又有什么样的感受呢？

幼儿：也是很开心！

2. 引发幼儿迁移经验，在生活中运用拥抱这种方式表达情感

教师：今天，我们听了小熊嘟嘟的故事，又跟嘟嘟学会了拥抱。小朋友们可以在幼儿园抱抱小朋友，回到家里也可以抱抱爸爸、妈妈。因为拥抱可以让我们更快乐、更温暖。

◆ **活动延伸**

利用幼儿的日常生活环节，鼓励幼儿用学习到的"拥抱"向同伴表达自己的情感，适时引导幼儿在恰当的时候主动与别人拥抱，大胆表达自己的爱，给同伴温暖。

◆ **活动反思**

幼儿随着年龄的增长，在游戏中经常与同伴发生小冲突，因为不知道正确的处理方法，幼儿容易用打、推、抢等不适宜的行为去解决问题。有的时候因为喜欢别人，也不顾别人感受地使劲儿抱一下。我针对这个时期幼儿出现的交往问题，自编了一个故事，利用故事中的人物引发幼儿学会用"拥抱"表达情感、表达关爱，初步引导幼儿关注他人感受，用适宜的方式表达自己的感受。

在活动中，我采用情境浸入的方式，让幼儿自然而然地走入故事情节中。通过"讲述——欣赏——观察——体验"的方式引导幼儿理解不同的拥抱给人带来的不同感受，学习拥抱这种交往方式。同时，我注重调动幼儿生活中的原有经验，尝试运用"拥抱"这种交往行为，在回忆、感知、体验中，帮助幼儿感受与人拥抱带来的快乐与幸福，体会温暖的人际关系。

（执教教师：北京市西城区三义里第一幼儿园 徐 伟）

◆ **活动点评**

"亲亲热热抱一抱"是一个关注幼儿情绪、情感的社会性教育活动，重点是引导幼儿理解"拥抱"可以用来表达对亲人、朋友的关心与爱意，活动体现了以下几个特点：

1. 活动关注了幼儿的情感表达 幼儿的情绪、情感既需要内在的调节，也需要外在的表达。情感的表达既要通过语言来表达，也要通过适当的肢体动作来表达，但是幼儿还不能很好把握表达情感的方式，也不知道在什么情况下可以表达自己的情感。本次活动重点在于让幼儿学会用肢体动作正确表达情感。同时，帮助幼儿知道拥抱可以运用在不同的情境下，见面的时候、庆祝成功的时候、表示喜爱的时候、遇到朋友伤心需要安慰的时候等。

2. 以多元情境强化幼儿情感体验 活动运用故事情境、生活情境、抱抱体验情境三个方面

引导幼儿感受拥抱带来的心理愉悦感。在情境体验之后，教师还注重引导幼儿将自己"抱"与"被抱"的感受充分表达出来，进一步强化了幼儿的情感体验。

3. 以多种方式激发幼儿主动参与　本次活动方式多样，有欣赏故事、回顾生活经验、游戏体验，在幼儿感兴趣的活动中，充分调动幼儿的参与意识，为他们创设参与体验、主动探索、积极实践的机会，从而帮助幼儿在日常生活中学会用拥抱这一肢体语言来表达自己对他人的喜爱之情，在他们幼小的心灵里埋下了一颗"爱的种子"。

（活动点评：北京教育学院西城分院　丁文月）

附故事：

嘟嘟熊的拥抱

一天早晨，小熊嘟嘟起床，来到了阳光明媚的草地上。一只可爱的小白兔迎面向它走来。小白兔见到嘟嘟熊，给了它一个大大的早安拥抱，一边拥抱一边对嘟嘟熊说："早上好，小嘟嘟。"嘟嘟熊心里暖暖的，就像阳光照在身上一样。嘟嘟熊和小白兔一起开心地在草地上玩耍。这时，来了一头可爱的小牛，小牛和好朋友们见面之后，分别给了嘟嘟熊和小兔子一个大大的拥抱，一边拥抱一边对嘟嘟熊说："你好，我的好朋友，我好想你呀！"嘟嘟熊听了，真开心呀！它感觉好朋友特别喜欢它，特别愿意和它一起做游戏。嘟嘟熊和好朋友在草地上开心地玩耍。这时，从四面八方又来了许多小动物，它们一起开心地做游戏、唱歌、跳舞。

小白兔拿来了一个风筝，它想把风筝放到天上去。可是，放呀，放呀，放半天，风筝都没有飞起来。小伙伴们一起给小白兔"加油"。终于，小白兔把风筝放飞到了天上。哎呀！太棒了，真开心！小伙伴们高兴得又唱又跳。嘟嘟熊跑过去，给了小白兔一个大大的拥抱，一边拥抱一边对小白兔说："祝贺你，我的好朋友，你成功啦！"

玩着，玩着，一只小鸭子不小心摔了一跤。它伤心地哭了起来。嘟嘟熊马上跑过去，把小鸭子抱在怀里，给了它一个大大的拥抱，一边拥抱一边对小鸭子说："鸭子弟弟，别怕，别怕，哥哥来保护你。"一边说着一边温柔地用手摸着小鸭子的头，小鸭子立刻不哭啦。它拉着嘟嘟熊的手，重新和小伙伴们玩了起来。

二、中班活动案例

案例一：有趣的贴人游戏（分工与合作）

◆ **活动来源**

本班幼儿喜欢共同游戏，参与游戏的愿望、积极性非常高，能够在游戏中大胆表达自己的想法。经过观察，我们发现有的幼儿因为积极性高，所以会出现以自我为中心的问题，不知道如何与同伴游戏。我们以幼儿生活游戏中出现的问题作为教育契机，开展不同的活动，让幼儿感受到团结合作的力量，尝试用合作的方法解决生活、游戏中遇到的问题，此活动也是在此基础上产生的。幼儿在户外玩"贴人"游戏时，由于每个小朋友都想当追或跑的小朋友，基于原有的贴人游戏不能满足全体小朋友跑的需求，为解决这一问题，幼儿便创编了新的"贴人"游戏，改变了游戏的玩法。在新玩法的讨论中，他们需要一个和自己影子一样大的人物，经过大家讨论、协商、达成共识——在报纸上画小人。因此，"诞生"了今天的活动。

◆ **活动目标**

（1）尝试想办法解决"贴人"游戏中的问题，体验合作做事的快乐。

（2）学习分工、合作的方法，感受合作的力量。

◆ **活动重点** 尝试想办法解决"贴人"游戏中的问题，体验合作做事的快乐。

◆ **活动难点** 在共同制作游戏道具的过程中，学习分工、合作的方法，感受合作的力量。

◆ **活动准备**

1. 经验准备

（1）幼儿已经创编了新的"贴人"游戏方法。

（2）幼儿发现缺少贴人道具，讨论了如何制作贴人道具。

2. 物质准备 报纸、水彩笔、剪刀。

◆ **活动过程**

（一）开始部分："贴人"游戏，引出活动

教师：上次，我们讨论时，一起创编了"贴人"游戏的新玩法。现在，我们还需要增加哪些游戏材料呢？

教师鼓励幼儿大胆说出自己的想法。

幼儿：我们需要一个和自己一样大的影子。

幼儿：我们需要比我们还要大的报纸。

幼儿：我们还需要剪刀、水彩笔。

（二）基本环节：探索制作"贴人"游戏道具，尝试合作解决问题

1. 幼儿自由分组，共同制作贴人道具，尝试解决问题

教师：我们可以用哪些动作去贴人？

幼儿：可以双手张开躺。

幼儿：可以扮演成小兔子。

幼儿：可以一只脚站立。

教师：这些动作怎么画在报纸上？

幼儿：我可以照着动作画。

幼儿：我觉得照着画不标准，我们可以躺在报纸上。

幼儿：躺在报纸上是个好办法，我们可以试一试！

2. 教师结合制作道具的需要提出任务，引导幼儿开始探索

幼儿可以自由分组，5人一组，分为5组。幼儿自主寻找教室中的空地制作道具。

3. 幼儿分组活动，教师适时介入，引导幼儿尝试合作的方法解决问题

教师：你们想设计什么动作？你们是怎么画的？你们都做了什么？

教师观察幼儿小组活动中的协商与沟通，引导幼儿尝试分工的方法，感受合作做事的快乐。

幼儿：我们设计了小兔子的动作。

教师：你们是怎么画的？

幼儿：一个人躺在报纸上，我们沿着他的身体轮廓画。

教师：你们都做了什么？

幼儿：我躺在报纸上，摆出动作。

幼儿：我画了兔耳朵。

幼儿：我画的腿。

幼儿：我画了身体的部分。

教师：哦，你们每个人都有不同的"工作"啊！还商量好了怎么分工和相互配合，这样一起做事，很快就能完成了，真棒！

4. 鼓励幼儿交流、分享合作做事的方法和经验

（1）小组讨论，引导幼儿与同伴交流、协商，体验分工合作的好处。

教师：你们小组的几个小朋友都做了什么呢？

幼儿：我躺在报纸上，摆动作。

幼儿：我画胳膊的轮廓。

幼儿：我画头的轮廓。

幼儿：我画腿的轮廓。

教师：哦，你们都分配好了做的事情啊！你们怎么分得这么好啊？

幼儿：我们先是商量了一下，每个人都领了任务了，然后再一起做。

教师：你们真棒，你们是先商量好分工的方法，然后再配合着一起做事，不争也不抢，这就是合作的好方法。

（2）集体讨论，引导幼儿解决合作中遇到的问题。

教师：刚才，咱们每个组都做得特别好，大家都完成了制作道具的任务。你们几个人一起做事的时候，有没有遇到问题啊，可以给大家分享一下。

幼儿：我们组开始就有问题了。

教师：是什么问题呢？

幼儿：我们都想当躺着的人！

教师：你们解决了这个问题吗？

幼儿：解决了。我们商量好，让个子最高的人躺下，然后西西就当躺下的人了。

幼儿：然后，我们其他人给他描画身体的部分。

教师：哦，你们是用商量的办法，这个办法好，能帮助我们把任务分开完成，让每个人都有事情做，这样大家一起做事就会怎么样呢？

幼儿：就会很快、很好地完成。

教师：对，这就是分工合作做事情的好处。

教师可以针对幼儿小组活动中出现的其他问题，进一步引导幼儿讨论，和幼儿一起总结出合作解决问题的方法。

（三）结束环节：帮助幼儿梳理、提升合作的方法和经验，进一步感受团结合作做事的好处

教师：每个组的小朋友都完成了贴人游戏的道具制作。大家一起努力，共同完成一件事儿就是合作。你们都是怎样合作的啊？

幼儿：有的小朋友负责躺着，有的小朋友负责画画。

教师：哦，合作的时候要分好工。

幼儿：有的小朋友负责画头的轮廓，有的小朋友负责画腿的轮廓，有的小朋友负责画胳膊的轮廓。

教师：哦，分工要很细致，把每个人要做的事情搞清楚。

幼儿：分工的时候要先商量好，不能吵，也不能争。

教师：对，要先商量，然后再去做。

幼儿：别人说话的时候要听着，看看谁说的方法最好，不能一个人说了算！

教师：对，商量的时候要会倾听，也要互相尊重小朋友的意见。

幼儿：就是大家团结起来，一起做。

教师：这样团结起来、合作做事有什么好处呢？

幼儿：这样做事情就能更快、更好地完成了！

教师：小朋友们说得真好！老师都帮你记下来了，咱们可以把这些分工、合作的方法贴在教室的墙上。今天，你们用分工、合作的方法解决了制作贴人游戏道具时遇到的问题，以后也可以用这样的好方法做更多的事情、解决更多的问题了！

◆ **活动延伸**

（1）幼儿将贴人轮廓剪下来，寻找适宜的位置，一起粘贴，再次感受团结力量大。

（2）户外活动，用制作好的贴人道具体验幼儿新创编的"贴人"游戏。

（3）针对幼儿绘画贴人道具轮廓以及游戏中遇到的其他问题进行梳理及调整，为下一次开展活动做准备。

◆ **活动反思**

《纲要》中指出："鼓励幼儿积极、主动与同伴交往，能够运用合作的方式尝试解决游戏和生活中常见的问题。"幼儿就是在与同伴交往的过程中习得交往能力的。当幼儿在户外活动时发现游戏不能满足所有人跑的愿望，就一起创编了新的贴人游戏玩法。我抓住了这一教育契机，开展了此次活动。这个游戏活动，让我非常感动。

首先，幼儿敢于表达自己在游戏中的感受，从表达中透出自信。幼儿活动参与度高，每个小组都能自主找同伴商量负责的事情，有的负责躺着，有的负责画头，有的负责画腿，有的负责画胳膊……幼儿能够用协商、谈判的方式表达自己的感受、解决遇到的问题，在分工、合作中表现出信心。

其次，幼儿能结合已有经验去思考问题、去尝试。在整个活动中，教师给予幼儿充分的时间去感受游戏，并在每一个小环节中都给予幼儿充分的空间去表达自己的想法。比如，当报纸破了，幼儿充分调动已有经验一起找材料，用胶条粘贴，一人按着，一人粘，通过合作解决了这个问题。

再次，幼儿能够在活动中通过试误来寻找适宜的方法。幼儿能在活动中不断验证自己的想法，自由尝试解决问题。比如，有一个小组的头没有画，躺着的人就起来了。于是，孩子们重新协商，按照原来的动作再次作画，解决了没有画"头"的问题。

同时，我也看到了活动的不足，如活动前期准备不充分、幼儿使用材料的常规培养不足等，以及需要进一步讨论的问题，如，如何找适合的地方作画、活动后作品展示在哪儿、报纸容易破怎么办等。

（执教教师：北京市西城区棉花胡同幼儿园　康腾颖　李　洋）

◆ **活动点评**

4～5岁幼儿的合作行为明显增多，喜欢跟同伴游戏，开始出现合作游戏。但是，容易与同伴发生冲突，欠缺解决冲突的经验。教师关注到了幼儿发展中的问题，以户外游戏创编为载体，发展幼儿的社会性。

1. 教师能够从幼儿的视角出发，支持幼儿的真需要　当发现幼儿在玩传统的"贴人"游戏产生矛盾和问题时，教师并没有急于帮助解决，用规则来束缚幼儿，而是给了幼儿更多自主的空间，允许他们自己想办法解决，并给他们机会讨论解决的方法，从而自然地生成了"分工合作"的需要。

2. 能够从幼儿学习方式的角度出发，允许幼儿玩自己的真游戏　幼儿的学习就是通过直接感知、亲身体验、实际操作来学习的，合作性游戏是促进幼儿人际交往和社会适应能力的主要途径。幼儿在游戏中会有共同目标，会和同伴发生各类交往行为。在游戏中，幼儿不仅要具备合作的意识，还要有真正的合作行为，不是"为了合作而合作"，他们要完成小组任务，就必须学习在小组中倾听同伴的建议、表达自己的观点、承担个人的任务，最终实现小组的目标。幼儿在有自己想法的真游戏中获得了成功与快乐，也体验到了合作带来的力量。

（活动点评：北京市西城区棉花胡同幼儿园　高　云）

案例二：地铁里的标志（认识标志）

◆ **活动来源**

随着科技的日益发展，城铁、地铁等各种穿梭于城市的交通工具不断更新，我们也充分体验到了科技进步带来的生活便捷。我园附近，与地铁七号线距离较近，几乎每个幼儿都有在家人陪同下乘坐地铁的经验，幼儿乘坐地铁出行的过程中经常能遇到各种各样的标志，也非常好奇这些标志的作用，在幼儿园里经常能听到幼儿间相互交流。为了满足幼儿的认知欲望，进一步了解身边的标志，保障自己的出行安全，同时也借此培养他们文明乘车的良好习惯，我设计了本次活动"地铁里的标志"。通过看一看、猜一猜、说一说等活动形式，使幼儿在体验中获得新经验，从生活中丰富社会认知。

◆ **活动目标**

（1）感受乘坐地铁等交通工具的乐趣，学会文明乘坐地铁。

（2）能够辨识地铁中的标志，知道标志表达的含义和作用。

◆ **活动重点**　学会辨识地铁中的标志，准确分类地铁中的各类标志。

◆ **活动难点**　能够了解不同标志的作用，学会保护自己，文明乘车。

◆ **活动准备**

1. **经验准备**　幼儿具备乘坐地铁的相关知识与经验。

2. **物质准备**　教师乘坐地铁时拍摄的地铁标志照片、有关地铁标志的 PPT 课件。

◆ **活动过程**

（一）开始部分：提出问题，导入活动

回顾以往的活动，教师通过展示自己乘坐地铁的经历，引出地铁标志的活动主题。

教师：我们在刚开学时的活动中一起认识了地铁里的相关设施，其中包括保障我们人身安全的安检通道、"能上能下"便捷的电梯、不同颜色的地铁座椅等。老师觉得搭乘地铁是一件特别有意思的事情。于是，周末，老师又去乘坐了地铁，开启了我的地铁之旅。可是，老师还没到地铁站，就又有了新的发现和新的问题。今天，我们一起乘坐地铁，大家帮我解决一下我的问题，好不好？（尝试用新的问题激发幼儿参与活动的积极性）

幼儿：好！

（二）基本部分：能够辨识地铁中的标志，知道标志代表的含义和作用

1. 教师出示 PPT 课件（地铁里的各种标志），幼儿学习、认识地铁中的标志

发现地铁中的标志，了解标志的特点。

教师：我先乘坐公交车来到地铁站附近。你们看，每当我遇到这个蓝色的牌子，我就知道，我快到地铁了。你们知道这是个什么牌子吗？牌子上的信息表示什么意思呢？

幼儿1：这是指路牌！

幼儿2：150 这个数字表示距离地铁站有多远。

幼儿3：10 号线这个标志是要乘坐的地铁线路！

幼儿4：箭头指向的方向就是地铁站的方向。

幼儿5：这些标志都非常重要，找不到路就要看这个！

教师：你们好聪明啊！老师就是顺着牌子指示的方向走啊走，你们猜，我现在来到了哪里？

幼儿（齐声）：电梯间！

教师：对啦！你们怎么这么厉害！我要乘坐电梯下去，再去乘坐地铁！可是，在乘坐电梯的时候，我发现了电梯中有新的图案，我不太认识。你们除了看到了电梯按钮，有没有什么新的发现？如果不认识文字，这些图案信息要怎么猜出来呢？

幼儿1：除了电梯按钮，还有很多图案标志！

幼儿2：我认识那个图，是不能吸烟的意思！不认识字，我们可以根据图画去猜！

幼儿3：有个坐轮椅的小人标志，应该是"残疾人专用"的意思。

幼儿4：有斜杠的图案是禁止的意思，没有斜杠的标志告诉我们要按照图上那样做才是安全的！

教师小结：马路上、地铁的电梯间里随处可见很多图案提示，这些图案统一称作"标志"。这些标志有很多，例如有无障碍坡道的标志、电梯间的标志、无障碍电梯的标志、乘坐电梯时需注意的事项标志等。所有的标志都特别形象，画面简单易懂。这些特别形象的标志可以让我们更加清楚地知道如何乘坐地铁，乘坐地铁时应该注意什么。

2. 学习认识地铁里的标志，知道它们的作用

（1）地铁中的指向标志和提示标志。

教师：在你们的帮助下，我顺利到达了乘坐地铁的通道。咦？怎么又有新的标志出现呢？它们都表示什么意思呢？

幼儿1：有箭头指向的标志，告诉我们可以去那个方向。

幼儿2：扶梯那个，我认识，是安全提示标识，提示我们要注意安全。

幼儿3：地铁中的标志非常重要，如果找不到我们要去的地方，可以根据这些标志去寻找。

教师小结：不管是乘坐电梯、安检，还是进入乘车的区域，我们都要注意安全。地铁中的指示标志有很多，分为指向标志和

提示标志两种。例如卫生间指向标、电梯乘坐指示标、紧急出口指向标、灭火标志、当心夹手标志、残疾人专用门等标志。地铁里工作的叔叔、阿姨们，为了我们的安全和便捷，特别细心地为我们设置、粘贴了标志，就是为了我们能安全地乘车，所以我们要做文明的小乘客。

（2）地铁中的禁止标志。

教师：老师出地铁的时候，又一次遇到了这些有红色斜杠的圆形标志，你们知道这些都是什么标志吗？

幼儿1：我认识，有禁止吸烟的标志和禁止乱扔垃圾的标志。

幼儿2：还有禁止倚靠的标志，不然，门一关，就会夹到你！

幼儿3：看到这些标志一定要听标志的话，不然会出危险！

幼儿4：我还看到过别的禁止标志，像栏杆处就会有禁止翻越的标志。

教师小结：地铁中的禁止标志有很多，它们的特点都是标志图中间用一条红色的斜杠来表示禁止去做某事。例如，禁止携带易燃、易爆等危险品乘车、禁止坐卧或停留等。地铁标志出现在地铁中的各个地方。标志不仅方便我们找到我们想要去的地方，不用什么事情都去询问工作人员，标志还会提示我们什么事情该做，什么事情不能做，充分保障我们每一个人的人身安全。

（三）结束部分：玩"说地铁标志"的小游戏，感受地铁标志的神奇作用

游戏玩法：

教师提问："这是什么标志？"幼儿举手回答："这是……的标志。"教师再问："它有什么作用？"幼儿举手回答："这是……的意思。"

教师：我们班的小朋友在帮助老师解决问题的同时，又认识了新的地铁朋友——地铁标志。等我们下次乘坐地铁的时候，一定要记得去看看这些地铁标志，给爸爸妈妈、爷爷奶奶介绍一下，让他们和我们一起遵守标志的提示，文明乘坐地铁！

◆ **活动延伸**

（1）鼓励幼儿在大人的陪同下乘坐地铁，主动为家人介绍地铁标志和地铁标志的作用。

（2）请幼儿随时给自己发现的标志拍照，并带到班里，跟大家分享，进一步深入认识各种标志。

◆ **活动反思**

本次活动，我通过实景照片把孩子们带入到了乘坐地铁的环境中，充分识别标志来呈现完整乘坐地铁的过程。每个环节，我都引导幼儿进行辨识和讨论，活动效果非常好，每一名幼儿都能参与其中。

幼儿在学习辨识地铁里的标志时非常认真，说明本次活动激发了幼儿的认知兴趣，虽然有些标志幼儿还不熟悉，但是每一名幼儿都能积极参与，同时还能在我的引导下，通过观察标志图的画面对各种标志的图意进行猜测，并尝试进行分类。在活动中，我注重为幼儿创设充分交流、观察和互动的时间和机会，并引导幼儿理解和识别安全标志，遵守安全规则，做文明的小乘客。

活动中，真实的照片有效地引发了幼儿的原有经验，他们积极地做出回应。活动结束后，我们还可以引导幼儿收集社区里的各种标志，丰富幼儿更多的社会规则和常识。

（执教教师：北京市第四幼儿园 苗思雨）

◆ **活动点评**

1. 情境式的活动方式有助于帮助幼儿调动原有认知经验 在本次活动中，教师结合亲身经历，将地铁中的各种标志形象、生动地展现在幼儿面前，模拟出一个乘坐地铁的情境，比较符合中班幼儿具体形象思维为主的思维水平。真实生活场景再现以及浸入式的呈现方式激发了幼儿认知和学习的兴趣。教师和幼儿一起将标志分为指向标志、提示标志、禁止标志，并和幼儿一起讨论标志的图意，梳理零散的经验，有助于幼儿提升认知，同时激发幼儿进一步观察生活中标志的愿望。

2. 层层递进的活动环节，有助于幼儿主动发现和探究 活动中，教师把重点内容的学习很清晰地划分为 3 个部分，即认识标志、分类和辨识标志、进行标志游戏，活动环节思路清晰，内容也很适合中班幼儿。在导入环节中，教师调动幼儿的积极性，以寻求帮助的口吻和孩子们一起展开讨论，调动了幼儿参与活动的积极性。在出示地铁标志图的过程中，教师并没有直接把示意图一次性都展示给幼儿，反而按照乘坐地铁的先后顺序，模拟乘坐地铁，带领幼儿逐一发现标志图、观察标志图、猜测标志图，再到讲解标志图，一系列的教学步骤不仅提高了幼儿学习的兴趣，而且给予幼儿主动探究和发现的空间，为后续的学习奠定了基础。使幼儿在学习中实践，在实践中思考，在思考中获得快乐，逐步树立安全意识。

（活动点评：北京市海淀区进修学校 周立莉）

案例三：我爸爸本领大（了解职业，表达爱）

◆ **活动来源**

近期，我们开展了好书推荐的活动，幼儿纷纷从家里带来了有意思的绘本。孩子们读到《我爸爸》这本书时，想到了自己的爸爸，对爸爸也很崇拜。当我们讨论爸爸时，幼儿会说"我爸爸会开车""我爸爸喜欢看报纸""我爸爸力气大"……

通过观察，我们发现幼儿对爸爸本领的理解和认识，还停留在表面上。在日常生活中，无论是歌曲还是节日，对妈妈的歌颂已是耳熟能详，但对爸爸的赞扬确实很少，爸爸们都在默默无闻地为家庭做着贡献。为了让幼儿更好地了解自己的爸爸，拉近与爸爸的关系，体会到爸爸的辛苦，感受到爸爸无私的爱，我设计了"我爸爸"的系列活动。我们已经开展了绘本故事阅读《我爸爸》、游戏"猜猜他是谁的爸爸"、散文诗《我的爸爸》等活动，后续还将开展绘画"爸爸像什么""爸爸去哪儿了"等相关活动。

本次活动"我爸爸本领大"以"采访"的形式来激发幼儿参与活动的兴趣。在活动前，我引导幼儿在家中采访自己的爸爸，并完成采访记录卡，了解爸爸的爱好和职业，在班里一起讨论了想要采访爸爸的问题，并以图画的形式展现。在活动中，采用家园互动的方式，邀请一位爸爸走进课堂，在交流、互动中，引导幼儿直接与爸爸对话，同时结合观看照片、在线连麦等多种方式，引导幼儿感受爸爸工作中的辛苦，从而萌发爱爸爸、崇敬爸爸的情感。

◆ **活动目标**

（1）了解爸爸的职业和爱好。

（2）理解爸爸工作中的辛苦，愿意大胆表达对爸爸的爱。

（3）懂得尊敬爸爸，感受爸爸的温暖。

◆ **活动重点**　在与爸爸的直接对话中，了解爸爸的职业和爱好。

◆ **活动难点**　能用较完整的语言大胆表达对爸爸的爱，知道爸爸的辛苦。

◆ **活动准备**

1. 经验准备

（1）开展了"我的爸爸"系列活动，如绘本故事《我爸爸》、"爸爸去哪儿""画爸爸"等。

（2）幼儿在活动前采访爸爸，了解爸爸的姓名、年龄、生肖、工作、喜欢做的事情等，并制作《爸爸采访卡》。

（3）在生活中观察过自己爸爸有哪些本领。

2. 物质准备

（1）幼儿采访自己爸爸的《爸爸采访卡》。

（2）课件"爸爸在工作"的视频、微信软件。

◆ **活动过程**

（一）开始部分：爸爸来园参加活动，激发幼儿兴趣

导入环节：爸爸来了

（1）通过语音游戏，猜一猜谁的爸爸来了，激发幼儿参与活动的兴趣。

教师：欢迎你们来到"我爸爸本领大"的连线活动现场，我是主持人娜娜。今天，我邀请了一位神秘嘉宾来参加活动，咱们一起听听他是谁的爸爸？

（2）教师播放经过处理的一段声音，提问：你们猜到他是谁的爸爸了吗？

（3）通过游戏"猜猜我是谁"，请出爸爸。

①教师：请小朋友们全体起立，这个爸爸会说出自己孩子的特点，请你仔细观察自己，如果你没有这个特点，请你坐下来。（请爸爸在录音中说一说自己孩子的特点，如：我是一位女孩子的爸爸，她梳着两个小辫，今天穿着白色的上衣……）

②教师：让我们以掌声欢迎爸爸出场。

（二）基本部分：了解爸爸的职业、喜好和本领，激发幼儿爱爸爸的情感

1. 爸爸本领大

请爸爸介绍自己的姓名、年龄、职业和本领。

教师：我们认识了这位爸爸，你有什么问题想采访这位爸爸吗？

幼儿：我想知道爸爸最喜欢玩什么？

幼儿：我想知道爸爸最喜欢吃什么？

幼儿：我想知道爸爸有什么本领？

幼儿：我想知道爸爸工作累不累啊？

…………

2. 师幼一起观看爸爸工作时的视频

（1）教师：你们想知道爸爸工作时都干什么吗？一会儿，我们看一段爸爸带来的视频，小朋友们就会知道他工作时都干些什么了。（请幼儿观看爸爸带来的视频，进行谈话互动）

教师：你们看到爸爸是做什么的啊？仔细观察爸爸工作时，是什么样子的？

教师引导幼儿说说自己观看后的感受。

幼儿：我看到爸爸工作很认真。

幼儿：我看到爸爸工作很辛苦。

（2）教师：老师这里还有两段另外两位爸爸工作的视频。咱们一起看一看，他们是做什么工作的。（播放其他两位爸爸工作的视频，与幼儿自由交流）

（3）幼儿结合自己的《爸爸采访卡》，与同伴交流对爸爸的了解。

①教师：前几天，我们采访了自己的爸爸。现在，我们跟身边的朋友、爸爸、老师互相介绍一下自己爸爸的职业和本领，也听一听你朋友的爸爸跟你的爸爸有什么不一样。

②请个别幼儿讲讲自己的爸爸。

教师：谁愿意向我们大家介绍一下你爸爸的职业和本领？

（4）谈话：爸爸工作一天回到家里，会做些什么事情？

①教师：请小朋友们说一说，你的爸爸回家以后，都做些什么事情啊？

②教师：你们猜猜，爸爸在孩子睡着后，还会做些什么？看完这段视频，小朋友们就会知道了。

③教师：原来小朋友睡觉的时候，我们的爸爸还要做这么多的事。你们觉得爸爸辛苦吗？

（三）结束部分：感恩"我的爸爸"，鼓励幼儿大胆表达对爸爸的爱

现场连线爸爸，感恩爸爸工作中的辛苦，鼓励幼儿用语言大胆地表达对爸爸的爱。

（1）教师：刚才，听了小朋友的介绍，我们发现爸爸有这么多的本领，工作也很辛苦。你们现在想对爸爸说些什么吗？

（2）教师：让我们一起连线吧，把你想说的话大声地告诉爸爸。

（3）利用手机微信与爸爸现场视频，让幼儿向爸爸表达自己的爱。

（4）教师小结：爸爸在不同的工作岗位为我们大家服务，他们工作很忙，也很辛苦。也许有时会因为工作，没有时间陪伴我们，但爸爸还是很爱我们的，我们也很爱爸爸。

◆ **活动延伸**

（1）教师：小朋友们在家里，可以将甜甜的话讲给爸爸听，为爸爸做一件幸福的事（捶捶背、端茶水、洗个水果……），让爸爸感受我们的爱。

（2）在父亲节那天录一段祝福的视频送给爸爸。

◆ **活动反思**

这个活动抓住了父亲节这一教育契机，在本次活动前，幼儿已经对爸爸的外貌特征、兴趣爱好、本领等情况有了初步的了解。在活动中，自己拿着采访卡向别人介绍自己的爸爸时，小朋友是非常自豪的。虽然我们的爸爸长得不一样，本领不一样，但是所有的爸爸都有一个共同的特点，他们非常地爱我们。在最后环节连线爸爸表达自己对爸爸的爱时，小朋友们是发自内心的，有的孩子还流出了眼泪。

本次活动还激发了幼儿自主学习的积极性。在活动前，幼儿讨论制订了采访计划，并通过记录了解了自己爸爸的职业、爱好和本领，为今天的活动做了充分的经验准备。在活动中，采用家园互动的方式，特别邀请了一位爸爸走进课堂，引导幼儿直接与爸爸对话，调动了幼儿交流互动的主动性，也激发出幼儿想念爸爸的情感。之后，通过介绍爸爸、看视频、微信连麦等多种方式感受爸爸工作中的辛苦，并勇敢地表达爱爸爸、崇敬爸爸的情感。现场的爸爸被孩子们真挚的话语所感动，都留下了爱的眼泪。通过一系列社会性主题活动的开展，让幼儿表达对爸爸的爱，也让爸爸感受到来自儿女的爱，增进了父子、父女的感情，幼儿也学会了关爱家人、关爱爸爸。

（执教教师：北京市丰台区育英幼儿园　刘　娜）

◆ **活动点评**

本次的社会性活动通过绘本故事延展开来，活动内容是幼儿比较熟悉的话题"我的爸爸"，贴近幼儿生活，符合幼儿兴趣和好奇心，引发了幼儿积极而有趣的交谈与采访活动。教师根据中班幼儿的年龄特点精心设计了系列活动，让幼儿在自然状态下流露出自己的真情实感。

活动设计结构合理，通过几个环节逐一推进，猜爸爸、采访爸爸、说爸爸、看爸爸、连线问候爸爸，环环相扣，层层递进，激发了幼儿参与活动的主动性和积极性。

教师在活动中以主持人的身份介入，整个活动生动、有趣，吸引幼儿参与，同时将活动的主动权还给了幼儿，让幼儿在活动中大胆表达自己的情感，让每名幼儿都成为参与活动的主人。

活动中还大胆地运用了现代的信息技术，让幼儿及时表达自己的感受，也将活动中最真挚的情感表达带入高潮，让幼儿对爸爸爱的表达温暖而感人。

（活动点评：北京市海淀区进修学校　周立莉）

三、大班活动案例

案例一：大家一起来排队（有序做事）

◆ **活动来源**

大班幼儿活泼、好动，做事积极、主动，喜欢表达与交流，具备初步的合作意识、规则意识。比如，在喝水、如厕等常规活动中，已经能够主动排队。但也容易在一些环节上出现无序、拥挤的现象。

我们班幼儿在日常生活中知道要排队做事，但是仅限于能基本遵守教师的要求，还不能理解排队背后的具体原因及重要性。因此，我们在此次活动中，鼓励幼儿通过体验游戏、观看视频、照片等多种方式体会有序排队的重要性及益处。并且，延伸到幼儿园一日生活和家庭中，帮助幼儿养成自觉排队、互相谦让的文明习惯。

◆ **活动目标**

（1）感知和体验做事有序的重要性，尝试有序做事的方法。

（2）学会轮流和等待，能够相互谦让，并在生活中养成遵守秩序的文明习惯。

◆ **活动重点**　感知做事时拥挤和有序的不同效果，体会有序在生活中的重要性。

◆ **活动难点**　尝试有序做事的方法，愿意将活动中的经验运用到生活中去。

◆ **活动准备**

1. 经验准备　在生活中有排队的经验，感受过拥挤的情景。

2. 物质准备　瓶子、拴着线的小球（中药丸的壳、白色黏土）、PPT 课件、视频、计时器。

◆ **活动过程**

（一）开始部分：游戏引入

导入环节：出示游戏材料，激发幼儿兴趣。

1. 幼儿熟悉游戏材料

教师：小朋友们，今天，我们要玩一个好玩的小游戏。我先不说游戏的名字，咱们一起来看一看，玩这个游戏的时候需要用到什么？这些材料有什么特点？

幼儿1：矿泉水瓶、小球。

幼儿2：矿泉水瓶的瓶口特别窄。

幼儿3：每个矿泉水瓶子里面有个拴着线的小球。

教师小结：材料有矿泉水瓶和小球，矿泉水的瓶口比较窄小，每个瓶子里面有6个拴着线的小球。

2. 幼儿熟悉游戏玩法

教师：这个游戏的名字叫"小球出瓶"，根据名字，你们猜一猜应该怎么玩？

幼儿1：瓶子里面放着小球，然后往外拉。

教师：猜对了！但是放一个小球往外拉，太没有意思了。你们看看，老师在瓶子里放了几个小球？

幼儿2：6个。

教师：对，6个小球，这个游戏也需要6个小朋友为一组来游戏。

（二）基本部分：感知和体验做事有序的重要性，尝试有序做事的方法

1. 幼儿第一次体验游戏

（1）幼儿开始游戏，教师进组观察幼儿游戏情况。

教师：咱们用计时器计时一分钟，看一看，哪组小朋友能把所有的小球都拉出来。

（2）幼儿分享游戏结果，讨论游戏经验。

①幼儿记录游戏结果，成功的贴笑脸，失败则不贴。

②幼儿观察游戏结果，分享游戏成功、失败的经验。

教师：小朋友们说说这次的结果吧，哪组成功了？你们是怎么做到的？哪组没有成功？出现了什么问题？

幼儿1：我们成功了。我们是商量好谁先谁后，一个一个把小球从瓶子里拉出去。所以，我们组最快了！

幼儿2：我们组没有成功，刚才都太着急了，所以小球根本出不来！

幼儿3：我们也没有成功，因为这个小球太不结实，我们使劲儿一拉，就会裂开，或者缠在一起。

教师：大家一起想一想，怎么解决遇到的问题？

幼儿：我觉得不能着急，一着急，小球就都堵在瓶口了，瓶口太小，小球根本出不来。

幼儿：我觉得要有个排队，就是谁先谁后。

教师：哦，那怎么排队呢？有什么好的办法？

幼儿：可以商量一下。

幼儿：我觉得可以排个顺序，比如谁第一，谁第二，这样轮流。

幼儿：我觉得可以按照站着的位置，说好了，谁完了，下一个是谁，转一圈儿。

…………

（3）教师小结，帮助幼儿梳理经验。

教师：刚才，小朋友们说了很多好方法，可以商量，可以排队，可以轮流。这些方法，大家都可以试一试，看看能不能让自己组的小球快速地拿出来。小朋友们想不想再试一次，用用大家说的方法?

2. 幼儿第二次游戏

（1）幼儿游戏，教师进组观察幼儿游戏情况。

（2）幼儿分享游戏结果，总结游戏经验。

①幼儿记录游戏结果，成功的贴笑脸，失败则不贴。

②幼儿观察游戏结果，再次分享经验。

教师：这次，我看到很多组都成功了，说说你们用了什么好方法。

幼儿1：这次，我们是一个一个排队，按照顺序去拉小球，这样非常节省时间。

幼儿2：我们也是商量好顺序拉小球，小球就没有坏！

（3）教师总结：引导幼儿对比有序和无序的不同效果，明白有序做事的重要性。

教师：你们尝试了游戏后，感受到小球出瓶口，需要大家按顺序地拉绳子，才会快。我们遇到人多的时候，又都想做一件事，还要让事情做得快，应该怎样更好?

幼儿：应该排队。

幼儿：应该轮流去做，一个一个的。

幼儿：应该有顺序的，不能拥挤，也不能着急。

教师：对，其实在我们的生活中，很多时候都需要有秩序、不拥挤、按顺序、排队做事情。

3. 观看照片、视频，讨论"遵守秩序"的重要性

（1）幼儿观察照片，讨论在教室里做哪些事情时，需要遵守秩序。

教师：我们一起来看一看，在教室里，做哪些事情时需要遵守秩序? 为什么?

幼儿1：喝水的时候要排队，要不然，水会洒。

幼儿2：取饭也要排队，都不排队，该抢着拿了。

（2）幼儿观察照片，讨论在户外游戏的时候，哪些地方需要遵守秩序。

教师：在户外游戏的时候，哪些事情不能拥挤，需要遵守秩序? 为什么?

幼儿1：上下楼梯要排队，不排队，很容易挤。

幼儿2：坐滑梯要排队，大家才能玩得好。要不然，会摔下来。

（3）幼儿观察照片，讨论在公共场所，有哪些地方需要遵守秩序。

教师：在公共场所时，做哪些事情不能拥挤，需要遵守秩序? 为什么?

幼儿1：上车要排队，遵守秩序，不能推挤。不然，会出危险。

幼儿2：买东西结账的时候要排队。不然，收银员阿姨也不知道收谁的钱好了。

（4）观看视频、动画，进行讨论。

①幼儿观看《哭泣的花灯》视频。

②师幼讨论发生拥挤、踩踏事件的原因，以及以后该如何做。

教师：这个视频里发生了什么事? 我们该如何避免发生这样的事?

幼儿1：视频讲了，小兔子在看花灯的时候，特别拥挤，没有秩序，然后熊伯伯受伤了。

幼儿2：我们要排队看花灯，不然推挤就会受伤。

幼儿3：如果人特别多，就要注意安全。

教师：所以，我们在公共场合必须排队，懂得谦让，有秩序的活动。尽量不去人多、拥挤的地方，要不然，很容易发生危险。

（三）结束部分：梳理经验

教师：今天，我们玩了"小球出瓶"的游戏，又观看了视频。小朋友们都知道了做事情要按顺序，遵守规则。希望小朋友们在今后的生活中也能做个遵守秩序的好孩子。

◆ **活动延伸**

在户外活动中，教师可以设计"虎口逃生"等游戏，通过玩游戏，引导幼儿了解排队的重要性，并且做到遵守秩序、不推不挤、按顺序完成游戏。

附：户外集体游戏："虎口逃生"

1. 游戏目标

（1）在活动中能够遵守秩序，协商解决游戏中的问题。

（2）尝试钻、爬、跑等大肌肉动作，体验合作游戏的快乐。

2. 游戏过程

（1）幼儿倾听、熟悉游戏规则。

教师：刚才，我们在班里玩了"小球出瓶"的游戏。现在，咱们出来玩的这个游戏叫"虎口逃生"。虎口就是指大大的拱形门，然后还是像刚才一样，6个人一组，给大家一分钟的时间来商量和排队。比赛开始后，每组的每个小朋友都必须钻过这3个拱形门、爬过垫子。最后，我们看哪组的小朋友速度最快！

（2）师幼共同游戏。

（3）师幼共同总结游戏经验。

◆ **活动反思**

本次活动贴近幼儿生活，来源于幼儿一日生活中常出现的问题——"拥挤"，延伸出来的社会活动。针对幼儿对遵守秩序、排队等文明行为"知表不知理"的现象，我们设计了这次体验与讨论相结合的活动。

通过第一次"小球出瓶"的游戏，体验拥挤带来的失败，进而通过讨论"小球安全出瓶"的方法来形象地理解有序做事的优势。在两次体验过后，教师帮助幼儿理清思路，梳理经验，鼓励幼儿大胆表达自己的想法，总结成功与失败的经验。之后，又通过照片分析、视频分析等手段，进一步引导幼儿理解生活中遵守秩序的重要性。

在整个活动中，幼儿通过游戏、体验、记录、讨论等多种形式进行体验式学习，幼儿非常投入，充分地展现了参与游戏的主动性和积极性，并体会到了遵守秩序给生活带来的便利，从而养成自觉遵守规则的文明习惯。

（执教教师：北京市西城区棉花胡同幼儿园　李丽丽　王　宇）

◆ **活动点评**

生活化是社会性教育的鲜明特点。此活动从生活中来、从幼儿身边的日常行为引出，教师把握住了幼儿生活中的教育契机。

规则、秩序可以说存在于我们生活中的方方面面，而教师以幼儿生活中出现的问题为切入点，通过游戏体验的情境化教学手段引导幼儿反思、调整生活中的行为，体现了社会性教育"源于生活""回归生活"的特点。

在此基础上，教师通过设计游戏——观看视频——讨论与反思——游戏的过程，将游戏情境与真实情境进行了自然融合与切换，整合了关于"秩序"的知、情、意、行等多角度教育内容，让幼儿对为什么要排队、怎么排队、如果不排队有什么后果等问题形成了相对深刻地理解与体验。这一教育活动生动、有趣，有助于幼儿形成遵守秩序的良好行为习惯。

（活动点评：北京市西城区棉花胡同幼儿园　史贝贝）

案例二：极速 60 秒（合作游戏）

◆ **活动来源**

大班是幼儿发展合作能力的重要时期，他们在幼儿园能够学会与他人合作，遇到困难能想办法解决，会对他们今后的小学生活很有帮助。《纲要》中指出要"创设条件，使幼儿体验分享、互助、合作的快乐和意义"的要求。《指南》中也提出"让幼儿在具体活动中体会合作的重要性，学习分工合作"。

我班幼儿喜欢团队竞赛游戏，但游戏中又不太会合作，经常出现问题。所以这次活动，我把目标定位于让幼儿在游戏中感受合作的快乐与意义，提高孩子们的合作和解决问题的能力。"合作"所包含的内容有很多：自信、相信队友、互助、分工、共同商量、团结等。本活动就涉及这些方面的内容。让幼儿通过游戏，学会如何与他人合作，如何分工，如何互助等，从中感受快乐与合作的意义，提高幼儿的合作和解决问题的能力。

◆ **活动目标**

（1）能够根据游戏中出现的问题进行分析，尝试通过合作找到解决问题的方法。

（2）体验与同伴商量达成共识的过程，感受合作游戏的快乐和意义。

◆ **活动重点**　游戏中出现问题能够分析原因，合作解决问题。

◆ **活动难点**　主动与同伴合作，共同找到解决问题的方法。

◆ **活动准备**

1. **经验准备**　幼儿有较丰富的各种植物知识和经验，有一定的合作竞争游戏的经验。

2. **物质准备**　长和宽各 1 米的长方形地垫 2 个、黑板 2 块、空白队旗 2 面、水彩笔 2 盒、计时器 1 块、插队旗的旗座 2 个、贴有磁石的植物题卡 2 套。

1. 一根
主根

2. 百岁兰一
生只长两片
叶子

3. 岁寒三友

4. 松树四季常青

5. 五瓣梅花

6. 华盖木，我国仅剩 6 棵

7. 七叶一枝花

8. 八月桂花遍地开

9. 卷柏，别名"九死还魂草"

10. 油菜花，十字花科

◆ 活动过程

（一）开始部分：游戏引入活动

1. 导入环节：游戏"人体多米诺"

教师组织幼儿进行热身游戏"人体多米诺"。通过游戏，引导幼儿感受，在集体中要团结，要相互帮助，相互支持，才能成功。

教师：小朋友们，我们一起围成圆圈，做个游戏。

教师：我们先围成了一个大圆圈，再让圆圈变小些。然后，请你把手放在前面一位小朋友的肩上，和老师做一个往后坐的动作。

教师：看，我们都坐住了，而且圆圈也没有坏，太神奇了！如果你自己一个人往后坐会怎样？

幼儿1：会摔倒。

幼儿2：会坐在地上的。

教师：一个人坐时，会摔倒，可是我们一起坐却没有摔倒，为什么？

幼儿3：我坐在后面小朋友的腿上了。

教师：对！别人坐在你的腿上，你又坐在别人的腿上，这叫什么？

幼儿4：相互支持、相互帮助。

教师：我们这个大圆圈就是一个集体，在集体中我们要团结，要相互帮助，相互支持，我们才能成功。记住这个道理，它会对你后面的游戏很有帮助！

2. 教师介绍活动内容，引导幼儿分队并设计队名、队旗、口号

（1）教师布置任务，并将幼儿分成两队。

教师：今天的游戏是分两队进行的，两个队已经有8个人，还要分别有自己的队长、队名、队旗、口号。请两队小朋友先想一想，商量一下这几件事应该先做什么、再做什么。

（2）幼儿开始商量完成选队长、起队名、画队旗、编口号等任务。

教师观察每个队完成任务的情况，适时进行指导。

（3）由队长介绍自己队的队名、队旗，全队队员齐说口号。

（二）基本部分：尝试通过合作解决游戏中出现的问题

1. 游戏"极速60秒"，介绍游戏玩法和规则

教师组织幼儿进行游戏"极速60秒"。通过游戏，引导幼儿学会分析并解决问题，感受合作的意义和快乐。

教师介绍游戏玩法、规则。

（1）讲解玩法：今天，我们玩一个游戏，名字叫"极速60秒"。在这个地板块内放有很多卡片。这些卡片上藏有数字1～10。请小朋友们用平时学过的知识想一想，在1分钟，也就是60秒内，按 1～10 的顺序找出这些数字，在老师确认正确后，将它贴到前面的黑板上。

（2）讲解规则：

规则一：要按 1～10 的顺序找出图片。

规则二：每队只有队长可以站在地板块内拿找到的图片，其他队员只能站在地板块外帮助他找，不得进入地板块内。

规则三：在教师确认图片对了以后，才可以贴到黑板上。

规则四：要在 60 秒内完成。

2. 第一次游戏

（1）游戏：两队幼儿分别站在地板块外准备。这两处地板块分别由两名配班教师负责。在主班教师发出"开始"的口令后，两名配班教师将图片放在地板块上，两队幼儿开始游戏。

（2）讨论：游戏没有成功的原因。

教师：你们都找到了吗？为什么没有找到？

幼儿：不知道图片中藏着数字几。

（3）解决图片问题：请两队幼儿分别拿图片观察并讨论。

教师引导幼儿结合对植物的认知经验，找到图片中隐藏的数字信息，鼓励幼儿通过讨论分享各自的经验，共同完成任务。如果没有讨论出来，可以两队幼儿一起讨论。

教师：你们想获得帮助吗？

教师：我们请另一队的小朋友帮忙找一找，好吗？

教师：两队队员一起动脑筋，从图片上找到了很多数字，但有几张图片特别难找，咱们一起商量商量，好吗？

教师按 1～10 的顺序出示图片，引导幼儿共同寻找图片中隐藏的信息，逐一将图片中的 10 个数字信息破解出来。

3. 尝试第二次游戏

教师：这回，我们都知道了哪张图片代表"1"，哪张图片代表"2"了。现在，再来玩游戏，你们有信心吗？

（1）幼儿进行游戏。

（2）教师组织幼儿讨论失败的原因及解决方法。

教师：为什么这次还是没有成功，问题出在了哪里？

幼儿：太乱了。

教师：乱在哪里了？

幼儿 1：大家都抢，太乱了。

幼儿 2：挤在一起，找不到图片。

幼儿 3：好容易找到图片，递给谁也不知道，大家都去抢着贴。

教师：哦，我们遇到了两个问题，一个是找图片乱，一个是递图片乱。我们先来解决第一个问题。

教师：怎么找才能不乱？

幼儿：每个小朋友负责找一张图片。

教师：每个小朋友负责找一张图片，这叫什么？（分工合作。如幼儿说不出，教师可以告诉幼儿）

教师：这里有 10 张图片，可是，每队队员只有 8 个人，怎么分工？

幼儿：可以让两个小朋友负责两张。

教师：解决了第一个问题。我们来解决第二个问题：递图片乱，怎么办？

幼儿：队长贴到数字几，拿着这个数字的人就递给队长。

教师：贴到几，就把几递给队长，还没有贴到你手中的数字时，应该怎么做？

幼儿：等一等。

教师：贴到几就递几，没贴到的等一等。说得真好，你们知道这叫什么吗？（学会等待，相互配合。如幼儿说不出，教师可以告诉幼儿）

教师：好。小朋友们都明白了怎么分工合作，也知道了怎么相互配合。让我们再来玩一次游戏，相信这次你们一定能成功！

4. 尝试第三次游戏

（1）幼儿进行游戏。

（2）教师宣布游戏结果，引导幼儿总结成功的经验。

教师：这次，两队小朋友都成功了，老师向你们表示祝贺！请各队队长说一说自己队今天的表现，为什么这次成功了？

幼儿：我们分工了，每个小朋友找负责数字的图片，很快就能找到。

幼儿：队员们配合得特别好，我贴到（图片）几，他们就递（图片）几，所以很顺利。

（三）结束部分：总结游戏经验

（1）教师小结，组织全体幼儿进行激励游戏——"我们是最棒的"。

教师：今天，各队小朋友都很棒！在游戏中，虽然你们遇到了困难，但你们能够积极动脑筋想办法，相互帮助，而且能够团结协作，还学会了合理分工。平时做游戏的时候，小朋友们总爱争抢。可是今天，你们都能团结一心，解决了一个个难关，老师真为你们高兴！让我们再来玩一个游戏"我们是最棒的"，夸夸自己，也夸夸队友。

（2）组织幼儿观看活动中的照片，回忆对抗赛中的精彩画面，分享游戏的快乐。

教师：玩了半天，我们来休息一下，老师请大家看一看，小朋友们刚才比赛时的精彩照片。

◆ 活动反思

游戏内容的选择结合了班里的主题活动——"多姿多彩的植物"。在主题中，我们开展了丰富多彩的活动，如带幼儿到花卉大观园参观，与各种植物近距离地接触，用手中的画笔记录下这些多姿多彩的植物，幼儿因此积累了很多有关植物的知识和经验。这次活动，我们就把幼儿学过的小知识进行提炼、变化，融入游戏中，为幼儿创设了一个问题情境，引导幼儿在游戏情境中去感知和体验合作的重要性，尝试用合作来解决问题。这样既符合大班幼儿的年龄特点，又能促进幼儿合作能力和合作意识的发展。

在整个活动的安排上，每个环节都以"合作"为目标，环节紧凑，但侧重点又不太一样。第一个环节游戏"人体多米诺"，重在让孩子们建立同伴之间的信任，感受要想完成不可能的事，需要全体幼儿团结、相互帮助。第二个环节"分队"，重在幼儿之间能友好地商量团队的事情。第三个环节游戏"极速60秒"，重在发展幼儿遇到困难时，如何与同伴共同协商，找到解决困难的方法。第四个环节游戏"我们是最棒的"，重在激励和肯定，这其中既包括教师对幼儿的，也包括幼儿对他人的和幼儿对自己的一种激励和肯定。

（执教教师：北京市西城区三教寺幼儿园 韩 鹄）

◆ 活动点评

此次活动的形式是以拓展游戏为主，非常适合大班幼儿。

1. 活动以游戏方式开展，生动、有趣，激发幼儿主动参与 游戏在结合近期主题活动的同时，也结合大班幼儿爱挑战自己、爱猜谜、喜欢玩脑筋急转弯游戏的这一特点。把近一段时间开展有关"植物"主题活动中的知识与数字、数的谐音、常识等有机结合，将这些知识变成趣味的游戏，让幼儿有思索——找关联——解决问题——挑战自己。图片上的内容选择都是教师精心设计的，有一定的难度，既保证了幼儿对已有学习的经验进行整合和运用，也帮助了幼儿升华已获取的知识和经验。

2. 活动以幼儿合作方式开展，共同学习，激发幼儿感受团队的力量 本次活动既能让幼儿感受团队游戏的乐趣和意义，又能提高幼儿合作和解决问题的能力，非常符合大班幼儿的年龄特点和发展水平。拓展游戏与我们以往进行的竞赛游戏有所不同，它不是单纯地在两队之间进行比赛，而是一个智力合作的游戏。在游戏中，幼儿先挑战自己，再挑战团队，让他们既体验了合作的快乐、成功的快乐，同时也感受到了合作的意义。

整个活动是共同化学习的过程，是以游戏为基础的过程，让幼儿在观察中发现问题，在操作中感受乐趣，在体验中尝试成功，在探索中主动创造，在交流中获得经验。

（活动点评：北京教育学院西城分院　丁文月）

案例三：谁给我们寄信了（帮助别人解决问题）

◆ **活动来源**

进入大班以后，幼儿探索和交往的范围扩大了，经常面临人际交往、情绪情感、解决问题等方面的困难。于是，我在图书区创设了一个"心情信箱"，在信箱的周围摆放着关于幼儿情绪、情感调节的图书。幼儿在每天翻阅图书的过程中，通过了解和感知图书中的情节、角色，激发幼儿原有经验。我们还开展了系列活动，引导幼儿理解和掌握了应对不同情境、问题的好办法。同时，鼓励幼儿表达、交流内心感受，扩展了幼儿面对不同处境时采取的应对策略。

我们园打破班级界限组织的活动很多，班级幼儿发现了其他班级的小伙伴也会面临人际交往、情绪情感、解决问题等方面的困难，但是，他们不知道该怎么办。于是，孩子们和我决定让我们的"心情信箱"走出去：我们在楼道里创设了一个大大的"心情信箱"，孩子们还走进中、大班的教室里进行宣传，鼓励需要帮助的小朋友来投信，我们会及时回信，或者走到他的身边分享解决问题的好办法。在活动中，幼儿表现出了责任感、坚持性、积极主动、自信等良好的品质。本次活动就是由此展开的。

◆ **活动目标**

（1）愿意参与小组讨论和协商，找到解决问题的方法。

（2）能够清晰、完整地表达自己的想法，倾听和接纳同伴的建议。

（3）体验帮助别人解决问题的快乐和成就感。

◆ **活动重点** 愿意参与小组讨论和协商，找到解决问题的方法。

◆ **活动难点** 能够清晰、完整地表达自己的想法，倾听和接纳同伴的建议。

◆ **活动准备**

1. 经验准备

（1）幼儿积累了许多解决问题的策略和方法。

（2）幼儿有分组讨论、用"茶杯垫"表格记录的经验。

2. 物质准备 "茶杯垫"记录表，寄来的信，信的内容图片，白板，黑色、红色彩笔。

◆ **活动过程**

（一）开始部分：阅读信件，引出活动

导入环节：查看信箱，阅读信件

教师：看看今天谁给我们的心情信箱来信了，我们又来了新任务！谁想来抽一封信，给我们小朋友读一读？让我们看看，有什么需要我们帮助的？

幼儿1：老师，我每次看到信箱里的来信，心情都好激动啊！

幼儿2：我每天最期待的就是有小朋友来信了。这样，我就可以想办法帮助他们解决问题了。

幼儿3：哈哈，今天会是哪个班的小朋友来的信呢？看看是不是我认识的小朋友。

幼儿4：是什么问题呀？快拆开信，让我们看看吧，我都等不及了。

（1）幼儿各组随机抽取一封信，让幼儿尝试读一读信里的内容。

教师：请你们试着读一读信里写了什么。

幼儿分别打开信，小组幼儿尝试阅读（信的内容是图文并茂的，所以孩子们很容易理解）。

（2）4组幼儿轮流在集体面前介绍本组抽到的信。

教师小结：他抽到的是来自××班××小朋友的信，信里写着……

（二）基本部分：协商解决问题

1. 教师引导幼儿明确讨论任务

（1）每组有一个主题，进行"茶杯垫"记录与讨论活动。

（2）时间要求：用15分钟想办法做记录，各自想出解决办法。

（3）介绍"茶杯垫"表格使用方法和要求。

①茶杯垫小组活动介绍。

茶杯垫小组活动是一种简单而实用的幼儿合作学习方法。幼儿4人一组，围绕一封信或一个主题开展讨论并合作学习，因其最后表格形式似茶杯垫而命名。活动形式可以促使每名幼儿参与，共同思考，合作交流，知识与技能互补，可以无形间弥补幼儿之间的想法，达到人人进步、共同提高的目的。

②要求。

A. 大白纸中间是一个圆，里面是幼儿讨论得出一样的或认为最有效的解决方法。

B. 其他空白处平均分为4个部分，分别记录4位幼儿自己想到的解决方法。

C. 当4位幼儿分别画出自己的解决方法后，小组分享与讨论。可以将相同的方法用相同符号标记，作出记录，方便选出填到中间圆圈里最终的方法。

2. 幼儿小组讨论，教师随机指导

（1）教师提出小组讨论要求。

教师：我们有 15 分钟的讨论时间，小朋友们看到分针指到数字×上，我们就停止讨论。请小朋友们注意时间。

（2）幼儿小组讨论。

①幼儿自己确定符号标记并选出各自的小组长。

②先记录自己想到的好方法，然后进行讨论，并用红色笔标记出好方法。

第一小组：组长是由"石头剪刀布"猜拳选出来的。

幼儿1：每个人都想当组长，我们就用猜拳的方式选出组长，如何？

幼儿2：没问题，是个好提议！

幼儿3、4：我们也同意。

第二小组：组长是通过自荐形式选出来的。

幼儿1：我还没有当过组长，这次能让我来当吗？

幼儿2、3：我们两个都当过了，可以你来当。

幼儿4：这次你来当，下次我来当。因为我也没有当过呢！

第三小组：组长由小组成员推荐出来的。

幼儿1：我觉得应该让办法想得最多的人来当组长。

幼儿2：可以，我们最后再选出组长。

幼儿3、4：那我们快开始吧，就 15 分钟，抓紧时间。

第四小组：组长由小组成员推荐出来的。

3. 幼儿分享本组讨论结果

（1）把幼儿讨论的结果呈现在白板上，各组幼儿轮流分享小组讨论的结果。

（2）幼儿说出自己组回信的方式。

幼儿提出回信的方式可以有：

①小组带着解决方法找到写信的小朋友，亲自告诉他一些好方法。

②以回信的形式告诉他，并附赠一些自己制作的小礼物。

③邀请他来我们班，看看我们班"心情信箱"都有什么生活中解决问题的好方法。

（三）结束部分：分享经验，教师引导幼儿进一步感受帮助别人后的心情

教师：我们掌握了好多生活中需要解决问题的好办法，当然我们也运用到更多自己想出来的好办法。你们觉得帮助别人心情怎么样？

幼儿1：我觉得可以把自己学习到的知识分享给别人，是一件特别自豪的事情。

幼儿2：当我知道信里的内容时，我会想，换作是我，我会怎么办？当时就会想出好办法，而且还能感受到写信小朋友糟糕的心情。

幼儿3：在帮助小伙伴的同时，我自己也变得更聪明了。

幼儿4：我心里既紧张又高兴，紧张是因为我怕自己想不到好办法帮助到小朋友，高兴是看到有这么多小朋友来信，说明大家都喜欢我们的"心情信箱"。

幼儿5：我感受到分享是一种快乐和幸福，像糖果一样。

◆ **活动延伸**

请幼儿下午找到写信的小朋友，把这些好方法告诉他，帮助这个小朋友。

◆ **活动反思**

"心情信箱"在我们班有着非常重要的作用，幼儿逐渐形成了"我的心事你来猜，你的困难我来帮"这样一项每天必不可少的交流内容，幼儿不仅在帮助别人后变得更加自信，而且感受到信箱带来分享的乐趣和助人的动力。"心情信箱"仿佛有一种魔力，将我们班的幼儿和教师紧紧地联系在一起，不管发生了什么事，大家都努力互相帮助、互相鼓励，也牵引着我们开启了朋友间的友谊与信任。

幼儿到各班宣传之后，"心情信箱"开始收到了各个班级幼儿的来信。幼儿在兴奋的同时，也产生了新问题："我们怎么回信？""谁来回信？""意见不一致怎么办？"于是，我向幼儿介绍了"茶杯垫"的讨论方式，鼓励幼儿先把各自的想法记录下来，然后说出自己的想法，最终找出大家都觉得好的方法。在这种方法的帮助下，幼儿逐渐学会了记录想法、表达想法、学会聆听他人、接纳他人的想法。幼儿在整个活动过程中积极、主动地思考和解决问题，当遇到分歧时，能主动说出自己的观点，并倾听他人的意见。在活动中，幼儿的表达能力、交往能力有了进一步的增强。幼儿将自己学到的方法和策略反馈给同伴，在不断协商和回信的过程中，他们实现了自己的想法。在帮助别人的同时，也体验到了自身的价值。

（执教教师：北京市西城区棉花胡同幼儿园 严 迪）

◆ **活动点评**

幼儿情绪管理能力是社会性发展中的重要方面，对幼儿健康发展的自我认知、良好的人际交往能力和社会适应能力有着重要的影响。

一方面，教师基于幼儿已经习得的情绪管理经验，创造性地设置了班级的"心情信箱"，巧妙地创设了"写信与回信"的问题情境，引导大班幼儿用自己掌握的情绪处理方法积极、主动地帮助他人解决情绪问题和需求，同时丰富、巩固了自身情绪管理的能力，起到了"助人自助"的效果，同时，获得了成就感、自豪感。

另一方面，这一活动将小组讨论、记录、展示等多种形式进行了结合，不仅需要幼儿充分共情、理解他人需求、分析问题并找到化解情绪问题的办法，还需要幼儿与同伴协商、自主表达、管理时间（在15分钟内完成讨论和记录的任务）、信息整合、表达表征等，既有适宜地挑战，也能够自然地整合大班幼儿的发展目标，体现了遵循幼儿发展的整体性、在真实情境中以渗透的方式培养幼儿社会性的原则，避免了简单的说教或刻板的训练，增强了教育过程的趣味性，让幼儿在真实的体验中积累经验，获得发展。

（活动点评：北京市西城区棉花胡同幼儿园 史贝贝）

案例四：好玩的挑战游戏（合作游戏）

◆ **活动来源**

寒假期间，我们班的幼儿、教师、家长们联手发起了"挑战魔方"的活动。开学后，这股热潮依然没有减退，挑战初级手、高级手、强级手、花样魔方手等活动层出不穷。

随着挑战活动地不断深入，幼儿在家中也看了许多有关挑战的节目。于是，他们模仿着在区域游戏中、户外游戏时以及家中开展各种挑战活动，但挑战的内容多是模仿来的，例如模仿挑战倒立20秒、挑战1分钟组装魔方等，而且是以个人挑战游戏内容居多。随着挑战经验的丰富，幼儿有了想自己设计挑战游戏的愿望。幼儿可以自己设计挑战游戏吗？他们能运用身边的材料设计具有一定规则和挑战目标的游戏吗？能和小伙伴合作、协商完成游戏过程吗？今天的活动将对他们发起新的挑战。

◆ **活动目标**

（1）愿意参与挑战游戏，尝试与同伴合作设计挑战游戏玩法和规则。

（2）尝试运用协商、合作等方法与同伴共同解决游戏中的问题。

（3）体验合作设计游戏的快乐及团队共同努力后战胜困难获得的喜悦。

◆ **活动重点** 能够与同伴合作游戏，共同协商游戏玩法及解决问题的方法。

◆ **活动难点** 能够听取他人意见，与同伴共同解决游戏中的问题。

◆ **活动准备**

1. 经验准备

（1）幼儿有玩挑战游戏的经验，初步了解挑战活动的游戏形式。

（2）幼儿对室内、外的游戏材料比较熟悉，有使用这些材料游戏的经验。

2. 物质准备

（1）纸牌、篮球、魔方、多米诺骨牌、简单运动器械、生活用品等。

（2）挑战书、铅笔等。

◆ **活动过程**

（一）开始部分：回顾挑战游戏，引出活动

1. 导入环节：回顾玩过的挑战游戏

教师：最近，我们玩了很多有意思的挑战游戏。谁能说说，挑战游戏和我们平时玩的游戏有什么不同？

幼儿1：挑战游戏要有一定的难度。

幼儿2：挑战游戏有挑战目标。

幼儿3：挑战游戏是自己会的，但又不是特别熟练的。

幼儿4：挑战游戏不是那么容易，中间会遇到困难。

幼儿5：挑战游戏有点难，但是很好玩。

2. 回顾玩过的挑战游戏

教师：你玩过什么挑战游戏？挑战的目标是什么？使用了什么材料？是一个人挑战的，还是和小朋友合作一起完成挑战的？

幼儿1：我玩过用多米诺骨牌搭高，是和小朋友一起搭的，搭得非常高，和我的腿一样高，我的目标是搭得和我一样高！

幼儿2：我和尧尧挑战过用魔方拼出自己的名字，我们都挑战成功了！我们觉得太简单了，想挑战一下老师的名字！

幼儿3：我玩过纸牌搭高，是用纸牌玩的，就我自己玩的。

3. 设定挑战目标，激起挑战信心

教师：你的目标是什么呢？

幼儿1：纸牌搭高搭到第五层时总是倒，我就想超过第五层。

教师：你的目标就是挑战自己搭到5层以上。

幼儿2：我玩过数独玩具，自己玩，但我玩到第8关就没过去，我的挑战目标就是玩过第8关，进入第9关。

（二）基本部分：合作设计挑战游戏，共同解决游戏中的问题

1. 选择挑战内容，制订挑战计划

（1）师幼讨论：什么样的挑战游戏最好玩？

教师：小朋友们玩过这么多的挑战游戏，你觉得什么样的挑战游戏最好玩？

幼儿1：好玩的！

教师：内容得是有意思的。

幼儿2：我觉得是有难度的。要不，随便一玩，就能完成，就没意思了！

教师：不能太简单，要不玩着没意思，也没什么可挑战的。

幼儿3：但是太难，我就不想玩了！

幼儿4：我觉得有小朋友陪我一起玩儿，就是好玩儿的游戏！

幼儿5：新的，没玩过的。

（2）师幼讨论：如何设计挑战游戏？

教师：你们想不想自己设计一个好玩的挑战游戏？

幼儿（齐）：想！

教师：设计挑战游戏时，我们要设计些什么？

幼儿1：玩什么、怎么玩。

教师：需要想出游戏的内容和玩法、规则。

幼儿2：需要什么材料。

幼儿3：挑战什么。

教师：对，这就是我们的挑战目标。

幼儿4：几个人玩。

教师：需要限定挑战的人数。

教师：如果小组共同设计，还需要大家怎么做？

幼儿5：要商量，想法要一样，不能你想这样，他想那样。

幼儿6：要相互商量，然后分工，谁负责闯关，谁负责记录！

3. 各组设计挑战游戏，尝试挑战计划

教师：今天，我们请小朋友们合作设计一个好玩的挑战游戏。以前，我们总是自己玩，这次是和同伴一起做事，这对你们来说也是一个新的挑战。小朋友们都准备好迎接挑战了吗？

幼儿（齐）：准备好啦！

教师（出示计划单）：每个小组要先协商出挑战游戏的内容，就是要挑战什么，定好计划后，要一起商量游戏的玩法，然后再去设计挑战难度的方案，看看哪个小组的挑战游戏既有一定难度又好玩。

教师：时间设定10分钟，大家要抓紧时间。时间结束时，老师会摇铃提醒大家。请大家尽快收好你们的玩具，回到教室。

幼儿开始分组活动，各自设计挑战游戏。

4. 交流挑战中的收获，梳理挑战经验

（1）各组交流、设计挑战游戏。

教师：每个小组介绍自己组员设计的挑战游戏，观看挑战过程（视频或照片、实物等）。说说几个人完成挑战游戏的？使用了什么材料？挑战目标是什么？（共5个挑战小组）

幼儿1：我们小组是6个人，一起用篮球围圈儿，交替拍球5次。

幼儿2：我们是用魔方拼花样，然后拼出名字。

教师：你们是几个人？

幼儿2：我们一共7个人。

幼儿3：我们是用多米诺骨牌搭15层"高楼"。

教师：你们几个人完成挑战？

幼儿3：6个人。

幼儿4：我们7个人用自己在美工区制作的材料，拍《王子吻醒公主》的电影，一次过。

幼儿5：我们5个人用纸牌，搭建3层"高塔"。

（2）师幼讨论遇到的问题和解决策略。

教师：在挑战中，你们遇到了什么问题吗？你们是怎么解决的？

幼儿1：我们拍电影的道具总是掉，本来是插在一根筷子上的。我感觉那个洞太大了，筷子太细了，一晃就掉了。后来，我们想不出办法，只好用手拿着了！

教师：你们小组有几个人？都没有好的办法吗？

幼儿2：我觉得可以制作一个手偶，直接把手指插进去。

幼儿3：我觉得可以在洞里面塞一些胶钉或者卫生纸，让洞变小，不就解决了嘛！

教师：真好！大家一起做事情，遇到问题了，可以跟自己组的小伙伴商量一下，听听别人有没有好办法，学会倾听他人意见，也是很好的合作方式呢！把大家的想法汇集在一起，就能找出一个适合的方法，也许问题就解决了。

幼儿4：我们组在拼名字的时候，开始总是拼重。后来，我们就把名字写下来，分好工，谁拼哪个字，就不会再重复了。

教师：给你们点赞！你们用了一个很好的合作方法，就是分工。我们一起做事的时候，不要着急。有时候没有协商好，就会出问题。找找问题的原因，用分工合作的方法就能解决了。

5. 第二次挑战，增加挑战难度，丰富设计挑战游戏的经验

（1）增加挑战难度。

教师：我这里还有6份神秘的挑战书，里面有一项秘密任务，要在你们设计的挑战游戏中完成，你们敢不敢接受这个秘密任务的挑战？每个小组选一名小朋友上前领取挑战书。（注意保密）

挑战书内容：

①更换挑战场地，完成你的挑战任务。

②变换挑战中的材料，进行挑战。

③邀请一名参观教师参加你的小组活动，并且要共同完成挑战任务。

④在挑战环节里设计一个拍手的动作。

⑤请在你们游戏中增加一件道具，继续完成挑战任务。

⑥调整挑战目标并完成挑战计划。

（2）开始第二次挑战。

教师：这次挑战时间为15分钟。听到老师摇铃，就结束。

幼儿尝试快速完成挑战任务。

6. 交流第二次挑战经验，鼓励幼儿勇敢挑战

各组幼儿介绍本次挑战的任务及解决办法。

教师：请各组介绍自己组的秘密任务是什么？你们是怎么解决的？

幼儿1：（篮球围圈，交替拍球）我们抽到的是"邀请一位老师参与游戏"，然后我们请了一位老师，请她帮我们喊口号："1、2、3，换。"说到"换"的时候，我们就去接右边小朋友手里的球，然后我们就成功了，比预定的目标还多拍了2个呢！

教师：你们请其他老师做了你们的指挥，帮助你们喊口号，这么好的主意是谁想的啊？

幼儿：是我先想出来的，跟大家一说，大家都同意了。

教师：好的，当我们一起做事时，会有人先想到好主意，其他人觉得好，就可以表示同意，这也是协商的一种，可以帮助我们很快完成任务。

幼儿2：我们组是搭多米诺骨牌的，我们抽到的是"调整挑战目标，完成挑战"。上次失败，我们觉得是因为15层太高了，我们搭到第8层就有点晃了，所以调整到了11层，也完成目标了！

教师：你们找到了失败的原因，并对目标进行了调整。是谁最先发现搭到第8层就晃了？

幼儿：是我！我发现之后，跟大家说的，大家也都看到了！

教师：然后，你们组就都同意降低高度了，是吗？

幼儿：对！我们觉得11层比较合适。

教师：发现问题，能够一起商量、解决，互相尊重，这是个很好的合作方法，祝贺你们成功！

（三）结束部分：梳理经验

教师小结：今天，每个小朋友都在挑战中获得了成功，也发现了很多获得成功的好方法，就是合作做事、倾听他人的想法、互相尊重。在今后的生活中、学习中、游戏中，也希望你们遇到困难，勇于挑战，用今天跟同伴学到的好方法积极思考、解决问题，做一个有勇气、不怕困难的人。

◆ **活动延伸**

将挑战游戏融入幼儿游戏中，支持幼儿不断有新想法产生，并愿意付出行动，克服困难，实现想法，促进幼儿综合能力的提高与发展。

◆ **活动反思**

大班幼儿好奇心、求知欲强，愿意探究身边的事物和现象，自主意识强，喜欢创编新游戏、创编新故事、创造新作品。本次活动迎合了大班幼儿的年龄特点和发展需求，满足了大班幼儿愿意应对各种挑战的探究欲望，也培养了幼儿的社会交往能力。

在活动中，我借助游戏为幼儿创设了一个又一个不同难度挑战的问题情境，有效激发了幼儿参与活动的积极性和主动性。在挑战活动中，适时地投放拼图、连连棋、纸杯搭建、七巧板、水魔珠、蜜蜂编程、会飞的气球等幼儿熟悉并具有探究性的游戏材料，引导幼儿自主设计挑战内容，鼓励幼儿在游戏中设计、探索游戏新玩法。

小组形式的挑战活动为幼儿合作做事创设了真实体验的机会，让幼儿尝试了协商、分工等合作方法。我通过讨论活动鼓励幼儿大胆表达与分享自己的发现和新建构的各种经验。在活动中，发现了幼儿的闪光点，就要为幼儿向更高层次的发展与成长助力！

（执教教师：北京市西城区三教寺幼儿园　张　妍）

◆ **活动点评**

本次活动对幼儿、教师、课程都有不同方面的发展。

首先，在幼儿发展方面：第一，挑战活动有助于满足幼儿天生的好奇心，有助于幼儿建立科学探究的能力，是假设——推理——验证——探索的过程。第二，挑战活动有助于幼儿社会性的发展，幼儿在活动中发展了合作、坚持、自信、不怕困难等多方面的品质，以积极、乐观的心态来面对生活和学习中的困难，会积极思考解决问题的方法。

其次，在教师发展方面：第一，挑战活动有助于教师关注幼儿的真需求。此活动来源于幼儿的兴趣和需求。因此，教师在活动中的角色更多是顺应、倾听、支持、追随幼儿，助力幼儿获得真发展。第二，挑战活动有助于教师全面观察、了解幼儿。在活动中，教师能进一步了解全班幼儿和个别幼儿的发展现状、年龄特点、最近发展区等，有利于教师在观察幼儿的基础上进一步解读幼儿。

最后，在课程发展方面：第一，此次活动是幼小衔接课程的体现，以游戏的形式帮助幼儿建立克服困难的决心和勇气，幼儿从中不仅学会了合作、协商，让人际交往从单向关系向着多元发展，而且学会了抓紧时间做事、有任务意识等，这些都是小学准备中非常重要的非智力因素。第二，此次活动是生成课程的体现，师幼互动，共同推动活动的进展。活动来源于幼儿的兴趣和需求，教师在幼儿发展需要的基础上不断将课程引向深入。

（活动点评：北京教育学院西城分院　丁文月）

第六章　科学领域——数学教育与教学活动

幼儿早期的数学学习和发展是指他们在与周围环境的互动中自发地或在成人的引导下习得相关的知识、技能，在生活、学习、游戏中有所运用，发展数学认知能力的过程。它强调幼儿对自己周围环境中数学问题的关注和兴趣，强调在日常生活中通过感知、体验和操作活动，逐渐理解数、量、形、空间知觉、时间知觉与自己生活、学习、游戏之间的关系。

➔ 第一节　科学领域——数学教育的价值

一、感受数学的有用与有趣

数学本身具有抽象性、逻辑性以及在实践中广泛的应用性，这决定了数学教育是促进幼儿思维发展的重要途径。因此，从某种意义上讲，数学是思维的体操，幼儿园数学教育的核心价值就在于促进数学思维的发展。当今时代是个科学技术飞速发展的时代，数学知识和数学思维能力在日常生活和工作中的作用愈发重要。数学学习可以帮助幼儿精确地、概括地认识生活中的各种事物以及它们之间的联系，学会用数学的思维看待周围的世界，用数学的方法解决在生活中、在习得经验过程中的具体问题，进而感受数学的有用与有趣。在幼儿的生活中，到处充满着与数学有关的事件。如，每月天气情况统计、班级出勤人数、一日生活常规的时间……幼儿经常会提出与数学相关的问题，如：怎样分，每组的人数一样多；如何按类别收拾和整理玩具；生活中哪些物品是成双成对的；积木区的积木都有哪些形状；买卖游戏中的货币如何交换等。在这些纷繁复杂的事物中，都具有数、量、形、时间、空间等数学特征。同时，数学也是幼儿解决这些问题的重要工具。

二、促进幼儿逻辑思维能力的发展

数学学习与幼儿抽象逻辑思维的萌芽和发展密切相关，它对幼儿思维的敏捷性、灵活性、深刻性、独创性都有着积极的影响。数学有着自己独特的符号体系、逻辑关系和语言表达方式。幼儿阶段正处于以具体形象思维为主、抽象逻辑思维开始萌芽的时期。而数学本身所具有的抽象性、逻辑性以及实践中广泛的应用性，决定了数学教育是促进幼儿思维发展的重要途径。它可以帮助幼儿透过具体的、表面的现象，揭示事物本质的、共同的特征。通过动手操作进行探究活动和参与数学游戏等途径发展幼儿的逻辑思维能力，使幼儿感受到数学无处不在，在学习用数学方法解决问题的过程中，抽象思维得到了有效发展。

三、为幼儿今后的数学学习奠定基础

数学既是现代科学技术的基础工具，又是普通教育中的重要基础课程。尽管周围世界中就蕴

含着各种数量关系，幼儿在生活中就能自发地获得比较丰富的感性经验，但要把这些零散的、碎片化的感性经验上升为科学的、准确的数学概念，一定离不开成人有目的、有计划地引导。幼儿阶段往往是在操作探究的过程中，将对数学操作活动的外在兴趣逐渐转变为对数学本身的内在兴趣。这种兴趣不仅是对数学的兴趣，更是一种对思维活动的兴趣。如何引导、渗透给幼儿能够用数学思维分析和解决生活中的具体问题，掌握一些基本的数学概念和能力，同时为其他领域的深入学习和升入小学进行更加系统的数学学科学习奠定基础，必将成为幼儿今后学习数学的良好开端。

➡ 第二节　科学领域数学教育活动的特点

数学学习在促进幼儿思维能力的发展方面具有重要作用。同时，幼儿思维的发展也为他们学习数学提供了一定的心理准备。但是，幼儿逻辑思维发展依赖于动作、依赖于具体事物的特点又造成了幼儿在建构抽象数学知识时的困难。在整个幼儿时期，数学概念的学习都必须借助于具体的事物和形象。同时，幼儿在学习数学的过程中，也在不断努力摆脱具体事物的影响，使那些和具体事物相联系的数学知识和经验能够内化于头脑，成为具有一定概括意义的数学知识和经验。因此，幼儿数学学习具有以下几个特点：

一、数学学习与生活紧密联系

数学是从现实生活中抽象出来的。生活中处处有数学，在幼儿的生活中数、量、形、时间、空间无处不在。在生活中寻找数学学习的内容，是贴近幼儿生活的，适合幼儿学习的，幼儿对数学的感知也是建立在生活经验的基础上。在生活中寻找数学学习的内容，促进幼儿对数学学习产生兴趣。在生活中寻找数学学习的内容，能够帮助幼儿构建连续、完整的数学知识体系。幼儿的数学学习是一个日积月累的过程。在贴近幼儿生活的数学学习过程中，幼儿已有的知识和经验能帮助他们对新知识进行同化和顺应，为幼儿数学学习提供基础。在生活中寻找数学学习的内容，能够帮助幼儿感受到数学可以帮助人们解决生活中遇到的问题，意识到数学源于生活也应用于生活，只有应用于生活的数学教育内容，才能使幼儿真正了解数学的价值，学会用数学思维去观察、分析并尝试解决日常生活中遇到的问题。因此，幼儿的数学学习强调生活中的数学教育。

二、数学学习通过操作获得直接经验和体验

皮亚杰提出："抽象的思维起源于动作。"我们都知道，3 岁幼儿的认知活动往往依靠动作进行，离不开具体实物和表象。4 岁幼儿是从直觉行动思维向具体形象思维转变的过程；5～6 岁幼儿仍以具体形象思维为主。我们在教育活动中也确实能够观察到幼儿的一些具体表现，发现他们在学习数学时，最初是通过动作进行的。幼儿在进行某些活动时，经常需要伴随着外显的动作来完成。如，幼儿在学习数数之初，往往需要借助于手的点数动作才能正确地完成数数。直到他们的数数能力熟练以后，才能不依赖于具体的动作，通过心中默数来进行数数。

幼儿阶段的主要学习方式是"做中学"，在直接感知、实际操作、亲身体验中进行学习。由于数学知识本身的特点，对于幼儿而言，数学学习更需要在实际操作活动中获得丰富的、多样的、直接的经验和体验。如，幼儿在整理图书、收放积木的过程中获得分类的经验；在每天统计班级出勤人数时获得点数的经验；在投掷、跳远、体检中获得测量、量的比较的经验。因此，幼儿的数学学习强调个体的、直接感知和操作的体验。

三、数学学习借助符号和语言

数学是一种精练的语言，而语言则是思维的工具。幼儿在进行数学操作活动过程中需要用语言表达自己的操作过程和发现，提高对自己操作动作以及操作结果的认识，有助于数学知识和经验的内化。当然，在幼儿用语言表达操作过程和结果的同时，也要逐渐从具体的实物中脱离出来，形成抽象的数学认识经验，使之变成数学概念，这就需要用到数学符号。符号的作用在于帮助幼儿形成一种抽象化的思维方式。理解符号的意义，对于培养幼儿思维的抽象性、帮助他们理解抽象的数学知识和经验、内化数学知识和经验有很大帮助，同时也是一个很好的方法。因此，幼儿的数学学习强调形象、符号和语言的助力与支持。

➔ 第三节　科学领域数学教学活动的目标与内容

一、科学领域数学教学活动的目标

教育部在《指南》中，对学前儿童数学领域提出了三个目标：初步感知生活中数学的有用和有趣；感知和理解数、量及数量关系；感知形状与空间关系。这三个目标中，第一个目标是有关数学的感知体验和态度的。这提示我们在学前儿童数学领域教育中，引导幼儿对数学学习产生兴趣，感受与体验用数学的方法解决游戏和生活中的问题，是教师最应该关注的。数学的抽象性及其内在关系需要激发幼儿兴趣，这是教师首先要考虑的问题。第二个是有关数、量和数量关系的目标。数和量本身是儿童早期数学学习的核心内容，对数、量和数量关系的初步理解也能促进幼儿抽象逻辑思维以及推理能力的发展。第三个目标是关于形状和空间。形状和空间是幼儿认识和了解周围世界的一项重要本领，也是幼儿今后几何学习的重要基础。

二、科学领域数学教学活动的内容

学前儿童数学教育的内容是实现学前儿童数学教育目标的媒介和保证，是将目标转化为儿童发展的重要中间环节，也是教师设计和实施教育活动的主要依据。依据《指南》中关于学前儿童数学教育的目标，遵循数学知识本身的科学性、系统性，结合幼儿的认知发展特点以及幼儿入学需要，幼儿园数学教育活动主要分为数概念与运算、集合与模式、图形与空间、比较与测量四个方面的内容。

（一）数概念与运算

幼儿阶段数概念与运算主要包括数的意义、计数、数运算三方面内容：

1. 数的意义　数是表示实物量的程度符号。数字有多种不同的用途，表示不同的意义。基数是用来表示集合中元素个数的数，既可以是以具体事物为单位的数量多少，如，用 10 表示 10 本书，也可以是以集合为单位的数量多少，如用 1 表示一筐苹果。序数是用来表示集合中元素排列次序的数。如，从左往右数，我排第 5，从右往左数，我排第 4。幼儿阶段，要求幼儿能够正确区分基数和序数表示的不同意义。掌握数序，进行唱数，能够正确点数、按数取物，认识单数、双数和相邻数。另外，教师还要引导幼儿发现并积累生活中不同数字表示的不同意义，如电话号码、门牌号、车牌号、座位号等。

2. 计数　计数可以用来确定一个集合中的数量。计数的形式多样，如，唱数、点数、倒数、接着数、目测数数、成组数数（2 个 2 个地数，5 个 5 个地数或 10 个 10 个地数）。

3. 数运算　数运算包括数的组成以及数的运算。数的组成是指数的结构，包括分解与组合两个过程。当幼儿掌握了 5 或者 6 以内每个数各自有几种分法，分别可以分成几和几以后，教师就可以引导幼儿发现并总结出互补互换的规律，然后启发幼儿根据这些规律来继续学习后面数的组成。数的运算包括借助实际情景和操作理解加与减的实际意义，如拿走、飞走是减，又来了、又买了是加。在此基础上，理解"＋、－、＝"符号的加减算式意义，并能借助实物操作，或掰手指、口头接数、数的组成儿歌等方式进行 10 以内的加减运算，解决生活和游戏中简单的加减运算问题。如，"10 元钱怎么花"等。还可以通过对加、减法的理解，找到加、减法的特点，尝试自编加、减法应用题。

（二）集合与模式

1. 集合　集合是指具有某种属性的、一些确定的对象所组成的整体，以共同特征为条件，并把这一组对象看成一个整体，就形成一个集合。集合里每个确定的对象叫作这个集合的元素。在这一模块中的学习中主要包括分类与一一对应。

分类是指把一堆物体分成各有共同属性的几组。分类的内容包括（幼儿比较常见的分类形式）：按物体的名称分类、按物体的外部特征分类，如颜色、形状分类；按物体量的差异分类，如按物体大小、长短、厚薄、宽窄、轻重等量的差异；按物体的用途分类，如学习用品、餐具、玩具、图书等；按物体的材料分类，如木质的、塑料的等；按数量分类，即把数量相同的归在一起；按事物之间的关系分类，如雨伞和雨鞋、碗和筷子归在一起；还可以按照表情、动作等细节归类。按照分类的维度数还可以按一个维度分类或者多个维度分类。一一对应是指在两个集合的元素之间建立关系。幼儿学习一一对应包括把相关的物体一一对应匹配，如瓶子与瓶盖，以及用一一对应的方法比较物体数量的多少。

2. 模式　模式是按照一定的规则排成的序列。如有规律的花纹、图案、声音、动作等。模式能力的发展包括：识别、复制、填充和相关的创造等。即发现规律，模仿重复，填补模式中缺失的部分，继续扩展延伸模式，自主设计模式和相关的创造。因此，学习模式能够帮助幼儿发现事物之间的规律，发展逻辑思维及推理判断能力。模式有两种类型，一种是重复性模式，如 AB AB AB。另一种是发展性模式，如 AB ABB ABBB。教师要在一日生活中渗透模式教育，引导幼儿寻找模式，发现规律，延伸拓展。如引导幼儿发现搭建活动、美术作品、运动、一日作息时间中的规律。幼儿园模式教育活动包括：识别模式及构成模式的单元，对所提供的模式进行复制、扩展和相关的创造。如中班幼儿选用几种颜色有规律的循环、涂在轮胎上的花纹上等，不断发现周围环境中蕴含的规律，运用不同的方式来表现和创造出有规律的模式。

（三）图形与空间

图形与空间是几何数学的初级形态，包括给几何形状命名、认识图形的特征、图形分类以及对简单图形组合关系的理解，还涉及对空间概念、方位、方向和空间表征的理解。幼儿空间感的发展不仅有助于他们理解自己所处的空间世界，还有利于学习数学的其他内容。

1. 感知图形的形状特征　教师要先引导幼儿关注生活中物品的形状，能够给图形正确命名。在感知图形特征的过程中，引导幼儿从笼统的感知逐渐过渡到对图形最基本、最典型特征的感知。如小班幼儿感知到三角形是尖尖的，中班幼儿能够更具体地认识到三角形有三条边、三个角。

2. 感知物体之间的空间关系　空间关系实际上是空间中物体之间的相对位置关系，包括对空间方位的理解、描述和表征，运用平移、旋转和翻转等空间运动形式进行造型拼搭。幼儿阶段，教师要引导幼儿正确区分上下、前后、里外、自身左右等方位，能够按空间方位有关的指令行动，还要会运用方位语言描述位置、路线。

（四）比较与测量

比较是测量的基础，测量是比较的重要方法。学前阶段，幼儿主要运用直接比较的方法，判断物体的大小、长短、高矮、轻重、粗细等，并按照物体这些量的差异排序。在比较的过程中，初步感知量的守恒。在中、大班，教师要引导幼儿选择适宜的自然物进行长度、高度等的测量，初步理解测量的意义。在这个过程中，教师要引导幼儿根据被测量物体的属性，选择正确的测量工具，探索并发现自然测量的方法。引导幼儿在测量时发现，要把被测量物与"尺子"一端对齐，首尾相接，并能够用准确的语言描述测量结果，感知测量单位，即"尺子"的大小和测量出结果之间的反向关系。另外，还要引导幼儿了解生活中常用的测量工具，通过直接和间接比较的方法，测量物体的容积、面积。

➡ 第四节 科学领域数学教学活动中的常见问题

在《纲要》与《指南》中，都将幼儿数学学习的兴趣作为首要目标，强调数学与生活的联系，以操作探究为主的方式学习数学。这是由数学学科特点及幼儿阶段具体形象思维的特点决定的。在实践工作中，尽管教师对于这两方面都有一定的认识，理论上也有所了解，在日常生活活动中，教师与幼儿一起发现数学、探究数学的活动中，尤其是在实际设计、组织数学活动中，却存在着一些问题，反映出在理论观念向教育行为转化上，还不能到位。

一、忽视幼儿数学学习兴趣的培养

兴趣、好奇心和求知欲是幼儿学习数学的内部动因，需要教师将培养和保护幼儿对数学的好奇心和兴趣作为基础和前提，这样才能吸引幼儿积极、主动地投入到活动中，进而逐渐获得活动中蕴含的数学概念、知识技能和有益经验。在实践工作中，教师往往容易出现重知识、忽略兴趣的"舍本逐末"问题。如，在大班数的分解组成活动中，教师出示材料并介绍："请你把 5 个小棋子分成两份，看看有几种分的方法，记录在老师给你准备的记录单上。"一名幼儿小声地说："又分棋子啊！"原来从 2 开始，教师已经组织过 3 次数的分解活动，每次都是同样的材料，同样的要求，同样的记录方式。从幼儿视角出发，"为什么要分棋子""这个活动好玩吗"，才是他们关注的。尽管教师提供材料让幼儿动手操作，但幼儿对这个并没有兴趣。分析其背后的原因，活动缺少与幼儿日常生活情境或者幼儿游戏的联系，未能激发幼儿操作探究的兴趣。

二、忽视数学能力的培养

《指南》中对于幼儿数学领域的学习，特别提出：数学学习并非局限于数的知识、概念和技能的习得，而是一种认知能力的发展，也只有这样的学习才能保证幼儿对所学数学知识的真正理解和运用。以往，我们开展数学教育的过程中，有时会出现重点关注数学内容本身，对于数学能力的培养缺乏关注。幼儿学习数学不仅要积极地掌握相关的数学内容，也要在数学学习的过程中发展相关的数学能力。数学能力包括：解决问题、推理与验证、交流、联系和数学的表征五个方面。在实践工作中，有的教师忽视数学能力的培养，还有的教师对于所学内容需要哪些数学能力作为保证和支持，以及在学习数学这一内容中可以发展幼儿哪些数学能力不清晰。如，在认识整点活动中，幼儿能够看钟表说时间，但对于"我早晨 7 点整起床，妈妈比我早起一小时，妈妈几点起床？再过一小时是几点？"这些联系实际生活进行推理的问题，教师缺乏思考，活动仅限于让幼儿认识到"分针指向 12，时针指向几就是几点整""分针指向 6，时针指向几的中间就是几点半"这一关于整点和半点的数学概念。

三、忽视幼儿原有的数学经验和发展水平

幼儿习得数学知识经验看似简单，却是一个严密的知识体系，学习内容前后之间需要有机的联系。因此，幼儿数学教育活动内容要遵循数学知识的系统性，依据幼儿学习数学的逻辑顺序，体现由易到难、循序渐进、前后联系的原则，关注幼儿原有的数学经验和发展水平。如中班幼儿学习比较高矮的活动，之前要有比较长短的经验，幼儿就能迁移比较长短"一头对齐"的方法，主动找到比较高矮的方法。否则，活动实施过程中，就会出现活动内容过于容易，缺少挑战，或者难度太大，幼儿无法达成的情况。如，一位大班教师设计、组织了一个有关位置与方向的集体活动。活动一开始，教师请幼儿画出班级的平面图，但绝大多数幼儿都没能完成这个任务，幼儿的画面中基本都是生动、形象的桌椅、班级装饰等物品或设施。分析其原因，活动前教师并没有引导幼儿观察过他们所熟悉环境的平面图，幼儿缺少平面图的认知。另外，教师日常也没有有意识地引导幼儿观察过活动室中物品、设施摆放的方向、位置以及它们之间的位置关系，更缺少用简单的图形或符号表征这些物体设施的经验。因为教师对幼儿原有经验和发展水平缺少了解，对于幼儿学习空间方位这一数学内容的逻辑顺序是什么并不清晰，所以才会造成该活动中出现的问题。

四、忽视幼儿数学学习的方式

按照皮亚杰的认知发展理论，幼儿对周围世界的认识与理解都需要经历一个由外而内的动作内化过程。所以，幼儿需要在亲自动手操作材料的过程中进行探索和学习，进而获得数学概念，感受数学的实际意义，掌握数学方法，这是幼儿数学学习的主要方式。但在实践中，有些教师忽视幼儿数学学习的方式，往往通过语言模仿和机械记忆的方式让幼儿学习数学的相关知识。如，当教师通过集体活动"6"的分解组合，引导幼儿总结出数的分解和互换、互补的关系后，就让幼儿依据这个关系机械地背诵其他数的分解组合，同时还在数学区投放一些数的分解组合练习单，让幼儿填写。有的教师主观地认为幼儿背诵熟练，能够正确填写就说明幼儿掌握了 10 以内数的分解组合概念和技能。但是，在日常生活中，当幼儿遇到需要分物品、分组等情形时，仍旧不能运用数的分解组合知识与经验解决这些问题。背诵和练习并不是幼儿学习数学的正确方式，无法帮助幼儿真正内化数学概念，感受实际意义，获得数学方法和经验。

➡ 第五节　科学领域数学教学活动指导要点

基于数学领域学科特点及幼儿思维发展特点，我们已经充分认识到幼儿是通过操作、探索学习数学的。幼儿的数概念从萌发到初步形成，是通过感知操作、主动探索、经历逐渐习得的过程。幼儿只有经历了生动而有趣、好玩又好用、发现与解决问题的数学探究过程，借助具体事物和相关情景的支持，才能使那些和具体事物相联系的数学概念内化，获得有益的相关知识与经验。因此，在设计开展数学活动时，教师要重视以下几点：

一、密切联系生活，激发幼儿数学学习兴趣

教师要善于去发现和把握真实的、蕴含在生活环节和各类活动中的数学问题及数学教育契机，感受无处不在的数学，从而启发幼儿在参与活动和解决问题的过程中"走近"数学、喜欢数学、运用数学。如，升班了，我们长高了多少？谁是班里最高的？我和我的好朋友谁高、谁矮？班里有几个小朋友比我高、几个比我矮？一次生动、有趣的"比高矮"活动由此

生成。再如，班里新开了"小超市"，怎样给商品定价，如何记录买卖情况，如何进行货币交换，共同讨论并形成一个设计"超市记录单"的活动，幼儿在活动中运用数学符号、统计表、加减运算等数学知识，解决游戏中的真实问题。这些紧密联系幼儿实际生活，从幼儿生活与游戏中选择教育内容，运用数学解决问题的过程学习数学，能够激发幼儿学习的内在动因。

二、发展幼儿思维，重视数学能力培养

在数学活动中，教师不仅要关注具体的数学知识、技能，更要关注幼儿思维的发展和数学能力的提升，这对于幼儿真正理解数学知识、运用知识解决问题至关重要，两者之间是同步的。数学能力包括：第一，解决问题的能力。这是指幼儿发现问题、提出问题、提出不同的解决方案和运用数学思维来解决问题的能力。第二，推理能力。这是用数学方式来思考和回答如"你是怎么知道的"这类问题的能力。第三，交流能力。指幼儿能够条理清楚地与同伴或教师分享数学经验和想法的能力。第四，联系的能力。指幼儿能将数学概念与日常生活相联系，并能有意识地把不同的数学概念联系起来的能力。第五，表征的能力。幼儿能用多种形式表达数学问题或思维的能力，如能用画画、实物材料、手指、符号标记和语言等多种形式表达。在分析活动内容及目标时，教师要思考这个活动能够发展幼儿哪些数学能力，幼儿需要具备哪些数学能力才能获得这个活动蕴含的数学活动目标。如，在"猜猜、摆摆、数数，用了几个正方体"的活动中，教师提供了"用不同数量的正方体拼摆造型"的图示，请幼儿先看图，猜一猜用了几个正方体，再用手中的材料摆一摆，进行验证。在这个活动中蕴含着发展空间推理能力的目标，教师通过观察幼儿推理的实际情况，判断幼儿思维能力发展处于何种水平，进而适时调整活动方式，对幼儿进行有效的分层互动指导。

三、关注已有数学经验和发展水平，重视个体差异

苏联教育家克鲁普斯卡娅说过："数学知识好比链条，掉了一小环，下面的内容就不懂了。"因此，在选择活动内容设计活动时，教师一定要遵循数学知识本身的系统性、逻辑性，体现出活动内容的系列性。活动内容和目标要建立在对幼儿原有数学经验和发展水平的基础上，促使幼儿通过操作探索获得发展和提高。如，在小班刚刚开展点数活动，幼儿还没有形成将被数物体摆成一排的意识，这样很容易出现重复数、漏数的问题。因此，教师可以先开展"给物品排排队"的活动，鼓励幼儿操作探索怎样排队比较整齐、有序，然后再开展"点点数数"的活动。为了帮助幼儿掌握点一个说一个数词，教师可以出示一个物体，鼓励幼儿说出一个数词，然后请幼儿给排好队的物体确定开头（从左往右或从上到下），点一个说一个数词。在幼儿能够手口一致地点数后，教师和幼儿一起用动作把被数物体圈起来，表示总数。幼儿能够正确点数并说出总数后，再进行"按数取物"或者"找同样多"的活动。在遵循数学知识体系结构序列、幼儿思维发展特征及规律的同时，教师还要特别关注幼儿的个体差异。如，在开展模式教育活动中，教师提供了有规律的图案，请幼儿发现并寻找第一组，其中既有 AB 规律的，也有 ABB、ABA、ABAC 等规律的；然后在第一组的后面探索有趣的循环。幼儿操作的材料既有穿珠积木、小动物模型等实物，也有半抽象的图片等，支持并满足每位幼儿积极、主动地学习。

四、创设情境，为幼儿提供更多的操作与探索机会

在数学领域教育中，幼儿通过摆弄、操作实物，促使其将具体的动作内化于头脑中，是发

展幼儿思维的根本途径。而且，儿童早期的数学概念和能力发展通常是与具体情境相连的。由教师创设生动、有趣的问题情境，或由幼儿发现的即时性情境问题，再或师幼共同发起想要探寻的探究情境，都是幼儿操作、探索的机会，体现数学问题情境中以操作、探索为主要的学习方式。如，在大班认识钟表活动中，幼儿在观察各式各样的钟表过程中，发现并总结出钟表上都有什么，提供圆形纸盘、1～12 的数字、时针和分针等操作、探索材料，引导每位幼儿尝试制作一个钟表。幼儿在制作的过程中，发现 12 个数字的空间摆放位置是探究的关键点，在操作、体验、完善中，真正内化对钟表的认识，为幼儿进一步认识时间打下了基础。再如，图形等分活动中，教师选取幼儿比较熟悉的《小熊分饼》故事，创设问题情境，提供圆形、正方形、长方形的饼，请幼儿帮助两只小熊分饼，看看各有几种分法。有趣的问题情境和具体的操作，就像一块磁铁吸引幼儿不断思考、探索，进而建构新经验，获取数学知识、技能，提高数学能力。

在幼儿园各领域教育教学中，数学一直是一线教师最困惑的学科之一，而教师自身学科知识薄弱是重要的原因之一。因此，教师一定要有意识地加强基本学科教学知识的学习，掌握相关理论，注重向教育行为转化，才能更好地开展幼儿数学领域教育活动。

➡ 第六节　数学教学活动案例及点评

一、小班活动案例

案例一：甜蜜糖果屋（点数）

◆ **活动来源**

在日常生活中，孩子所接触到的物品、事物等都会和数量联系在一起。孩子们看到午点会说："哇，好多的香蕉呀！"在加餐的时候，会说："拿一个牛奶、一个蜜枣！"教师也会在过渡环节游戏时和孩子们玩"找朋友"的游戏，"找到 1 个好朋友""找到 3 个好朋友"……幼儿在生活、游戏和活动中，积累了一些数数的经验，点数时知道先将物品排列整齐后再数，数的时候能够指一个说一个数词，并且，知道最后一个数表示总数，部分幼儿可以自己说出总数，部分幼儿需要教师提示和引导说出总数。基于幼儿的已有经验，依据小班幼儿数数内容的目标，设计了此次教育活动。

◆ **活动目标**

（1）能够手口一致地点数 5 以内物品，正确说出总数。

（2）能够按点取物、按数取物，初步建立 5 以内物品的数量关系。

（3）喜欢数数活动，在游戏中初步感知数数的有用和有趣。

◆ **活动重点**　能够手口一致地点数 5 以内物品，正确说出总数。

◆ **活动难点**　能够按点取物、按数取物，初步建立 5 以内物品的数量关系。

◆ **活动准备**

1. 教师用品　设置班级糖果门（5 颗糖果）、带有"密码"的钥匙 3 把（分别贴有 3、4、5 点卡）；糖果 6～7 筐、4 种小动物的订单卡片 4 张、贴有小动物的大纸盒 4 个、4 颗和 5 颗糖果图片各 1 张、数字 4 和 5 图片各 1 张。

2. 幼儿用品　贴有 5 种颜色 3、4、5 颗糖果卡片的椅子每人 1 把，糖果邀请卡每人 1 张（5 种颜色"3、4、5"3 种点卡），纸盒若干（分别标有 4、5 点及数字 4、5 的盒子，每种与幼儿人数相同）。

◆ 活动过程

（一）开始部分：创设情境，引出活动

情景游戏："魔法糖果屋"——点物匹配。

教师扮演糖果屋的糖果师。

教师：小朋友们，你们喜欢吃糖果吗？

幼儿：喜欢。

教师：太好了，我知道有一家糖果屋。那里什么糖果都有，你们要不要去看看呀？

幼儿：我要去，我要去。

教师：小朋友们，大家好！欢迎来到我的甜蜜糖果屋。要进入糖果屋，先要找出"密码钥匙"哦！

幼儿：密码钥匙在哪里？

教师：密码就在糖果屋的大门上。（引导幼儿观察糖果屋的大门）

（二）基本部分：能够按点取物、按数取物，初步建立 5 以内物品的数量关系

1. 发现"密码"

观察糖果屋的大门，启发幼儿发现"密码"（糖果的数量有 5 颗），选出与密码数量相同的钥匙（5 个点），进入甜蜜糖果屋。

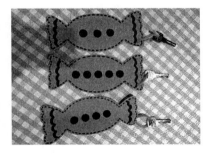

教师：请小朋友们看一看，糖果屋的大门上面有什么？

幼儿：门上有糖果。

教师：有多少颗糖果？小朋友们看一看、数一数，糖果是门上的糖果数量就是密码。（给幼儿时间进行点数，引导幼儿进行点数）

幼儿：1、2、3、4、5，有 5 颗糖果。

2. 钥匙开门

出现带有密码的钥匙，请幼儿选出携带点子数量与糖果数量一致的钥匙，打开糖果屋的大门。

教师：哇，你们一下子就数对了密码！钥匙在这里。（出示 3 把"密码钥匙"，分别有 3、4、5 个点的钥匙）哪一把钥匙可以打开糖果屋的大门呢？

幼儿：这个可以打开。

幼儿：5 的那个可以打开。

教师分别请幼儿点数钥匙上的密码，找到点子是数量 5 的钥匙。

教师：为什么密码是 5 的可以打开门呢？

幼儿：门上的糖果是 5，要用 5 的钥匙打开。

教师：糖果的数量是 5，钥匙上点点的数量也是 5，它们数量相同，所以可以打开。我们一起试一试。

教师打开门，请幼儿进入糖果屋。

3. 寻找自己的专属座位——点物匹配

（1）糖果师发放糖果屋邀请卡，请幼儿观察邀请卡，发现邀请卡的使用方法。

教师：小朋友们，欢迎你们进入我的糖果屋。我给每个小朋友准备了一张邀请卡，你可以通过邀请卡找到自己的专属座位哦!

①展示邀请卡。

教师:你在邀请卡上发现了什么?

幼儿:糖果,红色的糖果。

教师:你发现了什么颜色的糖果?有几颗?

幼儿:红色的糖果,1、2、3、4,有4颗。

教师:哇,小朋友们观察得很仔细,快看看你的邀请卡吧!(为每位幼儿发放邀请卡)

②师幼个别交流,幼儿邀请卡的糖果颜色和数量。

教师:小椅子背上也有卡片,请小朋友找到和你的卡片上颜色相同、点点数量相同的卡片,那就是你的专属座位!

(2)幼儿通过点数邀请卡上糖果的数量和颜色寻找自己的专属座位。

4. 订单游戏——按点取物、按数取物,正确地点数并建立数量关系

(1)情景介绍:糖果种类及糖果盒。

教师:小朋友们,你们喜欢吃什么糖果?我这儿的糖果可多啦!

幼儿1:我喜欢吃棒棒糖!

幼儿2:我喜欢吃巧克力。

教师依据幼儿的口味,分别取出糖果,放在"糖果盒"中。教师:我会把大家喜欢的糖果装进漂亮的糖果盒里!

(2)情景游戏:帮助糖果师完成糖果订单(按点取物)。

配班教师(快递员):哎呀,你去哪儿啦?

教师:我去迎接小朋友们来我的糖果屋啦!什么事情,这么着急?

配班教师(快递员):小兔子送来糖果订单,都等了好久了!(教师拿过订单)它要把糖果送给自己的好朋友,要很多呢!

教师:呀,这么着急呀!我一个人怎么弄好这么多订单呀?!谁来帮帮我呀?

幼儿:我来帮忙。

教师:太好了!这下能完成了。我们看看小兔子的糖果订单。

(3)出示小兔子的糖果订单(盒子里有4个点)。

教师:小兔子的订单,每个糖果盒要装多少颗糖果?(教师将小兔的订单拿在手上,请幼儿依据点数经验进行点数并说出总数)

幼儿:1、2、3、4,盒子上有4个点,装4颗糖果。

教师:请小朋友们和我一起给小兔子装糖果吧!装进快递员的盒子里。

幼儿从小兔的筐里取出盒子,盒子上有订单。教师提示幼儿数一数盒子上的点点,再装糖果,并送给快递员进行验证。配班教师:你装了几颗糖果?

(4)小狗的糖果订单。

配班教师(快递员):哎呀,太好了,每个盒子里都是4颗糖果。我要给小兔送去了,对啦,还有小狗的订单呢!

①教师(出示小狗的订单):呀,小朋友们快帮我看看,小狗要每个盒子里装几颗糖果?

幼儿:1、2、3、4、5(点数),装5颗糖。

教师:我们一起给小狗装糖果吧!(请幼儿从小狗订单筐里,取出盒子,数一数盒子上的点数）数数小狗盒子上的点点，给小狗装糖果吧！

②幼儿按照点数取糖果，并装进盒子，送给快递员。（快递员要进一步验证糖果数量）

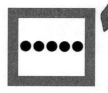

（5）升级订单（按数取物）。

①小猫的订单（按数取物 4）。

配班教师（快递员）：这有一张订单，我都没看懂！你们快看看吧！

教师：好呀！我们一起看一看，订单有什么不一样？

A. 出示小猫订单，请幼儿观察（订单上有数字 4）。

教师：这是谁的订单？

幼儿：小猫的订单。

教师：小猫想要多少糖果装进盒子里？

幼儿：小猫要装 4 颗糖。

教师：为什么是 4 颗糖呢？

幼儿：那有数字 4。

教师：数字 4 表示什么呢？

幼儿：数字 4，就是要装 4 颗糖。

B. 教师出示图片，幼儿观察、理解 4 颗糖和数字 4 的对应关系。

教师：点数 1、2、3、4，一共有 4 颗糖，可以用数字 4 表示。

教师：小朋友们可真棒呀！有数字的订单都读懂了！我们给小猫装糖果吧！

C. 幼儿取盒子，观察盒子上的数字 4，并装进相应数量的糖果，送给快递员进行验证。

②熊猫的订单（按数取物 5）。

方法同上。

教师（出示图片）：1、2、3、4、5，一共有 5 颗糖果，可以用数字 5 来表示。

（三）结束部分

教师：哇，订单都完成了！感谢小朋友们帮忙，我要送给大家每人一盒糖果。（出示的盒子带有数字 5）小朋友，你的盒子里要装几颗糖果？

幼儿：5 颗。

教师：小朋友们给自己装糖果吧！记得糖果好吃，但是不能多吃，知道为什么吗？糖吃多了，牙齿会坏掉的。带回家要和爸爸、妈妈、爷爷、奶奶一起分享哦！

幼儿自己取 5 颗糖果，活动自然结束。

◆ 活动延伸

（1）提供糖果材料，幼儿在活动区继续当快递员，根据订单为顾客送货。

（2）数学区提供相应的实物与图片的数学材料，引导幼儿在操作中感受 5 以内数量的物品。

◆ 活动反思

孩子们非常喜欢糖果。糖果五颜六色的包装、甜甜的味道也吸引着孩子们。本次活动预设采用情景游戏的形式，借助糖果屋、糖果密码、订单游戏等，使幼儿在有趣的情景中感受数学的趣味性。活动目标层层递进，从具体的糖果数量到抽象的点卡、数字，孩子们在反复操作的过程中感受数和量的关系。幼儿在游戏情境中，能够准确地按点取物、按数取物，体验了用数学解决实际问题的实用性及游戏情境过程中的趣味性。

（执教教师：北京市西城区长椿街幼儿园　杨宏霞）

◆ **活动点评**

"甜蜜糖果屋"的活动中，教师以孩子喜爱的糖果为切入点，巧妙地预设了"糖果密码""订单游戏"的游戏情景，适合第二学期小班幼儿在游戏中的"玩中学"。活动特点如下：

（1）孩子喜欢糖果，在生活中有分糖果、吃糖果的直接经验，有发现学习的通道。从打开"糖果门"的"密码"引发幼儿发现糖果数量即"密码"，幼儿在进行等量的点物匹配过程中，提供探索的空间，要找到匹配的"密码"才能打开大门，从而发现等的物群与点卡之间的数量关系。

（2）幼儿经历了从具体实物到表象数点、再到抽象数字，层层递进的游戏过程。在"订单游戏"环节巩固点物匹配的基础上，递进到按数取物，幼儿先确定糖果的数量，再按照总数取物，幼儿在操作中初步地理解数量的基数意义及等量关系。

（3）幼儿在做做说说中感受，在轻松摆弄中匹配，在延续拓展中巩固，在动手、动脑、动口中自然达成活动目标。

（4）师幼互动中自然渗透了少吃糖、保护牙齿的健康教育。

（活动点评：原北京教育学院宣武分院　郎明琪）

案例二：有趣的盒与盖（对应、匹配）

◆ **活动来源**

本学期，我们请幼儿收集不同的盒子，投放在建筑区进行游戏。幼儿收集到的盒子大小、形状、颜色不一，孩子们在游戏中经常摆弄着自己收集到的盒子，并表达着自己对盒子功能、大小、形状等的认识，他们对此有着较为丰富的感性经验。但每次游戏区结束时，建筑区的孩子们总是最后收拾完玩具材料。在一次分享中，孩子们提出是因为大家收集来的盒子与盖在玩的过程中常常被打开，而收材料的时候又不能把盒与盖快速地收在一起，不仅耽误了收玩具的时间，材料收放得也不是很整齐。

"有趣的盒与盖"活动为孩子们提供了进一步感知、探索盒子与盖子之间关系的空间与机会。通过观察比较大小、颜色、形状的方法，将盒与盖进行匹配，引导幼儿积极地辨别、感知盒与盖这对事物特征，帮助孩子们解决在游戏生活中遇到的实际困难，感受数学在生活中的有用和有趣，并初步理解对应、匹配这些概念，为幼儿今后理解集合、学习分类奠定基础。

◆ **活动目标**

（1）感知盒子和盒盖大小、颜色、形状等外部特征。

（2）能够运用观察、比较的方法，选择合适的盒子与盖子进行匹配。

（3）愿意主动观察、探索盒子的外部特征，并在操作中感受到快乐。

◆ **活动重点**　感知盒子和盒盖大小、颜色、形状等外部特征。

◆ **活动难点**　能够运用观察、比较的方法，选择合适的盒子与盖子进行匹配。

◆ **活动准备**

1. 经验准备　幼儿有形状、大小、颜色等已有经验的认知。

2. 物质准备　教师和幼儿共同收集不同的盒子，教师准备套盒一套，盒子中的"秘密"（幼儿熟悉的玩具 3 种各 15 个，3 种玩具图片各一张）。

◆ **活 动 过 程**

（一）开始部分：发现盒子的秘密，感知盒子的大小、形状、颜色等外部特征

1. 猜猜盒子里有什么

教师：盒子里面有什么？这个盒子里，有什么秘密？

幼儿 1：是海洋玩具，用筷子夹动物的那个。

幼儿 2：是好吃的，是饼干，因为盒子上画着呢！

幼儿 3：这好像是一种巧克力，就是我吃过的圆圆的，里面还有什么。

幼儿 4：是糖果，这是我带来的糖果盒子，我认识。

2. 感知盒子的大小、形状、颜色等外部特征

教师：这些盒子是什么样的？装什么的？盒子哪里是一样的？哪里是不一样的？

幼儿 1：这个是方形的，装海洋玩具的。

幼儿 2：有黄色的。

幼儿 3：还有圆形的盒子。

幼儿 4：小房子的盒子。

幼儿 5：这个是大盒子，那个紫色的是小盒子。

教师鼓励幼儿分享自己的发现，调动幼儿的已有经验。教师与幼儿共同总结盒子有不同的形状、颜色、大小，每个盒子都能装不同的东西。

（二）基本部分：选择合适的盒子与盖子进行匹配

1. 找一找，发现盒子的不同特征

教师：你座位下面的盒子里有秘密吗？盒子是什么样的？你们的盒子一样吗？哪里一样？哪里不一样？

幼儿 1：哇！我的盒子是三角形的。

幼儿 2：我的盒子是心形的。

幼儿 3：我的也是心形的，但是是紫色的，颜色不一样。

幼儿 4：我的盒子是圆圆的，红色的。

幼儿 5：老师你看，是方形的。

教师鼓励幼儿分享自己的发现，并引导幼儿梳理小结自己盒子的颜色、形状、大小的外部特征。

2. 试一试，根据盒子的特征找到适合的盖子

教师：有的小朋友的秘密掉出来了，怎么才能把它藏好呢？每个盒子都有它的好朋友——盖子。它们可以一起帮你把秘密藏好。现在，请你帮盒子找到它的好朋友——盖子。

教师鼓励幼儿尝试根据盒子的形状、颜色、大小找到适合的盖子。教师根据幼儿的需要进行提示和指导，注意以下几点：

（1）鼓励幼儿大胆尝试，运用比一比的方法，比较盒子与盖子的大小。

（2）引导幼儿观察盒子和盖子的颜色、形状特征，发现互相匹配的线索。

（三）结束部分：分享经验

1. 说一说，发现问题

教师：你的盒子找到盖子了吗？你是怎么找到的？为什么这个盖子可以扣在这个盒子上？哪里一样？盒子是什么形状、颜色的？盖子是什么形状、颜色的？

幼儿 1：我的盒子是爱心形的，盖子也是爱心形的。

幼儿2：我的盒子是圆形的、红色的。盖子也是圆形的、红色的。

2. 比一比，找到方法

教师：为什么这个盒子和盖子不是好朋友？怎样帮助盒子找到它的好朋友——盖子？

幼儿1：盖不上（大小不一样）。

幼儿2：颜色不一样。

教师鼓励幼儿分享自己的操作结果，引导幼儿运用观察和对比的方法。总结给盒子找盖子的时候，要选择颜色、图案、形状、大小一样的盒子和盖子，让它们成为好朋友。

3. 玩一玩，运用总结的方法玩"盒子盖子找朋友"的游戏

（1）比一比。

教师：还有很多盒子没有找到它的好朋友。我们比一比，看看谁帮助盒子找到的盖子多。

教师鼓励幼儿大胆尝试，运用观察、比较的方法，选择大小、形状、颜色适合的盒子与盖子进行匹配。教师根据幼儿的需要进行提示和指导，注意以下几点：

①鼓励幼儿大胆尝试，选择自己想要匹配的盒子。

②引导幼儿运用先比较颜色、形状，再比较大小的方法，快速找到相匹配的盖子。

③鼓励幼儿分享尝试中的新发现。

（2）说一说。

教师：还有盒子没有找到盖子吗？我们一起来帮忙，盒子是什么颜色的？盖子是什么颜色的？是什么形状的？可以盖上吗？

幼儿1：盒子是红色的。

幼儿2：盖子是黄色的。

幼儿3：可以盖上。

教师和幼儿共同总结，原来盒子与盖子只要形状、大小一样，颜色不一样也可以盖在一起，成为好朋友。

◆ **活动延伸**

把盒子放到活动区，引导幼儿尝试和发现盒子的多种玩法。

◆ **活动反思**

本次活动内容源于幼儿生活游戏中遇到的问题，是幼儿感兴趣的话题和内容。同时，以"盒子里的秘密""藏秘密"的情景游戏激发幼儿参与。活动中，幼儿积极、专注而投入，并愿意大胆尝试操作，取得了预期的效果。此外，在幼儿不断与盒子、盖子的互动操作中，不仅感知了盒子的大小、颜色、形状等外部特征，还学会了运用观察、比较、叠放的方法解决匹配盒子和盖子的问题。在这一过程中，一一对应和匹配是幼儿将来学习对应、比较、点数和理解集合的基础。

本次活动的不足在于，虽然活动过程中孩子们对材料非常感兴趣，愿意操作、摆弄，但是在发现秘密和藏秘密的过程中，幼儿对藏在里面的玩具和摇晃盒子非常感兴趣，并沉浸在不停摇晃盒子听声音的乐趣中，如果活动材料选择幼儿喜欢的织物类玩具，幼儿的注意力便不会转移，可以更加专注地倾听同伴的分享。因此，在以后的活动中，应注意教具材料的选择，考虑其适宜性，以便充分发挥其教育价值。

（执教教师：北京市西城区三教寺幼儿园　孙兆雯）

◆ **活动点评**

"有趣的盒与盖"活动，是源于幼儿生活的一次新颖、有趣的活动，"猜秘密""藏秘密"的情景游戏设置和具体的感知、操作、体验，顺应了小班幼儿的年龄特点和学习方式。活动特点如下：

（1）幼儿在游戏中感知，在游戏中体验，在游戏中获得经验，在游戏中分享经验。运用"猜秘密""藏秘密"的游戏情景，不断激发了幼儿参与活动的兴趣，感知盒子的外部特征，并愿意不断观察、比较盒子与盖子的外部特征，尝试进行匹配。调动了每个幼儿活跃的思维，并且在"藏秘密"的游戏中感知匹配，在游戏中解决生活中遇到的问题。

（2）盒与盖的匹配活动是引发幼儿发现方法、尝试探究、找到合适的探究过程。幼儿在"盒子找朋友"的游戏活动中，经历了从直接经验感知到获得相关数学经验的习得过程。盒子与盖子除了大小、颜色、形状的对应、匹配外，还需要运用叠放、比较的方法来为盒子寻找最适合的盖子。这些经验都需要幼儿在操作中直接感知和亲身体验。

（3）因为是小组活动，所以给每个幼儿操作和表达的机会很充分，教师与幼儿的个别互动针对性强，每个环节既有之前思考的关注点，也有现场生成的互动点，促使幼儿积极、主动地参与活动。

（4）活动内容来源于幼儿生活，又还原于幼儿生活，能助力小班幼儿建立自信，探究并解决相似问题。逐渐树立用数学的方法去发现并解决生活中问题的态度，使幼儿充分感受到数学在生活中的有趣和有用。

（活动点评：原北京教育学院宣武分院　郎明琪）

案例三：给巨人和矮子送礼物（比高矮）

◆ **活动来源**

在日常生活中，我们经常会听到幼儿说："我比××高，我最高。"搭积木的时候，幼儿会把两个一样粗的圆柱体放在一起，比一比，选择一样高的进行搭建。依据幼儿生活中比高矮的已有经验和发展水平，结合小班"比较"这一数学目标，设计了"给巨人和矮子送礼物"的游戏活动。

◆ **活动目标**

（1）用直接比较的方法判断两个物品的高矮。

（2）能够在教师引导下发现比较高矮的方法。

（3）对比较高矮的活动感兴趣。

◆ **活动重点**　用直接比较的方法判断两个物品的高矮。

◆ **活动难点**　能够在教师引导下发现比较高矮的方法。

◆ **活动准备**

1. 经验准备　有玩"巨人和矮子"以及"找朋友"这两个音乐游戏的经验；已掌握比长短的方法。

2. 环境准备　活动室上方吊一个皮球。

3. 物质准备　高矮不同，大小、颜色、粗细都相同的绿茶瓶；高矮、形状不同，其他都相同的糖果盒；各种适宜比较高矮的物品，如洗发水瓶、易拉罐、笔筒等；巨人和矮子的图片各1张，底边对齐，分别贴在两个整理箱上；音乐《巨人和矮子》。

◆ **活动过程**

（一）开始部分：玩游戏引出活动

1. 导入环节：通过玩"拍球"游戏，引出"高"和"矮"

教师：小朋友们一定很奇怪，咱们班怎么吊了一个大皮球呀？你们能猜出，它是做什么用的吗？

幼1：跳着拍。

幼2：看谁能够到。

教师：对，是玩游戏用的，你们想不想拍一拍？

教师：好！那就请小朋友们都来试一试吧！

教师：好玩吗？咱们再来玩一次。这次游戏难度可要增加了。再拍球的时候，请小朋友像"大钉子"一样踩在地面的圆点上，脚不能离开地面，你们敢不敢试一试？

教师：小朋友们，你们都拍到球了吗？

教师：请拍到球的小朋友站在这边，没拍到球的小朋友站到那边。有人拍到了，有人没拍到，这是为什么？

教师：原来是有的小朋友高，有的小朋友矮。

2. 通过玩"找朋友，比高矮"的游戏，初步引导幼儿发现比高矮的方法

教师：咱们来玩一个"找朋友，比高矮"的游戏，好不好？

教师：请小朋友们拉个圆圈，咱们一起唱《找朋友》的歌曲，由一个小朋友去找好朋友。歌曲结束后，请两个好朋友站到中间，小朋友们快速地说出这两个人谁高谁矮。（游戏重复玩几次）

教师：我们现在玩的是"找朋友，比高矮"的游戏，应该怎样比高矮呀？

幼儿：前些天，我们玩过"撒小棍，比长短"的游戏。记得比长短的方法是横着比，一头对齐。

教师：比长短的方法，小朋友们都知道，比高矮应该怎样比呢？刚才，在拍吊球的时候，要求小朋友们要像小钉子一样，钉在圆点上，稳稳地去拍球。比高矮也要和比长短一样，一头对齐，要和小钉子一样，脚下平平的，身体站得直直的，再比较高矮。

幼儿1：竖着比。

幼儿2：立起来。

幼儿3：下面对齐再比。

教师：小朋友们说得真好！竖着比、立着比、站着比，下面要对齐。

（二）基本部分：能够在教师引导下发现比较高矮的方法

1. 游戏：给巨人和矮子送礼物，引导幼儿进一步认识高和矮

教师：刚才，我们比过了高和矮。以前，我们玩过一个能变高变矮的音乐游戏，你们还记得吗？

幼儿：巨人和矮子。

教师：这个游戏特别有趣，小朋友们都很喜欢。今天，我们再来玩一次。

听《巨人和矮子》的音乐，随音乐踮脚尖走或蹲着走。

教师：今天，巨人和矮子来到了咱们班，你们看。

出示巨人和矮子的图片。

教师：为了表示欢迎，咱们给他们送些礼物，好不好？

2. 通过送第一样礼物——饮料，引导幼儿发现大小、颜色、粗细一样的物体有高、有矮

教师：礼物在哪儿呢？

教师引领幼儿往放有绿茶饮料瓶的桌子走，神秘地掀开盖布。

教师：这就是我们要送的第一样礼物。请小朋友们一手拿一个饮料瓶，要有高、有矮。

教师：小朋友们，你们都找到高和矮了吗？用刚才你们发现的比高矮方法比一比这两个饮料瓶，请小朋友把高的举起来，把矮的放背后。再把矮的举起来。

小结：小朋友们拿的是一样的饮料，有……有……（有高有矮）

教师：现在，我们给巨人和矮子送礼物，想一想，应该怎样送？

幼儿：高的送给巨人，矮的送给矮子。

3. 通过送第二样礼物——糖果盒，引导幼儿发现形状不同的物品也有高矮之分

教师：小朋友们，我们还有礼物要送呢！看一看，这是什么？

幼儿：糖果盒。

教师：那我们怎么拿呢？（一手拿一个，要有高、有矮）

教师：看一看，你们手中的糖果盒，你发现了什么？

小结：这些都是糖果盒，它们的形状不同，也有高有矮。

教师：这次巨人说他想要矮的东西当礼物，矮子说他想要高的东西当礼物。你们能送对吗？

4. 通过送第三样礼物——各种物品，引导幼儿发现不同种类的物品也有高矮之分

教师：这还有礼物呢？小朋友们看看，是什么？（易拉罐、笔筒、洗发水等）

教师：对，这有各种各样的礼物。一会儿，我们还是……（一手拿一个，要有高有矮）

教师：谁能向大家介绍一下，你送的礼物是什么？

教师：我们送的礼物不一样，也有……（高和矮）

（三）结束部分：给教师或小朋友送礼物

教师：这次，请小朋友们自己决定如何送礼物，然后告诉你的好朋友或者老师，你是怎样送的。

◆ **活动反思**

此次活动中，我特别关注幼儿的游戏性体验，引导幼儿在真实、生动、有趣的游戏中获得关于高矮的基本概念以及比较高矮的方法。首先，活动导入部分，房顶垂下的皮球十分吸引幼儿，激发了他们探索的欲望。幼儿有的能够到，有的够不到，自然而然引出高和矮的概念。在幼儿熟悉的"找朋友，比高矮"游戏中，幼儿通过观察，一目了然地区分出高和矮。因为有之前比较长短的经验，幼儿也能具体感知比较高矮要"立着比""站着比"，不能"躺着比"了。同时，也能迁移比长短的经验，知道一头要对齐。此次活动的第一个环节因为只有一个皮球，所以幼儿等待时间略长，不能充分地体验，以后可以多提供几个皮球，幼儿分成两组或三组来进行这个环节。

（执教教师：北京市西城区长椿街幼儿园 张文杰）

◆ **活动点评**

"给巨人和矮子送礼物"的数学活动非常符合小班幼儿的学习特点，在拟人化的、生动有趣的游戏中学习和感知高矮、认识高矮的概念、比较高矮，在巧妙的游戏互动中理解并运用。活动"亮点"如下：

（1）活动导入先声夺人，直接进入主题，"落地有声"。在拍吊球环节，教师在地面上贴了一个圆点，幼儿脚踩圆点，脚掌不离开地面去够球，为什么有的小朋友能够到球，有的小朋友够不到球，引发幼儿思考，生动而直观地让幼儿感知和判断高矮。

（2）探究比较高矮的方法很形象，注重与比较长短的已有经验自然连接，借助已有经验，帮助幼儿形成新经验。教师：刚才在拍吊球的时候，为什么要像小钉子一样，钉在地上，稳稳地去拍球？幼儿：比高矮和比长短一样，要一头对齐，要和小钉子一样，脚下平平的，身体直直的，再去比较。

（3）游戏环节一环套一环，环环相扣，层层铺垫，水到渠成地促使幼儿达成教学目标。通过幼儿非常熟悉的"找朋友"游戏，引导幼儿比高矮，从而明白一个物品不能说高矮，至少需要两个物品进行比较，用准确而又儿童化的语言总结出比较高矮的方法。在最后给巨人和矮子送礼物的3次游戏中，每次都涉及不同的维度。第一次的礼物大小、颜色、粗细都相同，只有高矮不同；第二次的礼物是形状、高矮都不同；第三次的礼物是不同类的物品，也有高和矮之分。

（4）整个活动既体现出数学概念的严谨和准确，又非常符合小班末期幼儿数学学习的特点和幼儿的已有发展水平。教师的启发性提问恰到好处，师幼互动积极、有效，幼儿在游戏中主动发现、探究。

（活动点评：原北京教育学院宣武分院 郎明琪）

二、中班活动案例

案例一： 排一排、走一走（空间方位）

◆ **活动来源**

这次数学活动来源于幼儿生活中遇到的问题，和幼儿的生活紧密相关。在幼儿园开展主题活动"马拉松"的过程中，幼儿提出了想自己设计"马拉松"的路线。但是，在和幼儿互动的过程中，教师发现他们缺乏相关的知识和经验，并不知道怎样去设计路线。设计路线的前提条件是要了解幼儿园的不同区域和环境，了解幼儿园不同区域之间的空间方位关系，这就涉及了数学中空间方位的内容。幼儿认识空间，从某种意义上说就是认识"地点"或者说是认识"环境"，例如，认识自己的幼儿园，认识自己的班级地点、方向、位置、消防通道、安全出口等。认识环境是幼儿每到一个新环境都要做的事。教师要有意识地帮助幼儿认识空间方位。如：门上有什么标记、楼道有什么标志物，帮助幼儿记住某些地点的特征，尝试用自己的方式了解环境，认识环境。幼儿现有的发展水平能够把视觉记忆中的场景和现实中的单个场景进行对应，但是不能很好地将这些区域之间建立联系，所以他们不理解怎样去设计路线。为了支持幼儿接下来即将进行的活动，丰富幼儿相关经验，教师运用幼儿生活中的资源，设计、开展了这次"排一排、走一走"的数学活动。

◆ **活动目标**

（1）能够用实物图排列出从本班到院落的路线。

（2）尝试运用空间方位的经验寻找物品，获得新经验。

（3）体验运用数学方法解决实际问题的乐趣。

◆ **活动准备**　幼儿园不同区域的图片，游戏单，写有1～10数字的红、白、蓝色海洋球，路线图。

◆ **活动过程**

（一）玩"看图说地点"的游戏，辨识图片中的位置

教师：过几天，我们要设计幼儿园的"马拉松"路线了。前段时间，有的小朋友说设计马拉松路线需要有起点和终点，而且马拉松的路线很长。今天，咱们就先来试着排一排短的路线。

教师：老师准备了一些图片，咱们来玩一个"看图说地点"的游戏，看看谁能先认出并说出这是哪个地方。

教师分别出示图片，幼儿说出地点后，教师将该图片贴在黑板上。

（二）回忆从本班到小树屋的路线，说出路线经过的地点

教师：请小朋友们看一看，想一想，要想从咱们班到前院小树屋，应该怎么走？你可能会路过哪里？这条路线还能路过哪里？还有其他不一样的路线吗？

（三）玩"排一排、走一走"的游戏，尝试用实物图排列出从本班到小树屋的路线

教师：大家找到了3条路线会路过的地方。一会儿，我们要玩一个"排一排、走一走"的游戏。

1. 幼儿观察游戏材料，了解游戏玩法

教师：玩游戏之前，先请小朋友们看看这张游戏单上有什么？（中二、树屋、箭头）

教师：箭头代表什么意思？（指示从中二班出发到达小树屋的方向）

教师：除了游戏单，老师还准备了和黑板上一样的小图片。

教师：在这3条路线中，选择一条你想走的路线，想一想先路过哪儿，再路过哪儿，按照自己平时走的顺序把图片排一排，排好后贴在游戏单上。

将第一条路线的图片放在1、2桌。

将第二条路线的图片放在3、4桌。

将第三条路线的图片放在5、6桌。

教师：现在，请小朋友们轻轻地藏好小椅子，去后面的桌子上取一张游戏单。

2. 幼儿尝试用实物图排列出其中一条路线的顺序

教师：想一想，从中二班出发，先走到哪儿，再走到哪儿，最后才能到达小树屋。

教师：排好顺序的小朋友，请你和同桌的小朋友相互看一看，说一说你是怎么排列的。

3. 幼儿按照自己排好的图片顺序从本班走到小树屋

教师：大家把图片顺序都排好了。一会儿，咱们要按照自己排列的图片顺序真的去走一走。先走到第一张图片的位置，再走到第二张图片的位置，看看能不能顺利地走到小树屋。

安全提示：在去小树屋的路上，要注意安全。

教师小结：谁排对了，也走对了？恭喜排对了、也走对了的小朋友。谁在走的时候遇到问题了？你是怎么改的呢？你也很棒！请小朋友们把手里的游戏单放到身后的小筐里。

（四）玩"看图寻找海洋球"的游戏，尝试看图找物

1. 幼儿观察游戏材料，了解游戏玩法

教师：接下来，咱们还要玩一个"看图寻找海洋球"的游戏。看一看这3张图，海洋球在哪儿呢？海洋球有什么不一样的地方？（颜色不一样、数字不一样）

教师：老师把3种颜色的海洋球藏在了幼儿园的不同地方。一会儿，请你到小动物那边的绿地上选一张图，按照图上的路线走，就能找到这个海洋球了。

教师：按照游戏单找到海洋球后，回到咱们班。路上要注意安全。

2. 按照游戏单上的路线寻找相应的海洋球

小结：你们都找到自己的海洋球了吗？你们真棒！快和旁边的小朋友拥抱一下，给自己一个鼓励。接下来，我们就要挑战设计更难的马拉松路线了，你们敢不敢挑战？

◆ **活动反思**

以前的数学活动注重从知识概念的角度出发设计活动，现在的数学活动更多的是从生活中来的内容，充分符合《指南》中提倡的"在生活和游戏中学习数学"这一理念。活动设计体现了以学定教的设计理念。教师观察幼儿在前，在观察和分析幼儿的基础上提供相应的支持与策略。在幼儿动手操作前，教师帮助幼儿梳理已有经验，请他们说一说要经过哪儿，明确自己走的路线这一概念，使幼儿在排图环节中很快突破了教学重点。在操作的过程中，教师与幼儿及时互动，当幼儿受到相近图片干扰时，教师能够运用提问的方法引导幼儿自主探究，发现图中的区别。有的幼儿按照自己拼摆的路线走，找不到海洋球；有的幼儿没有按照自己拼摆的路线寻找；有的幼儿将标志地点的顺序前后贴错了……教师及时引导幼儿自主发现路线中的问题，和他们一起找到了海洋球。这样既尊重了幼儿年龄特点和学习方式，又充分给予幼儿探索空间，让幼儿在边玩边做中提高了空间知觉。

（执教教师：北京市西城区实验幼儿园　徐　冉）

◆ **活动点评**

《指南》在数学教育目标上强调"能从生活和游戏中感受事物的数量关系，并体验到数学的重要和有趣"，它还指出"学习数学的过程应该是幼儿主动探索的过程"。在"排一排、走一走"的活动中，教师结合幼儿的兴趣和需求，抓住幼儿在设计路线中需要的关键经验，充分利用身边资源，把抽象的数学内容渗透到游戏中，充分引导孩子在游戏中体验了"玩中学""做中学"的教育理念。这次活动，教师从幼儿熟悉的生活中数学问题及有趣的数学现象入手，将其融入幼儿探究周围现象和解决问题的过程中，引导幼儿在游戏中提高了空间关系和感知觉能力，丰富了相关的经验。幼儿通过在游戏中给图片排序的主动学习，对原本熟悉的幼儿园有了全新的认识。游戏中的幼儿在现实生活中尝试运用已有知识和经验，解决游戏中某些简单的问题，体验到了数学的重要与乐趣。

（活动点评：北京市西城区教育研修学院　白　戈）

案例二：搬箱子（按顺序排列）

◆ **活动来源**

教师结合主题活动"纸箱王国"，引导幼儿用大纸箱玩起了各种各样的游戏。纸箱子是常见的生活用品。教师通过游戏，引导幼儿发现纸箱有很多特点，如大小、形状、打开方式、材质的不同，利用这些不同的特点，设计出了很多游戏。这次活动选用的都是长方体、大小不一的纸箱，这些纸箱看似大小各异，但打开后能按照从大到小的顺序依次套进去。需要孩子们动手、动脑，尝试操作，学会多角度思考问题。

◆ **活动目标**

（1）知道按照从大到小的顺序可以把大小不一的纸箱套起来。

（2）探索搬运多个箱子最简便的方法，尝试合作解决问题。

（3）乐于大胆表达自己的想法，勇于动手、动脑解决问题。

◆ **活动准备**　纸箱图片、快递图片、纸箱16个。

◆ **活动过程**

（一）开始部分：创设"搬家"情境，引出活动

请幼儿动脑筋想办法，帮教师搬家。

教师：最近，老师要搬家，需要用很多纸箱来装各种物品。正好，咱们班最近都在跟纸箱玩游戏。我们先来看一看、说一说，这些纸箱都是什么样的？

幼儿1：有长方形。

幼儿2：有的大、有的小。

幼儿3：上边的图案都不一样。

（二）基本部分

1. 讨论搬箱子的方法

教师：这些纸箱可真多啊！我们来数一数，有多少个纸箱？

幼儿：1、2、3、4、5……一共有 8 个纸箱。

教师：如果请小朋友每人搬一个纸箱，看看需要多少个小朋友才能搬完。

幼儿：需要 8 个小朋友。

请 8 个小朋友搬箱子，每人搬一个，教师用图片的形式进行记录。

2. 怎么才能搬得更快

（1）搬纸箱的速度慢，寻找更快的方法。

教师：刚才，来了这么多小朋友帮忙，每个人都帮忙搬了一个纸箱。但是，这样搬，速度有点慢。聪明的小朋友们想一想，有没有更方便、快捷的办法？

幼儿 1：可以一下搬 2 个。

幼儿 2：可以一下搬 3 个。

幼儿 3：可以一下搬 5 个。

教师：那我们从最轻松的方法试试，看看能不能成功。

（2）尝试搬纸箱。

幼儿尝试每人一次搬 2 个纸箱，看看需要多少名幼儿才能搬完这 8 个纸箱。教师用图片帮助幼儿进行记录。

（3）增加游戏难度，挑战更快的搬运方法。

教师：每人搬 2 个的方法成功了。请你们再想一想，还有没有更快一点儿的办法？

幼儿 1：一次搬 3 个。

幼儿 2：一次搬 8 个……

（4）尝试摞高箱子。

尝试把箱子摞高，每人一次搬运 3 个，看看需要多少名幼儿才能搬完。

教师用图片帮助幼儿进行记录。

（5）提出最有挑战性的难题，突破难点。

教师：老师想考考你们，我想只用一个人，一次性把8个纸箱都送过去。请小朋友们想想，有什么好方法？

幼儿1：我可以把8个箱子摞在一起，搬走。

幼儿2：我可以把箱子都抱在怀里。

幼儿3：我可以推着箱子走。

幼儿4：我可以自己搬好几趟。

教师：请小朋友们再听一次老师提出的要求，只能请一名小朋友一次把所有纸箱都搬走，而且还要能下楼、能搬起来的方法。

（6）分组尝试。

幼儿分两组进行尝试，每组8个纸箱，看看有什么办法能让一名小朋友一下子运走所有的纸箱。

（7）请两组幼儿分别展示一下自己的好方法。

幼儿1：我们尝试了好多办法，都不成功，没办法一次搬走这么多纸箱。

幼儿2：我们成功了，我们把纸箱都给打开了，然后把它们都装进去，就可以搬起来了，就是有点儿沉。

（三）活动结束：梳理、总结经验，分享搬纸箱的方法

（1）教师把箱子一个一个地拿出来，排成一横排，请幼儿观察。

教师：请小朋友们讲一讲，你们按什么顺序把箱子套在一起的？

幼儿：从大到小的、一个一个套进去的。

（2）总结经验。

教师小结：今天，我们学会了一个好方法，可以按照箱子的大小，把小箱子装进大箱子里，一个一个套进去，这样就节省了空间，搬运的速度也更快了。小朋友们想一想，用这个好方法还能帮助我们做什么事情，还可以玩什么好玩的游戏，我们可以试一试。

◆ **活动延伸**

（1）把纸箱投放到活动区，供幼儿操作、探索不同玩法，感知箱子从小到大层层相套的空间关系。

（2）尝试将纸箱变废为宝，制作成好玩和有用的物品。

（3）户外活动：尝试纸箱的多种玩法。

◆ **活动反思**

今天的活动实现了教师预设的活动目标，幼儿在活动中始终保持着很高的积极性，和教师一起动脑筋解决问题。活动过程由易到难，适合中班幼儿操作，逐层递进地帮助幼儿理解物体的空间关系。活动材料中，最大号的纸箱比幼儿的身高还高，影响了幼儿操作，以后可以选择更加轻巧的纸箱进行操作。活动中，游戏难度逐渐递增，纸箱数量从 1 个到 3 个、再到 8 个纸箱，幼儿逐一尝试，他们都想挑战一次搬更多的纸箱。再次尝试活动时，教师应尊重幼儿的想法，给幼儿充分尝试的机会，验证他们的猜想。

（执教教师：北京市第四幼儿园 李雅妮）

◆ **活动点评**

1. 活动选材非常有趣 活动内容源于生活中的问题，获得的经验又能够用于生活，拓展解决问题的多样化方法，体现了用数学的方法解决生活中实际问题的思路；活动材料纸箱是生活中常见的物品，结构简单，方便操作，可探究的空间大。不仅可以用于数学活动，还可以和区域游戏、户外体育活动相结合，探究材料的多种玩法，体现了中班目标化的活动区活动引导思路。

2. 活动形式新颖 搬来搬去的纸箱中蕴含了许多数学奥秘。幼儿在尝试中发现搬箱子的数量越少，需要的人数越多；反之，人数越少的关系。教师通过摆放图片进行记录的方式，引导幼儿直观地看到数量递增和递减的变化，符合中班幼儿的认知水平和实际能力。

3. 活动难度层层递进，富有挑战性 教师引导幼儿尝试从一人一次搬一个箱子到探索一人一次搬 8 个纸箱的方法，看似不可能完成的任务，其实只需要突破固有的思维方式就能解决问题，体现了对幼儿思维的引导。

幼儿在游戏中获得新的经验，利用纸箱大小的不同按顺序套箱子搬运的方法。在探索中发现纸箱大小和数量的变化，在具体情境中学习抽象的数学知识，体现了对幼儿发展性引导的过程。

（活动点评：北京教育科学研究院早期教育研究所 何桂香）

案例三：有趣的规律（模式、排序）

◆ **活动来源**

在日常生活中，经常能够听到幼儿自主表达关于模式的发现。如，"某某小朋友的衣服上有条纹，一条蓝、一条白""主题墙的花边是一根小木棒、一块圆木片"……过渡环节时，小朋友们玩"请你像我这样做"的游戏时，所做的动作也常常是"拍手拍肩、拍手拍肩"等有规律的动作。对于简单的模式，幼儿在生活和游戏中已经积累了比较丰富的感性经验，并且能够通过动作、声音、美术创作、积木搭建等复制、扩展简单的模式。基于幼儿的原有经验和生活中的发现，依据中班关于模式内容的教育目标，教师设计了此活动。

◆ **活动目标**

（1）能够发现和识别物品、动作和声音中 ABC、AAB 等排列模式。

（2）能依据排列的模式尝试按规律排序。

（3）喜欢观察、探索生活中有规律的事物。

◆ **活动准备**

1. 经验准备 幼儿有玩词语接龙的经验，有识别、复制与扩展简单模式的经验，如 AB、AABB。

2. 物质准备 字母卡片、美工区材料（如扣子、绒球、自然物等）、彩色笔、剪好的小图案、胶棒、闯关卡。

◆ 活动过程

（一）开始部分：通过"动作接龙"游戏，发现动作中的 ABC、AAB、ABB 的模式

1. 介绍游戏玩法

教师：小朋友们，今天，我们来玩一个"动作接龙"的游戏。听到这个游戏的名称，你能猜出这个游戏怎么玩吗？

幼儿 1：就是前面一个人做什么动作，后面的人也跟着做什么动作。

幼儿 2：就是一个一个往下传，传的不是词语，是动作。

教师：小朋友们说得很有道理。一会儿，我来做动作，从这位小朋友开始，一个接一个模仿我的动作，要一模一样。

2. 教师做"拍手、叉腰、跺脚"的动作，幼儿尝试玩"动作接龙"的游戏

3. 总结游戏中 ABC 的动作模式

教师：从刚才的动作接龙游戏中，你发现了什么规律吗？

幼儿 1：就是大家做的都是一样的动作。

幼儿 2：每个人都在重复拍手、叉腰、跺脚。

教师：我做的动作是什么顺序？

幼儿：第一个动作是拍手，第二个动作是叉腰，第三个动作是跺脚。

教师（出示 ABC 的卡片）：如果我用 A 表示拍手，你们猜猜 B 和 C 表示什么？

幼儿：B 表示叉腰，C 表示跺脚。

教师：我可以用什么符号表示你们的动作接龙呢？

幼儿 1：继续重复 ABC。

幼儿 2：后面还是 ABC、ABC、ABC。

教师将重复的 ABC 卡片贴在后面。

4. 幼儿创造 ABC 动作模式，重复玩两次"动作接龙"

教师：哪个小朋友也能创编一组 ABC 的动作，我们来接龙。

5. 教师做"拍手、跺脚、跺脚"的动作，幼儿尝试"动作接龙"

6. 总结游戏中 ABB 的动作模式

教师：如果用字母表示我刚才做的动作，你们认为应该怎样表示？

幼儿 1：用 A 表示拍手，用 B 表示跺脚。

幼儿 2：那就是 ABB。

教师：你们接龙我的动作，怎么表示呢？

幼儿：一直重复 ABB、ABB、ABB。

教师：玩这个游戏，小朋友们发现了什么？

幼儿 1：要知道哪个动作和哪个动作是连着的。

幼儿 2：要知道动作的顺序。

教师：你们真棒！

（二）基本部分：能依据排列的模式尝试按规律排序

1. 玩"闯关游戏"，尝试识别并复制、填充、扩展模式

（1）介绍"闯关游戏"的玩法。

教师：小朋友们能够发现动作中的规律。前几天，我们还搜集、观察了一些物品的规律。今天，我们来玩个"闯关游戏"。老师准备了很多闯关卡，每人 3 张，你一定要仔细观察，发现其中的规律，然后把闯关卡上空着的部分用粘贴或者绘画的方法补充完整。

闯关一：给球排排队（提供图案卡片，进行粘贴）。

闯关二：涂一涂（提供彩色笔）。

闯关三：画一画（提供彩色笔）。

（2）幼儿操作，教师重点指导幼儿识别闯关卡上的规律。

（3）梳理经验。

教师：你用了什么好方法把空的地方填准确，最关键的是什么？（找到排序的第一组）

2. 操作活动"我来设计，你来找"

（1）介绍活动要求。

教师：这次，由小朋友们来设计规律。设计完后，请你的好朋友来找一找，你的作品有什么规律？

教师提供各种材料，供幼儿选择、排序：美工区常用的材料，如瓶盖、彩色小绒球、彩色小木棒等装饰物，以及石头、贝壳、木片、松塔、羽毛等自然物。

（2）幼儿自主设计有规律的摆放方式。

（3）同伴间相互寻找对方物品摆放的规律。

（三）结束部分：分享游戏中的经验

教师：刚才，小朋友们设计了很多游戏。你觉得哪个最好玩、最有意思，说说为什么。小朋友也可以到活动区用不同的方法继续游戏，看谁的方法最多。

◆ **活动延伸**

鼓励幼儿在建构区、美工区中进行有规律地搭建和创作。在班级中设置"首饰商店"活动区，为幼儿提供各种穿珠材料，搜集并引导幼儿观察饰品的规律，鼓励幼儿设计有规律的饰品，开展买卖定制等游戏。

◆ **活动反思**

幼儿在日常生活中随处可见各种模式排列方法。此活动基于幼儿对简单模式学习的基础，源于幼儿对生活中视觉模式的观察和兴趣，充分体现了数学学习的系统性。活动以"动作接龙"游戏导入，引导幼儿发现动作及声音中的模式，同时，也引导幼儿通过个体参与直接感知模式的复制。基于中班模式学习的基础，本次活动中尝试运用字母、符号表征模式中的每个元素，具体、形象地呈现出动作以及声音中的模式。游戏识别模式后，再通过"闯关游戏"的形式，引导幼儿采取粘粘贴贴、画画涂涂、拼拼摆摆等方式进行模式的复制和填充，同时也是进一步巩固对比较复杂模式的识别。三个闯关内容呈现出比较明显的难易梯度，既关注到幼儿的个体差异，也有利于教师通过观察幼儿的操作识别幼儿的发展水平和遇到的问题，及时给予适宜的指导。活动最后，幼儿利用熟悉的游戏材料创造新的模式，为幼儿运用本次活动中获得有关模式的概念提供机会。在闯关游戏中，幼儿呈现出一定的差异，有的幼儿不能通过观察正确识别出第二关或者第三关中蕴含的规律，在复制或填补过程中就会出现问题。教师不仅要在过程中及时启发幼儿观察、确定模式中的第一组，活动后也要及时组织幼儿进行集体讨论，梳理、总结经验，为后面自主创编模式奠定基础。

（执教教师：北京市西城区长椿街幼儿园　张文杰）

◆ **活动点评**

模式是幼儿数学学习的基本内容。学习模式可以引导幼儿发现事物之间的规律，并能预测与创造规律，提高逻辑思维与推理、判断能力。因此，模式学习对于幼儿抽象逻辑思维的发展具有重要意义。活动中，教师通过"动作接龙"的形式引导幼儿感知和体验动作、声音中的模式，新颖、有趣，幼儿十分专注、投入。其次，教师利用字母、符号对模式进行表征，初步萌发幼儿数学表征的能力。在闯关游戏中，教师提供的材料充分反映出其关注到了幼儿的个体差异性，既有两个因素干扰的材料，如第二关中蕴含着数量和颜色的干扰；也有三个因素干扰的材料，如第三关中蕴含着数量、颜色、形状的干扰。整个活动中，三个主要环节从识别到复制、填补，再到创造，遵循幼儿模式学习的规律，活动的层次清楚，目标明确。更可贵的是，教师在每个环节都非常关注幼儿活动中经验的梳理，引导幼儿举一反三，迁移经验，这对于幼儿思维能力的发展和学习品质的引导都起到非常好的作用。

（活动点评：北京市西城区教育研修学院　白　戈）

三、大班活动案例

案例一：看图找一找（空间方位）

◆ **活动来源**

幼儿升入大班后，活动的自主性与主动性明显增强，他们不但能够积极、主动地参与班上的活动，而且能够和教师一起对各种活动进行策划和组织。此次活动源于班级的"蜗牛"主题。大蜗牛生了许多宝宝，幼儿通过讨论决定让弟弟、妹妹领养。他们在设计此活动场地平面图时，遇到了一些问题。幼儿在绘制平面图时，更加关注情景，不能用符号表征场地内的物体，同时空间方位的概念也不是很清晰。结合幼儿活动中的实际问题与需要，教师设计了这次数学活动。

◆ **活动目标**

（1）体验用数学方法解决生活、游戏中问题的乐趣。

（2）理解平面图中各种符号表示的意义。

（3）尝试按平面图中的标注找到对应的位置。

◆ **活动准备**

1. 经验准备　画过蜗牛领养活动的场地平面图。

2. 物质准备　班级活动室平面图（1张大、18张小）、3个圆点、蜗牛藏宝图18张、蜗牛折纸18个。

◆ **活动过程**

（一）开始部分：游戏引入活动

1. 通过谈话引出游戏"看图找座位"

教师：今天，我们来玩儿一个"看图找座位"的游戏。你们根据游戏的名称猜一猜，这个游戏怎么玩儿？

幼儿：看着图去找座位，不能随便坐。

幼儿：我玩过差不多的游戏，每人有一张图纸，拿着图去找宝贝。

教师：请小朋友到旁边的桌子上拿一张图纸，仔细看图，看懂之后，按照图纸找座位。

2. 玩游戏"看图找座位"

（1）幼儿玩游戏"看图找座位"。

教师：谁找到座位了？你们都找对了吗？互相检查一下。

教师：谁没有找到座位？你们遇到了哪些困难？

幼儿1：我找到了。

幼儿2：他的座位是错的，他应该坐那个位置。

幼儿3：我没找到，我不会看图。

（2）幼儿分享看图找座位的经验。

教师：找到座位的小朋友分享一下，你是怎么找到的？为了让小朋友看清楚我这儿有张大的平面图。

幼儿1：这个是咱们班的电视，图应该朝这边拿。

幼儿2：这个长方形是桌子，圆形的这个是椅子，红点的那个就是你的座位。

幼儿3：我的座位在左边的第一张桌子，是中间的座位。

教师：原来你们的方法是先找到一样东西，再用图对准它的位置，把图纸摆放的方向和它的方向一致，就找到座位了。请大家用刚才小朋友们总结出来的方法再检查一下，看一看，你找对了吗？

（3）幼儿再次玩游戏"看图找座位"。

教师：请小朋友们把图纸扣在桌子上，闭上眼睛。我要打乱图纸的顺序，咱们再来玩一次。

（二）基本部分：尝试按平面图中的标注找到对应的位置

1. 玩游戏"看图找蜗牛"

（1）幼儿玩游戏。

教师：现在，小朋友们都能看懂平面图了。接下来，我们再来玩一个"看图找蜗牛"的游戏。这回图纸变难了，老师把前几天小朋友制作的折纸小蜗牛藏在了咱们班各个角落。一会儿，每个人取一张图，看看你这张图是咱们班的哪间屋子？你要找几号小蜗牛？小蜗牛藏在了什么附近？看懂了再去找。找到之后，把小蜗牛对应的位置贴在前面这张大图上，和旁边的小朋友讲一讲，你是怎样看图找到小蜗牛的？

（2）集体分享。

教师：你们都找到小蜗牛了吗？这回是怎么找到的，和刚才的方法一样吗？谁来分享一下？

幼儿1：我是在睡眠室找到的小蜗牛。

幼儿2：和刚才方法一样，图上这个长方形是小朋友睡觉的床，我在床下找到的小蜗牛。

幼儿3：我的小蜗牛没找到。

教师：大家一起来帮他看一看，他的小蜗牛藏在哪间屋子里了？

幼儿1：是睡眠室，和我的图一样。

教师：他的小蜗牛藏在了什么附近呢？

幼儿2：这个是小朋友的床，这边就应该是建筑区或者是老师的桌子这边。

幼儿3：我知道，这个是老师的桌子，小蜗牛一定藏在那儿了。

幼儿4：老师，我们找到了，小蜗牛在老师的桌子下面呢！

2. 再次玩游戏"看图找蜗牛"

教师：刚才的游戏中，小蜗牛是老师藏的，你们愿不愿意试试自己藏小蜗牛啊？我们来玩一个"我来藏，你来找"的游戏吧！一会儿，小朋友两人一组，一个人去拿一张图纸，一定要按照图纸的位置和号码去藏小蜗牛。藏好之后，让你的同伴按照你的图纸去找。

（三）结束部分：分享幼儿藏蜗牛和找蜗牛的经验

◆ **活动延伸**

（1）收集生活中的各种图纸，带到幼儿园和小朋友们一起分享。

（2）继续设计"领养宣传活动场地设计图"。

◆ **活动反思**

《指南》在感知形状与空间关系的目标中建议："和幼儿玩按指令找宝的游戏。对于年龄大一些的幼儿按要求、按简单的示意图寻找。"整个活动以"看图找座位""看图找蜗牛"两个游戏贯穿始终，体现幼儿的自主探究。孩子们在游戏情境中自己发现看图的方法。活动中，幼儿之间互相学习，师幼之间讨论和互动，帮助幼儿将零散的经验进行梳理和提升，使其获得新的经验。

（执教教师：北京市西城区小百合幼儿园　张　婕）

◆ **活动点评**

此活动源于幼儿活动中的真问题，教师善于发现和把握真实的、蕴含在生活中的数学问题及数学教育契机，引导幼儿在游戏中感受生活中数学的有趣，从而启发幼儿在参与活动和解决问题的过程中喜欢数学、应用数学。活动设计采取幼儿熟悉并十分喜欢的"藏藏找找"游戏形式，幼儿自始至终沉浸在根据平面图寻找目标物的快乐之中。活动过程中，教师为幼儿提供充分自主发现、探究的时间与空间，并通过集体分享的形式及时梳理、总结方法，突出体现了大班幼儿同伴之间互相学习的特点。

（活动点评：北京教育科学研究院早期教育研究所　叶奕民）

案例二：收鞋子（单、双数）

◆ **活动来源**

数学具有很强的抽象性，尤其是像单、双数这样的数概念。如果单纯地引导幼儿通过抽象的数字理解单、双数是很难的。生活中成双成对的物品很多，鞋子恰恰具有成双成对的特点。为了帮助幼儿形象地了解单数和双数，我设计了"收鞋子"这个教育活动。创设"收鞋子"的问题情景，引导幼儿在操作活动中理解单数和双数的概念。

◆ **活动目标**

（1）对生活中成双成对的物体产生探索的兴趣。

（2）初步认识和区分 10 以内的单数和双数。

（3）能够把双数的概念与日常生活中的物品进行联系。

◆ **活动准备**

1. 经验准备　观察、发现生活中常见的成双成对物品。

2. 物质准备　1～10 的数字卡片 1 套、画有各种实物的卡片若干（实物数量不超过 10 个）、纸鞋若干只、分别写有 1～10 数字并画着鞋盒的纸条每人一张、塑料玩具大锤、胶钉。

◆ **活动过程**

（一）开始部分：谈话引出活动

1. 通过谈话，引出"双"的概念

（1）回忆生活中成双成对的物品。

教师：小朋友们，你们知道生活中有哪些物品是成双成对的吗？

幼儿 1：袜子。

幼儿 2：筷子。

幼儿 3：手套。

幼儿 4：鞋子。

（2）出示鞋子的图片。

教师：请小朋友们看一看，说一说，这有多少鞋子？

幼儿 1：两只鞋。

幼儿 2：一双鞋。

教师：像这样，一模一样的左右两只鞋放在一起，就叫一双鞋。

（二）基本部分：认识和区分 10 以内的单数和双数

1. 通过"收鞋子"的操作活动，初步感知单、双数

（1）了解"收鞋子"的方法。

教师：今天，我们就来玩一个"收鞋子"的游戏。

教师出示游戏材料：剪好的单只鞋图片、写有数字画有鞋盒的纸条、胶钉。

7			

教师：看看这些材料，你能说一说怎样"收鞋子"吗？

幼儿1：把鞋子贴在方框里。

幼儿2：前面数字是几就贴多少鞋。

教师：怎样贴在方框里呢？

幼儿1：每个方框里贴一只。

幼儿2：每个方框里贴一双。

教师：小朋友们观察材料就能猜出这个活动大概怎样玩。每人先拿一张纸，纸条上有数字、有方块。一个方块代表一个鞋盒，纸条上的数字是几就拿几只鞋。"收鞋子"时，一定要把两只鞋子配成一双，粘在一个鞋盒里，直到把你手里的鞋子都收进去为止。

（2）幼儿操作，教师指导。幼儿完成后，将自己的卡片贴在分享板上。

（3）集体分享。

教师：观察分享板上小朋友们收好的鞋子，你发现了什么？

幼儿1：有的鞋盒里只有一只鞋。

幼儿2：有的都凑成一双了，有的剩下单个一只鞋。

教师：哪些鞋盒里只有一只鞋，没有配成双呢？

幼儿：前面数字是1、3、5、7、9的，都有一个鞋盒里剩下了单只的，没凑成一双。

教师：那其他的数字呢？

幼儿1：其他的都凑成一双了。

幼儿2：2、4、6、8、10这些数字的鞋都能凑成一双，没有单只的。

教师：你观察得真仔细！这边全都能配成双的数字有一个共同的名字，叫双数。那边不能配成双的数字也有一个共同的名字，叫单数。请小朋友们看一看，单数、双数都是几？

幼儿：单数是1、3、5、7、9，双数是2、4、6、8、10。

2. 通过"小小统计员"活动，进一步理解单、双数的含义

（1）介绍活动材料及方法。

教师：这里准备了许多生活中的物品（数量不超过10个）。一会儿，请小朋友们选择其中3种统计一下，每种物品的数量是单数还是双数，然后记录在这张统计表中。

物　品	单数 ◯	双数 ◯ ◯

（2）幼儿统计并记录。

（三）结束部分：分享经验

教师：小朋友们互相分享一下你统计的结果，哪些物品是单数、哪些物品是双数？

幼儿：袜子有7只，是单数，剩下一只不能凑成一双。手套有6只，是双数，因为都凑成了双。筷子有9只，是单数，有一只筷子剩下了，没有凑成一双。

◆ **活动延伸**

（1）数一数班里或家里物品的数量，看看你有什么办法知道它是单数还是双数。

（2）将教学活动材料投放到活动区，引导幼儿操作和记录，巩固对单、双数的认识。

◆ **活动反思**

此次活动，教师选取了幼儿比较熟悉的鞋子作为载体，通过"收鞋子"的游戏，为幼儿提供自主操作的机会，然后组织集体讨论，观察、发现单数和双数的不同。在集体讨论中，充分体现了大班幼儿同伴之间互相学习的特点，幼儿就同一问题表达自己的想法和观点。但是，因为操作活动中，每位幼儿只操作了一次，有可能是双数，也有可能是单数，所以幼儿获得的直接经验只是单方面的，另一方面是通过同伴交流、分享获得的间接经验。这个环节可以调整一下，为每位幼儿提供单数、双数各一个，让幼儿通过操作，自己对比，直接感知单数、双数的内涵，效果会更好。

（执教教师：北京市西城区长椿街幼儿园 张文杰

北京市西城区大栅栏幼儿园 胡贵平）

◆ **活动点评**

此次活动充分体现了通过具体、直观的操作活动帮助幼儿获得抽象的数概念过程。在以往的教育、教学活动中，有的教师会直接让幼儿背诵"1、3、5、7、9是单数，2、4、6、8、10是双数"。然而，幼儿并不理解单数、双数的内涵。在这次活动中，教师通过创设"收鞋子"的生活情境，引导幼儿通过操作活动自己发现什么是单数，什么是双数。再梳理出单、双数的概念后，教师再次提供了大量真实生活中成双成对的物品，引导幼儿区别单数、双数，进一步巩固对单数、双数的认识。活动设计顺应了幼儿数学学习的特点和方式，帮助幼儿总结和发现规律，形成自己的新经验。作业单及活动材料的提供不仅增加了幼儿学习的兴趣，也为幼儿感知操作、获得经验提供了良好的条件。

（活动点评：北京教育科学研究院早期教育研究所 叶奕民）

案例三：占的地方一样大吗（面积守恒）

◆ **活动来源**

活动前两周，本班幼儿进行了"分图形"的游戏活动。在游戏的过程中，幼儿就出现了对图形占地大小的质疑，这是个关于面积守恒的问题。教师注意到，虽然对于大班上学期的幼儿来说"面积守恒"的数学活动内容有一定难度，但是既然幼儿有疑问，那么教师就应该从幼儿提出的问题入手，借此动因渗透"面积守恒"的数学概念，引导幼儿理解守恒的实际意义，可以尝试开展一次数学中的守恒活动，满足幼儿探究认知的需求。于是，教师便有了设计"占的地方一样大吗"这一教学活动，引导幼儿探讨关于面积守恒数学活动的想法。

《指南》中明确指出："幼儿园教育应珍视幼儿生活和游戏的独特价值，充分尊重和保护其好奇心和学习兴趣，最大限度地支持和满足幼儿通过直接感知、实际操作和亲身体验获取知识的需要。"幼儿的思维特点以具体形象思维为主，所以在选择面积守恒的活动内容后，教师精心地设计了一些需要幼儿亲自操作、体验的材料，以便为幼儿运用多种感官和不同方式进行探索提供活动的条件，并通过问题的提出引发幼儿的兴趣和认知冲突，最终通过猜想结果、探索方法、实际操作等步骤，一步步认识面积守恒的概念、掌握比较面积大小的方法。

◆ **活动目标**

（1）初步感知图形的面积守恒，理解用相同数量、大小一样的三角形拼出的图案，占的地方大小是一样的。

（2）能用清楚、完整的语句，大胆地说出自己的问题和想法。

（3）喜欢积极动脑思考，体验能自主发现问题和解决问题的快乐。

◆ **活动重点** 初步感知面积守恒，能够发现用相同数量、大小一样的三角形拼出的不同图案，占的地方大小一样。

◆ **活动难点** 能够迁移经验，理解和判断用不同数量、大小一样的三角形拼出的不同图案，占地大小是否一样。

◆ **活动准备**

1. 经验准备 有等分图形的经验。

2. 物质准备 演示课件，人手一份的游戏单，大小相同的三角形卡纸若干，人手一份的彩色笔、胶棒。

◆ **活动过程**

（一）开始部分：通过观察操作材料，引出活动

教师：孩子们，看看桌子上，老师为你们准备了什么？

幼儿：有许多三角形，有胶棒、彩色笔，还有一张纸。

教师：说得很清楚，非常好，请坐。

教师（举起游戏单）：刚才，小朋友说了，桌子上有一张纸。打开看一看，这样的纸，我们经常把它叫作什么？

幼儿：游戏单。

教师：对。请小朋友们看看，游戏单上有什么？

幼儿：有字，还有许多正方形，正方形里有虚线。

教师：里面有虚线，看看虚线把正方形分成了什么？

幼儿：分成了三角形。

教师：请小朋友们拿出三角形，你发现了什么？

幼儿1：三角形是红色的。

幼儿2：三角形一样大。

教师：你怎么知道三角形是一样大的呢？

幼儿：我把三角形摞在一起，比出来的。

教师：其他小朋友有这个发现吗？你也来试一试，看看它们是不是一样大的。

幼儿通过自己动手操作比较三角形，发现三角形一样大。

教师：今天，我们就用这些一样大的三角形来玩游戏。

（二）基本部分：感知面积守恒，能够发现用相同数量、大小一样的三角形拼出的不同图案，占的地方大小一样

1. 了解游戏玩法

教师：看看游戏单和桌上准备的这些材料，你们来猜猜这个游戏怎么玩呢？

幼儿1：拼图形。

幼儿2：用胶棒粘图形。

教师：你们想得真对！我们就用一样大的三角形玩拼图游戏。玩拼图游戏需要注意什么呢？请小朋友们仔细听：

（1）从小筐里拿出4个三角形。

（2）用这4个三角形，在游戏单的三角形格子里拼出一个你喜欢的图案。可以按照格子的方向拼。如果拼不出来，也可以不按格子的方向拼。拼的时候，注意两个三角形不能有互相重叠的地方。

（3）教师：最后应该怎么样？

幼儿：写上自己的名字。

2. 幼儿动手操作，教师巡回观察，需要时互动

（1）教师：填好游戏单后，把它粘到前面的展板上，看看谁做得又快又好。

（2）教师：想一想，你还能用三角形拼出哪些图案？

3. 观察游戏单，集体讨论

教师：谁愿意说一说，你用 4 个一样大的三角形拼出了什么图案？

幼儿 1：我用 4 个一样大的三角形拼出了一个长方形。

幼儿 2：我用 4 个一样大的三角形拼出了一个蝴蝶结。

教师：想一想，你们拼的这些图案，它们占的地方谁大、谁小，还是一样大？

幼儿 1：不一样大。

幼儿 2：一样大。

教师：有的小朋友说一样大，有的小朋友说不一样大。我们先请认为占地不一样大的小朋友来说一说，你们是怎么想的。

幼儿 1：拼出的图案长，都把旁边的地方给占了，所以我觉得不一样大。

幼儿 2：我用眼睛一看，小朋友拼出的图都不一样，就觉得占的地方不一样大。

教师：认为不一样大的小朋友，是从图案样子的不同看出来的。我们现在请认为占地一样大的小朋友，说一说你们是怎么想的。

幼儿 1：都是用 4 个三角形拼出来的。

教师：谁比他想得更多，说得更清楚？

幼儿 2：都是用 4 个一样大的三角形拼出来的，所以占的地方一样大。

小结：因为我们用的都是一样大的 4 个三角形拼出的这些图案，虽然图案不一样，但是占的地方是一样大的。

4. 再次游戏，进一步感知面积守恒

幼儿自选三角形个数、拼摆出来的图案中，发现占地大小相同的图案，与三角形的个数一样。

（1）观察新游戏单，发现游戏单的不同。

教师：下面，我们要和这些一样大的三角形再玩一个游戏。仔细看看，老师手里的这张游戏单，它和刚才那张游戏单一样吗？

幼儿：不一样。

教师：哪里不一样？

幼儿：下面多了一行字，我用了（ ）个三角形。

（2）幼儿观察游戏单，发现游戏玩法。

教师：你们可真细心，一下子就发现不同的地方了。这次游戏，小朋友拿几个三角形都可以，拼出你喜欢的图案。拼完以后，请你数一数，你拼的图案用了几个三角形，然后填在游戏单上，记得写上自己的名字。

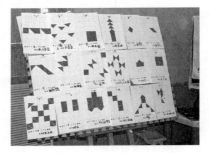

（3）幼儿动手操作，教师巡回指导。

①教师：要拼出和别人不一样的图案。

②教师：完成游戏单后，观察分享板上的游戏单，找一找，小朋友拼的图案中有没有占地一样大的？

5. 观察游戏单，集体讨论

教师：说一说，你拼的图案是什么？

幼儿1：我拼的是王冠。

幼儿2：我拼的是大风车。

···········

教师：小朋友们拼的图案都不一样。谁发现了，这次小朋友拼的图案中，有占地一样大的吗？

幼儿：有。

教师：哪些图案一样大呢？

幼儿1：上面的正方形和中间的4个蝴蝶结占地一样大。

幼儿2：第二行第一个和第二个是一样大的。

教师：为什么？你是怎么知道呢？

幼儿1：都是8个三角形拼出来的。

教师：都是8个什么样的三角形拼出来的呢？

幼儿1：都是8个一样大的三角形拼出来的。

教师：你说得真清楚。

幼儿2：都是5个一样大的三角形拼出来的，所以这两个图案占地一样大。

教师：对，这些图案都是用了一样大的、相同数量的三角形拼出来的。

小结：不管这些图案有多么不同，只要它们用一样大的、数量相同的三角形拼成的，它们占的地大小就一样。

（三）观看课件，感知、理解面积守恒

教师：小朋友们真会动脑筋，这里还有一张好看的图片呢！这回可有点难，要仔细看，认真想。

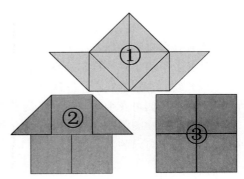

教师：你们看看电视上的这3个图案，它们占的地方一样大吗？为什么？

教师：有说一样大的，有说不一样大的。说一说，你们是怎么想的？

幼儿1：看着就不一样大。

幼儿2：一样大，因为它们都是8个一样大的三角形拼成的。

幼儿 3：3 号图案是正方形，没有三角形。

幼儿 2：一个正方形可以分成两个三角形。

教师：请你到前面来数一数。

教师：他这样数对吗？这 3 个图案真的一样大吗？我们一起看一看。

教师演示课件，还原图形，验证它们都是由 8 个一样大的三角形组成的，三个图形占地是一样大的。

小结：它们占的地方都一样大，因为它们都是由 8 个一样大的三角形组成的。不管这些图案的样子有多么不同，只要它们用的图形一样大，图形数量一样多，占的地方大小就一样。

本环节难点：正方形是由两个一样大的三角形组成的，要数两个三角形。

（四）分组游戏，在游戏中充分感知面积的守恒

（1）幼儿观察游戏单，发现游戏玩法。

①连连看（难度不同的两组）。

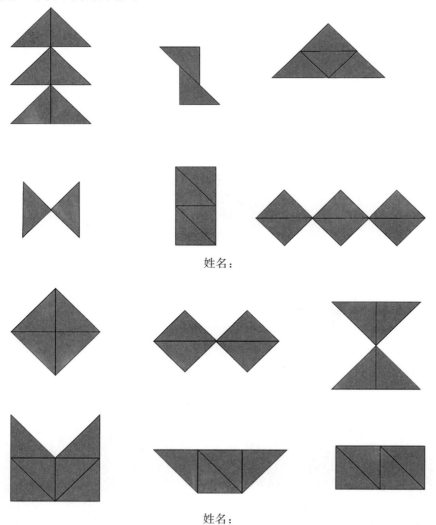

姓名：

姓名：

②手拉手（难度不同的两组）。

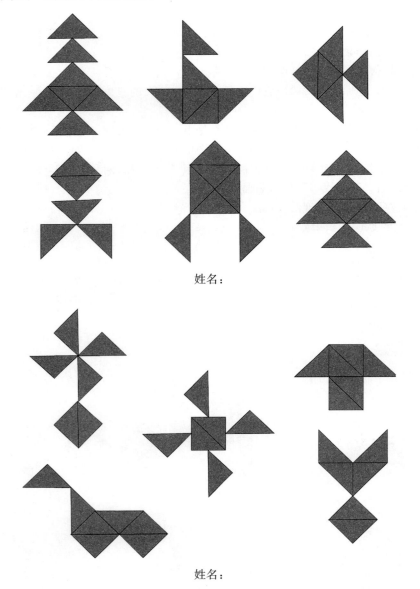

姓名：

姓名：

（2）幼儿操作，可以给教师们讲讲自己的游戏单，请教师帮忙检查是否正确。

◆ **活动反思**

1. 活动优势

（1）由于活动内容来源于幼儿在日常生活中发现的问题，所以很好地调动了幼儿的积极性，从始至终幼儿都能发挥自己的主动性，在互动中共同发现问题、解决问题。

（2）活动的设计层次分明，教师的思路清晰，通过逐层环节设计帮助幼儿一步步完成本次活动的目标。活动过程中，教师比较注重对幼儿语言能力的培养，主要表现在引导幼儿说完整的语句，大胆地表达自己的想法。

（3）活动中，幼儿通过对游戏材料的大量操作获得了一定的感性认识，符合学前幼儿认识事物的特点和水平，为后续进一步验证活动开启了认知基础，从而较好地实现了教学目标和重、难点的突破。

2. 问题与解决

（1）在活动中，教师对幼儿的差异性关注得不够。活动下来，感觉仍然有一小部分幼儿对于守恒概念掌握得还不是很清楚。如果有机会再上这次活动，教师应该更加关注这部分幼儿有什么问题，并以个别幼儿的问题为出发点，引发全体幼儿的思考，助力全体幼儿在原有认知基础上获得新的经验。

（2）在游戏的过程中，游戏单设计的图案较多，给幼儿造成了视觉上的干扰，图案做成空心的会好一些，幼儿就能看得更清楚，避免了干扰。

3. 活动延伸与拓展

守恒概念相对比较抽象，对于大班幼儿来说更具有挑战性，也更容易引起认知冲突，能够很好地引发幼儿的好奇心与研究兴趣。逐步形成守恒概念需要在相关的活动中不断反复地操作、体验、认知，如在玩水的过程中用量杯装水转换的方法体验量的守恒等。数、量、形的守恒都可以作为数学集体教育活动或者区域游戏活动的内容进行守恒的发现与探究。

◆ **活动点评**

（1）活动源于大班幼儿发现的关于面积守恒问题，依托幼儿之前图形等分的原有知识和经验。大班幼儿处于以具体形象思维为主、逻辑思维萌芽的过渡阶段，使这次活动有了落地研究的可能性和可行性。

（2）活动的认知目标指向简要明确、可查可检，特别强调了不断发现问题、运用适宜方法解决问题、活跃思维、体验快乐的价值取向。活动重、难点的提出适宜，重点在铺路，难点在夯实。

（3）活动选用的个体操作材料是一样大的直角三角形，小材料蕴含着大智慧，能起到引导幼儿走向深入学习的载体作用。在运用一样大三角形的操作变通中，与占的地方是否一样大进行形象对应、比对，抽象的面积守恒概念在操作材料中具体化、形象化了。

（4）活动设计的 4 个推进过程设计巧妙、层层递进、由易到难，体现了实际操作、观察发现、再操作发现、探究验证的过程。幼儿需要经历 4 个发现过程：4 个一样大三角形的拼图发现、没有数量要求的一样大三角形拼图发现、在 8 个隐含一样大三角形的不同图案中发现、在若干不同图形中隐含一样大三角形的发现。幼儿在 4 个发现过程的亲身经历中，通过已有经验获得了新的经验。

（5）活动过程中，师幼互动适宜、有效。教师启发性提问的设计有效地对接了现场的应答。幼儿的思维比较活跃，体现了从不知道逐渐理解、掌握的过程。当幼儿发生认知冲突时，教师尊重幼儿的不同想法，鼓励幼儿说出自己的想法，然后通过操作、验证进一步明确。

（6）活动反思注重了明确优点和分析不足，并有延续拓展活动的思考，同时有对自己提升空间的建设性意见，要特别给予肯定。

有两点希望：其一，在有效的师幼互动中，进一步鼓励幼儿之间的互动，直指的问题不一定均由教师提出，鼓励幼儿自己去发现游戏单蕴含的玩法等，充分调动幼儿主体在学习过程中的主动性。其二，教师对活动的反思，不仅能发现问题，还要深入思考其产生的原因，使我们更加了解幼儿、理解幼儿，顺应并促进幼儿的发展。

（活动点评：原北京教育学院宣武分院　郎明琪）

案例四：猜猜是哪个（分类）

◆ **活动来源**

幼儿步入大班末期，对记忆类、推理类游戏有着强烈的兴趣与探究欲望。幼儿通过平时班里的数字推理、图形记忆等趣味游戏，幼儿对"排除"有了一定的经验，他们很享受排除游戏带来的乐趣。同时，本班幼儿也十分喜爱推理和解密的游戏。因此，教师根据大班幼儿的年龄特点以及本班幼儿的兴趣设计了此活动。游戏是幼儿独有的学习方式和生活方法，在幼儿已有经验的前提下，运用趣味游戏的方式来进一步鼓励幼儿将具有相同特征的物体进行归类与排除，在个人解密的同时，也尝试挑战借助同伴信息来大胆猜想及推理。

◆ **活动目标**

（1）能够按照物品2种及2种以上的特征进行分类。

（2）尝试运用观察、推理、排除的方法寻找相应的物品，能够遵守游戏规则。

（3）喜欢玩排除游戏，体验与同伴之间相互配合、共同游戏的乐趣。

◆ **活动重点**　能够按照物品2种及2种以上的特征进行分类。

◆ **活动难点**　尝试运用观察、推理、排除的方法寻找相应的物品，能够遵守游戏规则。

◆ **活动准备**

1. **经验准备**　幼儿在区域活动中有运用排除法开展游戏的经验。

2. **物质准备**　帽子18顶、图形卡片若干、魔法牌若干。

◆ **活动过程**

（一）开始部分：玩挑战游戏，引出活动

（1）教师：我想和你们共同挑战一个有趣的游戏，你们愿意接受挑战吗？

（2）出示卡片，教师：我准备了8张魔法牌，你们从这些牌里选择一张隐藏牌，我通过提问的方式就能猜出你们选择的隐藏牌是哪张。提问的时候，你们只需回答是或不是，不说与问题无关的答案，你们有信心吗？

（3）教师提问：这张牌是红色的吗？这张牌比×大吗？这张牌上的数字是单数吗？

（4）教师：我用什么方法猜出隐藏牌的？我问了哪些问题？

幼儿1：因为数字有两种颜色。

幼儿2：这个数字是在中间，可以排除掉两边的数字。

幼儿3：问是单数吗？就可以排除掉双数。

教师：谁愿意进行第一关的挑战，站在前面通过提问的方式猜出隐藏牌？

（5）幼儿进行3次游戏，尝试用提问的方式找出隐藏牌。

（6）教师提问：你是怎样猜到隐藏牌的？为什么要这样问？怎样提问可以排除更多的牌？

（二）基本部分：尝试运用观察、推理、排除的方法寻找相应的物品

1. 第一轮游戏

教师：你是怎样猜出隐藏牌的？这些帽子有没有相同的地方？不同的地方是什么？

幼儿：把粉色的去掉就剩下红色的了，然后红色的里面不一样，再问是不是花纹的。

幼儿：有3个帽子颜色一样，但他们的图案不一样。

幼儿：有的图案一样，但是颜色不一样。

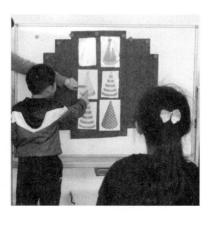

2. 第二轮游戏

教师：这些牌可以怎样分类？谁和谁可以分在一起？如果是你，你会怎样问？

幼儿：地上的是一类，天上飞的是一类，还有在水里的。

幼儿：有轮子的在一块，没有轮子的在一块。有轮子的还有2个轮子的和4个轮子的。

幼儿：电动的在一起，不是电动的在一起。

3. 第三轮游戏

教师：为什么要这样问？怎样提问可以排除更多的牌？

幼儿：这样问，可以先排除一种颜色的牌，然后再问剩下的牌。

幼儿：可以先问形状，把形状最多的去掉，剩下少的。

幼儿：可以问牌里面有没有图案，只有两个没有图案的。

4. 神奇帽子挑战赛

（1）教师讲述游戏规则。

游戏规则：每名幼儿戴上一顶魔法帽，教师随机将一张图形卡贴在其中一顶魔法帽上。幼儿观察全部的图形提示卡片，通过看同伴的图形来猜自己的图形，猜到自己的图形后，在展板上找到相应的图形。

（2）幼儿进行游戏。

①幼儿进行第一轮游戏，提问：你是怎样猜到自己的图形的？怎样能排除更多的图形？

幼儿：我是先把红色的都排除了！因为我们组有3个红色的了，所以我肯定不是红色的，我是蓝色的，然后再看另外2个蓝色的形状，剩下的就是我的。

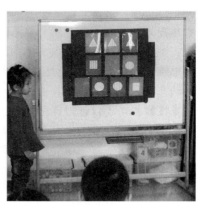

幼儿：我发现三角形应该有2个，但是我们组只有一个，所以我是三角形的，然后再看是什么颜色的三角形。

②幼儿进行第二轮游戏，提问：你在游戏中用了哪些好方法？这些图形哪里相同？哪里不同？

幼儿：我看到图形有的有条纹，有的没有条纹。我们组只有两个是有条纹的，还剩一个有条纹的。我再看看，我是什么形状的。

幼儿：我是按照颜色排除的，一共有3种颜色，不是绿色，不是红色，就肯定是蓝色的；他

的有条纹，我的就是没有条纹的。

③幼儿进行第三轮游戏，提问：你是用什么方法排除的？还有谁的方法和他不一样？

幼儿：我按照图形排除的。我们组有月亮形的、有桃心形的，我的肯定就是没有图案的。

幼儿：我先把正方形的去掉了，然后又把三角形的去掉了，剩下的就是我的了。

（三）活动结束

引导幼儿与身边的好朋友或教师分享自己的好方法，相互交流游戏经验。

◆ **活动反思**

首先，我认为每名幼儿都有属于自己的思维方式。因此，第一个环节更多的是一名幼儿通过提问在脑海中进行分类，再根据回答进行排除与推理，同时在每一个游戏后，也给其他幼儿提问的机会。第二个环节则是在幼儿经验的积累和支持下，给每名幼儿挑战的机会，让孩子们都能参与其中，与同伴间进行互动游戏，充满了趣味性及挑战性。通过这次活动，我认为无论是集体游戏还是分组游戏，孩子们都很投入，也很喜欢，都能够大胆地进行猜想与挑战，在轻松、愉悦的游戏氛围下获得经验的提升。此次活动的不足在于，对于本班幼儿来说，他们的排除经验十分丰富，部分幼儿可以发现事物之间的共同点及不同点进行快速分类，并排除错误的答案。此次活动在题卡的选择方面有点简单，可以将图形替换为数字或者加减法，不仅增加了分类的难度，同时也增加了排除的步骤，让游戏更加丰富。

（执教教师：北京市西城区三教寺幼儿园　邓　佳）

◆ **活动点评**

"猜猜是哪个"是一次新颖、有趣且互动性较强的活动，设计的挑战游戏十分符合大班幼儿的年龄特点。因此，幼儿在游戏的过程中十分专注，无论是集体游戏还是分组游戏，都能够全身心地投入到游戏当中。幼儿能够运用自己的思维方式大胆猜想，并尝试从不同的角度来思考与推理，本次活动较好地实现了活动目标。首先，游戏的互动性较强，集体的游戏形式能够开拓幼儿的思维方式，获得更多排除与推理的方法，在游戏中不断丰富幼儿经验。分组的游戏形式给了每名幼儿独立思考的机会，也能在轻松、愉悦的游戏氛围下进一步验证获得的经验。其次，提问的启发性较强，不仅通过提问引发幼儿思考，更能引导幼儿发现、总结出更多的新方法。在分享的过程中，共同梳理与提升新的经验。最后，材料的趣味性较强，幼儿头上的小帽子不仅能增加游戏的趣味性，同时也能保证游戏的公平性。在富有神秘感及挑战性的游戏氛围下，与同伴共同体验了游戏的乐趣。

（活动点评：北京教育科学研究院早期教育研究所　叶奕民）

案例五：我设计的记录表（统计）

◆ **活动来源**

在班级"彩虹超市"的主题活动中，随着问题的不断出现及游戏内容的需要，班级"银行"产生了。

银行出现以后，开始的时候，孩子们要多少，银行就给取多少。这样，虽然有了底数，但是没有作用；孩子们取钱时也不排队，又推又挤。到后来，孩子们发现需要记账，以及怎样记账；取钱要先拿号并登记等。随着游戏的不断深入，孩子们自己解决了出现的各种问题。

一次，在游戏结束的时候，银行的工作人员发现自己算不过来了，不知道有多少钱，也不知道花了多少钱了。显然，这是一个学与教相结合的教育内容，可以拿到集体活动中解决。正好，前两天，银行工作人员设计了一张表格，这张表格是为新开户的客人准备的。想到之前孩子们已经有了填写统计表的经验，如班上的《出勤统计表》《跳绳统计表》《换牙统计表》及《天气统计表》等。由此，教师进行了大胆的尝试，设计、开展了此次活动，引导幼儿自己设计记录表。

◆ **活动目标**

（1）尝试用简单的记录表解决游戏中遇到的问题。

（2）尝试运用数字、图画、图表或其他符号进行记录。

（3）体验用数学方法解决问题的乐趣。

◆ **活动重点**　愿意尝试用记录的方式解决游戏中的问题。

◆ **活动难点**　能够运用多种方式，设计比较合理、可供使用的记录表。

◆ **活动准备**

1. 经验准备　活动前，幼儿自行设计了《出勤统计表》《天气统计表》《跳绳统计表》等。

2. 物质准备　绘画纸、彩色笔等。

◆ **活动过程**

（一）开始部分：提出游戏中遇到的问题，激发幼儿设计记录表的愿望

教师：孩子们，你们最近一直在超市做游戏，你们都挣到钱了吗？

幼儿：挣到了，挣了很多。

教师：谁来说一说，你在哪儿挣到的钱？

幼儿：我在水吧，给琉璃厂画画，挣到了钱。

幼儿：我给表演区制作服装，挣到了钱。

教师：你们真能干！谁能说说，你在哪天挣到的钱，在哪儿干什么把钱花掉了？

幼儿：我能说出这两天的。我只记得这两次的。之前的，我都忘了。

教师：你们刚才说了这么多，我都有些记不住了。有没有什么好的方法，可以帮助咱们记住你哪天、在哪里花掉的钱或者挣到的钱？

幼儿：记下来，写下来。

教师：这办法真好。怎么记？怎么写？

幼儿：用格子表示，用笔画出来。

（二）基本部分：运用数字、图画、图表或其他符号设计记录表

1. 个体探究：观察、了解幼儿的想法

教师：你觉得记录表上应该有什么？

幼儿：有时间和自己有多少钱。

幼儿：有花了多少钱，挣了多少钱。

幼儿：还要有自己还有多少钱。

教师：你可以自己进行设计，也可以和好朋友一起设计。

教师：刚才，小朋友们说了，记录表上要有四个内容，要有日期、挣的钱、花的钱，还要有剩余的钱。

2. 经验分享：鼓励幼儿大胆说出记录表的内容

教师：没设计完的孩子不用着急，先听听别人的，一会儿再进行设计。

教师：好了，孩子们，刚才，你们已经把记录表设计好了。现在，我们来看看你的设计吧！（请幼儿上台讲解）

幼儿：我是按照一天设计的。

教师：恩恩说得真清楚！还有谁愿意到前面来讲一讲？

教师：快给他鼓鼓掌！对，我们设计的记录表要有时间、在哪儿挣到的钱、在哪儿花掉的钱，还要有总数统计。

教师：这张记录表告诉我们一件事：要有时间。

教师：这张记录表告诉我们两件事：要有地点、挣到的钱数。

教师：这张记录表告诉我们三件事：要有地点、挣到的钱、花掉的钱。

教师：我们设计的记录表上要有日期、存钱数、取钱数，还要有剩余的钱数。

教师：帽子代表今天挣了多少钱；高跟鞋代表今天花了多少钱；铅笔代表今天总共还剩多少钱。数字是为了举例，随手填写的，说明今天挣了 3 元，花了 4 元，还剩 9 元。

 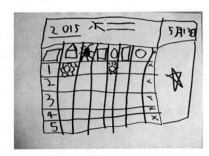

教师：表头是 2015 年，5 月 13 日表示设计的日期。最左侧方形表示日期，竖着一列数字 1～5 表示星期一到星期五。表格第一行第二格的蜡笔代表美工区，太阳代表银行，正方形代表图书区，椭圆形代表棋馆，长方形代表家具城，圆形代表水吧。在每个图形对应的下方表格里，如果挣钱就画一朵小花，并写上钱数；如果是花钱，就画一个太阳，写上钱数。画叉的一列表示格子画多了，删去。最右边的大五角星格子，表示星期。

（三）结束部分：比较存折和记录表的异同

教师：其实，在生活中有一样东西就是记录这些事情的。你们知道吗？

教师：快来看看，这是什么？

幼儿：银行用的，买房用的。

教师：看看存折和咱们设计的记录表哪里不一样。看完了存折后，你们能不能设计出来，告诉我们更多事情的记录表呢？游戏的时候，大家可以去试试，看看我们设计的记录表好不好用？还没设计完的小朋友，可以在明天游戏时接着完成。小朋友们也可以想一想，除了设计钱数的表格，还可以设计什么不一样的表格和内容。期待你们有更多的想法，等小朋友们设计好，我们再来分享。

◆ **活动延伸**

（1）通过观察存折后，能够知道记录表在不同领域的运用，并进行经验分享。

（2）幼儿大胆想象，进行创新，为班级设计更多的记录表。

◆ **活动反思**

大班末期的幼儿爱学、好问，有极强的探究欲望。他们能对周围的事物进行想象和创造，但这需要有一定的经验。孩子们已经有了一定的生活经验，班里的《天气记录表》《跳绳记录表》《任务记录表》都是幼儿自己设计的。在游戏的过程中，孩子们在创设银行的过程中，虽然会记账，但并不了解每日支出、收入与总计之间的关系。这次活动的尝试可以帮助幼儿学会记录每日的支出与收入，了解收支情况。

这次活动帮助孩子们体验了用数学方法解决问题的快乐。在这次活动过程中，教师在支持幼儿"学"上给了他们很大的空间，认同不同幼儿的不同想法，从记录表的创设形式到表现方法，都给了幼儿发散性思考的空间和机会。

活动结尾，给幼儿进一步设计留下了拓展的空间。在这个过程中，教师更多关注的是幼儿学的过程。哪怕幼儿只是设计了简单的统计表，从幼儿自身能力发展来看，也是在原有的水平上得到了提高。

科学教育强调让幼儿运用各种感官，动手动脑，探究问题，发展实际探究和解决问题的能力。由此，我设计了"我设计的记录表"这一科学活动，目的是让幼儿将自己的想法付诸实践，最大限度地支持和满足幼儿通过直接感知、实际操作和亲身体验获取经验的需要，萌发幼儿对科学的浓厚兴趣。

（执教教师：北京市西城实验幼儿园 郭清华）

◆ **活动点评**

在"我设计的记录表"活动中，教师抓住了游戏中的教育契机，以孩子们游戏中出现的问题作为探索的切入点，引导幼儿在游戏中主动学习，发现记录表存在的问题。在初步尝试设计后，通过帮助幼儿解决游戏中的问题，发现记录表在生活中的运用，提出活动中的第一个问题，这也让整个活动变得十分生活化、游戏化。充分体现了幼儿在"玩中学"、在"学中玩"的特点。教师根据大班幼儿的年龄特点，引导幼儿进一步提升已有经验，引出活动中的第二个问题，引导幼儿在自我尝试中进行记录表的设计。再通过与生活中的存折相比较，引发幼儿了解记录表在生活中的运用。幼儿也在探索的过程中，感受到科学活动带来的神秘与乐趣。教师在设计活动时，能充分考虑幼儿的年龄特点，从发现问题——分析问题——操作尝试——理解表达出发，不断深入探索，激励幼儿创造性思维的养成，引导幼儿喜欢上数学活动。

在设计记录表的过程中，孩子们能够迁移生活中的经验，在不断尝试、观察、操作、思考的过程中提高幼儿的探究能力，进一步激发幼儿的探究兴趣。同时，让幼儿体验到了用数学方法解决问题的乐趣，培养了自信心，促进了幼儿全面发展。

（活动点评：北京市西城区教育研修学院 白 戈）

第七章 科学领域科学教育与教学活动

学前阶段是个体生命历程的起点。对这一阶段的幼儿而言，其认知发展和经验尚处于形成和积累阶段。儿童对自然界中的事物和现象进行探索并形成解释的过程可以称之为儿童的"科学探索"过程。较之于对幼儿探究水平和结果的追求，"激发探究兴趣和体验探究过程，发展初步的发现探究能力和初步的实验操作能力"才是幼儿科学学习的核心，这也是《指南》中科学领域幼儿学习与发展的核心价值所在。此外，《指南》中还明确指出："幼儿的科学学习是在探究具体事物和解决实际问题中，尝试发现事物间的异同和联系的过程。"幼儿的思维特点是以具体形象思维为主，应注重引导幼儿通过直接感知、亲身体验和实际操作进行科学活动内容的学习。既为教师设计与实施科学活动把握了方向，也为幼儿的科学学习活动确定了适宜的学习方式。

➡ 第一节 科学领域科学教育的价值

幼儿有着与生俱来的好奇心和探究欲望，他们用自己的身体、动作、语言不停地探索着周围世界的奥秘。因此，有人说幼儿具有科学家、冒险家和发明家的潜质。幼儿园科学教育不仅是必要的，而且具有重要的意义和价值，早期的科学领域活动为幼儿全面、持续发展奠定了科学学习的基础。科学活动的价值体现在以下几个方面：

一、满足幼儿天生的好奇心

学科领域是人们经过长期生活、实践的基础上，经过抽象概括出来的、相对独立的知识体系。对于学前阶段的幼儿，其学习的发生是没有学科的概念与界限的，幼儿所感兴趣的是生活中鲜活而生动的一草一木、一虫一石，他们所关注的也多是那些与生活密切相关的人和事，来自幼儿对自然和身边事物好奇的本能需要和原始动机。而这恰恰是幼儿进行科学领域学习的源泉与动力，同时亦是其日后系统学习和研究科学知识体系的重要基础。因此，满足幼儿先天的好奇心，是对幼儿主动发展的自然激励与保护。幼儿的科学学习切不可以牺牲兴趣为代价来获取知识的掌握和能力的发展。

二、助力幼儿建构科学概念及体系

幼儿进入幼儿园前并不是一无所知，他们在开始幼儿园生活时就有了一些对事物表面现象进行认识、推理、对事物原因和影响的认知，以及探究学习的愿望。幼儿对科学的理解具有局限性，并且这种理解是建立在感知经验的基础上。虽然幼儿具有学习科学的潜能，但是他们并不能自发地产生对科学概念的理解，这就需要教师利用有目的、有计划的科学教育活动来调动幼儿对科学活动的兴趣，助力幼儿建构科学概念及体系。

抽象的科学概念不容易被幼儿所理解和接受。幼儿对于科学概念的掌握需要经历一个漫长的过程。甚至在整个学前阶段，他们也不可能真正理解那些抽象的科学概念。对于幼儿的科学教育不能直接把科学概念教给幼儿，应该为幼儿建构自己的科学概念提供支持。

三、发展初步的科学自主探究能力和实验操作能力

幼儿科学领域的核心在于探究，通过科学学习形成初步的探究能力亦是幼儿园科学领域教育的重要价值。自主探究能力是指幼儿根据已有经验，自发、主动地对外界事物进行一系列尝试、摸索的行为，并获得有益经验的能力。实验操作能力是指幼儿在与操作材料的互动中主动设计、操作和验证，最终解决问题的能力。这些能力不仅助力幼儿科学领域的学习，也助力其他领域的学习。它不仅对幼儿阶段，而且对幼儿的终身发展都会产生重要的影响。

四、促进幼儿学习品质的形成和全面、和谐的发展

幼儿科学教育活动注重过程中积极的情感态度和良好的行为倾向等学习品质的形成，不断发展幼儿的学习能力，为幼儿的终身学习奠定良好的素质基础。科学教育是幼儿全面发展教育的组成部分，是以科学学习为途径的全面育人手段，并非局限于科学领域，同时也表现在促进幼儿全面、和谐的发展之中。

⊙ 第二节 科学领域科学教育的特点

一、科学性

科学性是指科学领域教育本身应根据客观规律正确解释幼儿周围世界中一切自然现象、自然物和科技产品。科学教育是对幼儿进行的科学启蒙教育，以发展幼儿学科学、爱科学，初步形成以科学兴趣和能力为出发点和落脚点的科学学习模式。幼儿园的科学教育所达到的科学概念水平虽然是感性经验上的前概念水平，但所选的内容仍应是科学的；引发幼儿从小学会客观地、实事求是地对待周围世界，尊重科学，敬畏并遵循自然规律，为以后形成辩证唯物主义的自然观、科学观和世界观打下良好的基础。因此，幼儿园的科学探究活动中，应选择那些能被幼儿感知和证实、可探究的材料，助力幼儿对学习科学的认知。

二、启蒙性

启蒙性是指幼儿科学领域中的科学教育应符合幼儿的知识经验和认知发展水平，研究的科学知识载体是基础的、浅显的，科学态度和科学方法是基本的。其目标内容是幼儿在教师的引导和材料、活动的支持下，通过一定努力能够达到的科学目标。在科学活动内容的选择上，启蒙性不是一味的简单、容易，低估幼儿的接受能力。若内容范围过窄、程度过浅、分量过轻都会降低他们的学习兴趣，阻碍他们的认知发展。这就要求教师对幼儿的学情现状进行分析，正确评估幼儿的发展水平，知道幼儿的已有经验与新经验的适宜连接，借助或联系已有经验形成新经验，既不能过分低估幼儿的能力，也不能拔苗助长、急于求成。

三、过程性

过程性是指幼儿科学教育应尊重幼儿的认知特点与发展水平，强调引导幼儿亲身经历探究和发现的过程，获得相关的经验。好奇心促使幼儿通过感知、观察和操作周围环境的物体和材料来不断探究世界。幼儿在摆弄这些物品和材料的过程中，能够认识物品和材料的基本特征，了解物

品和材料的形成与变化，在与物品和材料相互作用中获得探究体验，逐步形成科学的探究能力，从而建构起自己的经验。强调活动过程的重要性并不意味着忽视学习的结果；相反，对于幼儿来说，真正经过自我建构的学习结果必然是建立在充分感知体验、亲身经历和探究的过程基础之上的。如果忽略科学领域教育的过程性，幼儿现阶段主动发展的目标就会落空，有悖于着眼幼儿的终身发展，更不利于激发幼儿的学习兴趣，不符合科学领域学习与发展的核心价值。

四、开放性

尽管科学教育本身具有科学性和客观性，但具体在科学活动的实施过程中，教师应把握开放性的原则，允许幼儿在自己的经验和认知水平上进行探究，接纳幼儿的想法和灵活多变的思维方式。科学活动的开放性意味着顺应幼儿的兴趣与需要，灵活地运用多元化的方法与途径，而非强调科学家式的严谨、规范、程序化的探究步骤和方法。科学活动中问题的开放性，可引发不固定、不唯一的答案；科学活动中材料的开放性，可寻求更开阔、有趣味的互动空间。因此，教师在活动中与幼儿的提问互动、材料互动应具有开放性，为幼儿思考、质疑和尝试提供机会和空间。

➡ 第三节　科学领域科学教学活动的目标与内容

一、科学领域科学教学活动的目标

作为科学领域的重要活动形式，幼儿园科学活动的目标离不开科学领域的总目标。本书中，我们将以幼儿园工作重要指导文件《纲要》和《指南》中的科学领域目标为基础，对科学活动的目标进行解读。

《纲要》中对科学领域目标描述如下：

（1）对周围的事物、现象感兴趣，有好奇心和探究欲望。

（2）能运用各种感官，动手动脑，探究问题。

（3）能用适当的方式表达、交流探索的过程和结果。

（4）爱护动、植物，关心周围环境，亲近大自然，珍惜自然资源，有初步的环保意识。

《指南》中科学领域分为科学探索和数学认知两个子领域，其中科学探索部分的目标被分解为 3 个层次，分别是：

（1）亲近自然，喜欢探究。

（2）具有初步的探究能力。

（3）在探究中认识周围事物和现象。

从《纲要》和《指南》对科学领域目标的描述中，不难看出，其目标的制订紧紧围绕科学领域的核心价值，将学习品质作为首要目标，并注重在活动过程中对幼儿综合探究能力的培养。这就要求教师注重对幼儿良好学习品质和习惯的培养，准确把握学科特点和经验的同时，了解幼儿学习过程中的关键经验，即教师引导幼儿主动学会通过已有经验助力自己形成新经验，从而不断提高幼儿获得受益终身的综合能力。

二、科学领域科学教学活动的内容

（一）参照《纲要》中围绕幼儿科学领域目标的内容描述

（1）引导幼儿对身边常见事物和现象的特点、变化规律产生兴趣和探究的欲望。

（2）为幼儿的探究活动创造宽松的环境，让每个幼儿都有机会参与尝试，支持、鼓励他们大胆提出问题，发表不同意见，学会尊重别人的观点和经验。

（3）提供丰富的可操作材料，为每个幼儿都能运用多种感官、多种方式进行探索提供活动的条件。

（4）通过引导幼儿积极参加小组讨论、探索等方式，培养幼儿合作学习的意识和能力，学习用多种方式表现、交流、分享探索的过程和结果。

（5）从生活或媒体中幼儿熟悉的科技成果入手，引导幼儿感受科学技术对生活的影响，培养他们对科学的兴趣和对科学家的崇敬之情。

（6）在幼儿生活经验的基础上，帮助幼儿了解自然、环境与人类生活的关系。从身边的小事入手，培养初步的环保意识和行为。

（二）幼儿园科学教育的主要内容还可以围绕情感态度、探究方法和认知经验 3 个维度进行划分

1. 情感态度

（1）好奇心和探究兴趣。

（2）尊重事实的科学态度和保护环境的意识，创新精神。

（3）尊重他人，乐于合作、分享与交流。

2. 科学探究的过程与方法

（1）探究过程包括提出问题、观察探索、思考猜测、调查验证、收集信息、探寻结论、合作交流等基本环节。

（2）探究方法包括观察比较、实验验证、调查测量 3 种基本方法。在探究过程中，幼儿会使用观察、比较、分类、概括、分析、实验验证、计划和实施调查、表征记录和获取信息等方法解决想探寻的问题。

3. 科学知识与经验

（1）有关常见动、植物的知识与经验。

认识常见的动、植物及其特征是幼儿认识生命体特征的重要经验。关键经验包括：动、植物的多样性，动、植物生长和变化的基本条件，动、植物对环境的适应性，动、植物的生长周期与繁殖等。

（2）有关常见物体和材料及其性质的知识与经验。

常见物体和材料包括自然物和人造物两大类。最常见的材料包括沙、石、泥土、水、纸、木头和各种金属。

对物体和材料的认识主要包括：认识物体和材料的颜色、硬度、光滑度、纹理、质地等特性；认识物体和材料溶解、传热等性质以及不同材料的用途；认识常见物体的结构与功能之间的关系等。

（3）有关常见物理现象的知识与经验。

常见的物理现象包括：物体和材料的形态或位置及其变化条件，如斜面与物体的运动；沉浮、磁力、光和影等常见物理现象及其产生的条件或影响因素等。

（4）有关天气与季节变化的知识与经验。

主要内容包括：感知、体验和认识常见的天气特点及其对人们生活和动、植物生长变化的影响；感知、体验和发现不同季节的特点和周期性变化，以及这些特点和变化对动、植物和人的影响。

（5）有关科技产品与人们生活关系的知识与经验。

感知、了解常用科技产品与自己生活的关系，知道科技产品有利也有弊，如感知和了解各种家用电器、交通工具、通信工具等给人们生活带来的方便和造成的不良影响。

（6）有关人们生活与自然环境关系的知识与经验。

人与自然有着天然的联系，相依相伴，密不可分。幼儿从小感受、体验和发现这种依存关系，有助于幼儿建立良好的环境意识和养成良好的行为习惯。

相关经验包括：感知、体会和了解人类对动、植物的依存关系和动、植物对人类的贡献；感知、体会和了解人们的生活与自然环境的密切关系，良好的自然环境对人们生活的好处，人类活动对自然环境造成的不良影响和破坏会影响到人类自身的安全等。使幼儿懂得尊重和珍惜生命、爱护生命；懂得保护自然环境的重要意义；做力所能及的活动，主动保护环境。

➡ 第四节 科学领域科学教学活动中的常见问题

科学活动是落实科学领域教育目标的重要载体，亦是幼儿喜爱的活动。自 2012 年《指南》颁布以来，教师经历了观念的变革和实践上的探索。但是在具体实施中，如何把正确的教育观念转化为教育实践，需要不断深入的研究、实践与探索。教师群体现状受自身学科专业水平、教育实践能力等内部原因及缺乏专业支持和有效评价体系等外部因素的制约，存在一些困惑，进而在实际教学过程中表现出一些问题。

我国现阶段幼儿园开展科学领域教育活动的水平良莠不齐，如何在科学活动中调动幼儿的主动性、给予幼儿更多开放的空间，以及如何通过活动的有效设计达成科学领域多维度的目标，存在一些认识上和方法上的误区。在教育、教学实践中，有些教师在科学领域活动的组织与实施上，有流于形式的"假探究"、有缺乏设计的"乱探究"等。归纳共性问题和主要现象有以下几点：

一、对科学活动内容、目标的理解不到位

其一，形式大于内容。主要表现在，教师往往更关注活动的外在形式，而忽视科学活动内容本身和达成目标的价值。幼儿的学习特点和科学领域的核心价值要求教师要关注幼儿学习兴趣及重要价值。但片面地追求形式的多样化，为了形式而形式，表面上热热闹闹，却忽略活动内容对幼儿发展的价值。教师要意识到活动形式是活动内容的助推器，都应是为达成目标服务的，否则就会造成活动只是看似"热闹"，实则"无效"。

其二，目标达成单一。教师在活动的设计和实施过程中更关注科学认知目标的达成，下意识地忽视幼儿能力、品质的培养。虽然在制订目标方面有能力、品质的要求，但是，在活动中，还会把关注点放在科学知识与技能上。相对于学习能力、品质层面的目标而言，科学知识的目标更加具体、易于理解和把握。所以在实际教学中，教师总是有意无意地把目标指向知识、技能的掌握，而缺乏对更深层次目标达成的思考与关注。教师对幼儿知识、技能上的过度关注，很容易用相关的标准去衡量和评价幼儿的学习。这样往往会在单一目标的评价中造成幼儿在知识、技能层面的落差，使落差中的幼儿参与科学活动的兴趣和信心受到影响，走偏了在科学活动中培养幼儿核心价值的所言之路。

二、活动内容的选择与生活联系少

传统的科学活动大多是预设的，教师往往会选择一些现成的活动案例直接照搬，或者参照教材完全依照学科领域的内在顺序开展教学活动。这样做的好处是单次活动的质量较高，幼儿的学习具有一定的系统性和连续性。但与此同时，忽略幼儿当下生活中的课程资源和兴趣需要也会带来一些弊端，不利于激发幼儿对身边事物的观察和思考，不利于调动幼儿自主发现、探究学习的

愿望，同时也很难发挥教师的主观能动性和创造力。

三、幼儿在活动中的主体性不突出

在幼儿园科学活动中，经常不乏一些教师高控引导下的"假探究"现象。在"假探究"活动中，教师往往高举探究的旗号，实则并未给幼儿提供思考和探究的空间，只是让幼儿机械地按照教师的引导或是固化的探究模式或流程进行所谓的探究活动，缺少把"看似不可能成为可能"的研究土壤；缺少在变化中求异创新的探究空间。这种采取同一性的方法、步骤，追求统一的结果和答案，实际上忽略了幼儿主体性和差异性。

四、教师在活动中的支持作用不充足

相对于幼儿在活动中的主体性不足，幼儿园科学活动中还存在着另一种问题，既教师对幼儿的学习起不到或者很少起到支持作用。有些教师强调幼儿的主体性，误认为教师不应该干预、介入幼儿的活动，最终只是作为一个材料的投放者、观察者的角色对幼儿的活动进行旁观。我们要意识到这样的做法同样是对幼儿主体地位的片面理解，集体教学活动的重要价值就是通过教师有效地提问和互动引发幼儿的思考，助力幼儿通过与材料、教师、同伴等多种环境因素的互动，实现新经验的构建和能力的提升。因此，忽略教师在活动中的支持作用同样是不可取的。

五、对幼儿思维的引导不够重视

教师与幼儿适宜的语言互动能够激发幼儿的思考。随着对科学探究教育不断深入的研究和认识，人们越来越意识到语言和社会性的互动在幼儿科学探究中的重要价值。在科学活动中，关键性的问题能有效地将幼儿带入到思考和探究的状态当中，对幼儿的学习起到促进作用。在活动中，教师应该关注语言启发对幼儿思维的引导作用，鼓励幼儿与同伴、教师进行交流，并通过语言交流，促进幼儿在科学探究活动地深入学习。

⊕ 第五节　科学领域科学教学活动指导要点

针对上述在实践教学中集中表现出来的问题及其背后指向的原因和影响因素，特总结以下五个方面的指导要点，供教师进行参考。

一、创设并支持开放的精神氛围

教师要和幼儿一起积极创设、营造适合幼儿科学探究活动开展的、安全的、开放的、具有支持性的精神氛围。在活动过程中，支持并尊重幼儿大胆表达自己的想法，接纳幼儿不同的意见、探究方式和发现；支持并珍视幼儿主动发现的探究方式，为幼儿的思考和探究提供更加开放的空间；支持并鼓励幼儿自主发现问题、提出问题、探究解决问题，体验科学发现和解决问题的快乐。在表达与交流中，支持并赞美幼儿富有个性的新意表达和智慧碰撞；支持并助力幼儿采取多元化的途径探究，勇于提出问题和验证问题；支持并推动幼儿运用多种方式表达、交流、分享探究的结果。教师与幼儿在共同创设支持、开放的精神氛围中，有意识地开发和释放师幼双主体的创造力潜能。

当幼儿遇到问题时，教师应积极顺应并参与讨论，在亲身参与活动、认真倾听幼儿表达与分享时，予以适时的回应和支持，这些都是师幼共同创设开放精神氛围的具体体现。与此同时，教师还应注重自身的榜样带动作用，用自己对科学学习的好奇心和热情来带动幼儿，共同享受探究

过程带来的乐趣和收获。

二、选择贴近生活的学习内容

生活中存在着许多有趣的科学现象，其具体、直观和生动、鲜活，经常吸引着幼儿，激发起幼儿的探究兴趣和欲望。教师应善于唤起幼儿并主动发现生活中这些有趣的科学现象，敏感地捕捉周围环境中的新鲜事物和变化，为幼儿的学习和发展创造条件与机会，促进幼儿通过运用各种感官进行探究，在活动中获得相关经验，体验发现乐趣的同时，感受到科学就在我们身边。

三、关注幼儿的活动过程与需求

相对于对活动结果的追求，教师在科学活动的设计与实践中，更应提高对活动过程的关注。基于幼儿的年龄特点和学习方式，积极、主动的探究过程势必会带来丰富的探究结果，而忽略需求与过程的活动，难于达成教学目标和教育目的。

在幼儿亲历和感受科学活动中探究解决问题过程的同时，教师还应通过对幼儿探究过程的观察和倾听，及时捕捉、了解幼儿的兴趣和需要，灵活地采用多种活动形式，给予积极回应和适宜性引导。由于幼儿的探究兴趣和能力存在差异，强调教师在活动过程中关注尊重幼儿的个体差异，适时满足幼儿的个体需求，鼓励幼儿在原有基础上的进步。

四、活动中给予幼儿适宜的支持与引导

在科学活动中，教师要依据幼儿的学习特点和发展水平，力求通过关键性的提问和有效的互动给予幼儿适宜的支持和引导，引发幼儿深入学习，助力幼儿习得科学、有效的探究方法与途径；注意引导幼儿感受和发现有关现象和事物（声、光、电、力、磁）在游戏活动中的学以致用和学以致玩；教师和幼儿一起选择收集安全、卫生、数量充足、丰富可选、便于幼儿自由选择和探索操作的工具和材料；提示幼儿运用拍照、绘画等方式记录，呈现自己和同伴合作探究和解决问题的过程（想法和做法等）。教师适时帮助幼儿梳理经验，形成新经验。

五、不断提高教师自身的专业素养

教师提高科学教育水平不是一蹴而就的，正如幼儿的学习需要经历不断试误、调整、提升的过程，并在此过程中实现螺旋式上升。要求教师在实践的基础上不断的学习和思考，注重提升自身的专业素养。这其中既包括对教育理念的学习和理解，还包括对科学学科知识和实施教学过程的把握，使其适合幼儿年龄特点、学习轨迹和教育教学规律。

➡ 第六节 科学领域科学教学活动案例及点评

一、小班活动案例

案例一：捞汤圆（使用工具）

◆ 活动来源

"捞汤圆"活动的生成来源于幼儿的兴趣，在"六一"游艺活动中，他们喜欢"捞汤圆"这个游艺项目。在原来游艺材料的基础上，增添了很多幼儿生活中常见的厨房用具，丰富了活动材料（筛子、滤网、水舀、汤勺、漏勺、水杯、碗、蒸屉、洗菜篮），创设了生活化的厨房背景为情境，将科学经验蕴含其中，并根据小班幼儿的年龄特点，以"熊妈妈要请客，帮熊妈妈捞汤

圆"的游戏为活动主线，贯穿始终。鼓励和支持幼儿在游戏化、生活化的情境中，探究和感知"有孔的工具能够只捞汤圆不带汤，因为水会流下"这一现象。

◆ **活动目标**

（1）体验捞汤圆游戏带来的快乐。

（2）愿意尝试多种捞汤圆的工具，体验不同工具的特点。

（3）能够表达自己游戏中的发现。

◆ **活动重点**　尝试多种工具。

◆ **活动难点**　发现使用有孔的工具捞汤圆，水会流走。

◆ **活动准备**

1. 经验准备　幼儿在生活中有使用部分工具的经验。

2. 物质准备　汤勺、碗、水杯、水舀、量杯、漏勺、滤网、蒸屉、洗菜篮、筛子、水盆。

◆ **活动过程**

（一）开始部分：创设情境，导入部分

教师创设"捞汤圆"的游戏情境，激发幼儿参与活动的兴趣。

教师：今天，熊妈妈家要请客，锅里的汤圆都要捞出来送到熊妈妈家，你们愿意帮忙捞汤圆吗？

教师：我们可以用什么工具帮熊妈妈捞汤圆？

幼儿1：用勺子。

幼儿2：用漏的勺子。

教师：小朋友们从刚开始回忆自己生活中常见的勺子等厨房用具，到发现了挂在厨房墙面上的诸多厨房用具。

（二）基本部分：操作尝试多种捞汤圆的工具

1. 介绍捞汤圆工具

教师引导幼儿来到厨房的游戏场景，介绍捞汤圆的工具，引导幼儿初步感知捞汤圆的工具。

教师：老师还请来了很多厨房用具来帮忙捞汤圆。我们看看都有什么，你们见过这些工具吗？

幼儿3：我见过妈妈用这个篮子洗菜。

幼儿4：我家也有这个（漏勺），捞饺子用的。

教师：嗯，这是漏勺。为什么叫它"漏勺"呢？

幼儿4：这个上面有洞洞。

教师：真的有洞洞啊！还有什么工具上面有洞洞？

幼儿1：这个筛子有洞洞。

幼儿2：这个蒸馒头用的，也有洞洞。

教师：嗯，蒸屉也有洞洞。

幼儿通过观察实物以及回忆生活中使用过的厨房用具或观察到家人使用工具的已有生活经验和方式，再次感知、发现捞汤圆工具的特点，知道有的有孔，有的没孔。

2. 第一次操作：幼儿自主选择捞汤圆工具进行操作

鼓励幼儿自主选择工具捞汤圆，并把汤圆送到熊妈妈的家里。

在观察和初步感知工具特点的基础上，幼儿自主选择工具，进行了第一次捞汤圆游戏。在这次操作过程中，幼儿所选择的捞汤圆工具范围很广，带有非常明显的随意性。他们有的用水舀捞汤圆，有的用蒸屉捞汤圆，有的用小碗捞汤圆……在捞汤圆的过程中，以及将捞出的汤圆送到熊妈妈家的时候，教师注意进行观察和互动。

教师：你用小盆捞汤圆。小盆里又有汤圆，又有汤。

教师：你用的什么工具捞汤圆？

幼儿4：小碗。

教师：看看你的小碗里有什么？

幼儿4：有汤圆。

教师：还有什么？

幼儿4：还有汤。

通过教师的指导语，幼儿能够关注到自己的小盆或小碗里是否带汤，并且初步思考汤圆带不带汤与所用工具之间是否存在联系，为下一次"只捞汤圆不带汤"的操作游戏做准备。

3. 第二次操作：幼儿选择"只捞汤圆不带汤"的工具进行操作

向幼儿介绍第二次操作的内容，鼓励幼儿选择"可以只捞汤圆不带汤"的工具，感知水的流动性。

熊妈妈：谢谢小朋友们帮我捞汤圆。可是，我的客人还没吃饱，所以还需要煮一些汤圆招待客人。我的客人喜欢吃不带汤的汤圆。你们能不能只捞汤圆、不带汤？

教师：熊妈妈想要不带汤的汤圆，怎样才能只捞汤圆不带汤？

幼儿5：用可以漏汤的工具。

教师：这么多的工具里面，什么工具可以把汤漏掉，只捞汤圆不带汤？

幼儿6：有洞洞的工具。

幼儿4：漏勺。

幼儿1：蒸屉。

幼儿3：洗菜篮。

…………

教师：为什么你们觉得，有洞洞的工具能只捞汤圆、不带汤？

幼儿3：有洞洞的话，就能把汤漏下去。

教师：汤会从哪儿漏下去？

幼儿3：会从洞洞里面漏下去。

讨论结束后，教师帮助幼儿进行了梳理，并鼓励幼儿寻找能够"只捞汤圆、不带汤"的工具进行第二次捞汤圆游戏。

这次选择工具时，幼儿有了观察、比较，有意识地选择了有洞洞的工具捞汤圆。有的幼儿选择了用漏勺捞汤圆，有的幼儿选择了用蒸屉捞汤圆，有的幼儿选择了用筛子捞汤圆……教师在幼儿游戏的时候进行观察并指导。

教师：你的小盆里只有汤圆，没有汤。这次为什么能只捞汤圆、不带汤？

幼儿：因为漏勺有洞洞。

教师：有洞洞就怎么了？

幼儿：汤就从洞洞里流下去了。

教师：还有什么工具，能只捞汤圆、不带汤？

幼儿：还有蒸屉、筛子、洗菜篮……

教师：为什么这些工具都能只捞汤圆、不带汤？

幼儿：因为它们都有洞洞，会把汤漏下去。

教师：哦，用有洞洞的工具捞汤圆，汤会从洞洞里漏下去，能只捞汤圆、不带汤。

4. 第三次操作：引导幼儿使用有孔的工具再次进行操作，进一步感知"有孔的工具，能够只捞汤圆、不带汤，因为水会流下去"这一经验

教师鼓励幼儿使用有孔的工具进行操作，再次验证和巩固经验，知道漏勺、滤网、蒸屉、洗菜篮、筛子有孔，能够只捞汤圆、不带汤，因为水会从孔中流走。

教师参与幼儿游戏，用蒸屉来捞汤圆，并用夸张的动作使幼儿关注到汤流下时的瞬间。

幼儿3：哇！

教师：怎么了？你看到什么了？

幼儿3：瀑布。

教师：汤流下来的时候像瀑布一样。

教师：你的工具在捞的时候抬高一点儿，看看汤是怎么流下来的。

幼儿3：小雨小雨沙沙沙，像下雨一样。

幼儿4：像下大雨一样，哗啦哗啦的！

幼儿纷纷开始关注和观察水流动的特点，"像瀑布一样""像下雨一样"，有的幼儿使用象声词模仿水流下的声音。

◆ 活动反思

本科学活动的游戏材料基于幼儿生活，是幼儿生活中所熟悉和常见的，符合幼儿生活经验。在游戏过程中，教师能够鼓励和支持幼儿自主选择材料进行操作和游戏，体现教师对幼儿的尊重。活动充分体现"游戏化"的活动形式和特点。以"帮助熊妈妈捞汤圆"的情境，贯穿始终。

教师引导幼儿在游戏中发现问题、解决问题、主动探究。幼儿对活动非常感兴趣，较好地完成了目标。

（执教教师：军委机关事务管理总局红星幼儿园五棵松园　任丽静）

◆ **活动点评**

本科学活动凸显幼儿核心经验的构建及教师对游戏核心经验的关注。游戏环节层次清晰，层层递进，每个环节都有具体、明确的目标。教师的提问针对性强，适宜小班幼儿的思维水平，易于理解，并能及时给予幼儿适宜的应答。此活动体现以下几个特点：

1. 游戏活动体现对幼儿经验的关注

从活动的环节设置上，体现对幼儿新经验的关注，促使幼儿新经验的获得。

第一次操作——幼儿自主选择捞汤圆工具进行操作→第二次操作——幼儿选择"只捞汤圆、不带汤"的工具进行操作→第三次操作——引导幼儿使用有孔的工具再次进行操作，进一步感知"有孔的工具，能够只捞汤圆、不带汤，因为水会流下去"这一经验。

2. 游戏活动帮助幼儿形成核心经验

活动中的核心经验是在活动中发现汤勺、碗、水杯、水舀、量杯没有孔，水流不走；漏勺、滤网、蒸屉、洗菜篮、筛子有孔，水会流走。

在第一次操作环节，教师鼓励幼儿自由选择工具进行操作，在操作和同伴分享中，获取有孔工具和无孔工具这两种工具在捞汤圆时的不同感受和发现，为获取核心经验奠定基础。

在第二次和第三次操作环节，根据"只捞汤圆、不带汤"的要求，幼儿选择有孔的工具进行操作，再次巩固"有孔的工具，水会流走，能够只捞汤圆、不带汤"的经验。

3. 幼儿的游戏过程体现主动学习

活动中，教师鼓励幼儿自主选择"自己想用的"工具进行操作，体现幼儿的自主性。营造快乐、宽松、自由的探究氛围，也体现出幼儿是活动的主体，是主动的学习者。

4. 教师能够有效支持幼儿主动学习

教师为幼儿提供充分的材料，保障幼儿自由选择和操作，从物质层面支持幼儿的主动学习。教师给予幼儿充足的探究时间，尊重幼儿的想法和发现，从精神层面支持幼儿主动学习。

（活动点评：中央军委机关事务管理总局红星幼儿园玉泉路园　苏　晖）

案例二：手电筒的五彩光（光影游戏）

◆ **活动来源**

在一次观看大班哥哥、姐姐毕业典礼节目时，绚丽的舞台灯光一下子吸引了孩子们的注意力。每次看到舞台上出现闪闪的灯光时，孩子们都会欢呼起来。为了满足孩子们的兴趣，教师设计了"手电筒的五彩光"这次科学活动，目的在于引导幼儿初步感受光影游戏的乐趣。

◆ **活动目标**

（1）初步了解手电筒的功能和用途。

（2）尝试选用手电筒光变颜色的材料和方法。

（3）愿意用语言表达自己的发现，体验发现的乐趣。

◆ **活动重点**　初步了解手电筒的功能和用途。

◆ **活动难点**　尝试选用手电筒光变颜色的材料和方法。

◆ **活动准备**

1. 经验准备　幼儿已了解手电筒的功能，懂得手电筒开关的方法。

2. 物质准备　手电筒每人一支、彩色胶片纸、彩色塑料盒、彩色水瓶若干、一只猫的剪影和多种带颜色的老鼠剪影、蛋糕剪影、轻音乐。

◆ 活动过程

（一）开始部分：游戏导入，激发幼儿活动兴趣

1. 教师以谈话的方式寻求幼儿的帮助

教师：今天，老师想给小朋友们跳一支舞蹈。我想请小朋友们来帮忙，做小小灯光师，把老师跳舞的舞台和裙子照得亮亮的，你们愿意帮忙吗？

幼儿：愿意。

2. 幼儿讨论什么可以发出亮亮的光

教师：你们知道什么可以发出亮亮的光吗？

幼儿1：灯能发出亮亮的光。

幼儿2：星星能发出亮亮的光。

幼儿3：灯能发出亮亮的光。

幼儿4：太阳能发出亮亮的光。

教师：你们知道得可真多呀！今天，老师给你们请来一位会发光的"朋友"，它叫手电筒。

3. 介绍手电筒的开关位置及打开的方法

教师：这个手电筒前面有一个"大眼睛"，后面有一个圆圆的按钮。使劲儿一按这个按钮，"大眼睛"就能发出亮亮的光了。手电筒打开后要注意安全，不要用手电筒照自己和别人的眼睛。

4. 师幼互动游戏"小小灯光师"

教师：请小朋友们拿出小手电照一照，试一试，你们真棒！小手电的"眼睛"都发出亮亮的光了。

教师：现在，请你们来当小小灯光师，为老师和跳舞的舞台照亮，好吗？

幼儿：好。

教室关闭室内灯光，幼儿用手电筒给舞台和教师照亮，教师随着音乐进行舞蹈。

（二）基本部分：幼儿自主探究手电筒发出不同颜色的光

1. 介绍投放材料和方法

教师：老师在桌子上为小朋友们准备了很多带颜色的宝贝（胶片纸）。请你选一个颜色宝贝，放在手电筒的"大眼睛"前面。试试看，看看你有什么新发现。

2. 幼儿第一次自主尝试

（1）幼儿自选材料进行尝试。

幼儿1：有红色。

幼儿2：有黄色。

幼儿3：我这是蓝色的。

（2）教师观察幼儿的探究过程，结合幼儿的发现，帮助幼儿梳理经验。

教师：你把什么颜色的宝贝放在手电筒的"大眼睛"上了？

幼儿：我用红色的。

教师：它照出了什么颜色的光？

幼儿：红色的光。

教师：你的这个发现真有意思，你再试试其他颜色的宝贝，看看还能照出什么颜色的光，好吗？

幼儿：好。

（3）幼儿继续操作桌面材料，尝试新的发现。

3. 交流、分享自己的发现，帮助幼儿梳理新经验

幼儿分享自己的发现。

教师：哪位小朋友愿意说一说，你有什么新发现？

幼儿1：我照出了红色的光。

教师：为什么会发出红色的光呢？你用的宝贝是什么颜色的？

幼儿1：我用的宝贝是红色的。

教师：他用了红色的宝贝照出了红色的光，真有趣！还有谁愿意说一说？

幼儿2：我的宝贝是蓝色的，我照出了蓝色的光。

幼儿3：我用的宝贝是绿色的，我照出了绿色的光。

教师小结：哦，原来，用什么颜色的宝贝挡在手电筒的"大眼睛"前面，就能照出什么颜色的光。这真是太神奇了！

4. 幼儿第二次自主尝试

请幼儿再次尝试选择不同颜色的纸，照出的颜色发生了变化，探索其中的秘密。

教师：请小朋友们试试其他颜色的宝贝，看看照出了什么颜色。

5. 互动游戏"小小彩色灯光师"

请幼儿选择自己喜欢的颜色宝贝，为表演的舞台照出彩色的光，进行师幼互动表演。

教师：手电筒的灯光被你们变成了各种颜色的。请小朋友们再来当一回小小灯光师，为老师跳舞的舞台照亮，好吗？

幼儿：好。

教师关闭室内灯光，幼儿用手电筒给舞台和教师照亮，教师随着音乐舞蹈。

（三）结束部分：互动游戏"猫捉老鼠"

教师：请每个小朋友选择一只你喜欢的小老鼠，把它举在手电筒的"大眼睛"前面，你会发现墙上出现了一只可爱的小老鼠。我们来玩"猫捉老鼠"的游戏吧！

游戏玩法：

请幼儿把小老鼠的光影投在墙壁上，听音乐跟着教师沿着墙壁一侧走到另一侧的蛋糕前。当听到猫的叫声时，幼儿赶快关闭手电筒。小猫叫声停止后，再打开手电筒，让小老鼠继续走向蛋糕，直到吃到蛋糕为止。如果看到猫的影子，小老鼠们就要快快逃跑。

◆ **活动延伸**

幼儿回家后，可以和爸爸、妈妈一起找一找，生活中还有哪些带颜色的物品，试试看，它们能不能照出彩色的光。

◆ **活动反思**

教师为幼儿创设了一个情境小舞台，并布置了黑暗的教室环境，引导幼儿在其中体验、探索光的奥妙。以"小小灯光师"的游戏情景带入并贯穿活动始终，幼儿能很快地融入情景中。活动中，投放了一些生活中常见的带颜色材料，体现了材料的生活化。探究过程中，引导幼儿通过操作、观察等方法，感知、发现不同颜色的物品放在手电筒前发出的光也有所不同，并在活动中有意识地帮助幼儿建构材料与产生颜色光之间的关系，培养幼儿参与探究活动的兴趣，提高探究、发现因果关系的逻辑思维能力。

（执教教师：北京市昌平区机关幼儿园　巩爱弟）

◆ **活动点评**

从幼儿在活动中积极的表现可以看出，此次活动非常符合小班幼儿的年龄特点。教师能够用自己的感染力和神秘而有趣的游戏情景与幼儿融为一体，活动氛围轻松、有趣，师幼关系十分融洽。

1. 活动选材生活化

手电筒是生活中常见的物品，有很多可以探究的秘密。小班幼儿由于生活经验有限，探究什么内容，探究到什么程度，教师都做了深入的思考。幼儿在活动后，获得的经验既可以用于生活，又引发了后续的探究兴趣。

2. 活动过程情境化

教师在活动引导过程中，注重引发幼儿参与探究活动的兴趣。幼儿很喜欢"小小灯光师"的情境创设，也激发了幼儿投入游戏的热情。材料准备丰富、多样，满足了幼儿探索、操作、体验的欲望。最后的"猫捉老鼠"游戏也起到了承上启下的作用，为幼儿继续探究光影活动奠定了基础，有益于幼儿在操作、游戏中对科学活动探究的持续性。

3. 引导方法巧妙多样

整个教学过程层次清晰并紧扣目标。活动结构动静交替，安排合理。教师与幼儿互动的语言形象、生动，有利于幼儿理解，同时自然渗透健康习惯养成等方面的教育内容。

（活动点评：北京教育科学研究院早期教育研究所　叶奕民）

案例三：有趣的管子（感知材料、发现声音）

◆ **活动来源**

小班幼儿对周围事物非常好奇，对周围世界充满了浓厚的兴趣，对新鲜事物具有强烈的好奇心。他们的探索主要通过对物体的看、听、摸等感知、操作活动来进行，属于直接行动思维。结合幼儿的年龄特点以及贴近幼儿生活经验，教师开展了有关声音的系列活动。幼儿通过亲自操作和体验，了解到声音是由物体振动所产生的。随着活动的不断深入，孩子们对声音主题活动探究的内容兴趣越来越浓厚。有时会看到两个幼儿把书卷成一个纸筒，你对我说，我对你说，玩得不亦乐乎。孩子们经常会说："我们在说悄悄话呢！"由此可以看出，孩子们对于声音的传播非常感兴趣。因此，教师设计了"有趣的管子"这一科学活动，目的在于引导幼儿亲自发现管子传播声音的神奇现象，利用幼儿身边常见的粗细、长短不一的洗衣机管子，将材料和环境相结合，激发幼儿对"管子传声"游戏的浓厚兴趣。

◆ **活动目标**

（1）对材料和声音感兴趣，感知和发现管子可以传递声音。

（2）愿意表达自己的发现，体验和其他幼儿共同游戏的快乐。

◆ **活动重点**　对材料和声音感兴趣，感知和发现管子可以传递声音。

◆ **活动难点**　愿意表达自己的发现，和其他幼儿共同游戏。

◆ **活动准备**

1. 经验准备　幼儿见过管子；对声音的产生已了解，并有极高的探究兴趣。

2. 物质准备　粗细不同的洗衣机管子、管子制成的大章鱼、管子布置成的森林环境。

◆ **活动过程**

（一）开始部分：出示管子，引发活动

教师：小朋友，老师这里有一根管子，我来听一听！哇！好像有声音啊！你也来试一试，听一听，管子里说了什么？

幼儿1：我听到了，真的有声音！

幼儿2：我也听到了，管子里在说"小朋友好"。

教师：我们走近看一看，看看刚才是谁在和我们说悄悄话呢？

（创设游戏情境，通过听管子游戏激发幼儿探究兴趣）

（二）基本部分：感知操作，发现管子可以传声

1. 观察并了解管子的特性

（1）玩管子。

教师：这里有很多管子，小朋友们可以摸一摸、看一看、玩一玩。

教师：你们发现了什么？

幼儿1：管子是软的，还能变形呢！

幼儿2：管子软软的，都立不起来。

教师：轻轻用手捏一捏，管子怎样了？

幼儿1：管子瘪下去了。

（2）教师演示小球从管子里钻出来的情景。

教师：老师要开始变魔术喽！看看老师变出一个什么呀？

幼儿：小球。

教师：这个小球想从管子的肚子里钻出来，你们觉得可以吗？

幼儿1：我觉得可以。

幼儿2：不会吧！

教师：小朋友们的想法都不一样，那我们就来试一试喽！看好啊！

教师：小球钻出来了吗？

幼儿：钻出来了。

教师：原来管子的肚子真的是空空的，所以小球可以钻出来。

教师提升幼儿经验，让幼儿感知管子的特性，知道管子的肚子是空的。

2. 感知管子能传递声音

（1）跟章鱼妈妈玩"悄悄话"的游戏。

教师：神奇的管子不光能让小球从它的肚子里钻出来，它还会变魔术。我们看看，神奇的管子变成了什么啊？

幼儿：大章鱼。

①教师和章鱼妈妈的对话。

教师：章鱼妈妈要和小朋友们玩一个"悄悄话"的游戏。我先去听一听，章鱼妈妈说了什么。

教师：你们听到了吗？

幼儿：没有。

教师：为什么？

幼儿：要想听到章鱼妈妈的悄悄话，就要把耳朵对着管子的"大嘴巴"才行。

教师：小朋友们，你们也去听一听章鱼妈妈和你们说的悄悄话吧！

②幼儿和章鱼妈妈对话。

教师：你听到章鱼妈妈和你说的悄悄话了吗？

幼儿：听到了。

教师：章鱼妈妈说什么了？你想对章鱼妈妈说什么？来，试着说一说吧！

提升经验：通过有管子和没管子听章鱼妈妈说话的比较，引导幼儿初步感知管子可以传递声音。

（2）跟大树妈妈玩"悄悄话"的游戏。

教师：我们又来到了魔法森林。大家一起来看看，大树的树枝上都有些什么呀？

幼儿：有很多的管子。

教师：大树妈妈说，它看到小朋友们刚才和章鱼妈妈玩"悄悄话"的游戏，玩得很开心！它也想和你们一起玩"悄悄话"的游戏。

①演示玩法。

教师：玩"悄悄话"的游戏需要几个人呀？

幼儿：两个人。

教师：老师也很想玩，我先邀请我的好朋友和我一起玩玩吧！小朋友们看看我们是怎么玩的？

教师：一个人用小嘴巴去说，另一个人用小耳朵去听，悄悄话能被别人听到吗？

幼儿1：不能。

教师：怎样才能不被别人听到呢？

幼儿1：对着管子说话。

幼儿2：小点声说，别人就听不到了。

教师：对了，一个小朋友对着管子小声说，另一个小朋友的小耳朵对着管子听。

教师：你也邀请你的好朋友和你一起试一试吧！

②幼儿操作、体验。

两名幼儿玩"悄悄话"游戏。一名幼儿用小耳朵听，另一名幼儿用小嘴巴说。引导幼儿再次感知管子可以传递声音。

教师：你听到好朋友的声音了吗？

幼儿1：听到了。

教师：为什么通过管子可以听到声音？

幼儿2：因为管子是空的。

教师：空空的管子可以传声音，真是太神奇了！

（三）结束部分：引发后续探究欲望

教师：我们班里还有很多管子，可以继续玩"悄悄话"的游戏，看看是不是每根管子都这么神奇！

◆ **活动延伸**

（1）搜集多种管子，投放到活动区。请幼儿在区域活动中进一步感知管子可以传递声音。

（2）还可以在管子里增加一些填充物，引导幼儿进一步探索，发现管子内填充物对声音传播的影响。

◆ **活动反思**

本次活动充分体现了游戏性和自主性。孩子们通过多种感官认识管子、熟悉管子、了解管子的特性及其特点，通过游戏"小球通过管子的旅行"，让幼儿直观感知管子的肚子是空的，是通畅的。再到游戏"悄悄话"，孩子们通过听章鱼妈妈讲话，感受到了管子可以传声的神奇，再通过对章鱼妈妈讲话，让幼儿达到说和听的双重满足感。最后，教师还鼓励幼儿，两两结对，一起合作玩"悄悄话"的游戏，孩子们再次感受到了管子的神奇和有趣。看着孩子们开心而惊喜的表情，我深深地感受到了孩子们在玩中学的乐趣，在玩中发现科学的神奇现象。

（执教教师：中央军委机关事务管理总局红星幼儿园五棵松园　薛梅梅）

◆ **活动点评**

幼儿在活动中始终表现出对材料和声音的极大兴趣，原因有以下几个方面：

1. 材料选择好玩又有趣

管子是生活中常见的物品，但作为教学材料却不常见。教师选择管子作为探索的材料，利用了材料本身"软"和"空"的特性引发幼儿探索和发现,材料选择非常巧妙。

2. 入情入境,使探究活动更加丰富

在了解管子的特性后,教师能够引导幼儿先玩一玩,再与章鱼妈妈、大树妈妈说说"悄悄话",很好地顺应了小班幼儿的特点,幼儿通过摸一摸、看一看、玩一玩、说一说的过程,不仅了解到了管子的特性,而且在体验中发现管子空心可以传声的特点。

3. 难度递进,引导有方

教师能够在活动中的每一个环节为幼儿提供亲身体验和实践操作的机会,为幼儿发现现象、表达想法留有空间。从感知管子可以传声,到听章鱼妈妈的"悄悄话",再到自我表达,最后到两个小朋友合作游戏,体现了层层递进的引导过程。在这个过程中,幼儿获得了新经验,体验了探究活动的快乐。

(活动点评:中央军委机关事务管理总局红星幼儿园玉泉路园 苏 晖)

二、中班活动案例

案例一:影子变变变(影子变化)

◆ **活动来源**

这个活动的设计是基于一次户外游戏。前一段时间,阳光非常充足。在户外活动的时候,孩子们发现自己的小影子特别清楚,就自发地改变自己的动作,观察到影子也在跟着变化这一自然现象。教师及时观察到了孩子们的兴趣点,和他们一起玩了"踩影子"的游戏,幼儿非常喜欢。在"踩影子"的游戏中,幼儿发现当自己蹲下的时候,影子就会变短;在阴凉的地方,影子就会藏起来。之后,师幼一起玩了"影子舞会"的小游戏,使幼儿充分感知在光源不变的情况下,影子的变化是随着物体的变化而变化的。今天的活动是"影子舞会"的一个延伸。活动中,每个游戏的设计都指向相应环节的目标,对于帮助幼儿了解影子的现象和规律,引发幼儿的探究兴趣起到了一定的作用。

◆ **活动目标**

(1)感知影子的变化,能够发现如果改变光源的方向,影子的长短也会发生变化。

(2)尝试用简单、清楚的语言分享影子变化的规律。

(3)喜欢参与影子的探索活动,体验共同游戏的快乐。

◆ **活动重点** 感知影子的变化,能够发现如果改变光源的方向,影子的长短也会发生变化。

◆ **活动难点** 尝试用简单、清楚的语言分享影子变化的规律。

◆ **活动准备**

1. 经验准备 活动前,幼儿在户外玩过"踩影子"的游戏,发现自己的影子是经常变化的。

2. 物质准备 白纸、剪刀、手电筒、水杯剪影、玩具小熊。

◆ **活动过程**

(一)开始部分:变魔术,激发幼儿兴趣

通过演示"爱心变大了"的魔术,引导幼儿体验改变光源或改变物体和背景的距离可以使图案变大和变小。

教师:孩子们,今天,老师没有开灯。一会儿,我要表演一个很神奇的魔术,让纸片上的爱心变大,再变小。你们猜猜,我能做到吗?

幼儿：我觉得不能，因为爱心在纸片上是不能变的。

幼儿：我觉得也许能。

教师：请仔细看，我小小的爱心要有变化了。（演示用手电筒照纸片，上面的爱心会变大和变小）

幼儿：变大了，越来越大。又变小了。

教师：这个魔术很简单，你们都能变。你们想不想试一试？

幼儿：老师的手电筒离小纸片近点，爱心就变大了。手电筒离小纸片越远，爱心就变得越来越小了。

教师：你们可真聪明，一下子就发现了其中的奥秘！

教师：好，老师给你们准备了小剪刀和小纸片，你们来试一试，看看能发现什么。一会儿，用小剪刀在纸的中间剪一个你喜欢的形状。剪的时候要小心。手电筒不要照到自己或其他小朋友的眼睛。用完了，就赶紧关上。好，可以开始了。

幼儿尝试操作，教师巡回指导。

教师：你们都会变这个魔术了。请小朋友说一说，你在变魔术的时候，发现了什么？

幼儿：手电筒离小纸片越近，爱心变得越大；离小纸片越远，爱心变得越小。

教师：你们可真棒！自己发现了爱心变大、变小的秘密，快给自己鼓鼓掌吧！

（二）基本部分：发现改变手电筒照射的方向，物体影子的长短也会发生变化

1. 猜猜看：是谁的影子

出示物品剪影，让幼儿猜猜看，引导幼儿亲自体验改变光源的位置能够使物体的影子发生变化。

教师：孩子们，刚才的魔术好玩吗？

幼儿：好玩。

教师：老师还给你们准备了更好玩的游戏呢！我们来做一个"猜影子"的游戏，好不好？快看，这是谁的影子呢？

幼儿：苹果、梨、橘子、草莓……

教师：嗯，你们猜得都很对。这个是谁的影子呢？

幼儿：鞋垫、脚印、瓶子、蛋糕……

教师：再来看，这是什么东西的影子呢？

教师：嗯，我们接着猜，这是谁的影子呢？

教师：哈哈，你们刚才说了这么多种东西，虽然都有点像，但是都不对，其实这5个影子都是同一个物体的影子，就是我们平时喝水的杯子。

幼儿：太神奇了！

教师：为什么同一个东西，它的影子却不一样呢？

2. 找影子：发现由于光源位置的改变，小熊的影子也会发生变化

教师：你们刚才说得都很好。我们再玩一个"找影子"的游戏，你们试一试，用手电筒照小熊，看看你能发现什么，可以开始了。

幼儿操作，教师指导。

教师：你看到小熊的影子发生什么变化了？

幼儿：手电筒从上面照小熊，小熊的影子最短。

幼儿：这样照（从侧面），小熊的影子就变长了。

教师：谁愿意到前面来把你的发现告诉大家？

幼儿：我发现手电筒动，影子也跟着动。

幼儿：我发现影子长短有变化。

幼儿：我发现手电筒的方向变了，影子的长短也变了。

教师：你们真棒，发现了手电筒照射的方向变了，影子的长短也变了。

3. 两只小熊照出一个影子：发现两只小熊的影子可以重合

教师：你们看，老师现在又请来了一只小熊。老师用手电筒照在两个小熊的身上，你发现什么了？

幼儿：有两个影子。

教师：好，那一会儿，老师要请小朋友来帮帮我了，你们有什么好办法能让两只小熊只照出一个影子，你们试试看。

教师：一会儿，两个小朋友一组，你去试一试。谁先找到方法，就先回到座位上。

幼儿找方法，教师巡回指导。

教师：谁找到方法了？到前面来试一试吧！

幼儿：我们的方法是把小熊一前一后排好，手电筒从后面照就是一个影子。

幼儿：我发现斜着照也能照出一个影子，小熊要排好队才行。

教师：你们可真棒，又发现了把两只小熊照出一个影子的方法。

（三）结束环节：画影子、猜物品

幼儿两人一组，在班里选一样喜欢的玩具，并把它的影子画下来。猜一猜，别人画的都是什么物品的影子。

1. 梳理经验

教师：孩子们，前两天，我们在院子里和自己的影子做了游戏。你们伸直手臂，影子就变长了。你蹲下的时候，影子就变短了。今天的小游戏里，小熊的影子也在变长和变短，你发现什么了？

幼儿：小熊不会蹲下，也不会伸直手臂。影子的改变是因为手电筒的位置变化了。

教师：你们真聪明！发现了手电筒位置改变的时候，小影子也跟着改变。当手电筒在小熊侧面的时候，小熊的影子就变长了。当手电筒在小熊头顶的时候，小熊的影子就变短了，而且影子的方向和小熊的方向总是相反的。

2. "画影子"引出后续延伸活动

教师：接下来，我们来玩一个更好玩的游戏——"画影子"。

幼儿：太好了。

教师：一会儿，两个小朋友一组，选一个小玩具，把它的影子画下来，不要让其他小朋友看见啊！画好之后，放到活动区。我们互相猜一猜，小朋友画的都是什么物体的影子，好不好？

◆ **活动延伸**

（1）在活动区，引导幼儿从不同方向照物体，画出各种物体的影子。幼儿互相猜是什么物体的影子。

（2）玩手影游戏。

（3）探究影子的多种玩法，引出表演皮影戏的内容。

◆ **活动反思**

这个活动，比较有新意的地方是：

（1）在内容上，选取了一个幼儿很熟悉、很感兴趣的点——影子。通过这个点，循序渐进地引导幼儿对影子进行探索，采用最适合中班幼儿探索的方式，帮助幼儿感知光影的特性和关系。

（2）在方法上，教学过程中设计的 3 个小游戏都比较有新意，不是凭空让幼儿去想象，而是给幼儿提供具体的操作材料，引导幼儿在真实的操作活动中发现、比较影子的差异、特点和变化。幼儿在操作中对自己的猜想进行验证。

（3）在材料上，教师选择的是幼儿身边触手可及的手电筒和平时玩的玩具小熊。通过游戏在手电筒和玩具小熊之间建立联系，引导幼儿利用身边最熟悉、最朴素的事物发现一些简单的物理现象。另一个比较有新意的地方是杯子剪影的设计，引导幼儿知道其实一个物体的影子也会变化，激发幼儿进一步探索的欲望。

◆ **活动点评**

光影游戏是幼儿经常自发玩起来的游戏，教师能抓住教育契机，关注幼儿需要，将适宜的目标和内容相结合，触发幼儿新的学习，迎接新的挑战。和幼儿园以往开展的光影游戏活动不同的是：教师在关注幼儿核心经验的同时，又在游戏设计上有所创新。幼儿在探究活动中获得了丰富的新经验，从这个活动中，能清楚地看到幼儿的真发展。本活动有几个方面值得学习和借鉴：

1. 活动内容的选择体现教师的儿童视角

教师善于发现幼儿在生活中感兴趣的现象，看到幼儿对影子产生了兴趣，满足幼儿的需要，和幼儿一起玩"踩影子""影子舞会"的游戏。教师敏锐地发现其中隐含的教育价值，能够把握时机，沿着幼儿的兴趣点生成教育活动，并对幼儿感兴趣的事物进一步延伸，支持幼儿进一步探索，这是教师具有儿童视角的体现。

2. 把握幼儿的"最近发展区"，目标定位清晰

教师了解幼儿的年龄特点，在对幼儿原有认知经验充分了解的基础上，把握幼儿的最近发展区，设计、选择适宜的探究内容。教师心中有明确的目标，并将目标融入一个个有趣的光影游戏中，调动幼儿原有经验，建构新经验，自然而巧妙。探究活动既生动、又有清晰的方向。

3. 活动层次清楚，环节安排紧凑

从爱心变大的魔术到呈现不同的水杯剪影，从探究手电筒照射位置和小熊影子方向的关系，到探究小熊影子怎样重叠在一起，到最后通过画影子进一步感知，活动环节紧凑且层次清楚，不断激发幼儿深入探究的积极性，引发幼儿新的思考。

4. 尊重幼儿的学习特点和学习方式

活动中，教师为幼儿提供了适合探究的材料，尊重了幼儿通过动手操作来学习的学习特点和方式。教师将教育的意图和教育目标藏在了材料中，当幼儿看到手电筒和小熊玩具，会不由自主地产生玩一玩的想法。幼儿在边操作、边观察、边探索的过程中发现光和影之间的关系，发现影子可以变化和隐藏的特点，进一步感受到光和影的有趣和神秘。同时，教师在活动中给幼儿充分尝试和体验的空间以及同伴间相互交流的机会，尊重幼儿的想法。

心中有目标、适宜的选材、合理的环节、有趣的情景、材料的支持、有效的互动，更重要的是教师心中有幼儿，这些都值得更多的教师学习。

（活动点评：北京市第四幼儿园　徐海娜）

案例二：鸡蛋的秘密（区分生熟鸡蛋）

◆ **活动来源**

随着中班幼儿的成长，幼儿不仅自我服务的能力提升了，也愿意帮助别人，为他人服务了。近期，班里开展了"我是快乐的小主人"主题活动。引导幼儿不断提高各方面的能力，从自我成长、节日庆典、幼儿游戏等多方面出发，充分利用真实的情景、真实的环境和体验性活动为幼儿提供自我认知、自主探究、解决问题和进步成长的平台与机会。活动内容更多选择生活中幼儿关注的内容。一次，早餐值日生发鸡蛋时，教师听到幼儿在交流："我看这个鸡蛋怎么像生的。"另一个小朋友说："肯定是熟的，生鸡蛋不能吃。"听到小朋友们的交流，教师设计了此次活动。探究区分生熟鸡蛋的方法，引导幼儿健康饮食，同时开展了系列活动。如：蛋壳艺术创作、生熟鸡蛋的区别、鸡妈妈孵蛋、蛋的营养等多种可探究的活动内容。

◆ **活动目标**

（1）能够观察、比较生熟鸡蛋的相同和不同。

（2）尝试探究区分生熟鸡蛋的方法。

（3）喜欢参与探究活动，能够根据观察大胆表达自己的想法。

◆ **活动重点**　能够观察、比较生熟鸡蛋的相同和不同。

◆ **活动难点**　尝试探究区分生熟鸡蛋的方法。

◆ **活动准备**

1. 经验准备　日常生活中对鸡蛋有所了解。

2. 物质准备　生、熟鸡蛋若干，操作盘每人一个，玻璃碗（验证使用），标签。

◆ **活动过程**

（一）开始部分：创设问题情境，引发幼儿猜想

1. 提出问题

教师：小朋友们，马上要做午饭了。食堂的厨师洗鸡蛋时，一不留神把生熟鸡蛋混在了一起，这可怎么办啊？你们有什么好方法帮他区分生熟鸡蛋吗？

幼儿：可以用小眼睛看一看。

幼儿：可以用手掂一掂，重的是熟鸡蛋。

幼儿：可以摔碎鸡蛋，流汤的是生鸡蛋。

教师：那鸡蛋可就浪费了。

2. 鼓励幼儿自由表达想法，教师给予回应

教师：刚才，小朋友们说了几种办法。如果用小眼睛看，怎么看才能知道哪个是生鸡蛋、哪个是熟鸡蛋呢？

幼儿：生鸡蛋壳和熟鸡蛋壳的颜色可能不一样，可以看出来。

教师：一会儿，你可以试试你的好方法，还有谁有其他好方法吗？

幼儿：还可以用小耳朵听一听声音，生鸡蛋和熟鸡蛋的声音可能不一样。

教师：用小耳朵听的方法也不错，那么听什么？怎么听呢？

幼儿：拿起小鸡蛋听一听声音，可能声音不一样吧？

教师：你的好方法也不错，一会儿，你也可以试试这个方法，看看能不能区分生鸡蛋和熟鸡蛋，还有其他的好方法吗？

幼儿：可以转一转，看看鸡蛋转动的速度是不是不一样。

教师：那你一会儿赶快试试你的好方法。还有没有人有其他的好方法？动动小脑筋，想出更多好方法帮助食堂的厨师，他们可急坏了。

幼儿：还可以尝一尝，煮熟的鸡蛋可以吃，但是生鸡蛋可不能吃。

幼儿：熟鸡蛋比生鸡蛋沉一些。

教师：大家想出了这么多的好方法，真不错！你们一会儿就用自己想到的好方法来帮助食堂的厨师吧！

（顺应幼儿的回答，鼓励幼儿表达想法，并进一步尝试操作）

3. 提出操作任务，引发活动兴趣

教师：你们想到了这么多好方法，想不想试一试？老师给每个小朋友准备了一个生鸡蛋、一个熟鸡蛋。请你们用自己想到的好方法试一试，但是小心，别把蛋宝宝弄碎哦！

（二）基本部分：自主探究区分生熟鸡蛋的方法，教师巡回观察并指导

1. 教师指导，幼儿操作实验

教师：小朋友们，请你们用刚才想到的好方法试一试，比出结果后，给熟鸡蛋贴上红色贴纸，给生鸡蛋贴上绿色贴纸。实验后，请小朋友来分享你的发现。

教师巡回、观察幼儿操作实验，了解每个幼儿的操作情况。同时，关注能力弱的幼儿并给予指导和帮助。

2. 幼儿分享不同方法并验证结果

教师：你们刚才都用了自己的好方法做实验，谁想来和我们分享一下你的方法和发现？

幼儿：我用的方法是转一转。我发现它们转的速度不一样，熟鸡蛋转得快，生鸡蛋转得慢。

教师：你的小眼睛可真厉害！现在，把你的两个小鸡蛋拿上来，看看你的发现对不对？你把小鸡蛋在盆子边磕破看一看。

幼儿：耶！我的方法成功啦！转得快的是我拿的这个，就是熟鸡蛋。

教师：你真棒，你的好方法也很棒，大家为他鼓鼓掌。还有其他小朋友想分享自己的好方法吗？

幼儿：我来，我来，我的方法和他的不一样。

教师：你来分享一下，你用了什么好方法？有什么发现？

幼儿：我是用小耳朵听的，我发现生鸡蛋摇晃的时候有声音，但是熟鸡蛋没有声音，不信，您听一听。

教师：咦，好像真的一个有声音、一个没有声音。赶紧看看你的发现是不是正确的，你磕破小鸡蛋看一看。

幼儿：耶，我的方法也成功啦！没有声音的果然是熟鸡蛋，好香呀！

（邀请实验成功的幼儿分享自己的方法，同时验证结果）

3. 选择不一样的方法再次实验并验证答案

教师：刚才，我们分享了很多方法：可以用眼睛看，生鸡蛋表面比较光滑；用耳朵听，摇晃鸡蛋，生鸡蛋里面有声音；用手掂一掂，熟鸡蛋更重；把鸡蛋放在桌子上转动，熟鸡蛋转得快……这些方法，小朋友们都可以试一试，选择你喜欢的方法，在你的两个鸡蛋中找出熟鸡蛋，看看这些好方法哪个最有效。

关注实验失败的幼儿，鼓励幼儿尝试其他方法，或者请好朋友来帮忙，再次实验，帮助幼儿获得成功的体验。

（三）结束部分：运用经验解决问题，引导幼儿生活中多吃鸡蛋，保证营养

1. 选择适宜的方法区分生熟鸡蛋

教师：刚才，小朋友们尝试了很多区分生熟鸡蛋的方法。现在，我们就用这些好方法帮助食堂厨师解决困难，把生鸡蛋和熟鸡蛋区分开，熟鸡蛋放在红色标记的盆里，生鸡蛋放在绿色标记的盆里。

2. 幼儿用自己喜欢的方法区分生、熟鸡蛋，并把分好的鸡蛋送到食堂

教师：小朋友们真能干！食堂的叔叔、阿姨会用我们挑好的鸡蛋给小朋友做出美味的食物，鸡蛋里面有很多的营养，希望小朋友们今后要多吃鸡蛋，保证营养，健康成长。

◆ **活动延伸**

在活动区投放筷子、手电筒、水盆等多种材料，引导幼儿尝试用筷子夹鸡蛋、手电筒照鸡蛋、把鸡蛋放进水里等方法区分生熟鸡蛋。

◆ **活动反思**

本次活动是偶然听到小朋友们交流而生成的活动。活动内容来源于幼儿生活，材料简单、易操作。幼儿对于探究区分生熟鸡蛋很感兴趣，活动中获得的经验也能够迁移到生活中，达到了预期的目标。在活动过程中，教师能够充分考虑幼儿个体差异，为幼儿提供自主探究和同伴间学习的空间和机会，努力使每个幼儿都获得成功的体验，鼓励幼儿结合自身经验、运用多种方法解决问题，自主选择自己认为合适的方法进行探究，在实际操作游戏中积累经验，为以后解决生活中的问题奠定了基础。

（执教教师：北京市延庆区第三幼儿园 闻 静）

◆ **活动点评**

对生熟鸡蛋的探究活动来源于生活，获得的经验又可以用于生活，对于丰富和拓展幼儿相关经验起到了很好的作用。此活动的亮点在于：

1. 探究的材料方便、易操作

活动选择区分生、熟鸡蛋的内容源于生活。材料简单，易操作。同时，在操作的过程中，幼儿会有不同的发现。教师能够关注幼儿与材料的互动频率，每一次探究都有明确的指向，充分发挥了材料物化目标的作用。同时，为幼儿提供方便记录结果的贴纸标记，对于后续分享经验起到了支持作用。

2. 探究的方法自主、有空间

活动由问题情境引出，引导幼儿经过猜测、操作、验证、分享的多个环节来完成。活动中，教师为幼儿提供了很多自主活动的空间和机会，引导幼儿选择自己喜欢的方式去验证。每一次提炼、总结方法，不仅关注个体经验，也通过集体分享帮助幼儿形成新的经验。同时，引发幼儿愿意尝试不同的方法去验证实验猜想，并得出结论，对于拓展幼儿经验、获得多种方法起到了很好的支持作用。

3. 探究的结论多样、可延伸

教师能够在活动中关注细节，引导幼儿养成良好的习惯。在实验过程中，鼓励幼儿不浪费资源、知道讲卫生。教师在操作中关注幼儿尝试多样化的区分方法，对于没有获得成功的幼儿帮助其分析原因，获得成功的体验。同时，关注幼儿健康饮食，将获得的经验引向生活。在活动后，增加了相关的活动区材料，引发幼儿进一步探究的兴趣。这些引导对于幼儿多方面的发展都起到了积极的促进作用。

（活动点评：北京教育科学研究院早期教育研究所　何桂香）

案例三：有趣的海绵（感知材料特征）

◆ **活动来源**

班里的美工区开展了玩色游戏，投放了不同形状的海绵刷。幼儿经常去把玩和尝试，他们对于用海绵刷绘画非常喜欢，也很好奇，为什么海绵刷能吸颜料呢？结合幼儿兴趣，教师设计了本次活动，创设游戏的情境，以海绵小鸭的形象，引发幼儿对材料的探究，引导幼儿在操作中感知海绵柔软、易变形、能吸水、有弹性的特点。

◆ **活动目标**

（1）感受海绵柔软、易变形、能吸水、有弹性的特点。

（2）能够大胆猜想和尝试，并愿意和他人分享、交流自己的发现。

（3）喜欢参与探究活动，体验海绵变化带来的乐趣。

◆ **活动重点**　感知海绵柔软、易变形、能吸水、有弹性的特点。

◆ **活动难点**　喜欢参与动手操作活动，并愿意和他人交流自己的发现。

◆ **活动准备**

1. **经验准备**　幼儿在活动前玩过瓶中塞物的游戏。

2. **物质准备**　海绵小鸭若干只、玻璃密封罐若干个（瓶身用纸遮挡住）、小水盆4个、毛巾8块、大块未切割的海绵、剪刀、胶带若干、记录表。

◆ **活动过程**

（一）开始部分：观察、了解海绵的外形特征

1. **谈话导入，激发幼儿兴趣**

教师：小朋友们，今天，我们要和一种新材料做游戏，你们知道它叫什么名字吗？

幼儿：海绵。

教师：对，是海绵。

2. **观察、感知海绵的外形特征**

（1）幼儿观察海绵，感知它的外形特征。

教师：请小朋友们选择一块海绵，看一看，摸一摸，说说它有什么特点？

（2）幼儿分享自己的感受。

教师：谁来说一说，海绵是什么样子的？

幼儿1：摸起来软软的。

幼儿2：放在手上，感觉轻轻的。

幼儿3：摸着麻麻的。

幼儿4：这个上面有很多小孔。

幼儿5：它是黄色的。

教师：你们说得都很好。海绵是软软的，轻轻的，摸起来麻麻的，上面还有很多的小孔。

教师：这里有很多海绵做的小鸭子。请你选择一只海绵小鸭子，和它一起做游戏吧！

（二）基本部分：感受海绵柔软、易变形、能吸水、有弹性的特点

1. 感知海绵柔软、易变形的特性

（1）提出问题，猜测答案。

教师：这里有很多海绵做成的小鸭子，还有一间玻璃房，你们觉得小鸭子能住进玻璃房吗？说说你的理由？

幼儿1：能。

幼儿2：不可以，房门太小了。

幼儿3：不行，小鸭子太大了，玻璃房那么小。

幼儿4：能，可以把它塞进去。

（2）幼儿尝试操作。

教师：请你来试一试，看看鸭子能不能住进玻璃房。

幼儿操作，教师巡回观察并指导。

（3）分享与交流。

教师：你们的小鸭住进玻璃房了吗？说一说，你用什么办法让小鸭住进玻璃房的？

幼儿1：我的小鸭住进玻璃房了，我先把小鸭变小，然后一点儿一点儿地把它塞进去。

幼儿2：我成功了，我把小鸭拧得细细的，然后用大拇指给它按进去。

幼儿3：我的小鸭也住进玻璃房了，我用手指使劲儿把小鸭往里捅，它就住进去了。

教师小结：你们用捏一捏、按一按、压一压的方法，还有的小朋友把海绵小鸭捏成小球，让海绵小鸭住进了玻璃房，你们的小手真能干！

2. 感知海绵有弹性的特性

（1）提出问题，猜测答案。

教师：猜一猜，被你们捏、压、按、揉后的小鸭子，现在什么样子？

幼儿1：变小了。

幼儿2：还是原来的样子。

幼儿3：不知道。

（2）揭秘和验证答案。

教师：打开罩在玻璃房上的纸，看一看，房子里的小鸭现在是什么样子的。

幼儿1：和原来一样。

幼儿2：没变小，和原来一样。

教师：真的呀，海绵小鸭子在被你们捏、压、塞之后，还和原来一样。

（3）再次提出问题。

教师：小鸭子还能出来吗？怎么让它出来呢？出来后的小鸭子会是原来的样子吗？

（4）幼儿操作，教师巡回观察并指导。

（5）幼儿交流、分享自己的方法与发现。

教师：谁来分享一下，你的好方法是什么？你有什么发现？

幼儿1：我用手使劲儿一揪，就把小鸭子揪出来啦！揪的时候，它变长了，出来后，又变回小鸭子了。

幼儿2：我用大拇指和食指捏着小鸭子的上面，把它用力拉了上来了，小鸭子还是原来的样子。

小结：今天，我们和海绵小鸭做游戏，知道它的本领很大。它软软的，能变形，在揪、拉、拽、捏后还能变回原来的样子，真有趣！

3. 感知海绵能吸水的特性

（1）提出问题，猜测答案。

教师：小鸭最喜欢游泳了，它能浮在水面上游呀游。猜猜看，海绵小鸭如果进入水里会是什么样子的？会不会也能浮在水面上呢？

幼儿：可能会浮在水面上。

幼儿：我也觉得能。

（2）介绍记录表。

教师：老师准备了一张记录表，第一行是小朋友的猜想，你猜能浮在水面上，就画笑脸，不能，就画哭脸。第二行是你看到的，小鸭子真的浮在水面上了，就画笑脸，不能浮在水面上，就画哭脸。

（3）幼儿操作、观察海绵小鸭在水盆里的现象并做好记录。

（4）幼儿分享自己的发现。

教师：哪位小朋友分享一下你的猜想和发现？

幼儿1：我猜它能浮在水面上，但是它沉下去了。

幼儿2：我也是。

教师：现在的海绵小鸭是什么样子的？为什么会沉下去呢？

幼儿1：小鸭子遇到水变重了，我使劲儿一捏，小鸭子身体里的水就流出来了。

幼儿2：小鸭里面都是水，它就沉下去了。

幼儿3：我把水捏干了，再放进去，它又湿了，总是会沉下去。

（5）教师小结。

小结：海绵小鸭原来又软又轻，遇到水之后，就变得湿湿的、重重的。

4. 感知海绵内部结构特点

（1）发现海绵里有空隙的特点。

教师：请小朋友们仔细观察海绵小鸭入水时和出水时，小鸭身上有什么变化？一定要仔细看哦！

（2）幼儿再次尝试并观察，分享自己的发现。

幼儿1：我发现海绵小鸭放进水里时，身上的颜色慢慢变深了。

幼儿2：我把它拿起来时，发现有一条深颜色的东西，好像是水吧？很快就流下去了，小鸭也慢慢变成黄色的了。

教师：那条深颜色的水印为什么能快速地流下去呢？

幼儿1：因为海绵里面有洞。

幼儿2：因为海绵里面有好多的洞，水是从洞里流下去的。

教师：你们说得很对，海绵里有很多、很多的小孔，一个小孔挨着一个小孔，我们管这些小孔叫作"缝隙"。水就是从海绵的缝隙里被吸进来和流出去的。

5. 发现海绵有防物体磕碰的保护作用

（1）提出问题，猜想答案。

教师：海绵还有什么作用呢？我们来做个实验，如果鸡蛋摔在地上会怎样？

幼儿1：摔碎了。

教师：如果鸡蛋和海绵放在一起，怎么才能不让鸡蛋摔碎呢？

（2）幼儿操作实验。

（3）幼儿分享与交流。

教师：说一说，你用了什么方法让蛋宝宝不碎？成功了吗？

幼儿1：我失败了，我把小鸭放到地上垫着，然后蛋宝宝从空中落下来，就到了地上，结果就裂口了。

幼儿2：我用了一块大的海绵，把它放在地上。鸡蛋掉在大海绵上了，没碎。我成功了。

幼儿3：我成功了。我用海绵把鸡蛋包住，然后用胶条粘了一圈儿，就像妈妈收到的快递似的，扔到地上，也没有碎。

幼儿3：我把海绵小鸭粘在蛋宝宝的壳上。一只小鸭不够，又加了一只小鸭。蛋宝宝掉到地上，没有碎，还滚到了很远的地方，打开也没碎。

小结：小朋友们真能干，方法真多，你们用海绵保护了蛋宝宝，原来海绵还有保护物体不磕碰的作用。

（三）结束部分：教师和幼儿共同交流、梳理海绵的秘密，活动自然结束

◆ **活动延伸**

教师：今天，我们和海绵做游戏，发现它们有许多本领。老师把海绵小鸭放在科学区。区域活动时，你们可以看看，海绵小鸭还有哪些本领，还能玩哪些好玩的游戏。

◆ **活动反思**

此活动内容幼儿很感兴趣，因为在设计活动时，教师仔细推敲了每一个环节，尽可能多地增加幼儿体验的机会。每个环节都是先提出问题，引发幼儿猜想，在他们充分表达自己的想法后，通过操作验证答案。有些答案是幼儿意料之外的，因为幼儿没有想到，所以也引发了更多的探究兴趣。教师比较关注幼儿在活动中的表现和遇到的问题，随机引导，帮助幼儿获得成功的体验。幼儿经过多次尝试后，对海绵的特点有了多方面的了解和体验，拓展了幼儿的经验。活动中的材料安全、适宜，便于幼儿操作，有效地支持了幼儿主动学习。

（执教教师：北京市昌平区机关幼儿园　蒋海清）

◆ **活动点评**

此次活动的材料海绵源于幼儿在绘画活动中对海绵小鸭的喜爱，教师能够巧妙地利用材料引发幼儿的探究活动。平常用的海绵，教师赋予了它小鸭子的形象，增加了活动的趣味性。活动的目标性、层次性、操作性都很突出。教师通过环环相扣的设计，帮助幼儿一一了解海绵的特点，也体现了活动设计的巧妙。每个环节目标明确，问题明确，同时为幼儿表达想法、操作验证提供了开放的空间。活动中，师幼互动的语言质量较高，教师能够很好地把握幼儿年龄特点、学科特点，帮助幼儿获得经验、分享经验、提升经验，有效地调动了幼儿参与探究活动的兴趣，很好地完成了活动目标。

（活动点评：北京市昌平区机关幼儿园　巩爱弟）

案例四：送蛋宝宝回家（利用工具移动物品）

◆ **活动来源**

近期，班里开展了"神奇的蛋"主题活动。活动源于幼儿园的小鸟下蛋并孵出鸟宝宝的过程。这一过程引发了全园幼儿的兴趣。教师借助这一契机生成了以"神奇的蛋"为主题的系列活动。在本次活动前，孩子们已经具备了对蛋与动物的关系、蛋的外形特点、结构特征、营养价值等内容的前期经验，并利用相关内容的绘本故事展开了一系列语言活动。一天早晨，孩子们突然发现笼子里的鸟蛋宝宝少了一个，是小鸟孵出来飞走了，还是被别的动物叼走了，又或者是不小心掉在地上了……孩子们展开了各种各样的猜想。与此同时，教师及时抓住孩子们的兴趣点，围绕"保护蛋宝宝"设计了本次科学探索活动。

《指南》中明确指出幼儿的科学学习是在探究具体事物和解决实际问题中，尝试发现事物间的异同和联系的。能感知和发现常见材料的性质或用途是中班幼儿探究能力培养的重要目标之一。本次活动中，教师以幼儿喜欢的游戏情景切入，通过游戏任务的设置激发幼儿探究材料的兴趣，进而尝试操作、探索材料特征和使物体移动的方法，通过游戏任务难度不断升级，体验动脑筋、合作解决问题的乐趣，并在同伴分享的过程中，丰富相关认知与经验。

◆ **活动目标**

（1）喜欢探索物品和材料，了解生活中常见工具的特点和用途。

（2）探索利用不同的工具移动物品的方法。

（3）体验合作解决问题的快乐和成就感。

◆ **活动重点**　探索利用不同的工具移动物品的方法。

◆ **活动难点**　了解生活中常见工具的特点和作用，体验合作解决问题的快乐。

◆ **活动准备**

1. 经验准备　了解各种蛋的外形和特点。

2. 物质准备　教学课件、玩具彩蛋、杯子、小碗、报纸、扭扭棒、双面胶、夹子、勺子、纸杯、积木、筷子、卡纸、瓶盖等常见材料若干。

◆ **活动过程**

（一）开始部分：游戏情景引发幼儿兴趣

教师播放课件，提问、引发幼儿思考。

教师：孩子们看一看，图上都有谁？

幼儿：鸭妈妈、蛋。

教师：鸭妈妈在做什么？

幼儿：鸭妈妈在找自己下的蛋宝宝。

教师：她的心情是什么样的？

幼儿1：她很着急。

幼儿2：她都出汗了。

教师：你们一下子就看出来了，真的很会观察。现在，鸭妈妈找不到自己的孩子，心里特别着急。她想请中二班的小朋友们来帮忙，你们愿意吗？

幼儿：愿意！

（二）基本部分：探索材料和使物品移动的方法

1. 自选材料运蛋

（1）游戏规则介绍。

教师出示瓶子、杯子、小碗、报纸、扭扭棒（毛根）、双面胶、夹子、勺子、纸杯、积木、筷子、卡纸、瓶盖等班里常见的材料。

教师：我知道，中二班的小朋友都是爱帮助别人的好孩子。但是，你们先别着急，鸭妈妈还有话要跟你们说，请小朋友们认真听。

教师播放课件，鸭妈妈提出运蛋要求。

教师：谁能告诉我，鸭妈妈都提什么要求了？

幼儿1：不能用手摸蛋宝宝。

幼儿2：不能让蛋宝宝掉在地上。

幼儿3：要把蛋宝宝送回小鸭子的家。

教师：你们听得真仔细！现在，小朋友们就可以选择桌子上的材料，把一个蛋宝宝运回它的家了。注意不能用手碰蛋宝宝，也不能把它掉在地上！

（2）幼儿操作，教师观察并鼓励幼儿尝试用不同的材料运蛋。

幼儿用一种材料（如夹子或勺子）直接运送成功。

幼儿用两种材料（如筷子和碗）合作运送成功。

幼儿运送不成功（蛋夹不起来或蛋在途中滚落下来）。

（3）集体讨论。

教师：刚才，谁运蛋成功了？你用的是什么材料？你怎么做到的？请你演示一下。

教师：没有成功的小朋友遇到了什么问题？你用的是什么材料？

幼儿1：我用的是筷子，夹不起来。

幼儿2：我用报纸把蛋铲起来了，但是，路上不小心，蛋滚下去了。

教师：有没有小朋友也用同样的材料尝试成功的？

幼儿1：我用筷子，把蛋架在两根筷子上面，抬过去的。

幼儿2：我也用报纸，让蛋贴着我的身体就不会掉了。

（4）小结梳理取蛋和运蛋的方法（突出引导幼儿发现材料特点的不同）。

①夹子、勺子容易运送成功，是因为它们的形状和蛋的形状很相似。

②杯子和碗运蛋很稳，因为它们有底托，但需要配合其他材料先把蛋拨到里面。

③纸很软，蛋在上面容易滚下来，可以用身体挡住蛋，以防掉落。

④筷子很滑，很难把蛋夹起来，而且容易掉。

2. 指定材料运蛋

（1）游戏规则介绍。

教师：刚才，小朋友们都尝试用很多材料帮鸭妈妈把蛋宝宝送回家了。鸭妈妈有话对你们说，我们一起来听一听。

教师播放课件。

教师：这次，鸭妈妈交给我们的任务是什么？谁来说一说？

幼儿1：用一种你认为最难的材料，把蛋宝宝送回家。

幼儿2：蛋宝宝不能与身体接触。

教师：你觉得哪种材料最难？为什么？

幼儿1：我觉得用纸很难，因为纸很软，蛋容易滚下来。

幼儿2：我觉得用扭扭棒很难，因为它很软，支撑不住蛋。

教师：请你和你身边的小朋友说一说，你觉得最难的材料是什么？你打算怎么解决难题？

（2）幼儿操作验证，教师观察并引导幼儿想办法解决遇到的问题。

（3）集体讨论。

教师：刚才，谁运蛋成功了？你是怎么做到的？

幼儿1：让扭扭棒变形，然后运送蛋宝宝。

幼儿2：把报纸折出折痕或兜住蛋宝宝。

（4）师生共同梳理取蛋和运蛋的方法。

①将软的材料（如报纸）进行对折，能增加纸的厚度和硬度，方便铲蛋。

②将纸张折出折痕，能有效挡住蛋，不容易滚落。

③一些材料（如扭扭棒）可以变形，变成需要的形状，运送蛋宝宝。

3. 双人合作运蛋

（1）游戏规则介绍。

教师：小朋友们都很棒！让我们来听一听，鸭妈妈这次想跟我们说什么。

教师播放课件。

教师：这次，鸭妈妈又给我们提出了什么新挑战？

幼儿1：两个小朋友合作，一起把蛋宝宝运回家。

幼儿2：要一次运送尽量多的蛋宝宝。

教师：现在，小朋友们快点儿找到你的好朋友，一起帮鸭妈妈把剩下的蛋宝宝都送回家吧！

（2）幼儿操作，教师观察、指导幼儿按照游戏规则合作运蛋。

幼儿1组：两人进行分工，一个负责铲蛋，一个负责运蛋。

幼儿2组：两人同时铲蛋、运蛋。

（3）集体讨论。

教师：刚才，小朋友们成功地把蛋宝宝送回家了吗？一共运了几个蛋宝宝？

（4）师生共同梳理取蛋和运蛋的方法。

①两人分工、配合，效率很高。

②要选择尽量大的容器才能装更多的蛋。

③把材料变形或者连接也可以运更多的蛋。

（三）结束部分：回顾延伸，说一说生活中运送物品的工具

1. 教师播放课件，引起讨论

教师：今天，小朋友们表现得都非常棒！大家都在动脑筋、想办法，帮助鸭妈妈送蛋宝宝回家。我们都用了哪些工具和方法呢？

幼儿1：把扭扭棒窝成圆圈儿。

幼儿2：用夹子夹。

幼儿3：用勺子盛。

教师：特别好！老师还想问问你们，生活中还有哪些工具可以帮助我们运送物品呢？

幼儿1：筷子。

幼儿2：汽车。

幼儿3：航天飞机。

2. 师幼共同梳理生活中的运物工具

（1）为了更加卫生和安全，我们有运送食物的餐具，如筷子、勺子、盘子、锅、碗等。

（2）让我们出行更加方便、快捷的交通工具，如飞机、汽车、轮船等。

（3）帮助人们省劲儿的运送工具，如吊车、缆车等。

（4）帮助人们探索太空的航天运输工具等。

3. 延伸

教师：你们猜一猜，发明这些工具的人都是什么样的人呢？相信小朋友遇到问题认真思考、动脑筋，也会成为这样的人，发明更多有用的工具，让我们的生活变得更加方便。

◆ **活动反思**

本次科学活动从幼儿生活中关注和感兴趣的内容出发，通过游戏化的情景激发幼儿的学习兴趣，教师为幼儿提供了丰富的操作材料，支持幼儿在动手操作的过程中形成对不同材料和工具的认知经验，并探索使物体移动的方法和策略，总体而言，较好地实现了活动目标。

在基本部分，教师按照难度差异设计了 3 个梯度的操作环节。一开始，幼儿自选材料，自主探索使物体移动的方法，探索不同材料的特性。接下来，进一步加大难度，选择对自己来说更加有挑战性的材料。每个幼儿的思维方式和经验是不同的。因此，在这一环节，教师并没有统一要求，而是激发每个幼儿主动思考，先明确自己觉得最难的材料是什么，再在此基础上思考并尝试解决问题。在活动过程中，孩子们积极思考，在探索材料特性的同时，也锻炼了解决问题这一重要能力。最后，在个体探究的基础上，教师进一步加大难度，通过设置合作运送的任务促使幼儿通过操作过程体验合作的意义和方法，进而培养幼儿的合作能力。

在结束部分，教师通过提问将游戏内容延伸至幼儿的实际生活，帮助幼儿进一步迁移所学经验，并强调学习品质对幼儿终身发展的重要价值，激发幼儿继续探究的愿望。

（执教教师：北京市西城实验幼儿园　赵　爽）

◆ **活动点评**

在本次活动中，教师为幼儿提供了大量生活化、新鲜而有趣的操作材料，尽量让幼儿在真实的环境中观察、自主探索。教师依据幼儿的生活经验设计教学活动，通过为幼儿创造宽松的探索环境，使幼儿感受科学探究的过程和方法，体验发现的乐趣。从中不难看出，教师非常重视对幼儿科学方法与技能的培养。

活动过程中，教师能够利用生活中常见的物品，为幼儿创设一个可以实际参加与探究活动的游戏情景，引导幼儿亲身经历和感受科学探究的过程和方法，体验发现的乐趣。从自选材料、到选择有难度的材料、再到合作完成任务，难度层层递进，引导清晰、自然。帮助幼儿自己发现、主动构建有关"移动"工具和方法的经验。接着，进一步捕捉生活中常见的科学现象，引导幼儿关注周围生活中的"移动"现象，通过联系幼儿的生活，回归幼儿的生活，使幼儿的学习变得更加有趣、更加有意义。

教师在活动的设计中把握了幼儿科学探究活动的特性，重点在于激发幼儿的兴趣、探究欲望和解决问题的方法，从而有效地促进了幼儿的学习能力、思维水平以及动手能力的发展。

建议：在活动之前，教师可以和家长配合，丰富幼儿有关运物的经验。

（活动点评：北京市西城区实验幼儿园　崔瑾洁）

三、大班活动案例

案例一：纸绳大力士（探索材料，感受力）

◆ **活动来源**

大班幼儿爱学、好问，有极强的求知欲望，喜欢探究挑战性的活动，也特别愿意表达自己的想法。近期，教师观察到班里的幼儿非常喜欢各种不同质地、不同形状、不同颜色的纸张，并且用纸制作了很多玩具、用具。于是，班里开展了"好玩的纸"主题活动。在开展这个主题活动过程中，幼儿有很多创意表现，但仅限于美术活动，其他领域的内容涉及得比较少。为了拓展幼儿经验，教师利用纸开展了一系列科学探究活动，此活动就是其中的探究活动之一，目的是在活动中引发幼儿发现有关纸的更多秘密，纸不仅能承重，还有很多新玩法，从而萌发幼儿对科学的浓厚兴趣，愿意体验多样的探究活动。

◆ **活动目标**

（1）愿意尝试纸的不同玩法，乐于表达自己的想法。

（2）感知、体验纸绳力量变大的原因和方法。

（3）喜欢参与挑战性活动，体验共同游戏的快乐。

◆ **活动重点**　愿意尝试纸的不同玩法，乐于表达自己的想法。

◆ **活动难点**　感知、体验纸绳力量变大的原因和方法。

◆ **活动准备**

1. 幼儿用物品　餐巾纸每人若干张、纸篓、装有矿泉水的水桶若干。

2. 教师用物品　幼儿用树叶玩拔根游戏的视频、教学 PPT 课件、餐巾纸、水桶。

◆ **活动过程**

（一）开始部分：由"拔根"游戏导入活动

1. 鼓励幼儿探索、制作纸绳，感知纸绳的力量

请幼儿观看视频，教师：看一看，我们玩的是什么游戏？

（引发幼儿回忆曾经用树叶的叶柄玩过"拔根"游戏）

教师："拔根"游戏用的是树叶的哪个部分？怎样玩？

幼儿1：是叶柄，两个小朋友把叶柄套在一起，谁的叶柄没断就算赢。

幼儿2：叶柄断了的，就输了。

教师：对。今天，我们没有叶柄。老师给小朋友们准备了纸巾，你们猜猜，我们能不能用纸巾来玩这个游戏？

幼儿1：不能，纸太薄了。

幼儿2：我也觉得不能，这个纸一拉就会断。

教师：请小朋友们想想办法，怎么用纸巾玩"拔根"游戏呢？

幼儿1：我们把纸卷起来，变成一条"绳子"。

幼儿2：我们可以把纸剪成一条一条的，然后再卷起来。

教师：那就用你们的办法试一试，把纸变成纸绳，通过"拔根"游戏，比一比谁的纸绳有力量。

教师给幼儿提供薄纸巾。幼儿操作、尝试，把纸变成纸绳，找其他幼儿进行拔根比赛。

幼儿1：老师，我的没有断。

幼儿2：老师，我拧了好几下，肯定断不了。

幼儿3：老师，我想再尝试一次，刚才是不小心的，纸绳断了。

幼儿4：它怎么断了？

2. 一起观察、分析为什么有的纸绳断了，有的纸绳没断

教师：为什么有的纸绳断了，有的纸绳没有断？

幼儿1：可能是有人拧的次数太少了，所以纸绳没有力量。

幼儿2：我折了好几下，所以很结实。

幼儿3：我发现，我和他（另一个小朋友）拧的方向不一样。他是这样拧，我是这样拧的

（示范动作）。

教师：你们说得都有道理，观察得也很仔细。

（二）基本部分：尝试新玩法，感知和体验纸绳力量变大的原因和方法

1. 探索纸巾的秘密

教师：我们用纸巾来玩一个"撕面条"的游戏，看看谁的面条撕得又长又直。四个方向都可以试一试。

教师：谁的面条撕得又长又直？你是怎么撕的？

教师：在撕面条的过程中，你们发现了什么？

幼儿1：我发现有的方向容易撕，有的方向不容易撕。

幼儿2：老师，我们刚才这样撕很短，这样撕很长（拿出自己的纸巾进行说明）。

教师：小朋友们都发现了。有的方向容易撕，有的方向不容易撕。你们想一想，如果我们要制作一条结实的纸绳，沿着哪个方向拧纸绳更结实。

幼儿再次尝试沿着不容易撕断的方向拧纸绳，纸绳的力量变大了。

教师：拧好纸绳，再找小朋友玩拔根游戏，试试看，你发现什么了。

幼儿1：这次比刚才的纸绳结实了，但我还是输了。

幼儿2：我赢了，因为我把纸绳拧得特别结实。

幼儿3：我赢了两个人，后来输给毛毛了，他的纸绳更结实。

教师：你们这次有了好方法，把纸绳沿着不好撕的方向拧成纸绳，纸绳的力量就变大了。

2. 制作纸绳，尝试提水桶

教师：小朋友们看看，老师这里有什么？

幼儿：装矿泉水的水桶。

教师：下面，我们要玩个游戏，用纸绳把水桶提起来，你们觉得可以吗？

幼儿：我觉得不能，桶太沉了，纸绳没有那么大的力量。

幼儿2：我觉得肯定不行。因为纸绳轻，水桶重。

教师：我们来试一试，看看能不能成功。

教师为幼儿提供厚纸巾，供幼儿尝试。

幼儿1：我的纸绳真的把水桶提起来了。

幼儿2：耶，我也成功了。

幼儿3：简直难以置信。

教师：谁的纸绳成功地提起了水桶？和小朋友们说一说，你是怎样成功的？

幼儿：老师，我开始还不信纸绳能提起水桶呢！结果，我把纸绳拧了又拧，就提起水桶了。

幼儿：我怕不成功，用了两张纸拧成结实的纸绳，就成功了。

3. 尝试增加重量

教师：刚才，小朋友们制作的纸绳真有力量！但是，你的能不能提起更多的水桶呢？现在，我们增加了难度，要提起2个或3个水桶，你们敢挑战吗？

教师：有的小朋友说把几根纸绳拧在一起，再提水桶，我们一起试一试。

幼儿再次尝试用多张纸巾拧成纸绳，提3个水桶。

教师：还有其他的方法吗？

幼儿尝试用多种方法提起更重的水桶。

教师：刚才，小朋友们把几根纸绳合在一起，能提起 3 个水桶。纸绳的力量到底有多大？还能提起什么呢？

4. 挑战用纸绳提起小朋友

教师：你们猜纸绳的力量能不能把小朋友提起来？

幼儿：我觉得不能，小朋友太重了。

幼儿：我觉得也许可以。

教师：谁想来试一试，我会保护你不受伤的。

尝试将多张纸巾拧成纸绳，提起小朋友。

幼儿：哇，真的提起来了！

（三）结束部分：经验拓展

教师：小朋友们，如果你们有一根有力量的纸绳，你会用它做什么？

幼儿：我会用它帮妈妈提菜。

幼儿：我会用它帮奶奶提着篮子。

教师：原来小小的纸巾有这么大的力量。小朋友们可以再去试一试，有力量的纸绳能帮我们做什么事情，纸里还藏着什么秘密。

◆ **活动延伸**

（1）引导幼儿进一步探索和尝试，了解纸的不同用途。

（2）活动区提供多种不同质地的纸，引导幼儿表现和创造。

◆ **活动反思**

在本次活动开始，教师以"拔根"游戏做引子，引出问题"餐巾纸怎么玩'拔根'游戏"，再引导幼儿开展后续的探索活动。整个活动，幼儿特别感兴趣。在操作中，引导幼儿不断去发现让纸绳力量变大的方法，所有的结论都是幼儿在体验后自己得出的。他们对挑战难度更大的任务非常感兴趣。在这一过程中，教师帮助幼儿理清思路，激发幼儿自己总结经验的能力，从而引导幼儿更加喜欢科学探索活动，获得科学探究的经验和方法，提高幼儿科学探究的能力。

（执教教师：北京市丰台区宛平幼儿园　陈　煜）

◆ **活动点评**

在"纸绳大力士"的活动中，教师以"餐巾纸"作为探索的材料，把不可能的问题变成有趣的探究过程，此活动突出以下几个特点：

1. 活动选材关注领域内容的缺失

通常"纸"在美术活动中选择和应用较多，而幼儿发展是多方面的，不能顾此失彼。教师能够关注主题活动中缺失的领域内容开展科学活动。不仅引导幼儿关注纸的多种玩法，同时利用纸的特性开展了多样性的探究活动，兼顾了各领域活动内容的均衡，将引导幼儿全面发展落到实处。

2. 活动材料的探究空间大

活动中的材料不是常规的纸，而是带有韧性的餐巾纸，看着柔软，实则也有力量。这个材料的选择有新意，利用得也很巧妙。拔根的环节和后面提水桶的环节，看似材料是一致的，但是纸的薄厚却有差异，最后用纸巾提起小朋友更是用了多层的纸巾，以增加纸绳的力量。教师很好地利用了纸有韧性的特点，为幼儿探究活动增加了兴趣和探索的空间。

3. 活动过程精导妙引探究方法

活动设计体现了由简单到复杂的递进过程，活动从"拔根"游戏开始，在输赢中引导幼儿探究纸的秘密和让纸绳力量变大的方法，再通过提水桶的游戏，引导幼儿发现纸绳变结实才能有力量的方法。每一个环节都有教师的巧妙设计和幼儿的积极探索，答案总是出人意料之外，幼儿却一直乐在其中，享受探究的乐趣和成功的乐趣。随着探究难度的递进，教师能够引导幼儿自己在实践中找到答案，与幼儿互动的语言简洁、清楚，很好地帮助幼儿提升了经验，对于激发幼儿爱上科学活动、积极表达想法起到了积极的促进作用。因为教师引导的有效，看到幼儿在活动中的发展线索和从不会到会的学习过程。

案例二：棉花糖挑战赛（合作搭建，了解力）

◆ **活动来源**

升入大班后，班里幼儿更喜欢挑战性的活动内容和方式了。经常看到幼儿在楼道里自发的比赛谁拼魔方最快、活动区中挑战哪组摆的多米诺骨牌最长；户外活动比赛谁能跳跃过更高的障碍。竞赛类的游戏成了幼儿最喜欢的活动，不仅能合作，也愿意帮助有困难的幼儿解决游戏中的问题。为此，班里增加了更多挑战性的活动内容。从室内的拼图大赛、围棋擂台到户外的运球达人、跳长绳比赛等活动满足大班幼儿喜欢挑战和竞赛游戏的需要。在活动中，幼儿不断提高着合作能力。"棉花糖挑战赛"是一个国际挑战项目，从小朋友到成人都能参加，游戏本身有着严格的规则。由于本次活动游戏对象是幼儿园大班的小朋友，所以教师将原有规则和材料进行了一定的调整，满足了孩子们操作与探索、合作完成任务的需要。活动前期，幼儿有对意大利面的认知和了解，通过看、摸、玩、与普通挂面的比较，引导幼儿发现意大利面的特点。同时，连接物品的材料和方法是本次活动的一个探究点。在实际操作中，幼儿体验材料的特性、探究连接和搭高的方法，培养幼儿协商、合作能力和探究能力。

◆ **活动目标**

（1）尝试小组合作，在规定的时间内搭出高塔。

（2）探索、发现材料间的连接方式和搭建高塔使其稳固的方法。

（3）乐于和同伴分享搭建过程中成功的方法和失败的经验。

◆ **活动重点** 尝试小组合作，在规定时间内搭出高塔。

◆ **活动难点** 探索、发现材料间的连接方式和搭建高塔使其稳固的方法。

◆ **活动准备**

1. 经验准备 有用小棍拼搭立体图形的经验，能熟练使用胶条和剪刀；已经分好小组，并起好了小组名字。

2. 物质准备 橡皮泥、生意大利面20根（也可以用一次性筷子、竹签、木棍、树枝等材料代替）、胶条、剪刀、棉花糖，电子白板课件：棉花糖挑战赛的场景图片、国际棉花糖挑战赛的真实照片。

◆ **活动过程**

（一）开始部分：情景引入，了解棉花糖挑战赛

1. 介绍参赛队伍

活动前，幼儿已经自愿组合，自主结队，商量出队名。

教师：今天，我们要进行棉花糖挑战赛。现在，先来看看我们的参赛队伍。你们队伍的名称是什么？

幼儿：我们是快乐女生队。

幼儿：我们是超级战神队。

幼儿：我们是太空飞船队。太空飞船，飞向宇宙！加油！

幼儿：我们是萌萌哒小队。

2. 简单介绍游戏玩法

（1）观看国际棉花糖挑战赛照片，了解游戏玩法。

教师：棉花糖挑战赛是一项国际比赛，从小朋友到大人都可以参加，比赛的规则是：在18分钟内4个小朋友合作，用意大利面、胶条、橡皮泥搭建一座高高的"塔"，棉花糖要放在塔的最顶端，且塔不倒。你们敢不敢挑战？

幼儿：当然啦！

幼儿：让你们看看我们太空飞船队的实力。

（2）提出游戏规则。

教师：因为小朋友们年龄比较小，所以我们也制订了本次挑战赛的具体规则。大家要听好哦！（可以将游戏规则用图画和符号形式制作成PPT课件，引导幼儿观察、理解）

①挑战时长15分钟，听到铃声提示，立刻停止搭建。

②4名小组成员运用现有材料，合作完成搭建高塔的任务。

③搭建高塔后，要把一块棉花糖插在塔顶。

④比赛结果以哪个组的塔最高、不倒为胜利，塔的形状不限。

（二）基本部分：探索、发现材料间的连接方式和搭建高塔使其稳固的方法

1. 观察材料，提出任务

（1）经验回顾。

教师：你见过塔吗？它是什么样子的？

幼儿：我见过北海白塔，它是白白的，很高。

幼儿：我见过的塔有好几层。

幼儿：我见过园博园里的塔，又高又壮观。

（2）观看各种塔的照片，如古代宝塔、埃菲尔铁塔。

教师：老师也收集了很多塔的照片。大家观察一下，虽然塔在造型上有各种各样的，但是你们能发现它们有什么共同特征吗？

教师边播放塔的照片边介绍塔的名称和所在地。

幼儿：塔都是特别高的。

幼儿：塔都是下面大，越往上越小、越细。

幼儿：塔都是一层一层的。

（3）提出任务。

教师：怎么样才能用意大利面搭建一座高高的"塔"？教师用动作提示高高的塔，看看这些材料，你有什么好办法？

幼儿：把意大利面接在一起。

幼儿：像搭积木一样，不过意大利面太细了，要找东西固定住。

幼儿：我觉得可以像盖楼房的时候，建筑工人用铁管搭脚手架一样，我见过的。

幼儿：像法国埃菲尔铁塔一样，下面搭个三角形，再往上面搭高。

（4）思考材料的组合与运用。

教师：用什么材料可以把意大利面固定在桌子上，并且变高呢？

幼儿：用多一些的橡皮泥粘在桌子上，把意大利面插在上面。

幼儿：还可以用胶条把意大利面固定在桌子上。

幼儿：可以取三根意大利面，用胶条把顶端粘在一起，做成一个三角形，像咱们的小帐篷一样，就可以立住了。

教师：怎样变高呢？

幼儿：用胶条连接在一起。

幼儿：也可以用橡皮泥连接在一起。

幼儿：塔的底下要搭建结实，才能变成高高的塔。

教师小结：搭建一座高塔，底部要稳固，还要把意大利面接长。

2. 小组合作搭建意大利面高塔

（1）小组商议。

教师：请小组成员商量一下，在规定时间内，怎么搭建出又高又稳的塔，并且棉花糖插在塔顶不掉下来？小组成员怎么分工，才能在有限的时间内搭出最高的塔？

（2）幼儿合作搭建。

①教师发现小组问题时，不急于给出解决方案，给幼儿自己观察问题、思考问题、解决问题的时间。

②重点指导：引导幼儿先商议好再实施；提示幼儿把底部固定好；提示搭建不成功的小组找出塔倒塌的原因；提示幼儿结束时间；提示幼儿借鉴其他组的成功经验。

3. 经验分享

（1）欣赏搭建成果。

教师：比赛时间到了，请你们相互看一下其他组搭建的成果。比一比，哪组最高？可以怎样比？哪组最稳固？

（2）分享搭建经验。

教师：你们组在搭建过程中，遇到了什么困难？又是如何解决的？有什么成功秘诀？假如再次尝试，你们觉得哪里可以改进呢？

幼儿：我们发现塔底一定要结实。开始，我们的底部要搭建一个四个腿的塔，用橡皮泥固定在桌子上，但是总是倒。后来，我们又增加了很多橡皮泥，固定每根意大利面，最后就变得结实了。

幼儿：我们用胶条连接意大利面，把它变得长长的。开始，大家都想自己粘，后来发现总是粘不好。后来，我让彤彤帮我拿着意大利面，我来缠胶条，很快就粘好了。看，这根最长的，就是我们一起粘的。

教师：你们用了加固底座和分工合作的方法，成功地搭建了高塔。如果下次再搭建高塔时，你们想怎么改进，把塔搭得更高呢？

幼儿：我觉得我们的塔腿每个都是一根面，太细了。下次，我们多用几根，绑成一个更粗的柱子，就会更结实。

幼儿：下次，做好塔底的意大利面，我们就用胶条连接了，橡皮泥太重了，很容易倒。

（三）结束部分：颁奖

1. 自我评价

教师：这次搭建活动，每组都做出了努力。你们觉得自己哪方面做得最好？可以获得什么奖？

幼儿：我们的塔是最高的，我们是冠军。

幼儿：我们虽然不是最高的，搭的时候失败了好几次。但是，我们都没有放弃，所以我想我们组可以得勇敢奖。

幼儿：我们的塔很结实，每个人都认真地做自己的事，不争不抢，我们是合作棒棒奖吧！下次，肯定能搭得更高。哈哈！

幼儿：我们开始搭的塔比他们组的还要高，就最后塌了。我觉得，我们能得聪明强大奖。

教师：你们每个组都有自己的优点，也发现了问题。希望你们下次比赛时能从这次比赛中吸取经验、教训，有所进步，搭出更高的塔。

2. 请幼儿互相颁奖

◆ **活动延伸**

（1）引导幼儿当"建筑师"的愿望，用不同材料、不同方法，尝试搭建不同造型的塔。

（2）推荐好书《中国古塔》，进一步了解中国各式各样的塔，感兴趣的小朋友可以去看一看。

（3）将活动材料投放到活动区，引导幼儿继续进行各种挑战活动。

◆ **活动反思**

本次活动以现实生活中的挑战游戏为背景，极大地满足了大班幼儿的兴趣和需要，对活动充满热情和专注探索，积极挑战，体现了玩中学、做中乐、探索中发现、回归生活的本质。

挑战性游戏活动是一个整合性的内容。小组合作为不同幼儿提供了选择自己擅长和喜欢的"工作"机会，发挥自己的优势，合作完成任务，体现了活动自主，尊重了不同幼儿的个体差异和选择。

在这次活动中，希望孩子们能更多地分享他们的发现，教师只是简单的梳理、总结，没有总结科学的、合理的搭建方法。也许孩子们发现的方法不够科学、不够巧妙、不够丰富，这意味着下次的挑战活动会更精彩。这样的挑战活动会持续下去，每个幼儿都在自己的尝试中收获着属于自己的成长。

（执教教师：北京市丰台区丰台第一幼儿园　朱继文）

◆ **活动点评**

幼儿的学习是一个过程，而科学学习是在探究具体事物和解决问题中发展的。本次科学活动的目标科学、合理，活动内容新颖、有趣，具有较强的挑战性，符合大班幼儿年龄特点和学习特点，能够满足大班幼儿深度学习和游戏的需要。活动过程设计科学、合理，层层递进。教师注重引导幼儿在实际操作前对材料特点进行观察、思考，运用预设搭建过程和小组分工讨论，为幼儿有计划、有目的地进行搭建提供了有效的指导。在搭建过程中，教师关注幼儿在探究过程中出现的问题，科学把握指导时机，既能给幼儿充分观察、思考、解决问题的时间，又能适度地给予幼儿自由探索的机会和支持。活动体现了教师支持幼儿基于任务的探索学习，在问题中深度思考，在比赛中积累合作经验。活动还具有不断的挑战性和反复开展的积极意义，支持幼儿可以连续不断地在一个关键经验链中持续探究和学习。

（活动点评：北京市丰台区丰台第一幼儿园　陈彩霞）

案例三：树叶的秘密（探究自然物特征）

◆ **活动来源**

秋天到了，树叶悄然发生着变化，或变了颜色，或随风飘落。许多小朋友对树叶都很感兴趣。户外活动时，孩子们喜欢捡树叶，用小树叶玩各种游戏，谈论有关叶子的话题。《纲要》中指出："要充分利用自然环境、社区的教育资源，扩展幼儿生活和学习的空间。"为了延续幼儿的兴趣和需要，拓展幼儿对叶子的认知经验，激发幼儿的探究兴趣，我设计了本次活动。

◆ **活动目标**

（1）了解树叶的特点，能够比较和发现叶子的异同。

（2）探索树叶的秘密，在操作中发现树叶的作用。

（3）能够运用简单的符号进行猜想和记录，完整地表达自己在探究中的发现。

◆ **活动重点** 探索树叶的秘密，在操作中发现树叶的作用。

◆ **活动难点** 能够运用简单的符号进行猜想和记录，完整地表达自己在探究中的发现。

◆ **活动准备**

1. 经验准备 户外活动时，幼儿收集了很多不同的树叶、经常利用各种树叶玩游戏、知道幼儿园几种常见树的名称和树叶的形状。

2. 物质准备 各种树叶、敲拓工具、白色棉布、新鲜树叶若干、展板、桌子8张、记录表。

◆ **活动过程**

（一）开始部分：观察树叶的结构

1. 出示不同形状的树叶，激发幼儿参与活动的兴趣

教师：这几天，小朋友们收集了很多叶子。今天，请小朋友们选择一片你喜欢的叶子仔细观察，看看叶子上有什么，它是由什么组成的。

2. 观察树叶的结构

（1）幼儿自选树叶观察，交流、分享自己的发现。

教师：小朋友们都仔细地观察了树叶。谁愿意说一说，叶子上有什么？

幼儿1：叶子上有一根小棒，叶子上面还有很多细细的小花纹。

幼儿2：我发现叶子上的花纹中间有一根粗的线，旁边的是细细的线。

幼儿3：我发现一片大大的叶子，边上弯弯曲曲的。

（2）梳理、总结树叶的结构。

教师：你们观察得都很仔细！其实，它们都有自己的名字，叶子上的小棒儿叫作"叶柄"，叶子上的花纹叫作"叶脉"，而我们看到的叶子叫作"叶片"。

（二）基本部分：观察树叶的异同，发现树叶的秘密

1. 通过观察、比较发现树叶的异同

（1）教师：小朋友们自由分组。每人选择2～3片叶子，仔细观察一下，看看这些叶子有什么相同和不同的地方。把你们的发现记录在记录表上。

（2）小组分享、交流。

教师：请小朋友们来分享一下你们小组的发现。

幼儿1组：我们小组选的是这几片叶子。我们发现它们相同的地方是都有叶片、叶柄和叶脉，它们的颜色都是绿色的。叶子的形状不一样、大小也不一样。

幼儿2组：我们小组选的是这两片叶子。我们发现它们的叶柄形状长得有点像，但是叶柄的长短不一样。

幼儿3组：我们小组发现，它们的叶脉都是中间粗、旁边细，但是它们的叶脉长得不一样。它们都有两个面，都是一面颜色深一点，另一面颜色浅一点。

教师：你们观察得真仔细，发现了叶子那么多的秘密。相同的是，树叶都有叶脉、叶柄、叶片；不同的是，叶片的形状、颜色、大小和叶脉的纹路、叶柄的长短都有差异。

2. 探究藏在叶片里面的秘密

（1）观察叶片。

教师：这片树叶的叶片摸起来有什么感觉？

幼儿1：很光滑。

幼儿2：凉凉的。

幼儿3：感觉肉乎乎的。

教师：为什么有这些感觉呢？叶子里面会有什么呢？你用什么方法能知道？现在，请小朋友们试一试。

（2）幼儿尝试操作。

教师为幼儿提供绿色的树叶、白色的纸。幼儿自主探究，发现叶片里面有什么。

（3）分享与交流。

教师：你用了什么方法？发现了什么？

幼儿1：我把叶子撕开了，里面有点像水一样的东西，还有点儿黏。

幼儿2：我用纸把叶子包起来，使劲儿拧，发现叶子把纸染绿了，里面有颜色。

幼儿3：我用叶子在纸上使劲儿画，发现能画出绿颜色。

教师：你们想的方法真多，叶子里面到底有什么呢？

幼儿1：有水。

幼儿2：有绿颜色。

教师：树叶里的水是树叶的汁液，是不是所有的叶子里面都有水分和绿颜色呢？

3. 探究不同颜色叶片里水的颜色秘密

（1）通过提问，激发幼儿参与实验的兴趣。

教师：今天，我们就来做一个小实验，看看这些不同颜色的树叶里面是不是都有水分，它们的汁液是什么颜色的。

（2）介绍实验记录表的使用方法及要求。

方法：

①每人一张记录表，在横线上写上名字。

②表格第一行里是要观察的叶子。第二行"问号"代表"我的猜想"。猜猜看，它是不是有水分？它的汁液颜色和叶子的颜色一样吗？第三行"眼睛"代表我的发现。你发现树叶的汁液颜色和你猜想的是否一样，一样的画"√"，不一样的画"×"。

要求：

①操作过程中及时做好记录，注意安全。

②听到音乐先收拾、整理好材料，然后带着你的记录表和操作的布回到座位上，分享你的发现。把记录表贴在展板上，实验布放在自己身边。

（3）幼儿自选工具用自己的方法进行探究实验，教师巡回指导。提示幼儿使用工具时要注意安全。

（4）分享、交流自己的发现。

教师：实验结束了，你们肯定有很多新发现。哪个小朋友愿意来分享一下？你用什么工具、什么方法证明叶子里面是有水分的？汁液的颜色和你猜想的一样吗？

幼儿1：我选的是黄色的叶子，我是用锤子砸的，发现我的布湿了，所以它是有水分的。我猜叶子里面的颜色是绿色的，但是我砸出来的颜色是黄色的，和我想的有点儿不同。

幼儿2：我选的是绿色的叶子，我是用积木在上面使劲儿滚压，发现它里面有水分，因为我的积木都湿了。我猜叶子里面的颜色是绿色的，果然就是绿色的。

教师小结：小朋友们尝试了不同的方法，证明叶子里面确实有水分，水分能让叶子保持湿润，让叶子看起来嫩嫩的，摸起来凉凉的，表面很光滑。

（5）请幼儿再次选择不同颜色的树叶试试，看看有什么新发现。

幼儿尝试操作，发现印出来的颜色和树叶的颜色一致。

（三）结束部分：梳理、总结经验

教师：今天，我们一起发现了树叶有很多的秘密，知道了树叶由叶片、叶柄和叶脉构成；因为树的名称、品种不同，它们的叶子形状、颜色、大小也有差异；树叶里面汁液的颜色和叶子的颜色是一样的。树叶对植物的生长起着呼吸作用、光合作用和养分转化作用。关于树叶还有很多秘密等着小朋友们去发现呢！如果让树叶长时间保鲜，可以用什么办法呢？

幼儿1：我觉得把树叶放在塑料袋里能长时间保鲜。

幼儿2：我觉得把树叶夹在报纸里能长时间保鲜。

幼儿3：可以泡在水里。

幼儿4：能不能种在土里啊？

幼儿5：我觉得可以放在瓶子里。

教师：小朋友们说了很多种办法。我们明天就来试一试，记录一下哪种方法能让树叶长时间保鲜，说不定又会有新的发现呢！

◆ **活动延伸**

（1）怎样让树叶长时间保鲜？

（2）怎么能让树叶上的叶脉保留下来？

（3）树叶还能做什么？

结合问题，引发幼儿持续探究的兴趣；提供材料，支持幼儿动手操作和寻找答案。

◆ **活动反思**

本次科学探究活动根据幼儿户外活动时喜欢玩树叶而开展的。没想到，小小的树叶引发了很多探究活动。此次活动，幼儿发现了很多有关叶子的秘密。和以往活动不同的是，所有的结论都是幼儿自己观察、操作和实践发现的。孩子们今天的表现特别棒！在幼儿进行实验的过程中，教师也看到了幼儿的潜力，他们对树叶的探究充满兴趣，尤其是用自己的方式探索树叶的汁液。每个幼儿选择的工具和方法都不一样，说明只要教师为幼儿提供自主活动的空间，幼儿是有能力用自己的方式解决问题的。活动通过"猜想——验证——分享交流"的过程递进式展开，帮助幼儿在原有经验的基础上建构新的经验。最后一个环节还为幼儿后续的延伸探究提供了启发和支持，扩展了幼儿学习探究的空间和内容，奠定了探究基础。

（执教教师：北京市昌平区机关幼儿园 巩爱弟）

◆ **活动点评**

本次活动选择了生活中唾手可得的资源——树叶开展探究活动，是适宜而有效的。因为它太常见，反而会造成教师视而不见的现象。实际上，很多生活中的资源都能成为教学资源。幼儿熟悉、易操作，又能获得新的经验，具有一定的探究价值。

本次活动设计层次清晰、合理，紧扣教学目标，为幼儿提供了充分自主探究操作的空间。一方面，幼儿自主选择探究工具和探究方法进行尝试；另一方面，教师用开放性的问题不断引导幼儿思考，激发幼儿的探究欲望，有效地调动了幼儿参与活动的积极性。同时，在幼儿探究、操作后，教师能很好地将幼儿的个体经验进行梳理，成为集体共享的经验。幼儿在不断地尝试和探究中建构对树叶的认知，获得新的经验。教师有效的引导为幼儿后面开展延续性的探究活动做了很好的铺垫。

（活动点评：北京教育科学研究院早期教育研究所　叶奕民）

第八章　艺术领域音乐教育与教学活动

我们在日常生活中一提起音乐，就会联想到"美好""开心""愉悦"等词汇，它能够带给人们赏心悦目的感觉。人们高兴时，可以用音乐表达喜悦、欢快的情感；悲伤时，可以用音乐慰藉心灵；紧张时，可以用音乐缓解压力，放松心情……美好的音乐可以怡情养性，释放情绪，抒发情感，感受美好。

在幼儿园的活动中，音乐活动形式多样、参与性强。幼儿能够用视、听、唱、演、敲敲打打等多种方式去感受音乐、体验音乐、表现音乐，因而深受幼儿喜爱。他们乐在其中，享受音乐活动带来的美好体验，表达、表现自己对音乐的理解和感受。

➡ 第一节　艺术领域音乐教育的价值

音乐是以声音为表现的艺术形式，是听觉的艺术。它反映现实生活，也表达思想和情感，它能够带给人们快乐和美感，是人们精神层面的一种需要。孔子曰："兴于诗、立于礼、成于乐。"也就是说，人的修养可以通过音乐艺术的熏陶达成。很多的思想家和教育家也都认为，音乐对人的发展起着非常重要的作用，它不仅能够激发人无限的潜能，而且能够净化心灵，陶冶情操。特别是在幼儿时期，声音和动作是幼儿生活中最喜欢的两件事。因而，喜欢音乐是幼儿的天性。他们对世界充满了好奇和探究的欲望，音乐能够发挥幼儿的想象力，带给幼儿多样的感受。同时，音乐富有表现力和感染力，能够对幼儿产生潜移默化的影响。因此，音乐教育对于幼儿多方面的发展都有着积极的促进作用。

一、音乐是幼儿感受美和欣赏美的媒介

生活中处处存在着美，关键是要有一双能够发现美的眼睛，还要有能够欣赏美的心灵。作家善于用文字描写生活中美的事物；画家用色彩、线条等描绘美好的事物；音乐家用丰富的音乐元素（音高、音色、旋律、节奏、速度、强弱等）表达对美的感受和体验。这些美源于生活，又是对生活中美的艺术升华。

音乐的美妙在于，通过聆听能够触动人的心灵。聆听一段音乐，调动的不仅是人们对音乐的辨识，更是调动人的情感、人的经历和对真善美的理解等。可见，聆听音乐不仅给人带来听觉上的享受，也同时触动着人全身的细胞，直击人的心灵，产生情感与精神上的共鸣。因此，音乐是培养幼儿感受美和欣赏美的媒介。

二、音乐是幼儿表现与创造的途径

音乐给人们带来美的体验和感受，这种体验和感受是无形的，也是难以用语言表达出来的。

因此，对于幼儿来说，只通过聆听来感受、体会音乐是枯燥而无趣的，还需要通过真实参与音乐活动帮助他们感受和体验音乐，表达自己的想法，创造性地演绎对音乐的理解。律动体验、节奏体验、歌唱体验等都可以帮助幼儿把内心对音乐美的感受表达出来，是幼儿发现美、表达美的途径。在这些切实参与的体验中，他们会对音乐有进一步的感受和发现，对音乐产生更丰富的联想和理解。

幼儿渴望用自己的方式表达对音乐的理解，各种创造性的表现也随之萌生。

三、音乐是益智与促使幼儿向善的渠道

幼儿园音乐教育除了引导幼儿获得音乐能力之外，还可以促进幼儿全面发展。音乐教育对于幼儿大脑发育、身体发展、智力水平的提升、心理发展、语言表达能力提升、社会性发展等多方面都具有一定的价值。

音乐对大脑发育的影响如同食物一样重要。不同的音乐对大脑也会产生不同的影响。脑科学界研究得出结论，学习音乐有益于幼儿空间思维的发展。幼儿在听辨音乐的过程中，对于他们的听觉、记忆、情绪情感的发展都能起到一定的作用。

幼儿期也是幼儿动作发展和语言发展的关键期。在音乐学习的过程中，幼儿用肢体动作和语言表达对音乐的理解，体验着与同伴共同游戏的快乐。音乐带给幼儿美好的情感体验，也影响着幼儿积极行为和美好品格的产生，对于促进幼儿全面发展起着非常重要的作用。

➔ 第二节　艺术领域音乐教育的特点

幼儿园艺术领域音乐活动的特点与其他领域有着明显的不同，更突出幼儿愉悦性的体验、个性化的表现、创造性的引导以及融合性的发展几个方面。

一、愉悦性的体验

音乐本身能带给人愉悦的情绪。幼儿在感受音乐时常常会手舞足蹈，他们会随着音乐拍手、跺脚表现音乐的情趣，这是一种幼儿自发的体验。

在幼儿园音乐活动中，除了幼儿自发的表现以外，还需要教师有效的引导。教师在顺应幼儿年龄特点的基础上，通过情境的创设、游戏化的引导、幼儿多种感官的参与、同伴共同游戏的过程，都能激发幼儿参与活动和表达、表现的兴趣。同时，幼儿能够在自由感知、自主表现、创造发挥的过程中得到情感的满足和释放，获得更多的愉悦体验。如，幼儿在音乐游戏"石头、剪刀、布"的活动中，刚开始播放这首音乐时，幼儿就能随着欢快、有趣的音乐旋律自主地扭动身体，同伴间还时不时地对望并欢快地笑着。可见，幼儿已经开始用基本律动的动作表现出对这首音乐的喜爱。后来，教师引导幼儿用肢体动作创意表现"石头、剪刀、布"的造型并进行游戏。幼儿始终沉浸在欢快的情绪中，获得了愉悦的体验。

二、个性化的表现

因为音乐是抽象的，每个欣赏者对音乐的感受和理解都是独特的，因而具有个性化的特点。音乐活动能唤醒幼儿的主体意识。幼儿对音乐的感受与表现在一定程度上反映出幼儿个体的经验、认知、个性、情绪情感等多方面发展的状况。比如，在欣赏同一段音乐或同一首歌曲时，幼儿的表现方式各不相同：有的幼儿喜欢哼唱或吟唱、有的幼儿喜欢用乐器敲击节奏、有的幼儿喜欢随着音乐舞动、有的幼儿喜欢欣赏大家的表演等。

幼儿对音乐的理解与表现比成人要丰富得多。如果我们不能耐心去了解和倾听幼儿的想法，是很难正确解读他们独特的表现方式的。例如，在一次欣赏《大象和小鸟》的音乐活动中，每当播放到节奏欢快的那段音乐时，总有一位小女孩开始跟随音乐单脚向前跳、跳、跳，一直这样跳下去。对于这样一种个性化的表达，几位教师都不明白她对这段音乐的感受是什么。于是，有一位教师终于忍不住问她："你为什么一直做单脚跳的动作？"这位小女孩回答道："因为我跳得远，老师总夸我。"教师瞬间明白了幼儿的这种表现方式。原来，在近期的户外活动中，教师都在带领班级幼儿玩跳的游戏。这位小女孩协调性好，每次玩单脚跳的游戏时，都会被教师表扬，她也由此产生愉悦而自豪的情感。而欢快的音乐可能同样带给她愉悦的情感，由于这两种情感一致，她将户外游戏的情景直接迁移到了音乐活动中，才出现了这样独特的表达。因此，对于小女孩来说，单脚跳就是她感受到音乐美的一种个性化表现。

三、创造性的引导

幼儿在对音乐的理解和表现方面，受其生活环境、经验、能力、情感、动作等多方面因素的影响，会有很多别出心裁的想法。教师要能够发现和鼓励幼儿不同的想法，为幼儿营造宽松、安全的氛围，创造条件去尝试倾听、解读幼儿艺术表现的想法，并在此基础上支持幼儿自发、自主的创造性表达，这是对幼儿独特表达真正的尊重。同时，教师在音乐活动中应努力打破条条框框、减少一刀切的规定和要求，发挥幼儿的主体性和主动性，鼓励、支持幼儿创造性的表达、表现方式，增强对音乐的理解力和表现力。在大班音乐欣赏活动《大象圆舞曲》中，教师请幼儿自由地散坐在活动室中，用最舒服的姿势倾听音乐，鼓励幼儿在倾听后大胆地说出自己在听音乐时都想到了什么。有的幼儿说："这是一个小偷在黑夜里悄悄地从窗户进到别人家里，后来主人醒了，发现了他，马上打电话报警，主人和警察就开始追他，小偷还想从窗户爬出去，最后被警察抓住了！"有的幼儿觉得是："小熊在森林里散步，它觉得身上痒痒，就在树上蹭痒痒，蹭舒服了之后，它又继续去散步了。"

幼儿在欣赏同一首音乐时会有很多想法，这些可贵的想法就是教师引导幼儿大胆表达、表现的契机。教师可以因势利导，同一首乐曲可以表现不同的内容；同一个情境可以用不同的动作或节奏去表现等。这些引导对于幼儿创造性地表现乐曲都能起到支持作用。

四、融合性的发展

幼儿园音乐教育，一方面，可以提升幼儿对音乐的感受、体验与表现的能力，另一方面，对幼儿全面发展起着非常重要的作用。它对幼儿发展的引导不像其他领域那样显现，更多的是一种熏陶、渗透和感染。音乐对于幼儿的行为习惯、认知经验、情绪情感、学习品质、交往能力等多方面的融合与发展都起着潜移默化的影响，是促进幼儿整体、全面发展的载体之一。

在大班集体舞"奔跑吧，蜗牛"活动中，幼儿不仅用肢体舞蹈动作表现，也学习歌词中蜗牛坚持不懈、不怕困难的精神。在挑战队形变化时，幼儿合作解决问题，共同完成任务，欣赏他人作品，接纳他人建议。音乐活动不仅促进幼儿音乐能力的发展，也在活动中润物无声地培养幼儿良好的行为习惯、学习品质、交往能力等，多方面地融合与发展。

值得注意的是，在音乐活动中，教师不能以结果为导向，更多的要关注幼儿学习的过程，以及音乐带给幼儿的整体感受和影响。

➡ 第三节　艺术领域音乐教学活动的目标与内容

一、艺术领域音乐教学活动的目标

《指南》中明确表述了艺术领域两大目标，即：感受与欣赏、表现与创造。感受与欣赏的目标体现在：喜欢自然界与生活中美的事物；喜欢欣赏多种多样的艺术形式和作品。表现与创造的目标体现在：喜欢进行艺术活动并大胆表现；具有初步的艺术表现与创造能力。这是艺术领域涵盖音乐和美术两个方面的目标。音乐与美术虽然都属于艺术范畴，有共同的特点，也存在着不同的差异。从音乐教育角度来说，包含两方面总体目标。

（一）全面提升幼儿音乐素养

音乐有其独特的语言，节奏、曲调、和声、速度、力度、调式、曲式等是构成音乐的基本要素。幼儿对于这些要素的感知和体验会帮助幼儿更好地理解音乐、欣赏音乐、表现音乐，从而全面提升幼儿的音乐素养。

（二）通过音乐促进幼儿全面发展

音乐中蕴含着很多教育的因素，对于幼儿大脑发育、心理发展、智力提升、语言发展、动作发展、社会性发展都起到了潜移默化的影响，对促进幼儿全面发展也起着重要的作用。

二、艺术领域音乐教学活动的内容

幼儿园音乐教育主要由歌唱活动、节奏活动（打击乐）、韵律活动、音乐欣赏、音乐游戏五种类型的内容组成。

（一）歌唱活动

是幼儿园最常见的、最广泛开展的音乐活动内容，是反映幼儿生活、经验和情感，或由儿歌和音乐结合而形成的一种音乐体裁。创作多与幼儿的生活、情感、交往、品德密切结合，对幼儿发展很有教育价值和意义。其旋律好听、节奏明快、浅显易懂、朗朗上口，深受幼儿喜爱，伴随着幼儿童年的成长。

（二）节奏活动

跟随音乐节拍或节奏使用乐器或身体进行合奏的活动。敲敲打打是幼儿的天性，简单的敲打乐器进行演奏符合幼儿天性，更像是幼儿的游戏。节奏是音乐的第一大要素，进行节奏活动可以很好地培养幼儿的音乐素养。不同乐器发出不同的音色以及合奏产生的美妙效果会给幼儿带来愉悦的审美体验。在合奏的过程中，幼儿也能体会到个人和集体的关系，渗透社会性目标的发展。这也是幼儿园经常开展的音乐活动内容之一。

（三）韵律活动

通过有感情、有节奏的动作表现音乐内容。幼儿天生活泼、好动，韵律活动也是他们最喜爱的活动之一。韵律活动可以调节幼儿情绪，发展动作协调能力与音乐配合的乐感，发展幼儿空间方位能力等。在幼儿园里，每天都会开展韵律活动，主要在游戏中、生活环节或户外集体操环节中体现。集体教学活动中专门进行韵律活动的内容相对较少。

（四）音乐欣赏活动

是指以音乐为载体，调动多种感官参与聆听、想象和表达，对音乐作品进行感受、鉴赏、理解的审美活动。音乐欣赏需要在感受的基础上，帮助幼儿理解音乐作品所表达的情感或内容，引导幼儿结合自己的生活和经验去表现对音乐的理解。音乐欣赏活动是幼儿园教师感觉难度较大的活动内容之一。

（五）音乐游戏活动

是发展幼儿音乐能力的一种游戏活动，根据音乐加入情节、故事、舞蹈、常识等游戏规则。音乐是音乐活动的灵魂，在伴随音乐的过程中，带入一定的情境和角色，幼儿会产生联想和好奇，在最自然、最真实的状态下激发幼儿对音乐的感受力、表现力和创造力，是特别受幼儿喜爱的音乐活动内容。

◉ 第四节　艺术领域音乐教学活动中的常见问题

幼儿非常喜欢音乐活动，教师在日常实践中经常会选择和运用多种材料，利用多种媒介，开展多种形式的音乐活动来满足幼儿的不同需求。但教师在进行音乐活动时同样存在着一些共性的问题，具体表现在以下几个方面：

一、重视音乐技能的学习，对审美感受关注得不够

音乐活动需要教师有一定的音乐素养。因此，在音乐教学活动或游戏中，教师也比较关注音乐学科素养，比如音准、节奏、歌唱、舞蹈等的学习，而容易忽略幼儿对音乐的感受力、表现力的启发和培养。我们经常可以看到，在一次音乐教学活动中，教师会把大量的时间和精力用在音乐技能的培养上，但是幼儿掌握这些技能是要建立在感受的基础上。目前，在音乐活动中，幼儿真正倾听、感受音乐的时间和频次远远不够，就开始忙于技能的学习和创造。这样为提升技能学习而进行的机械性创造，不仅无法激发幼儿的想象力、创造力，也无法达到音乐教育的审美功效。

二、过于关注音乐活动的结果，对过程中方法推敲得不够

在实践活动中，教师普遍重视幼儿会唱多少歌曲，会跳多少舞蹈，唱歌是否好听，动作是否优美，甚至用才艺的比拼来检验教学成果。基于对结果的关注，教师往往在一次活动中会通过枯燥、无味地教和幼儿反复地练习来达成目标，而忽视了过程中幼儿情绪情感的感受与表现、审美情趣的表达与创造、学习品质的关注与发展等方面的引导，考虑幼儿的学习兴趣不够，过于关注幼儿学会了什么的结果。相对而言，幼儿是怎样学习的、在过程中会遇到什么问题、这些问题如何调动幼儿去发现并用自己的方式表达表现思考得不够，欠缺对过程中每一个环节的细致推敲以及有效引导方法的思考，偏离了艺术教育的真谛。

三、过于重视幼儿的模仿性学习，对创造性表现关注得不够

模仿是幼儿最基本的学习方式，幼儿喜欢模仿同伴、教师、家长的表情和动作等。在幼儿园的音乐活动中，我们常常看到幼儿表现小花都是两只小手微屈，托住下巴，表现大灰狼走路的样子大都雷同……虽说模仿是创造的来源，但是值得教师反思的是，幼儿出现这种模式化的表现，可能反映出我们在日常音乐活动中存在过度注重模仿而忽视引导幼儿个性化表现和创造的情况。

◉ 第五节　艺术领域音乐教学活动指导要点

《指南》指出："幼儿艺术领域学习的关键在于充分创造条件和机会，在大自然和社会文化生活中，萌发幼儿对美的感受和体验，丰富其想象力和创造力，引导幼儿学会用心灵去感受和发现美，用自己的方式去表现和创造美。"那么，作为教师，在音乐活动中，我们不仅要树立科学的

儿童观和教育观，从幼儿的兴趣和需要入手，结合幼儿的生活经验，和幼儿一同发现美、感受美、欣赏美，而且要创造各种条件和机会，以适宜幼儿学习和发展的游戏、体验等方式，尊重幼儿富有个性地体验美、表现美、创造美，最终帮助幼儿获得美的感受与体验，愉悦身心，提升审美能力。

因此，教师在音乐活动中的指导可以遵循以下几点：

一、多样化地感受音乐

音乐活动的目的是要让幼儿从中获得审美愉悦和审美体验。一段悠扬、舒缓的音乐会让幼儿不自觉地安静下来，静静聆听；一段节奏欢快、动感十足的音乐也能吸引并激发幼儿的热情。这就是音乐之美，它将旋律、节奏、和声、声调等音乐要素有机地结合起来，拨动幼儿心中的琴弦，令他们产生强烈的情感体验。

感受音乐是幼儿表现音乐的基础，只有在充分感受的前提下，幼儿才能结合自己的经验表达、表现对音乐的理解。教师在引导幼儿感受音乐时，可以结合音乐表现的不同内容，采用不同的方式引导幼儿感受音乐。每次感受音乐可以提出具体明确的内容，如：在欣赏《狮王进行曲》时，"请小朋友们仔细听一听，大狮子在什么时候出现的？它叫了几声？"这样具体、明确的问题，能够使幼儿知道每次倾听重点要听什么。教师也可以变换不同的方式，借助故事情节、直观形象的动画、图片或图谱等材料或情境，引导和帮助幼儿用多种感官参与、感受音乐。

二、情景化地理解音乐

嵌入情境和创编身体动作是教师引导幼儿理解音乐、表现音乐的主要方式。教师可以根据音乐的特点嵌入适宜的情境，情境会增强幼儿表现的兴趣。情境也为幼儿动作表现提供了依据。情境创设可以源于教师的巧妙设计，也可以源于幼儿的想法。比如，在欣赏美国作曲家安德森《打字机》的乐曲时，幼儿倾听音乐后，教师引导幼儿表达"听了这首乐曲想到了什么"。没想到，幼儿想到了"猫和老鼠的游戏""清晨起床、洗漱""煮面条，面条在锅里翻滚""妈妈和宝宝捉迷藏"等不同的情境，因为有了具体的情境，增加了幼儿对这首乐曲的理解和表现。幼儿尝试根据不同的情境，利用身体动作大胆创编、合作表演对音乐的理解，乐此不疲，兴趣盎然。

音乐情境的创设不仅激发幼儿对音乐的理解和表现，也引导教师转变视角，从关注自身"如何教"到关注幼儿"如何学"。教师在进行音乐教育的过程中，更多地考虑如何顺应幼儿的年龄特点和学习方式，将抽象的音乐具体化，从而引发幼儿多样化的表现。

三、个性化地表现音乐

如何处理好集体与个体的关系，这的确是教师的专业基本功。教师既要考虑组织活动过程中的流畅性、完整性等问题，又要考虑幼儿的年龄特点和喜欢的活动形式。教师在设计活动时要依据选材的特点考虑幼儿的差异。在设计活动时，要有层次，包括目标的层次、难度的层次和指导的层次。设计时，要有对幼儿差异对待的意识。在实施教学过程中，更需要教师关注这种差异，能够灵活调整预设时没有想到的内容。当所有幼儿能够完成目标时，说明活动设计低于幼儿的发展水平。当只有少数幼儿完成目标时，教师要考虑活动难度过大，要适当降低难度或将难度分解。

模仿是幼儿学习的基本方式，同时还是幼儿创造性表现的来源。不过，幼儿模仿的对象不应只是教师，还应该是同伴、周围真实的人、事、物等，而且是基于观察基础上的。这样，每个幼儿会结合自身已有经验表现出不同的行为，产生创造性的表现。而当幼儿出现这些表现时，教师应及时地给予鼓励和欣赏，并不断引发其他幼儿怀着一颗欣赏的心去观察、学习，并由此激发自己的想象和创造。

➡ 第六节　艺术领域音乐教学活动案例及点评

一、小班活动案例

案例一：森林照相馆（律动活动）

◆ **活动来源**

小班幼儿对鲜明而有特点的节奏、舞蹈、律动具有浓厚的兴趣，能够用动作、姿态模拟生活情景。随着小班幼儿动作的发展，他们能够自如地运用手、臂等做各种动作，如拍手、挥臂、跺脚等，并且基本能够较准确地随音乐做动作。

《有洞的音乐》是一首奥尔夫乐曲，该乐曲节奏变化鲜明，易于小班幼儿辨识。乐曲欢快、有趣，乐句中有明显的停顿，这使得乐曲有较强的游戏性、趣味性，易于小班幼儿理解并进行听辨游戏。同时，照相是幼儿熟悉和喜欢的事情。日常生活中，爸爸、妈妈常常用手机给小朋友拍照，随时记录生活中的美好。结合幼儿的兴趣与幼儿音乐游戏发展，教师设计了本次音乐活动"森林照相馆"，通过创设照相的情境，激发幼儿参与活动的兴趣，充分调动幼儿原有生活经验，提升幼儿音乐听辨能力、音乐感知能力与表现力。

◆ **活动目标**

（1）能听辨音乐的进行和停止，并做出相应的反应。

（2）尝试随音乐律动，能在音乐停止时摆出不同的造型。

（3）体验与教师、同伴听音乐玩照相游戏的快乐。

◆ **活动重点**　能听辨音乐的变化，并做出相应的反应。

◆ **活动难点**　尝试随音乐律动，能在音乐停止时摆出不同的造型。

◆ **活动准备**

1. 经验准备　有过开展《开始和停止》的听辨游戏经验；幼儿有玩照相游戏的经验。

2. 物质准备　音乐《有洞的音乐》《开汽车》、森林场景道具、照相机。

◆ **活动过程**

（一）开始部分

律动入场：听《开汽车》音乐，根据歌词内容做相应动作，情绪愉快，律动入场。

教师：小司机握好手中的方向盘，我们一起开着汽车，出去玩啦！

（二）基本部分

1. 完整欣赏音乐，感受音乐的旋律

教师：今天，老师带来了一首特别有趣的音乐，歌曲里还藏着一个小秘密，看看谁能听出来。

教师：你发现歌曲里藏着的秘密了吗？它和我们平时听到的音乐，有什么不一样？

幼儿：中间有的地方没有声。

幼儿：有的地方有音乐，有的地方就没有。

教师：你们的小耳朵可真灵！这首音乐有欢快的旋律，还有停止的地方。

2. 用手指游戏感知音乐的变化

教师：漂亮的小手在哪里？

幼儿伸出双手。

教师：我们一起听着有趣的音乐，让小手在腿上跳个舞吧！但是，当音乐停止时，小手也要在腿上停止不动，休息一下。

3. 问题导入，听辨音乐并摆出照相时的动作

（1）通过提问引出幼儿照相经验。

教师：你们照过相吗？

幼儿：我照过相。

教师：你去哪里照相的呀？

幼儿：公园、照相馆、出去玩、在家、幼儿园……

教师：你们在照相时，会摆出什么样的动作呢？

幼儿：我喜欢小花的。我会摆爱心。我喜欢奥特曼……（鼓励幼儿边说边做出相应造型）

教师：我们试试听着有趣的音乐来照相。当音乐响起时，我们可以走一走、找一找大相机在哪里（班里的教师可以分别站在不同位置为幼儿拍照）；当音乐停止时，我们要在相机前摆出自己喜欢的动作。

（2）幼儿随音乐进行游戏。

教师：哇，刚刚，我看到照片中有的小朋友动作特别精神、帅气！有的小朋友笑得特别开心！每一张照片都特别精彩！我们来学一学小朋友拍照的动作。但是，你们看，这张照片中的小朋友怎么了？（教师请幼儿看晃动的照片）

幼儿：有点花，看不清楚。

教师：为什么会这样呢？

幼儿：他动了。

教师：说得真对！我们在音乐停止处，要摆好造型不动，这样拍出来的照片才会清楚！

4. 游戏：森林照相馆

（1）创设情境，激发幼儿参与游戏。

教师：今天，森林照相馆的摄影师邀请我们去拍照。你最喜欢什么小动物呢？

幼儿：小兔子、猴子、孔雀……

教师：请你摆出一个你最喜欢的小动物造型，我们来试一试。

（2）加入森林场景，进行游戏。

教师：你看到什么了？

幼儿：有小草、有大树、有花……

教师：我们要在森林照相馆拍照。当音乐响起时，我们模仿你喜欢的小动物走一走；音乐停止时，在相机前摆出一个小动物的造型不动，看看相片中都有什么小动物。

①音乐响起时，幼儿自由表现不同小动物走路的姿势。

②当音乐停止时，幼儿摆出自己喜欢的动物造型。

教师：我看到森林里有好多不同的小动物。请小朋友看一看，猜一猜，都有什么动物？

请幼儿依据动作造型，互相猜一猜是什么动物。

教师：有调皮的小猴子、可爱的小兔子和凶猛的老虎，太精彩了！这次拍出的照片非常清晰，你们太棒了！

（三）结束部分

（1）活动小结。

教师：今天，我们一起听着好听的音乐，玩了照相的游戏。想不想欣赏一下，我们刚才拍摄的精彩照片呀？一会儿我们开汽车回班，好好欣赏一下。

（2）听音乐《开汽车》，幼儿模仿开汽车动作回班，活动自然结束。

◆ **活动反思**

照相是幼儿生活中非常熟悉和喜爱的事情。教师在活动中利用相机和森林照相馆的情境引导幼儿表现音乐的行进和停止，增加了游戏的趣味性，激发了幼儿参与活动的兴趣和表现的欲望。小班幼儿的思维方式以具体形象思维为主，对音乐形象与情绪的感知需要借助多种感官。因此，本次活动中，教师采用视觉、听觉、运动觉相结合的方式展开，引导幼儿熟悉乐曲旋律，在倾听和用身体动作表现的尝试中理解音乐的行进和停止，从而激发幼儿的表现力。活动设计由易到难，层层深入，不断激发幼儿主动表现。同时，整个活动过程中，教师营造了安全的心理氛围，幼儿喜欢参与活动，并且能够遵守音乐游戏规则，从而培养了幼儿对音乐的倾听能力、感受能力与表现力。

（执教教师：北京市朝阳区京通幼儿园 高 杨）

◆ **活动点评**

此次活动的选材非常贴近小班幼儿的生活。在幼儿已有经验的基础上，创设游戏情境，充分调动了幼儿在活动中用动作去表现音乐，促进了幼儿在活动中的情感体验，运用图像分析、道具引导、多感官参与、问题引发等方法，发展幼儿的听辨能力、随乐而动的能力、自主表现的能力与规则意识。在本次活动中，幼儿能自始至终保持较高的兴趣，在轻松、愉快的游戏中，表现自己的想法，取得了较好的效果。

1. 创设照相游戏情境，激发幼儿主动参与

结合小班幼儿的年龄特点与学习特点，音乐游戏活动更适合采用情境引入的方式，避免模式化的教学形式。此活动将音乐游戏内容完全融入照相的情境中，幼儿在游戏的过程中熟悉音乐的旋律，通过创设森林照相馆的情境，引导幼儿身临其境地感受音乐，增强了幼儿参与活动的兴趣与角色意识。

2. 运用道具引导，支持幼儿主动表现

日常生活中，家长经常会给幼儿拍照，幼儿对于照相有着丰富的经验。同时，活动中，将照相机作为主要道具，一是让游戏情境更加真实，通过使用照相机，能够唤起幼儿平时的照相经验，在镜头前幼儿更加具有表现力。二是将照相机作为音乐游戏规则的道具，结合每一次幼儿的游戏情况，教师更有针对性地进行小结，从中渗透听辨游戏的规则，使得幼儿在游戏中认真倾听音乐、遵守本次音乐游戏的规则，同时支持幼儿大胆而富有个性化的动作表现。

3. 选择适宜的音乐作品，激发幼儿情感体验

《有洞的音乐》是一首奥尔夫乐曲，该乐曲节奏变化鲜明，易于小班幼儿分辨，乐曲欢快、有趣，乐句中有明显的停顿，这使得乐曲有较强的游戏性、趣味性，易于小班幼儿理解并进行听辨游戏。在选择小班幼儿音乐游戏作品时，歌词应选择简单的，便于幼儿理解和记忆。即使没有歌词的器乐曲，也要注意音乐作品描写或表现的内容应是幼儿熟悉和感兴趣的。

（活动点评：北京市朝阳区教育研究中心学前教研室 黄 培）

案例二：《小小蛋儿把门开》（歌唱活动）

◆ **活动来源**

一次，幼儿园早餐时，一名幼儿吃过鸡蛋后，跑过来对教师说："老师，我吃过比鸡蛋还小的蛋呢！"紧接着，后面也有小朋友说："我吃过鹌鹑蛋，可好吃呢！""我喜欢吃鸡蛋，我妈妈说吃鸡蛋有营养。""我吃过特别大的鹅蛋。""我还吃过鸵鸟蛋呢！"……小朋友们讨论得不亦乐乎，对各种大小不同的蛋产生了强烈的好奇心，他们还从家里带来了大小不同的各种蛋。于是，教师顺应幼儿的兴趣，找到了非常适合的一首歌曲来进行活动。

◆ **活动目标**

（1）感受歌曲欢快、活泼的情绪，能够理解歌词内容。

（2）愿意表达自己的想法，初步学唱歌曲。

（3）喜欢参与歌唱活动，体验参与活动的快乐。

◆ **活动重点**　感受歌曲欢快、活泼的情绪，能够理解歌词内容。

◆ **活动难点**　愿意表达自己的想法，初步学唱歌曲。

◆ **活动准备**

1. 经验准备　观看过小鸡出壳的视频。

2. 物质准备　大小不同的蛋教具，蛋壳宝宝教具，小鸡、小鸭、小鸟教具，做游戏用的拱形门。

◆ **活动过程**

（一）开始部分：蛋宝宝来啦

1. 听音乐《小鸡小鸡》入场

教师扮演鸡妈妈，带领幼儿扮演的小鸡宝宝，边听音乐边散步，进入教室。

2. 出示蛋壳宝宝，引起幼儿兴趣

教师：今天，我们一起来和"蛋宝宝"做游戏。蛋宝宝里住的会是谁呢？请小朋友们猜一猜。

幼儿：小鸡。

幼儿：小鸭。

幼儿：小老鼠。

教师：小老鼠可不会下蛋哦！

教师：我们来敲一敲门，边敲门时边说"小小蛋儿把门开，开出一只动物来"。谁还想来敲门？（分别请幼儿边敲蛋壳边说：小小蛋儿把门开，开出一只动物来）

教师：我们看看蛋宝宝里藏着谁？（打开蛋壳）

幼儿：哇，开出了一只小鸡宝宝。

（二）基本部分

1. 初步理解歌曲内容

（1）观察小鸡的外形特征。

教师：小鸡宝宝长什么样子呢？

幼儿：小鸡宝宝是黄色的。

幼儿：小鸡有爪子。

幼儿：小鸡有尖尖嘴。

教师：请小朋友们来摸一摸，有什么感觉？（教师拿着小鸡宝宝，轮流请幼儿摸一摸）

幼儿：摸上去毛毛的。

幼儿：软软的。

教师：毛茸茸呀胖乎乎。（请幼儿学说：毛茸茸呀胖乎乎）

教师：小鸡宝宝是怎么唱歌的？一起来学一学，下面听伴奏，学唱"叽叽，叽叽，叽叽，叽叽，唱起来"。

教师：小鸡宝宝特别淘气，它非常喜欢和小朋友们玩捉迷藏。怎么才能让它出来呢？

幼儿：一起来敲门。

（2）教师带领幼儿做敲门的动作，并按节奏说儿歌。

小小蛋儿把门开，

开出一只动物来。

毛茸茸呀胖乎乎，

叽叽，叽叽，叽叽，叽叽，唱起来。

教师把说儿歌的速度放慢，重点引导幼儿把最后一句按节奏说清楚。

2. 初步学唱歌曲

（1）感受歌曲旋律和歌词内容，教师完整地演唱歌曲。

①教师第一次完整地范唱歌曲，引导幼儿倾听、感知歌曲的旋律和歌词内容。

教师：前几天，我还发现一种神奇的蛋呢！蛋的身上居然有一扇门，我悄悄地把门打开，咦？会出现什么呢？一起来听一听。

A. 教师出示最小的"蛋"并范唱，幼儿完整地倾听歌曲。

教师：这个蛋里住的是谁呢？

幼儿1：是小鸡，小鸡会"叽叽叽叽"地叫。

幼儿2：是小鸭吧！

教师：一起来听一听。

B. 教师提问：开出来了什么动物？你是怎么知道的？

幼儿：是小鸡宝宝。

教师（翻图）：真的是一只小鸡宝宝。

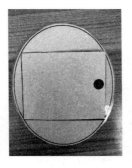 

教师：一起来学学小鸡是怎么唱歌的。（听伴奏，"叽叽，叽叽，叽叽，叽叽，唱起来"）

C. 教师再次出示比刚才大一点的"蛋"。

教师：它的身上也有一扇门，它会开出什么动物来呢？

幼儿1：里面住的是小鸡宝宝。

幼儿2：不对，住的是小鸭……

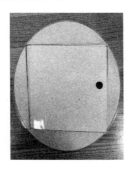 

教师：一起再听一听。

教师第二次完整地范唱歌曲。

教师：咦？门怎么没有开呢？

幼儿1：我们一起来敲门，门就开了。

幼儿2：再来一遍，门就开了。

教师：这次，我们一起来用好听的声音敲门。你们准备好了吗？

教师第三次完整地范唱歌曲，引导幼儿一起学唱歌曲。

幼儿：哇，是小鸡宝宝！

教师：原来又开出来一只小鸡宝宝。这是一只什么颜色的小鸡宝宝？

幼儿：黄色的小鸡宝宝。

D. 教师出示再大一点的"蛋"，第四次范唱歌曲，激发幼儿想要打开蛋宝宝大门的好奇心。

教师：这个"蛋"太大了，我都要拿不动了。这里面会住着谁呢？

幼儿1：还是小鸡宝宝。

幼儿2：不对，是小鸡的妈妈，因为它大。

幼儿3：不对，不对，是小鸡的爸爸，因为它更大。

教师：一起来听一听。

教师：咦？门怎么没有开？

幼儿：它就藏在门的后面。

教师：怎么才能让它出来和我们一起玩游戏呢？

幼儿：用好听的声音唱出来，它就出来了。

（此环节，根据幼儿学唱歌曲情况适当调整）

（2）变换小动物名称，演唱歌曲。

教师出示立体的蛋宝宝，引导幼儿想打开蛋宝宝的好奇心，一起合作演唱歌曲。

教师：我这儿还有一个更有趣的蛋宝宝呢！这里面会住着谁呢？

幼儿1：是小鸭子吧？

幼儿2：是小鸟。

幼儿3：是小乌龟……

教师：你们准备好了吗？我们一起来敲门。（听音乐，一起唱歌曲）

幼儿：住的是小鸭子。

教师：小鸭子是怎么唱歌的？

幼儿：嘎嘎，嘎嘎。

教师：一起来学小鸭子唱歌。

教师：蛋宝宝怎么没有开门？咦？我来听一听，蛋宝宝对我说什么了？（把蛋放在耳朵边，假装听说话的样子）哦，原来是因为小朋友们敲门的声音太小了，它没听到。这次，我们争取把门打开，准备好了吗？

教师：这次开出来了一只毛茸茸、胖乎乎的小鸭宝宝。（请幼儿摸一摸）一起向小鸭宝宝问好吧！

幼儿：小鸭宝宝，你好！

根据幼儿学唱歌曲情况适时调整打开蛋门的次数。教师依次打开立体的"蛋"，引导幼儿演唱。

（3）玩游戏"小鸡出壳"。

教师扮演鸡妈妈，幼儿扮演鸡宝宝，一起边唱歌曲边玩游戏，加深幼儿对歌词的理解。用拱形门制作成蛋壳状，教师带领幼儿从拱形门里钻出来。

教师：今天，你们都太厉害了，快给自己鼓鼓掌！接下来，蛋宝宝邀请我们玩一个"小鸡出壳"的游戏。我来扮演鸡妈妈，小朋友们来扮演鸡宝宝，我们一起唱着歌曲，从蛋壳里钻出来。注意是唱着歌曲从蛋壳里钻出来。

（三）结束部分

借助"立体的蛋"引发幼儿演唱歌曲的兴趣。

教师：小朋友们，今天，我们学唱的这首歌曲名字叫《小小蛋儿把门开》。老师给每个小朋友都准备了一个蛋宝宝。我们和客人老师分享一下，看看自己的蛋宝宝里住的是哪个小动物。（引导幼儿一起演唱歌曲，巩固所学内容）

◆ **活动延伸**

（1）将各种蛋壳玩具放在活动区，引发幼儿自觉表演歌曲。

（2）进一步引导幼儿变换不同的歌词演唱歌曲。

◆ **活动反思**

从活动的设计来说，为了让情景更加有趣，教师修改了部分歌词，如歌曲第二句：开出一只小鸡来，修改为：开出一只动物来。这样的改动，增加了幼儿想象的空间，激发了幼儿的好奇心。在活动前期，教师引导幼儿观看了小鸡生长变化的视频，丰富了幼儿的前期经验。在活动中，教师用"蛋宝宝"的情景贯穿活动始终，对于帮助幼儿理解歌词内容起到了很好的作用。同时，教师利用大小不同的蛋宝宝教具，为幼儿多次感受歌曲提供了支持、增加了兴趣。活动中，教师发现幼儿特别喜欢这些形象的教具，注意力也很集中，愿意跟着教师一起唱歌，完成了预期目标。

（执教教师：中国人民解放军总医院第四医学中心幼儿园　江素素）

◆ **活动点评**

本活动歌曲选材短小、形象，特别适合小班幼儿学习。教师能依据幼儿兴趣，关注幼儿的前期经验进行选材，并且能够对选材进行调整，也很好地利用了这个选材。教师对歌词的调整不仅增加了幼儿学习歌曲的神秘感，也为幼儿后面改编歌词、演唱歌曲提供了依据。

活动中，教具的选择和利用非常巧妙，有了直观的教具，对于调动幼儿多种感官参与活动、理解歌词内容、演唱歌曲都达到了预期的效果。大小不同的纸张，里面住着不同颜色的蛋宝宝，吸引着幼儿的好奇心，也为幼儿反复多次地感受歌曲提供了条件。

教师渐进的引导方式和游戏化的语言为突破重点、难点起到了支持的作用。教师的指导能够从简单的一句话，到完整说儿歌，再到完整演唱和变换歌词演唱，在难度逐渐叠加的过程中，将重点、难点各个击破。幼儿在学习过程中有身临其境的惊喜，有追根寻底的好奇，有模仿角色的快乐，还有延续拓展的兴趣。从幼儿的状态可以看出教师的引导是有序、有趣和有效的。

（活动点评：北京教育科学研究院早期教育研究所　何桂香）

案例三：小动物捉迷藏（音乐游戏）

◆ **活动来源**

小班幼儿对户外游戏"红公鸡在哪里"很感兴趣。他们喜欢把自己当成红公鸡来玩捉迷藏的游戏，喜欢躲藏起来，让教师和同伴把自己找出来。多次游戏后，也乐此不疲，很享受被关注成为主体的感觉。在一次捉迷藏中，教师随机变换了儿歌中的动物角色，把红公鸡变成了绿青蛙，幼儿更是兴奋地参与其中，不仅在游戏中模仿青蛙的叫声，还加入了青蛙的动作。看到幼儿如此喜欢这个活动，教师便将儿歌内容进行了谱曲创作，把儿歌变成了歌曲，并设计了这个音乐游戏活动，将音乐的要素融合在玩的过程中。在情境游戏中，引导幼儿感受和体验合着音乐做动作的快乐。

◆ **活动目标**

（1）初步了解游戏玩法，能够伴随音乐做出模仿动物的动作。

（2）感受声音长短、快慢的不同，愿意尝试不同的玩法。

（3）愿意表达自己的想法，体验共同玩音乐游戏带来的快乐。

◆ **活动重点**　初步了解游戏玩法，能够伴随音乐做出模仿动物的动作。

◆ **活动难点**　感受声音长短、快慢的不同，愿意尝试不同的玩法。

◆ **活动准备**　红公鸡、绿青蛙、大花猫3种胸卡，大树、花草、大森林的背景。

◆ **活动过程**

（一）开始部分：游戏"红公鸡在哪里"引入，引发幼儿兴趣

教师：我们一起来玩小朋友最喜欢的"红公鸡在哪里"游戏。一会儿，请小朋友们仔细听，看看谁能听出红公鸡藏在哪里了。

游戏玩法：教师带领幼儿在大森林（教室）里边说儿歌边走动，当说到第二句"不知在哪里"后，所有幼儿闭眼、蹲下，提前贴好红公鸡胸卡的幼儿随机找到一个位置藏起来，等说到那句"请你轻轻叫一声"时，"红公鸡"幼儿发出"咯咯咯"的叫声，其他幼儿顺着发声的方向找出"红公鸡"，并且说出"在那里，在钢琴旁边""在桌子后面"等。随后，一起做公鸡吃米的可爱动作。

为确保游戏安全进行，桌椅摆放的位置要紧密一些，呈半圆形。游戏玩一遍结束后，幼儿倾听音乐，轻轻地回到座位上坐好。

教师：请小朋友们说一说，你是怎么找到红公鸡的？

教师可以提示幼儿根据前后左右听辨声音的方向，找到红公鸡在什么地方发出叫声的，怎么叫的。

幼儿：红公鸡是"咯咯咯"叫的。

幼儿：我看见红公鸡藏在桌子下面了，是"咯咯咯"这样叫的。

幼儿：有一只藏在大树后面了，红公鸡是"咯咯咯"叫的。

教师：你们的小耳朵可真灵！把"红公鸡"都找出来了，真棒！

（二）基本部分：倾听音乐，玩游戏

1. 听一听

（把幼儿熟悉的儿歌变成歌曲，引导幼儿初步感受音乐旋律和节奏）

（1）教师弹唱歌曲，引导幼儿伴随音乐节奏进行游戏。

教师：这个游戏真好玩！这一次，我们听着音乐来玩游戏。请小朋友们先来听一听音乐。

教师弹唱歌曲，幼儿可以伴随音乐打节奏。

第二次玩"红公鸡在哪里"的游戏。

教师：这回，谁想当红公鸡？

教师选出一名幼儿当红公鸡。

游戏玩法：幼儿随着音乐节奏拍手，完整演唱歌曲。唱完后，幼儿一起问："红公鸡在哪里呢？"藏着的扮演红公鸡幼儿发出"咯咯咯"的叫声。其他幼儿共同找出红公鸡藏在哪里了。

规则：

①红公鸡藏的时候，其他小朋友不能偷看。

②红公鸡"咯咯咯"叫后，其他幼儿要模仿红公鸡的叫声，然后，再将红公鸡找出来。

教师：刚才，小朋友们从哪里找到了红公鸡，它是怎么叫的？

幼儿：我从椅子后面找到的。它是"咯咯咯"的叫。

（2）增加游戏难度，再次游戏：伴随音乐节奏走动着找红公鸡。

教师：这一次玩游戏，我们边模仿公鸡的动作边唱歌去找红公鸡。红公鸡的叫声可以小一点，看看小朋友们能不能找到你。

请幼儿变换角色，教师和幼儿一起去找红公鸡藏在哪里了。

2. 想一想

引导幼儿想一想红公鸡都有哪些可爱的动作，模仿做出相应动作。

教师：哇，刚才，老师看见有几个小朋友顶出了美丽的鸡冠。我们一起做一做这样的动作，真神气啊！

教师：如果公鸡打鸣，它会做什么动作呢？一起试一试。如果公鸡想飞出鸡窝，它会如何跳起来呢？它摇摆尾巴时，会是什么样的？

幼儿做出公鸡的不同动作。

教师：这只公鸡低着头，一步一步地向前走，在寻找食物，我们来学一学。

教师：这只公鸡在抖动翅膀。

教师：还有一只公鸡在跳着走呢！

教师：这么多可爱的大公鸡，老师也和你们学一学。

3. 换一换

（1）教师：红公鸡要回家照顾小鸡宝宝了。请小朋友们把红公鸡（胸卡）送回到它的家里（摆放的位置）。

（2）教师：下面看看，哪个小动物继续和小朋友们玩捉迷藏的游戏？（绿青蛙）

音乐游戏的名字叫"小动物捉迷藏"。

教师讲解游戏玩法，幼儿认真倾听游戏规则。

教师：我们先选出一只绿青蛙，给他贴上胸卡。然后，集体听音乐，完整演唱歌曲后，把歌词中"红公鸡"替换成"绿青蛙"。

规则：

①完整演唱歌曲后，请藏好的绿青蛙变换节奏叫出"呱呱呱"的声音，幼儿跟随模仿青蛙的叫声。

②模仿叫声后，用青蛙不同跳跃的动作跟随音乐跳到藏好的青蛙那里，捉住它。

③音乐停止后，定住不动，看哪只小青蛙能坚持住。

幼儿边唱歌边在教室模仿青蛙在大森林里四处跳跃。歌曲唱完后，当听到藏好的青蛙叫出"呱呱呱"的声音后，幼儿先模仿青蛙的叫声，再用不同姿势的蛙跳跟随音乐去寻找藏起来的小青蛙。找到青蛙后，一起伴随音乐模仿小青蛙的动作。音乐停止时，幼儿也控制自己的身体停在那里。待音乐再次响起时，幼儿模仿青蛙不同节奏的叫声，慢慢跳回到座位上。

提示：注意游戏时的安全，避免拥挤和磕碰。

4. 找一找

教师：青蛙已经跳累了，它想回家喝水了。我们把青蛙也送回家吧！你们还想邀请谁来玩？

幼儿提出小猫、小狗、小兔、小鸭等幼儿熟悉的动物。

教师自然地引出"花猫咪"一起做游戏。

提示幼儿将原来的歌词"我有一只绿青蛙"替换成"我有一只花猫咪"，尝试新的玩法，模仿小猫的叫声和动作。

幼儿蹲在地上或者趴到物品上，发出"喵喵喵"的叫声。

教师：你们模仿得好像哦，真可爱！

教师随机邀请 2 名幼儿当花猫咪，游戏按照规则进行。

幼儿：好开心，好想当猫咪被别人找到。

幼儿伴随音乐边唱边玩，感受快乐。

教师提示幼儿更换猫咪角色再玩一次，音乐结束时做出猫咪动作，轻轻学猫步悄悄地走回座位。

教师：哇，小朋友们把小动物们都找出来了，你们可真聪明！

教师：最后，我们把猫咪送回家里，它要吃饭了。我们是不是也该补充能量了，自然结束，听着音乐去喝水。

5. 玩一玩

幼儿分成两组，分别扮演自己喜欢的动物角色，重新游戏。

游戏规则：

（1）幼儿分为两组：一组是扮演自己喜欢的小动物，另一组来找动物。

（2）师幼一起演唱歌曲，自由地跟随音乐做扮演的小动物动作。

（3）音乐停止时，教师提问："小动物们，你们都在哪里？"幼儿发出自己扮演小动物的叫声，其他幼儿去找喜欢的一位同伴模仿其叫声，并做出相同的动作。

教师：这回，我们听听音乐中怎么唱的，一起先来唱一唱。

幼儿分成两组。一组幼儿戴上胸卡，扮演喜欢的小动物；另一组幼儿在歌曲结束后，找到一位同伴，模仿其叫声和动作。

游戏重复一遍，两组幼儿互换角色，积极参与，体验快乐。

游戏自然结束，幼儿跟随这段小动物做游戏的音乐，做着自己喜欢动物的动作回班。

◆ **活动延伸**

1. 活动一：过渡环节之手指游戏

（1）目标：

①尝试替换不同动物的名称，用手指做动作，模仿动物形象。

②喜欢参与音乐游戏，感受游戏的快乐。

（2）准备：音乐、小动物手指偶或胸卡。

（3）玩法：幼儿双手玩游戏，一只手模仿歌曲中的小动物，另一只手捉迷藏，跟随歌词变换模仿几种动物。幼儿听音乐，边唱歌边用双手指尖在桌子上走动。当唱到"不知在哪里"的时候，一只手藏起来；当唱完"请你轻轻叫一声"时，另一只手伸出来，用手势模仿小动物造型并发出相应动物的叫声。在音乐结束时，双手一起模仿小动物做动作。

（4）提示：跟随音乐节奏做手势动作，边唱边玩。

（5）建议：幼儿熟悉玩法后，可以和小伙伴一起玩手指游戏。

2. 活动二：户外游戏"小动物捉迷藏"

（1）目标：

①尝试更换不同动物角色捉迷藏。

②喜欢参与音乐游戏，体验师幼共同游戏的快乐。

（2）准备：不同小动物的胸卡、彩色呼啦圈（当做动物的家）。

（3）玩法：师幼一起边说儿歌边玩"捉迷藏"的游戏。幼儿扮演好自己所选的动物角色。当儿歌结束时，幼儿或教师四散跑，教师或幼儿追逐，扮演动物者站在彩色呼啦圈内才算安全，不会被捉到。

3. 活动三：活动区表演"红公鸡在哪里"

（1）目标：

①尝试扮演角色进行游戏。

②体验用乐器和道具表现音乐内容。

（2）准备：服装、头饰、大树、花草、乐器等。

（3）玩法：幼儿跟随音乐自选角色，谁当红公鸡，谁来捉迷藏。如果有小观众，也可以一起参与敲击小乐器。音乐声音停止，幼儿定住。当音乐响起，继续游戏。（也可以加入一些"木头人"的游戏规则）

◆ **活动反思**

本次活动来源于小班幼儿对音乐游戏的兴趣，朗朗上口的儿歌加上可爱的动物捉迷藏游戏，都是小班幼儿非常喜欢的活动。在小动物模仿中，幼儿能模仿动物的叫声、动作，了解它们的简单特点。同时，在音乐的伴随下，有节奏地说唱、模仿动作、玩捉迷藏的游戏又丰富了幼儿多方面的经验。

活动过程中，教师关注幼儿的体验和表现，能够层层递进地推进活动环节。每一遍音乐游戏都有不同的小动物出现，用音乐与幼儿对话。游戏中动静结合，充分调动幼儿多种感官参与，并随机渗透安全教育。教师能够关注活动中幼儿的个体差异，尽量为每个幼儿提供表演的机会。与此同时，教师也注意鼓励孩子们主动参与，在玩中学、玩中发展，这些都为突破教学重点和难点起到了支持作用。

（执教教师：北京市朝阳区劲松第二幼儿园　李　姗）

◆ **活动点评**

承担此次活动的教师是一位擅长音乐领域活动的教师，自身具备较好的音乐素养，钢琴弹得好，歌唱得好，还能够自己作词、作曲。此次活动的曲谱就是教师根据儿歌内容自己创作的。可见，教师具备音乐专业的能力很重要。同时，教师把握幼儿的年龄特点也很重要。此次活动的亮点在于教师对小班幼儿年龄特点的把握。主要体现在以下三个方面：

1. 游戏中有情境

授课教师利用小班幼儿喜欢玩"捉迷藏"游戏的特点，创设捉迷藏的情境。活动中，幼儿没有任何压力和负担，自始至终置身于游戏情境中，激发了幼儿参与游戏的兴趣。活动中，教师巧妙地用动物回家照顾宝宝或者回家喝水来自然过渡，促使幼儿用爱心护送小动物先回家，再邀请下一位动物朋友，充满爱心和尊重，使幼儿感受到艺术活动中的真、善、美。

2. 重复中有变化

活动中，看似是相同的游戏内容，每一次玩都有微妙的变化。从说儿歌、玩游戏到听歌曲、玩游戏，从模仿小动物叫声到模仿小动物动作，从单一节奏变为多样的玩法，从一种动物到多种动物，每次微妙的变化引导幼儿在重复的游戏中感受新鲜的玩法，增加了游戏趣味性和丰富性的感受。

3. 整合中有引导

在教师引导幼儿体验不同玩法的过程中，能够看出教师是依据幼儿表现适当增加难度的，并用语言帮助幼儿提炼游戏玩法。此游戏渗透了方位、大小、节奏、动物的叫声、安全等多方面的教育因素。在音乐的伴随下，幼儿用不同的感官感受，用自己喜欢的方式表现，自由发挥着天性，自然而然地去完成每一个小目标。在每个小游戏中，不断探索，不断地感受着快乐与成功。

（活动点评：北京教育科学研究院早期教育研究所　何桂香）

二、中班活动案例

案例一：《卖早点》（歌唱活动）

◆ **活动来源**

中班幼儿与同伴交往的愿望逐渐强烈，并且喜欢对生活中熟悉的情景进行模仿。《卖早点》这首歌曲再现了卖早点的情景，贴近幼儿的生活经验，歌曲中呈现了"叫卖"的独特表现形式，容易激发幼儿学唱的兴趣。活动中，教师通过创设"卖早点"的游戏情境，将艺术活动与幼儿"真实"的游戏联系起来，容易引发幼儿的学习兴趣，促进幼儿表达与表现的愿望，引导幼儿在游戏中感受歌唱活动带来的乐趣，提高幼儿艺术活动的表现力。

◆ **活动目标**

（1）在倾听和跟唱歌曲中熟悉旋律，感受"吆喝""叫卖"的腔调。

（2）尝试替换歌词内容，大胆演唱歌曲。

（3）体验与教师、同伴一同演唱歌曲的快乐。

◆ **活动重点**　在熟悉歌曲旋律及歌词的基础上，感受"吆喝""叫卖"的腔调。

◆ **活动难点**　尝试替换歌词并大胆进行演唱。

◆ **活动准备**

1. 经验准备　幼儿熟悉常吃的早点及水果名称。

2. 物质准备　小推车3辆，牛奶等7种食物各2样，玩具、水果若干，常见早点图片，音乐《我们都是好朋友》。

◆ **活动过程**

（一）开始部分

1. 跟随音乐《我们都是好朋友》做游戏入场

教师与幼儿一起听音乐，做游戏入场，激发幼儿参与音乐活动的兴趣。

2. 发声练习"问答歌"

重点引导幼儿用自然、优美的声音歌唱——嘴巴自然打开。

（二）基本部分

1. 熟悉歌词和旋律

（1）欣赏歌曲，感受歌曲旋律和"吆喝""叫卖"的腔调。

教师：今天，看看老师变成了谁？（教师穿上围裙，戴上套袖、帽子，推着早点车）

幼儿：卖东西的。

幼儿：老师当售货员了。

教师：今天，我变成了一位卖早点的阿姨。快来看看，我们这里都有哪些早点啊？（出示早点车）

幼儿：牛奶、三明治、鸡蛋、小米粥、馒头、烧饼、豆浆。

教师：哪个小朋友能用"有……有……还有……"完整地说出早点车上都卖什么？

幼儿：早点车上有牛奶、有鸡蛋、有豆浆，还有三明治。

幼儿：早点车上有馒头、有烧饼，还有小米粥。

教师：你们说得真棒！在卖早点的时候，还有一首好听的歌曲呢！听一听，这首歌曲和我们平时唱的歌曲哪里不一样？（教师演唱歌曲，将最后一句歌词唱得清晰一些）

幼儿：喊了一下。

教师：哪一句喊了一下？

幼儿：最后一句。

教师：最后喊的这一声叫作"吆喝"。吆喝的时候，要把每个字都唱得清清楚楚，这样别人才知道我们在卖什么。

（2）通过"卖早点"的游戏，帮助幼儿熟悉歌词内容。

教师：现在，我要去卖早点啦！（教师一边演唱歌曲，一边走到幼儿身边，与幼儿玩"卖早点"的游戏）

教师：谁要买我的早点呀？请问你要买什么早点呀？

幼儿：我要买三明治。

教师：刚才，我这里放的是什么早点啊？

（3）师幼一起演唱，一起吆喝。

教师：刚才，××小朋友和我一起卖早点，声音可好听了！你和我一起来卖早点，好吗？

教师：我这里还有很多早点要卖呢！你们能不能帮我一起来卖早点呢？

幼儿尝试跟唱歌曲，师幼继续进行"卖早点"的游戏。

2. 尝试演唱歌曲

（1）回忆歌词。

教师：刚才，我们卖了哪些早点？

幼儿：牛奶、三明治、鸡蛋、小米粥、馒头、烧饼、豆浆。

（2）说白歌词。

教师：刚才，我卖了"牛奶"……

教师边打节奏边说白歌词。

（3）演唱歌曲。

教师：怎样才能让远处的人都听得清、听得见我卖早点的声音呢？

幼儿：声音要洪亮。

幼儿：要把早点有什么唱得清楚一些。

教师：咱们用你们说的方法，一起来卖早点吧！

3. 替换歌词并演唱歌曲

（1）尝试替换部分歌词，师幼共同演唱。

教师：除了老师刚才卖的这些早点，你们还想卖什么早点？

幼儿：我想卖面条。

教师拿出面条的图片，替换早点车中的一种早点。

教师：换了一种早点，我们一起来唱一唱，好吗？

师幼共同演唱歌曲。

教师：除了面条，你还想卖什么？我们一起来唱一唱吧！

幼儿替换歌词，教师与幼儿共同进行演唱。

（2）幼儿分组，自主选择玩具、水果，摆一摆、唱一唱。

教师：除了卖早点，我们还能卖什么？

幼儿：我想卖玩具。

教师：现在，我来变一个魔术，看看老师这里还有什么。

幼儿：有玩具、有水果。

教师：你们可以选择自己喜欢的水果或者玩具来卖。

幼儿听音乐，自由进行分组，拼摆好要卖物品的顺序，伴奏作为背景音乐循环播放，幼儿分组尝试演唱。

（3）幼儿分组进行展示。

教师：刚才，我们吆喝的声音可好听了！谁愿意让我们来听听，你们卖的是什么？

幼儿扮演不同的角色，向大家展示演唱的歌曲。

（三）结束部分

1. 欣赏不同的吆喝声

教师：刚才，小朋友唱得真好听！我这还有几段好听的吆喝声，我们一起来听一听，他们吆喝的是什么？

播放老北京的吆喝声，幼儿倾听。

幼儿：馄饨、豆腐。

教师：我们再来听一听，到底卖的是什么？

教师：刚才，小朋友说是豆腐，真的有豆腐，还有烧饼、麻花。吆喝是我们北京的一种传统的民俗文化，就像你们喜欢的剪纸、吹糖人和捏面人一样。

2. 在"卖东西"的游戏中，活动自然结束

教师：我们也像刚才视频里一样吆喝一下，把我们的东西卖给客人老师吧！

幼儿自由分组，边唱歌边把东西卖给客人教师。

教师：我们回去喝水去喽！

教师运用吆喝的方式，带领幼儿离场。

◆ **活动反思**

这首音乐旋律简单、音域适宜中班幼儿进行演唱，歌词内容贴近幼儿生活经验。在示范演唱的环节，教师变身成一位卖早点的阿姨，将歌词中的内容用实物的方式进行展示，通过"卖早点"的游戏让幼儿记忆歌曲旋律和歌词。在幼儿演唱的环节，教师巧妙地进行提问："如何让别人听清楚我们卖的是什么？"提醒幼儿把歌词和吆喝声唱清楚，提升幼儿在歌唱活动中的艺术表现力。替换歌词进行演唱是本次活动的难点。在替换歌词演唱的环节，教师对活动的层次进行了设计——先集体，后分组。首先，通过提问的方式，让幼儿想一想"我们还能卖什么早点"，幼儿先集体替换歌词，再进行演唱。然后，根据幼儿兴趣提供了贴近幼儿生活经验的物品，如玩具、水果，让幼儿分组替换歌词进行演唱。最后，鼓励幼儿将自己改编的歌曲通过和客人老师做游戏的形式唱给大家听。整个活动中，围绕中班幼儿感兴趣的"买卖"游戏开展，让幼儿从"要我唱"改为"我想唱"，充分激发了幼儿主动学习的热情，提高了幼儿在歌唱活动中的艺术表现力。

（执教教师：北京市朝阳区清友实验幼儿园　王　敏）

◆ **活动点评**

《卖早点》的歌曲内容贴近幼儿生活经验，歌词短小，适宜中班幼儿学唱和仿编歌词。活动设计以幼儿感兴趣的游戏情境贯穿，形式新颖，边玩边学，幼儿在轻松、愉快的氛围中学唱歌曲。整个活动过程中，幼儿不仅体验到了歌唱活动带来的乐趣，也感受到了老北京传统文化的魅力。

1. 适宜的选材有利于幼儿理解和学习

适宜的选材是搭建幼儿生活经验和艺术活动的桥梁。这首歌曲歌词简单、短小，易于变化，旋律起伏不大，曲调易掌握，非常有利于幼儿理解和演唱。同时，中班幼儿交往需求逐渐增强，对于买卖游戏非常感兴趣。在选材方面，教师能够关注到本班幼儿近期的兴趣，与区域游戏活动相结合，选择了一首带有买卖游戏特点的歌曲，有利于吸引幼儿主动参与歌唱活动。

2. 情境创设有利于幼儿感受和表现歌曲

音乐学习不是教出来的，而是需要环境的熏陶、气氛的烘托、情景的创设和材料的应用。在潜移默化中，对幼儿产生影响。活动中，教师创设卖早点的情境，扮演"卖早点"的阿姨以歌唱的形式向幼儿介绍自己的早点，幼儿在游戏的情境中多次感受歌曲，得到了艺术审美的熏陶。

在教学中，教师为幼儿提供了在游戏情境和游戏体验中边玩边学习演唱歌曲，是符合幼儿的学习特点和方式的，不是机械地让幼儿记忆歌词和歌曲旋律。在仿编歌词的环节，教师利用教具的支持，提供给幼儿熟悉的物品，如水果、玩具，引发幼儿根据熟悉的物品进行歌词替换。实物的提供降低了仿编歌词中记忆歌词的难度，符合中班幼儿的认知经验，且具有拓展的空间。

3. 传统文化渗透于活动中

幼儿园音乐教育应注重民族性和文化性，应该引导幼儿从小潜移默化地接受民族文化的熏陶，培养幼儿健康、向上的审美情趣与欣赏美、表现美的能力。"吆喝"是一种中国民间传统艺术形式，本次活动把"吆喝"这种传统艺术形式引入幼儿的歌唱活动中。教师在引导幼儿欣赏"吆喝"、感受"吆喝"腔调的过程中，将中国优秀的传统文化传承下去。

（活动点评：北京市朝阳区教育研究中心学前教研室　黄　培）

案例二：好玩的鞋子变变变（节奏游戏）

◆ **活动来源**

幼儿对生活中的各种声音都很感兴趣。他们喜欢模仿各种声音，也愿意说说唱唱去表现声音。在一次区域游戏活动中，教师听到幼儿在变换着节奏说古诗，一边说一边笑，特别开心。他们觉得变换节奏说话是一件很好玩的事情。

能否将幼儿表达的词汇和音乐中的节奏巧妙地结合，引导幼儿感受和表现节奏呢？教师决定进行一次尝试。一方面幼儿感兴趣，另一方面语言本身就是具有节奏的，利用语言培养幼儿的节奏感应该是简单可行的。此次活动的目的是，在幼儿已有经验的基础上，引导幼儿用节奏去表现生活中常见的事物。

◆ **活动目标**

（1）感受节奏长短的不同，尝试用词汇表现节奏。

（2）能够用自己的方式创编动作，表现歌曲。

（3）喜欢参与节奏创编活动，体验成功的快乐。

◆ **活动重点**　感受节奏长短的不同，尝试用词汇表现节奏。

◆ **活动难点** 能够用自己的方式创编动作，表现歌曲。

◆ **活动准备** 黄鞋子卡片若干（分别代表二分音符、四分音符、八分音符）、蓝色卡片 3 张、红卡片 1 张。

◆ **活动过程**

（一）开始部分：出示图谱，激发幼儿兴趣

教师以老鞋匠做鞋子的游戏语言出示 3 种鞋子音符，启发幼儿通过对比 3 种鞋子形状的不同，想象 3 双鞋子是做给谁穿的。

想一想，直观感受 ♩ ♪ ♫ 3 种节奏的不同。

教师：从前，有个老鞋匠。他每天从早到晚"叮叮当当"地忙着做鞋子。一天，老鞋匠做了 3 双鞋子：胖鞋子、中鞋子和连在一起不能分开的瘦鞋子。可他做的鞋太多了，记不住谁是鞋子的主人。小朋友请你帮老鞋匠想一想，这 3 双鞋是做给谁穿的？

教师可以提示幼儿根据鞋子的形状、大小想象它们会是谁的鞋子。

幼儿：胖鞋子可以给大象、巨人、大熊、恐龙穿。

幼儿：中鞋子可以给小朋友、小猫、机器猫、小马穿。

幼儿：不能分开的瘦鞋子可以给小老鼠、小松鼠、蜜蜂、小鸡穿。

教师：你们根据鞋子的形状和大小猜到了是谁的鞋子吗？

（二）基本部分：感受不同节奏的长短，创编与节奏匹配的词语

1. 动一动

尝试表现 ♩ ♪ ♫ 3 种节奏，体会不同节奏的长短。

（1）教师：如果你把胖鞋子、中鞋子、连在一起不能分开的瘦鞋子穿在脚上，会有什么感觉？走起路来，会发出什么样的声音？

幼儿：穿上胖胖的鞋子，会感觉大大的，沉沉的，很重的，走起路来会发出重重的、很沉闷的声音。

幼儿：穿上中等的鞋子，应该很合适，很舒服，走起路来会发出一下一下的声音。

幼儿：穿上连在一起的瘦鞋子，我会两只脚快快地走。要不，就会摔倒啦！

（2）教师：小朋友们想象力可真丰富！现在，请你用小脚试一试，踏出胖鞋子、中鞋子、瘦鞋子不一样的声音吧！

提示：小朋友凭自己的想象，用脚踏出不同的节奏。

如：用重的、慢的声音表现胖鞋子的节奏：慢走（二分音符）。

用整齐的、一下一下的声音表现中鞋子的节奏：走、走（四分音符）。

用连续的声音表现瘦鞋子的节奏：跑跑、跑跑（八分音符）。

教师：请小朋友们分别用动作模仿穿上胖鞋子、中鞋子、瘦鞋子走路的声音。

2. 说一说

创编与节奏匹配的词语，进一步体会 ♩ ♩ ♫ 3 种节奏的不同。

教师以老鞋匠做鞋做得累了，他要和请小朋友们一起玩个游戏的情节引出游戏的名称——"有趣的鞋子变变变"。

教师讲解游戏玩法，说明鞋子可以怎么变的方法。

教师：老鞋匠的鞋店里有 3 双鞋子。胖鞋子用一个字表示，2 只中鞋子用两个字表示，2 只瘦鞋子和一只中鞋子在一起，用三个字表示。小朋友们，请你们仔细想一想，可以用什么来表示不同的鞋子？

提示：鼓励幼儿积极思考并大胆表达。

（1）语词。

胖鞋子：——♩ 例：你、花、云、跳……

中鞋子：——♩ ♩ 例：苹果、小猫、跳绳、爱莎……

瘦鞋子：——♫ ♩ 例：金太阳、拍皮球、洋娃娃……

在幼儿说出答案后，教师可以帮助幼儿梳理经验，以瘦鞋子为例。

幼儿：拍皮球。

教师：可以是我们平时玩的游戏和动作，还可以是什么动作？

幼儿：滑滑梯、打雪仗、滚铁环、吃冰棍、剥橘子……

幼儿：望远镜。

教师：真棒！还有什么用品是三个字的？

幼儿：餐巾纸、水果刀、铅笔盒、小书包……

通过教师引导，拓展幼儿说词汇的范围。

（2）按节奏创编一句话。

用蓝色卡片和不同的鞋子在地板上摆出节奏示意图，引导幼儿自主创编一句话。

教师边摆卡片边介绍规则：蓝色卡片表示我喜欢，红色卡片表示创编的动作。

例：我喜欢——蝴蝶；我喜欢——花；我喜欢——小鲤鱼；跟我做（自由创编一个动作造型，做完动作后，静止不动）

我喜欢——跳舞；我喜欢——你；我喜欢——奥特曼；跟我做（自由创编一个动作造型，做完动作后，静止不动）

3. 唱一唱

将节奏短句与熟悉的旋律相融合，边歌唱边拍节奏，发展节奏的稳定性和大胆的表现力。

教师自然地引发幼儿唱唱《小星星》的歌曲。

提示幼儿将"我喜欢××；我喜欢×一；我喜欢×××跟我做"的儿歌融入歌曲《小星星》的旋律中，替换原来的歌词，尝试新的玩法。

幼儿：我喜欢苹果，我喜欢云，我喜欢小星星，跟我做（在头上摆出了小兔子的动作）。

教师：你唱得真好听！苹果、云、小星星三个词可以替换哪个词，它们就可以变成一类的了？

幼儿：我喜欢太阳，我喜欢云，我喜欢小星星，跟我做（摆出了闪烁小星星的动作）。

教师：它们都是在天空中的，摆出的动作也是小星星在天空中一闪一闪的样子！还可以替换哪个词，替换新的动作？

幼儿：我喜欢苹果，我喜欢梨，我喜欢大西瓜，跟我做（摆出了张大嘴巴的动作）。

教师：哇，小朋友们都听出了你这次唱的是水果，真聪明！

教师：你编得这么好，有什么小窍门告诉其他小朋友吗？

幼儿：我先想一样的事，这样我就能想得很快了。

教师：这真是个好方法，其他小朋友们在编新歌词的时候，可以先想一类的事，比如，我们玩的，用的，吃的，看到的，还有公园里的，动物园里的……这样再想1个字、2个字、3个字的词，想得就多啦！

教师：看看谁能和别人想的不一样！

幼儿：我想编动物园里的小动物。

幼儿：我喜欢小马，我喜欢鹿，我喜欢大白鲸，跟我做（摆出小猴子的动作）。

幼儿：我想编小朋友的。

幼儿：我喜欢皮皮，我喜欢你，我喜欢小朋友，跟我做（摆出爱心的动作）。

幼儿：我想编我自己玩的。

幼儿：我喜欢跳绳，我喜欢跑，我喜欢滑滑梯，跟我做（摆出超人的动作）。

通过教师的引导，拓展幼儿按类别创编新的《小星星》歌词。

（三）结束部分：鼓励幼儿自然、大方地在集体面前表演

引导幼儿能够发现别人创编的优点，感受成功的快乐。活动自然结束。

◆ **活动延伸**

1. 活动一：小小乐器会唱歌

（1）目标：

①进一步感受和表现长短不同的节奏。

②学会倾听，能灵活地控制身体动作。

③喜欢和同伴参与打节奏的活动，感受游戏的快乐。

（2）准备：打棒、响板、铃鼓、撞钟等小乐器若干。

（3）玩法：请每个幼儿自选一件小乐器。音乐响起，自然地在场地内走动。教师任意出示印有♩ ♩ ♫ 3种节奏卡中的一张后，小朋友们站在原地，用乐器敲击出卡片中的节奏。

（4）提示：在场地中走动时注意听音乐的节奏，保护好小乐器，不让它发出声音，注意力集中，敲准节奏卡上的节奏。

（5）建议：幼儿熟悉玩法后，可以由幼儿担任持卡人；也可以同时邀请两位持卡人，其他幼儿分成两组，分别看不同持卡人出示的节奏卡，并敲击出相应的节奏。在玩的过程中，进一步锻炼幼儿的注意力、节奏的稳定性，提升抗干扰的能力。

2. 活动二：一起去郊游

（1）目标：

①尝试用词汇表现不同的节奏。

②喜欢参与节奏游戏，体验创造的快乐。

（2）准备：小背包、帽子、伞、巧克力、水壶、小餐垫12块等。

（3）玩法：教师背着小背包，在音乐的伴奏下，以去郊游的游戏情景带领幼儿拍手走进游戏场地。

教师：今天的天气这么好，我们一起去郊游吧！

①请幼儿自然围坐，猜一猜小背包里有什么。

教师依次出示 4 种物品，摆在面前的 4 块小餐垫上，边出示边鼓励幼儿拍手配合节奏说出物品名称。

如：水壶｜帽子｜巧克力｜伞｜

②教师：想一想，去郊游时，小背包里还会装什么？（鼓励幼儿多想多说，和别人说的不一样）

如：湿纸巾｜面包｜香肠｜矿泉水｜

③将 12 块小餐垫分成 3 组，摆放在场地的不同位置，邀请幼儿自主地在每块餐垫上摆放一件自己喜欢的物品。

④播放《去郊游》的音乐，教师和幼儿在场地中边拍手边走动，经过地垫时一起有节奏地边拍手边合着音乐节奏说出上面摆放的物品（连续说两次），再伴随音乐走到场地另一侧的地垫前，继续游戏。

（4）建议：此游戏可以根据本班幼儿的实际情况不断变化，如交换物品的位置、改变乐句中的节奏、变换主题，如沙滩、游乐场……

（5）拓展活动：增加地垫的长度，由 4 块变成 8 块地垫玩游戏，以此延长乐句的长度，增加难度，鼓励幼儿自主绘画游戏卡替代实物等，不断变换方法，激发幼儿游戏兴趣，培养幼儿的节奏感。

◆ **活动反思**

本次活动来源于本班幼儿的兴趣，按节奏创编词汇看似容易，却也有挑战性，需要调动幼儿已有经验，把同类事物的文字串联。因为是新尝试，孩子们表现出浓厚的兴趣，他们积极地投入其中，用语言、肢体动作表达自己对三种不同节奏长短的理解，很好地将语词经验与节奏经验对接。

活动过程中，教师能够依据幼儿的表现灵活地把握教育契机，进行引导与启发。活动过程设计由浅入深，环节紧凑，动静交替，充分调动幼儿的各种学习感官，通过想、说、动、唱很好地帮助幼儿解决教学过程中的重点和难点，使幼儿不断地尝试、体验并有所突破，幼儿始终是活动的主体。

教师注意关注活动中的每个个体，对每个幼儿及时给予呼应，让幼儿获得成功与自信。与此同时，还应注意到幼儿之间的互动作用，鼓励幼儿相互学习与支持，为孩子们提供友爱、乐享音乐的氛围。

（执教教师：北京市西城区三义里第一幼儿园　陈　莉）

◆ **活动点评**

承担此次活动的教师是一位有智慧、有经验、有方法的骨干教师。活动设计得巧妙，实施过程灵动，为幼儿自主表现提供了很大的空间。主要优势体现在以下三个方面：

1. 节奏嵌在情境中

教师由老鞋匠做鞋、却记不得是谁的鞋这一情境引入，充满了画面感，一下子调动了幼儿的好奇心和猜测。猜测之后，自然引出对 3 种节奏的表现，后面的设计又由老鞋匠做鞋累了引出新游戏，这样的设计满足了幼儿的好奇心、好胜心，引导幼儿置身于情境之中，更加投入地参与活动。

2. 节奏隐在词语中

常规的节奏活动是教师选好乐曲，幼儿伴随音乐去表现节奏。这次活动却反其道而行之，它的创新体现在活动中的节奏是幼儿熟悉的，歌曲是幼儿熟悉的，但是里面要填充的内容是隐在词语中的，用什么词，做什么动作，用什么事物去表现，为幼儿提供了非常开放的空间。

3. 指导显在环节中

活动中，每个环节都有教师的精心设计和明确的目标指向。因为教师对每个环节要引导幼儿哪些方面的发展心中有数，所以在过程中更能关注幼儿的表现，给予针对性的指导。教师的指导渗透了方法，渗透了情感，渗透了经验，这些巧妙引导，展现出了幼儿的学习过程与发展过程，体现了教师指导的有效性。

（活动点评：北京教育科学研究院早期教育研究所　何桂香）

案例三：《三只老虎在吵架》（歌唱活动）

◆ **活动来源**

中班幼儿随着经验的不断丰富，逐渐愿意表达自己的观点。日常生活中，经常会看到小朋友因为观点不一致而争吵。《三只老虎在吵架》这首歌曲很有意思，教师猜想孩子们也一定会喜欢，而且可以运用作品去引导幼儿积极的行为，知道吵架不是解决问题的好方法。《纲要》中指出4～5岁幼儿对鲜明而有特点的节奏、音响和舞蹈律动具有浓厚的兴趣，也喜欢聆听和朗读节奏鲜明、有韵律的歌谣。《三只老虎在吵架》就是一首风趣、幽默、诙谐的歌曲。三只老虎吵架时有着不同的旋律和象声词，节奏鲜明，有韵律，能提高幼儿的学习兴趣，也可以引发幼儿感受和表现音乐的特点。因此，教师选择此内容开展集体教学活动。

◆ **活动目标**

（1）理解歌词内容，感受音乐幽默、诙谐的特点。

（2）能够初步连贯地演唱歌曲，基本唱准歌曲中三只老虎说的话。

（3）感受歌曲的诙谐、有趣，知道生活中不吵架。

◆ **活动重点**　理解歌词内容，感受音乐幽默、诙谐的特点。

◆ **活动难点**　基本唱准歌曲中三只老虎说的话，知道生活中不吵架。

◆ **活动准备**

1. 经验准备　有对生活中常用象声词的了解。

2. 物质准备　《三只老虎在吵架》的伴奏、图谱、故事《三只老虎在吵架》。

◆ **活动过程**

（一）开始部分：故事导入，感受歌曲旋律和内容

师幼跟随《三只老虎在吵架》伴奏音乐进入教室，幼儿初步感受歌曲旋律。聆听故事《三只老虎在吵架》，激发幼儿参与活动的兴趣，为幼儿理解歌曲内容做准备。

教师：今天，有三只老虎和小朋友一起做游戏（边出示图片边讲故事）。有三只老虎，老大，老二，老三。他们的妈妈送他们去学外语了，老大说了："我说的是美国话，哈里哈里哈。"老二说："我也学了，我说的是日本话，呜哩呜哩哇。"老三也来了，他说："我也学了，我也学了，我说的话是呜——哇哈哈……"

（二）基本部分：学唱歌曲，理解歌词内容

1. 理解歌词内容，熟悉歌曲旋律

（1）教师第一次范唱，引导幼儿整体感受歌曲旋律和内容。

教师：这个故事藏在了一首好玩的歌曲里。你们来听一听，歌里唱了什么？

幼儿：挨打。

教师：谁挨打了？为什么挨打？

幼儿1：三只老虎挨打。

幼儿2：因为在吵架。

教师：谁知道歌里是怎么说的？

幼儿：三只老虎在吵架，呜哩呜里哇。

（2）教师第二次范唱，分解歌词，引导幼儿掌握难点。

教师：这次，我们来听听这句歌词到底是怎么唱的？还要听听老大、老二、老三都说了什么话？

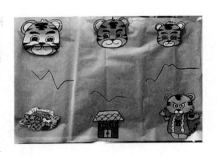

幼儿1：老二说的是日本话，呜哩呜哩哇。

幼儿2：妈妈来了，看谁要挨打，要挨打。

幼儿3：三只老虎在吵架。

教师：你听到的是"三只老虎在吵架，哈里哈里哈，赶快回家告诉妈，哈里哈里哈。"我们一起来说说，三只老虎的话在歌里是怎么唱的？我们再来听一听。

（3）教师第三次范唱，引导幼儿分句掌握歌曲旋律。

教师：三只老虎的话在歌里是怎么唱的？

幼儿1：老二说的是日本话，呜哩呜哩哇。

幼儿2：老大说的是美国话，哈里哈里哈。

幼儿3：老三说"不知道什么话"。

教师：我们一起来说说，他们三个在歌曲里的话。

2. 学唱歌曲，借助图谱完整演唱，分解难点

（1）教师边演唱边出示图谱，幼儿尝试跟随教师完整演唱歌曲。

教师：老师把这首歌藏在了图里，我们一起来唱一唱。

（2）教师一边演唱，一边画象声词部分图谱，引导幼儿通过观察、感知图谱，学习连贯地唱准乐句：呜——哇哈哈。

教师：你们觉得谁的话不好唱？我们想个办法，来解决一下。

幼儿1：老三的话不好唱，我们慢慢唱。

幼儿2：跟着老师唱。

教师：这两种办法，我们都来试试。老师还有一种办法，画画儿。

（3）幼儿跟随图谱，完整演唱歌曲。引导幼儿尝试自主发现学唱歌曲中的困难或问题，教师有针对性地帮助和指导。

教师：这次，你们会唱了吗？老师听听你们的声音。

（4）游戏：老虎变变变，通过观察图片发生的变化，鼓励幼儿反复演唱歌曲。

教师：老虎要来跟咱们玩游戏了。你们演唱的好听歌曲会让三只老虎发生变化。我们一起来唱一遍，看看有什么变化。（唱完老大的脸变长了）那你们猜猜老二会有什么变化？（胡子会变长，鼻子会变长，脸会变长）我们赶紧来唱唱，看谁猜对了？（唱完老二的耳朵变长了）有人猜对了，好棒！那猜猜老三会有什么变化？（猜完演唱歌曲，唱完老三的头发变长了）

（三）结束部分：梳理经验，知道生活中遇到问题不吵架

教师：你们用好听的歌声让老虎们发生了变化，真厉害！小朋友们听一听，这是什么声音？（吵架的声音）你觉得这个声音怎么样？

幼儿：很难听。

幼儿：太吵了。

教师：吵架能解决问题吗？遇到问题或者观点不一样时，小朋友应该怎么做？

幼儿：应该学会商量。

幼儿：小声儿说话。

幼儿：要温柔一点。

幼儿：互相谦让。

教师：小朋友们说得特别对，吵架是不能解决问题的。希望小朋友们不要学习歌曲里的小老虎，要做个懂得谦让、会商量解决问题的小朋友。

◆ **活动延伸**

通过分角色扮演，玩快速反应游戏。

玩法：由教师扮演老虎妈妈，小朋友们自己选择扮演老大、老二、老三的角色，扮演谁就唱谁的词，剩下的部分合唱。当集体唱到"看谁要挨打"停下，虎妈妈唱"挨打，啪"的同时，选择一个角色，假装要打，被选中的小朋友要及时反应，逃到安全地带。逃离成功则胜利，谁被碰到，就要暂停一次游戏。幼儿熟悉游戏玩法后，可以由幼儿扮演虎妈妈。

◆ **活动反思**

《三只老虎在吵架》是一首情境性很强的歌曲。在本次活动中，教师以故事为线索，帮助幼儿理解、记忆歌词。整个过程中，教师尊重幼儿的想法，鼓励和肯定幼儿自主发现问题、解决问题。在重、难点的突破上，教师采取了故事、范唱、图谱等策略来解决。设计的游戏环节，幼儿非常感兴趣，通过老大嘴巴变大了、老二耳朵变长了、老三头发变长了这一系列操作，鼓励幼儿反复演唱歌曲。通过本次活动，幼儿非常喜欢演唱这首歌曲。在延伸活动中，幼儿也是积极讨论游戏规则及角色。

（执教教师：军委机关事务管理总局红星幼儿园五棵松园 蔡泽慧）

◆ **活动点评**

教师能够关注中班幼儿生活中易争吵的现象，选择一首幽默的、诙谐的、有关吵架的歌曲和幼儿分享。活动内容源于幼儿生活。幼儿能将歌曲中学到的经验用于生活，这是教师教学设计与实施最可贵的地方，即将艺术教育与幼儿生活紧密联系，对于促进幼儿全面发展起到了引导作用。

此次活动的亮点还体现在歌唱教学中情境创设和层次性的引导。

活动中，教师通过老虎的故事、老虎吵架的声音、老虎身体部位的变化等多种情境的创设增加了幼儿学习的趣味性。在幼儿学习的过程中，教师设计的每一次范唱都很有针对性，从熟悉歌曲内容到对歌词的理解，再到旋律的掌握及完整演唱，有重点的把握和难点分解的引导，有图谱的提示，也有多次变换方式的唱法。教师在帮助幼儿感知歌词内容及旋律的同时，引导幼儿积极参与活动。

（活动点评：北京教育科学研究院早期教育研究所　何桂香）

案例四：《胖厨师与蔬菜小精灵》（音乐游戏）

◆ 活动来源

幼儿听觉分辨能力的发展是一个逐渐精细的过程。中班幼儿适合欣赏 AB 重复模式且乐段强弱、快慢、音色等差异较大的乐曲。结合幼儿年龄特点，教师找到了奥尔夫音乐《走与跑》，这首音乐快慢差异较为明显。在第一次引导幼儿欣赏时幼儿就能很快地用走和跑等简单的动作突出节奏的快与慢。通过引导幼儿开始想象谁在走和跑，幼儿把 A 段乐曲想象为大象、爷爷等，把 B 段乐曲想象为小老鼠、小狗、小朋友等。

随着幼儿对这首乐曲的喜爱，教师发现这首乐曲不仅适合中班幼儿欣赏，也适合开展音乐游戏活动。因此，结合幼儿平时在娃娃家玩厨师做菜的情景，教师反复倾听音乐，设计了胖厨师和蔬菜精灵两个角色，借助幼儿在户外活动时玩过的彩虹伞道具开展了这次好玩的音乐游戏活动。

◆ 活动目标

（1）能够发现音乐的结构特点，理解音乐内容。

（2）尝试针对不同角色用不同节奏表现胖厨师和蔬菜精灵的动作。

（3）能够遵守游戏规则，体验共同游戏的快乐。

◆ 活动重点　能在理解音乐内容、发现结构特点的基础上按照节奏规律玩游戏。

◆ 活动难点　尝试针对不同角色、用不同节奏表现胖厨师和蔬菜精灵的动作。

◆ 活动准备

1. 经验准备

（1）教师经验准备：反复倾听、熟悉音乐结构，并设计基本游戏情节，提前设计故事情境。

（2）幼儿经验准备：生活中，对厨师这一角色有所了解；游戏中，会模仿做饭这一情节；在环节中，欣赏过乐曲，并进行了初步的音乐感受和动作表现。

2. 物质准备

（1）音乐准备：奥尔夫音乐《走和跑》，快乐启蒙屋《纱巾舞》节选片段；大号沙锤 1 个，串铃 1 个。

（2）道具准备：《胖厨师与蔬菜小精灵》音乐故事；白色厨师帽（班级幼儿数量的 1/2，可以用多种方式制作）；胖厨师和卡通蔬菜图片，一个彩虹伞。

◆ 活动过程

（一）开始部分

1. 导入环节

（5～6 分钟走跑音乐律动，进一步熟悉音乐旋律、节奏和 AB 结构，并为后续音乐游戏做铺垫）

师幼共同听《走和跑》音乐，在 AB 不同乐段跟着乐曲的节奏自由模仿和表现。

教师：这是一首小朋友们听过的音乐。音乐里好像有两个不同的角色，你觉得这段音乐像谁，就可以模仿他走路的样子，和老师一起走进教室，可以和其他小朋友不一样。

幼儿听着音乐，跟着教师，模仿不同的角色走进教室。大部分幼儿在 A 乐段中模仿大象、狮子、猎人、老人等动作，少部分幼儿模仿教师动作半蹲、双手叉腰、左右摇晃地高抬腿走路。B 乐段中，幼儿小脚轮流跟着节奏跳起来，手舞足蹈。

2. 结合幼儿刚才的表现，再次倾听不同的乐段，交流不同乐段的感受

教师：你们分别在 A 乐段和 B 乐段模仿了谁？有什么不同的感觉？

幼儿：我在 A 乐段模仿了大象，我觉得音乐有点慢，摇摇晃晃的；B 乐段很欢快，好像小朋友在跳舞。

3. 再次播放《走和跑》音乐，并加入沙锤和串铃乐器伴奏，突出乐段和节奏变化，引导幼儿安静地倾听、交流与表达

教师：我们再来听一听吧！这次老师带来了大沙锤和小串铃来帮忙，可以帮助小朋友更好地发现音乐中的变化哦！

播放音乐，同时沙锤以四分音符节奏表现 A 乐段，串铃以八分音符节奏表现 B 乐段，但声音要轻于整体音乐，目的是突出节奏的快慢以及音乐重复的结构特点。

教师：这个音乐的节奏是怎样的？你还发现它有什么特点或者规律了吗？

幼儿：我听到 A 乐段节奏比较慢、一下一下的，声音有一点粗；B 乐段很轻、节奏很快，很好听。

幼儿：我发现这首音乐一会儿慢、一会儿快，一直在重复。

（二）基本部分

（15～17 分钟了解游戏音乐规则并掌握游戏玩法进行游戏）

1. 出示图片，讲述故事，引导幼儿初步感知游戏角色和规则

教师：小朋友们都发现了音乐的特点。那我就来讲一个和这个音乐有关的故事，这是一个《胖厨师和蔬菜小精灵》的故事。

故事内容：一群非常厉害的胖厨师听说小班小朋友们不太爱吃青菜，就想做一盘美味佳肴，让小朋友们喜欢吃青菜。可是，蔬菜小精灵们知道小朋友们不爱吃青菜，怕被小朋友们扔到地上浪费了，所以都不愿意进到锅里。就这样，胖厨师和蔬菜小精灵开始斗智斗勇。

教师：这是关于谁的故事？刚才，老师说这个故事和刚才听到的音乐有关系，有什么关系呢？

幼儿：这是胖厨师和蔬菜小精灵的故事。刚才，音乐 A 乐段就是胖厨师。因为他有点胖，所以走路肯定是慢慢的。我看见刚才跳舞的时候模仿的就是胖厨师。B 乐段就是蔬菜小精灵，它们是精灵，所以很可爱，走起路来是一跳一跳的。

幼儿：因为音乐一直是重复的，所以肯定是胖厨师要炒菜，说："快到锅里来！"然后，蔬菜小精灵说："不要，就不要！"胖厨师继续说，蔬菜小精灵就是不同意，他们就这样来来回回的，太好玩了。

2. 表现胖厨师和蔬菜小精灵不同的表情、动作，拓展游戏情节

（1）在一张图片上出示不同的胖厨师形象，引导幼儿用动作表现胖厨师。

教师：小朋友们都发现了这个好玩的音乐和故事的秘密。你们看，这些胖厨师都是什么样子的？他们的表情和动作有什么不一样？你觉得他们走起路来什么样子？表情什么样？他一边走一边在想什么？谁来模仿其中一个胖厨师？

幼儿 1：（边做动作边表达）我的胖厨师是背着手、腿分开，迈着大步，他很得意，他心里想着我做的菜是最好吃的，我是这个世界上最棒的厨师。

幼儿 2：（边做动作边表达）我的胖厨师肚子很大，所以他一边走路一边拍着自己的大肚子，他也很得意，也觉得他做的菜才是最好吃的。

幼儿3：（边做动作边表达）我的胖厨师是愁眉苦脸的，他在想怎样才能让蔬菜小精灵进到锅里来呢？

（2）给幼儿思考的时间后，教师播放音乐，重点观察兴趣不强或能力较弱的幼儿，可以走到他面前，带动幼儿大胆表现。

教师：每个胖厨师都很有本领，他们的动作、表情都是不一样的。他除了走路，还会做些什么事情呢？

幼儿：胖厨师还可以刷锅、撒佐料、炒菜。

教师：想好了，就跟着音乐一起来模仿一下吧！老师用大沙锤帮大家打节奏，大家要跟着节奏做动作！

（3）出示蔬菜小精灵图片，引导幼儿选择一个蔬菜小精灵，结合蔬菜特点进行表现。

教师：这些蔬菜有的细细长长的，用动作可以怎样表现？

幼儿：可以踮起脚尖，再把双手举过头顶。

教师：它们的样子不同，所以动作和表情也是不一样的。说一说，你想选哪个蔬菜小精灵，想怎样表现它。

幼儿：我想选胡萝卜，它下面尖尖的，可以踮着脚，上面有张开的菜叶，可以双手张开。

教师：每个人选一个蔬菜精灵，听着音乐来表现吧！让我猜一猜，你们分别扮演的是哪个蔬菜小精灵。老师用小串铃帮大家伴奏，大家要跟着节奏做动作。

3. 分角色玩游戏，初步尝试和教师一起在故事情节和动作模仿中掌握游戏规则

（1）伴随有韵律的语言提示，分角色了解游戏玩法。

教师：我们要玩一个胖厨师和蔬菜小精灵的游戏。先来分一分，当胖厨师的小朋友到×老师身边来，当蔬菜小精灵的小朋友到×老师那里集合，（这里要求两个角色人数基本相同）并出示彩虹伞，当大锅，放在场地中间。

①听音乐，玩游戏。

游戏准备：胖厨师戴上厨师帽，区分角色。在彩虹伞四周围成圈儿，蔬菜小精灵在场外一侧准备。

A乐段：胖厨师围着彩虹伞，自由表现走路、刷锅、炒菜等动作。在A段音乐最后，幼儿手拉手围成大锅，等待蔬菜小精灵的到来。

B乐段：蔬菜小精灵在锅里锅外跑来跑去，和胖厨师逗趣。在B段音乐最后，胖厨师蹲下，拦住蔬菜小精灵，被围在锅里的蔬菜小精灵就不能逃跑，要坐在锅里。

重复A段和B段音乐4次后，数一数有多少蔬菜小精灵在锅里。

②讨论游戏中的小细节，共同建立游戏规则。

教师：胖厨师什么时候"盖锅盖"？（即拉手蹲下）这时候要注意什么？

幼儿：胖厨师在厨师音乐最后一个音的时候，一起拉手、蹲下。蹲下时，注意安全，不能使劲儿向下拉，容易磕脸。厨师"盖住锅盖"后，蔬菜小精灵就不能再往外跑了。

教师：在第二次蔬菜小精灵进入锅里时，是否可以把刚才没逃出去的蔬菜小精灵救出来？

幼儿1：不能救出去，不然我们的菜会越来越少。

幼儿2：可以救出去，不然被围在锅里的蔬菜小精灵那么长时间就一直在里面坐着，太无聊了。

教师：胖厨师希望我们锅里的菜越来越多，蔬菜小精灵又觉得总是坐着太无聊，应该怎么办呢？你们想一想，互相商量一下吧！让咱们的游戏又好玩，又能让大家都高兴。（讨论后幼儿表达）

幼儿：我们觉得还是把蔬菜小精灵救出来比较好。第四遍音乐的时候，我们蔬菜小精灵可以都进到大锅里，这样，既好玩，胖厨师也会高兴的。

（2）完整玩游戏，在游戏中巩固游戏规则。

①共同听《走和跑》音乐玩游戏，巩固游戏规则。

教师：大家想的办法真好！小朋友们一起确定了几个游戏规则：第一，在B段结尾处胖厨师要一起蹲下"盖锅盖"，注意安全；第二，蔬菜小精灵可以被救走，但是到第四遍音乐的时候，蔬菜小精灵要乖乖地进到锅里来（第四遍音乐，教师可以提醒幼儿）。我们一起再来玩一玩吧！最后，我们还要满足胖厨师的心愿，做出美味佳肴呢！

②播放快乐启蒙屋《纱巾舞》音乐节选片段，幼儿感受和同伴一起玩角色扮演互动游戏的快乐。

教师：蔬菜小精灵都进到锅里后，胖厨师们终于可以炒菜啦！（教师播放"纱巾舞"音乐片段，边说边带领幼儿游戏）胖厨师轻轻晃动着彩虹伞，蔬菜小精灵在锅里翻来翻去，随着彩虹伞摇动自己的身体，在炒菜的过程中感受和同伴一起扮演角色游戏的快乐。

幼儿1：菜炒好啦！我们都变成美味佳肴啦！好香啊！

幼儿2：胖厨师真棒！这么新鲜的蔬菜，小朋友们一定爱吃。

（三）结束环节

（3～5分钟总结音乐游戏规则和音乐特点，并为幼儿自编游戏玩法做铺垫）

教师：你们知道最后炒菜的音乐名字叫什么吗？我们一起来听一听。

幼儿1：我听到这个音乐很欢快，像跳舞。

幼儿2：这个想跳舞的音乐特别欢快，就好像胖厨师终于可以炒菜了，特别高兴！而且我们蔬菜小精灵在里面滚来滚去的，也很欢快、很有趣。

教师：你说得真好！今天，我们没有更换角色。小朋友喜欢这个游戏的话可以到表演区和小朋友换角色玩。如果你有更好的玩法，可以告诉教师和小朋友。下次活动的时候，你来带着大家玩游戏。

◆ 活动反思

（1）活动目标突出了幼儿对角色的了解和有节奏的模仿；突出了幼儿对音乐结构的进一步了解，促进游戏规则的发现和掌握；突出了中班幼儿通过角色扮演与互动游戏感受音乐活动的乐趣。

（2）活动过程中，通过胖厨师和蔬菜小精灵两个角色鲜明且有趣的形象贯穿，帮助幼儿进一步了解了音乐结构特点，也激发了幼儿音乐游戏的兴趣。

（3）活动过程中，通过音乐贯穿、教师语言提示、参与游戏和重点讨论等形式帮助幼儿进一步熟悉音乐游戏规则，同时还发挥了幼儿的主动性，共同参与、制订游戏规则，让游戏变得更有趣，体现了互动性。

（4）幼儿在音乐游戏中通过两个角色的扮演充分互动，且意犹未尽。教师鼓励幼儿交换角色和创编更多的游戏玩法，使幼儿感受到了音乐活动的快乐。

活动中，幼儿积极参与、表达和互动，情绪愉悦，体现了活动的游戏性价值。教师运用了情景贯穿、语言提问和讨论等策略解决了本次音乐游戏活动中的重、难点，较好地完成了活动目标。

（执教教师：意馨艺术幼儿园　李芳芳）

（活动指导：北京教育学院丰台分院　范　靖）

附：胖厨师图片

◆ **活动点评**

整个活动突出了选材的情境性、教师指导的层次性和幼儿活动的自主性。

1. 活动选材特点突出，利于表现

活动中，音乐的选择符合中班幼儿年龄特点，节奏明快、快慢的对比突出，有利于幼儿理解和掌握。同时，音乐的快慢变化与胖厨师、蔬菜小精灵角色巧妙地结合，更增加了幼儿表现音乐的兴趣，因为幼儿既有生活经验，又有表现音乐的动作设计基础。音乐游戏能够与幼儿户外游戏内容相结合，为幼儿理解和熟悉音乐游戏规则提供了有利的保障。

2. 教师过程指导突出层次性

教师能够有意识地利用过渡环节带领幼儿提前欣赏和初步表现乐曲，有效促进幼儿对音乐内容的熟悉和理解，促进音乐游戏活动顺利开展。活动中，将音乐赋予具体情境，利用故事、图谱、动作等多种方式帮助幼儿理解音乐。从理解音乐、表现音乐再过渡到利用音乐进行游戏，体现了渐进的引导过程。

3. 游戏规则和玩法突出幼儿自主性

教师选择了比较鲜明的角色形象以及故事情境的创设，促进了幼儿在分角色模仿后了解音乐游戏规则。在游戏规则制订中，教师不是直接提出要求，而是尊重幼儿的想法，鼓励幼儿在游戏过程中发现问题，自己调整游戏规则，使游戏更好玩，体现了幼儿的自主性。

（活动点评：北京教育学院丰台分院 范 靖）

三、大班活动案例

案例一：《捏面人》（歌唱活动）

◆ **活动来源**

大班幼儿喜欢听不同风格的音乐和歌谣，会唱一些优美舒缓的、活泼欢快的歌曲。唱歌时节奏、音准基本准确，也基本能够表现出歌曲不同的情绪情感。在一日生活中，尽量多让幼儿接触适宜的、多种形式的音乐作品，丰富他们对音乐的感受和体验，尊重他们的兴趣。近期班级幼儿有欣赏过黄梅戏和京剧，听过京歌《说唱脸谱》，对京歌产生了浓厚的兴趣，孩子们也有过即兴给熟悉歌曲编词的经验。

《捏面人》是首原创歌曲，歌曲分为旋律、语词节奏两个部分。曲调中渗透了京剧韵味儿，歌词融合了幼儿喜爱的《西游记》故事人物形象，容易引起幼儿的共鸣。本次活动根据大班幼儿的年龄特点，通过游戏化的设计、生动的动作及提问等策略，体现音乐领域的核心价值，让幼儿在欣赏和感受京歌的韵味中学唱、创编歌曲，同时引发对中国传统文化的喜爱。

◆ **活动目标**

（1）感受京歌的韵味与曲调，学唱歌曲《捏面人》。

（2）能合作仿编歌曲语词节奏，体验不同歌唱形式的乐趣。

◆ **活动重点**　学唱歌曲，通过动作、歌声等表现出歌曲的京剧韵味儿。

◆ **活动难点**　尝试表现歌曲中带有京剧韵味儿的乐句。

◆ **活动准备**

1. 经验准备　幼儿看过面人；对《西游记》中的人物有所了解。

2. 物质准备　音乐《女驸马》《山谷回音真好听》《好朋友，行个礼》，歌曲相应歌词图片，捏面人 PPT 课件。

◆ **活动过程**

（一）开始部分

（1）律动入场：随音乐《女驸马》与教师、同伴合拍做相应戏曲动作。

（2）邀请式发声练习《山谷回音真好听》，在游戏化的过程中，为歌唱活动做准备，给予幼儿表现、展示、合作的机会。

①鼓励幼儿用自然、优美的声音与教师对唱。

②鼓励幼儿邀请好朋友一起玩回音游戏。

（二）基本部分

1. 观看捏面人 PPT 课件中的图片，引出歌曲

（1）谈话引入主题，鼓励幼儿分享自己的经验。

教师：北京有很多的手工艺人，其中捏面人的就是。你们见过面人吗？见过什么样的面人？

幼儿：我和妈妈在逛商场的时候，看到有人捏孙悟空的面人。

（2）运用多媒体课件支持策略，帮助幼儿直观地感受面人形象，引出歌曲。

教师：今天，捏面人的老爷爷带来了很多面人，我们一起来看一看！

幼儿：哇！有一个唱京剧的人！还有小猫钓鱼！

2. 熟悉歌曲旋律与歌曲语词节奏

（1）教师范唱歌曲，用身体动作表现歌词与语词内容。

①教师：这位老爷爷的手特别巧，他给我们大三班的小朋友们专门带来了一组面人。请你们仔细看，猜猜是哪些面人？听，老爷爷来了！

②教师范唱时结合肢体动作表演。伴奏只弹前奏、节奏部分及结束句，速度较慢，便于幼儿倾听、感受歌曲的风格，根据动作猜测面人。

（2）幼儿运用已有经验，根据教师的身体动作猜出语词节奏部分。

①通过提问和追问，结合肢体动作，帮助幼儿梳理、记忆语词节奏。

教师：老爷爷都捏了什么面人？你从哪个动作看出来的？你能试试吗？

幼儿：孙悟空！孙悟空用火眼金睛在打妖怪！

②在教师动作的引领下，幼儿边说相应的语词节奏边做动作。钢琴弹奏相应音乐节奏，帮助幼儿稳定速度和节奏。

教师：咱们一起说说看！

（3）根据幼儿回答，教师注意出示图片，帮助幼儿了解语词节奏顺序。

教师：是真的吗？我们来问问老爷爷吧！

教师：还有谁？你从哪个动作看出来的？一起说说看！

幼儿：沙僧！他不是这样挑着箩吗？

幼儿：还有白龙马！

教师：谁骑白龙马？

幼儿：唐僧骑白龙马！我们问问老爷爷呗！

教师：发现了吗？是什么里面的主角？还有谁没来？

幼儿：《西游记》，猪八戒！

教师：猪八戒在干嘛？一起说说看！

幼儿：捏一个猪八戒啃西瓜。

（4）鼓励幼儿做动作，随音乐按节奏唱念歌曲部分内容。

①教师引导幼儿根据图片，边做动作边完整地说出语词节奏，尝试结合幼儿生活经验仿编词语节奏。

教师：我们完整地说一次，老师接唱最后一句，试试看！

②通过递进增加难度的挑战方式，激发幼儿自己完整说出语词节奏。

A. 教师：这一次，我不说，我只做动作，你们自己边说边做吧！

B. 教师：这一次，我也不做动作了，你们敢不敢试一试？

3. 学唱歌曲

（1）师幼相互扮演老爷爷和面人进行演唱。

在理解、记忆歌曲语词节奏的基础上，教师用提问的方式鼓励幼儿角色扮演并学唱歌曲。

教师：你们刚才说得很有节奏、很整齐！真了不起！现在，我负责表演老爷爷，你们负责表演面人，有没有问题？

（2）逐步退出动作引导和图片提示的形式，帮助幼儿记忆歌词。

①教师退出面人动作引导，鼓励幼儿说出语词节奏部分，教师演唱旋律部分。

教师：刚才，我都没怎么做动作，你们把面人说得很清楚，做得也很像！我要出一个难题：这次，我一点儿动作都不提示，你们能把面人表演出来吗？试一试！

②鼓励幼儿和教师一起完整演唱。钢琴伴奏速度放慢。教师根据幼儿掌握歌曲的程度，适时只用动作提示，让幼儿自主演唱。语词节奏部分，教师不做提示。最后一个乐句，教师边做动作边轻声引导。

教师：没难倒你们吧？要不，你们和我一起表演老爷爷？

③鼓励幼儿交换角色演唱，教师跟随做动作，旋律部分只在难点乐句进行提示。

教师：这次，你们来扮演老爷爷，我来说面人。

④当幼儿对歌曲逐渐熟悉后，教师不再用动作和图片提示，而是适当调整演唱速度，通过挑战的方式鼓励幼儿逐步自主演唱。

教师：你们唱得这么好，我藏起来几个面人，你们敢试试吗？

鼓励幼儿与同伴分享、交流，尝试创编语词节奏。

教师：刚才，老爷爷带来的是《西游记》里面的面人。要不，咱们来编一个自己班的面人？如果你来捏面人的话，你想捏什么？

幼儿1：我想捏一个仙女在跳舞！

幼儿2：我想捏一座公主城堡！

幼儿3：我想捏爸爸开汽车！

鼓励幼儿与同伴围绕主题进行讨论、交流，试着将想法在钢琴伴奏下有节奏地说出来。

教师：我特别想知道你们在幼儿园、在班里最喜欢的事情，你能把它编进咱们的面人歌里吗？现在，你可以和旁边的小朋友说一说，试一试！

请小组成员有节奏地将想法说出来，请个别幼儿进行简单绘画，为完整演唱起到图片提示的作用。

教师：都想好了吗？请小朋友来说说！

幼儿：捏一个小朋友在画画。

教师：我们把它画下来，这样就不会忘记了！简单地画下来。第二句谁来说？

幼儿：捏几个小朋友在捞鱼。

教师：谁来画？第三句呢？

幼儿：捏一个小朋友在弹琴。

教师：我们班的小朋友还能弹琴，好厉害啊！谁来画？第四句谁来？

幼儿：捏一个罗老师在弹琴。

教师：哇！你们说得我心里甜蜜蜜的，我好开心啊！可是，和前面一句有点重复了，能不能换一个？

幼儿：行！我来！捏一个罗老师在跳舞！

教师：谢谢你，请你画下来！你们真厉害，四句都编完了。还把我也编进去了，我好荣幸啊，我觉得晚上做梦都会笑出声的！

在图片的提示下，幼儿演唱创编的歌曲。

教师：我们唱捏面人的老爷爷不合适吧，我们怎么唱呢？

幼儿：捏面人的大三班本领大……

（三）结束部分

1. 引导幼儿初步了解京韵歌曲的特点

（1）鼓励幼儿说一说对这首歌曲的感受。

教师：今天，我们不仅学了老爷爷带来的《捏面人》歌曲，还编了一首我们大三班自己的《捏面人》歌曲，真了不起！你们觉得这首歌和我们平时唱的有什么不一样吗？

幼儿：我觉得也是一种戏！这首歌像京剧一样，咿咿呀呀地拉长音！

（2）教师初步介绍京歌的特点：京歌是加上了京剧腔调或元素的歌曲。

2. 结束游戏《好朋友，行个礼》

◆ **活动反思**

此次活动源于班级幼儿喜欢捏面人，近期欣赏过黄梅戏和京歌，对京剧的唱腔、动作、服饰、妆容等产生了浓厚的兴趣，也源于他们对《西游记》的喜爱。教师希望从艺术的角度出发，引导幼儿传承中国优秀的传统文化，激发幼儿去感受、欣赏它的美，激发他们用自己的方式去表现和创造美。

整个活动，教师运用了多媒体技术帮助幼儿更加直观地感受面人形象，引出歌曲。在范唱演示时，将歌词与肢体动作相结合，通过预设提问、设定人物形象和动作，有节奏地进行表演，引发幼儿对捏面人形象的猜想。通过提问和追问，结合肢体动作、图片提示、扮演角色等策略，帮助幼儿梳理、记忆歌词、合作创编等。希望在游戏化的歌唱活动中，以幼儿为主体，让他们通过看、听、想、唱、动、画、玩的过程欣赏、感受歌曲，学唱、表现、创编歌曲，体验歌唱和迎接挑战的快乐。

（执教教师：中国科学院第五幼儿园 罗 莉）

◆ 活动点评

此活动富有中国传统文化特色，从入场音乐到学唱的歌曲，都很吸引幼儿。整个活动，教师创设机会和条件，让幼儿敢于并乐于表达与表现，尊重了幼儿的年龄特点和自主的表现与创造。

1. 音乐选择巧妙

（1）体现在经典。

入场是经典的黄梅戏音乐，欢快、鲜明，设计的动作简单，却能表现出典型的特征。复习歌曲环节中，幼儿的表现也反映出他们对戏曲的兴趣和对戏曲表演的喜爱。

（2）体现在有趣。

将常规的发声练习变为邀请式发声练习，既达到了活动的目的，幼儿与同伴、教师之间歌声强弱、歌词变化等及时回应，又饶有趣味。既让幼儿与他人相互配合，也提供了幼儿独立表现的机会。

在中国，一代代的孩子听着《西游记》的故事慢慢长大，孙悟空、猪八戒……这些角色，孩子们都很喜欢，甚至为之着迷。《捏面人》这首京歌，教师将听觉艺术视觉化，让幼儿的学唱变得生动、有趣。从活动中孩子们的表现来看，他们非常喜欢这首歌。当教师将"面人"的话题抛给幼儿时，马上引起了幼儿的共鸣。当教师范唱时，孩子们就被歌曲深深地吸引了。

（3）体现在适合。

音乐运用的巧妙还体现在钢琴上，一开始只弹奏前奏、节奏及结束句，幼儿说歌词的部分，节奏一直跟随着，琴声出现的时机、速度的快慢、声音强弱等都非常适合幼儿倾听、学习和表现。

2. 幼儿在游戏化的过程中快乐地表达与表现

整个过程，教师结合大班幼儿喜欢接受挑战的心理和合作化学习的特点，运用了提问、多媒体支持、范唱、图片提示、激励评价等策略，达到了教学目的。反复使用了两个教学策略"提问"和"后退"。通过有效提问激发幼儿主动学习；教师逐步后退，幼儿当先。幼儿发现自己可以逐步摆脱教师的动作、图谱等"支持性"条件，在游戏化的歌唱活动中逐渐获得新经验，获得自信和快乐。

3. 关注到了艺术活动的审美价值

教师在整个活动中，关注到了艺术活动的审美价值，有意识地引导幼儿感受美、表现美和创造美。活动以音乐为载体，将风格、节奏、旋律、速度、强弱等音乐元素无痕迹地整合在一起。教师自身的歌声美、动作美、语言美，无形中也感染了幼儿，使幼儿自然而然地接受并喜欢中国传统文化，也让他们的综合音乐能力在唱唱、演演、玩玩中，非常自然地得到了发展，体现了"以幼儿发展为本"的理念，有效地支持了幼儿在活动中的主动学习，实现了艺术活动的价值。

教师对音乐分析透彻，对大班幼儿年龄特点和音乐学习特点分析到位，幼儿将教师编进歌曲中，更体现了和谐的师幼互动，整个活动流畅、自然、舒服。

（活动点评：北京市朝阳区教育研究中心学前教研室　黄　培）

附图片：

案例二：我是小小音响师（节奏游戏）

◆ **活动来源**

在一次家长进课堂的活动中，肖肖爸爸带来了配音表演《小猴踢球》。这个表演不仅以其风趣、幽默的形式吸引了全体小朋友，而且肖肖爸爸对配音工作的介绍更激发了孩子们对"幕后英雄"的崇高敬意，孩子们觉得配音是一件特别神奇而有趣的事。在之后的一段时间里，我们班里经常看到小朋友们在玩配音的小游戏。看着孩子们的表现，我意识到这是一个非常好的契机，可以利用给故事配音的活动引发幼儿个性化的艺术表达和表现。幼儿在参与配音游戏的过程中，也可以调动已有经验表现或表达自己的想法，也可以尝试运用适宜的象声词和选择不同的材料制造声音，表现出不同的角色和情节，甚至可以不断地丰富故事情节和内容，更可以在过程中感受艺术创造的乐趣。这个活动能将语言故事与音乐节奏自然地结合在一起，还能生成很多后续的活动，不仅能促进幼儿的语言表达能力，也能培养幼儿的节奏感。本次活动就是利用幼儿喜欢的表演形式进行节奏创作的一次尝试。

◆ **活动目标**

（1）探索使用象声词及自然材料为故事配音，体验节奏的变化与不同。

（2）尝试运用多种方式表达自己的想法，感受节奏创作的美。

（3）喜欢参与合作游戏，感受与同伴共同做事的乐趣。

◆ **活动重点** 探索使用象声词及自然材料为故事配音，体验节奏的不同与变化。

◆ **活动难点** 尝试运用多种方式表达自己的想法，感受节奏创作的美。

◆ **活动准备**

1. 经验准备 看过配音故事表演；在活动区游戏有过为故事配音的经验。

2. 物质准备 笔、便签卡、白板；与故事角色、情节相关的图片线索卡及节奏卡；录音设备；音条乐器、易拉罐、纸筒、豆子、塑料包装纸、贝壳、垫板、大盆、铁罐、洗衣板、玻璃瓶等自然材料。

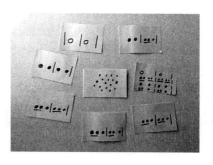

◆ **活动过程**

（一）开始部分：自然导入，引发幼儿倾听、记录故事的兴趣

1. 听音乐进入游戏场地，围圈儿坐好

教师：今天，我们一起听一个小故事。小朋友们不仅要仔细听，还要用笔在便签卡上记录下你听到了什么？故事里都有谁？

2. 幼儿传递记录用的便签卡和笔

3. 听故事《大象和小老鼠》，用创意符号记录故事中的角色

教师生动地讲述故事《大象和小老鼠》，幼儿在便签卡上记录。

提示：每张便签卡上记录一个角色。

4. 共同回顾故事中的角色以及事件

教师：你从故事中听到了什么？故事里都有谁？便签卡上记录了什么？

幼儿1：我画了2张卡，大象、小老鼠。

幼儿2：我画了1张卡，小鸟。

幼儿3：我画了3张卡，小老鼠、戴铃铛的小狗、大象。

教师：故事里除了有小动物的角色，还有什么声音？可以再想一想、画一画。

幼儿1：河水。

幼儿2：刮大风。

幼儿3：下雨。

教师随机将幼儿绘画的、具有代表性的不同形象符号贴在白板上，如：大象、小老鼠、小鸟、戴铃铛的小狗角色形象卡；下雨、刮风、河水的事件情节卡……

（二）基本部分

1. 探索用声音表现故事情节为故事配音，体验节奏的不同与变化

教师：我们用笔记录下故事中的角色和事件，每个小朋友都在认真地听、仔细地记。现在，我们一起玩一个配音游戏，每个人都来当一名小小音响师，为故事配音。

启发幼儿给白板上的标签分类，确定哪些是可以发出声音、可以配音的。

（1）结合白板上分类的象形符号，创造故事里的声音，教师用象形符号记录。

教师：你想为谁配音？它会发出什么样的声音？

幼儿：我想为大象走路配上"咚咚"的声音，咚—|咚—|。

教师在白板的便签卡旁记录象形符号：♩♩|。

幼儿：我想为小老鼠配音，小老鼠走路时，笛多 笛多|笛多 笛多|。

教师在白板的便签卡旁记录象形符号：♫♫|♫♫|。

幼儿：小狗的铃铛声是：丁零丁零|丁零丁零|。

教师在白板的便签卡旁记录象形符号：♩♩|♩♩|。

教师：下雨的声音是怎样的？大雨和小雨的声音有什么不同？

幼儿：小雨，沙沙沙|沙沙沙|；大雨，哗—|哗—|。

教师在白板的便签卡旁记录象形符号：小雨♫♩|♫♩|大雨♩♩|♩♩|。

幼儿：风的声音，呜—|呜—|。

教师在白板的便签卡旁记录象形符号：♩|♩|。

幼儿互相分享故事中有趣的声音。

（2）师幼合作，为故事配音，体验故事配音后的美妙。

教师讲述故事，幼儿边听边配音（注：配课教师协助录音）。

听一听配音的录音效果。

教师：想一想，还可以为故事中的哪段情节配音，让故事更精彩？

幼儿：河水歌唱的声音，哗啦啦|哗啦啦|。

教师在白板的便签卡旁记录象形符号：♫♩|♫♩|。

幼儿：小老鼠掉进河里，"扑通——"

教师在白板的便签卡旁记录象形符号：♩♩|。

幼儿：我觉得还可以加上打雷的声音，因为下大雨肯定会有打雷的声音，很可怕！轰隆隆

|轰隆隆|。

教师在白板的便签卡旁记录象形符号：♫ ♩|♫ ♩|。

（3）教师进一步启发幼儿尝试、探索运用不同的象声词进行模仿，大胆创编。

教师：小朋友们创编的声音太好听了，你还能用其他的声音表现故事吗？比如小老鼠走路，笛多 笛多|笛多 笛多|，还可以有什么声音？

幼儿：小老鼠走路还可以，吱吱 吱吱|吱吱 吱吱|。

幼儿：河水唱歌还可以，哗 哗|哗 哗|。

幼儿：小狗的铃铛还可以，丁零 零零|丁零 零零|。

幼儿：闪电还可以，咔 嚓|。

幼儿：小鸟还可以，叽叽 喳喳|。

幼儿：刮大风还可以，呼—|呼—|。

2. 探索用自然物制造声音为故事配音，探究制造不同的声音，进一步体验节奏的不同与变化

（1）出示丰富的自然物。

（2）确定想为谁配音，在白板相应的位置写上自己的名字。

（3）教师：请小朋友们找一找、试一试，哪些东西可以发出故事里需要的声音？

幼儿：小贝壳可以敲出小老鼠走路的声音。

（4）找一找、试一试，哪种材料能发出大象的声音。

幼儿：这个大盆可以敲出大象走路的声音。

幼儿：我用两个露露罐，也可以敲出大象走路的声音。

教师：大盆和露露罐哪个制造的声音更接近大象走路重重的、慢慢的声音呢？

幼儿：大盆发出的声音更像大象的脚步声。

（5）除了敲、拍，还可以怎样制造出需要的声音。

鼓励幼儿尝试用多种方法制造声音。

幼儿：我轻轻抖塑料袋，很像小老鼠害怕的样子。

幼儿：我把豆子装进瓶子，晃一晃，就像下雨的声音啦！轻轻晃是小雨的声音，使劲儿晃动就是大雨的声音。

幼儿：我使劲儿地抖塑料袋，就像刮大风的声音。

幼儿：我用音条乐器可以制造小河唱歌的声音。

幼儿：我觉得抖垫板的声音也像打雷的声音。

幼儿：我用笔划洗衣板的声音，就像小老鼠用牙咬网子的声音。

教师：小鸟和小狗救大象的声音怎么配？谁能想出更棒的方法？我们一起试一试。

幼儿尝试用材料发出声音，听听是否合适。

3. 幼儿自愿结伴，为故事配音

（1）幼儿自愿结伴，组成三人配音小组，为故事配音。

支持幼儿探索运用不同自然物表现同一种声音，鼓励幼儿积极参与同伴互动。

（2）幼儿相互欣赏创编的配音故事《大象和小老鼠》，体验成功与合作的快乐。

教师：在一组和二组表演的过程中，小朋友们发现了什么？你觉得哪个声音好听？

幼儿：我发现他们表现雷电用的材料和节奏不一样，一组用了垫板，二组用了两个矿泉水瓶，我觉得垫板发出的声音好听。

幼儿：一组的节奏是轰隆|隆隆|，二组的节奏是轰—|轰—|。

教师：你还发现他们表演中有哪些不同吗？

幼儿：一组揉搓塑料袋为小河流水配音，二组轻轻晃装豆子的瓶子为小河流水配音。

幼儿：节奏也不一样，一组的是连在一起的声音，哗啦 啦啦｜哗啦 啦啦｜，二组的是沙沙空｜沙沙空｜，都很好听。

教师：我们用不同的材料、不同的节奏都可以很好地创造、表现故事中的角色和情节。

（三）结束部分

（1）鼓励幼儿分享自己在游戏时的感受。

教师：你喜欢玩故事配音游戏吗？你还有什么想法和建议？

（2）教师：我们把这些材料放到活动区。区域游戏的时候，大家可以继续和小伙伴一起探索更好听、更好玩的配音方法，还可以把配音故事录下来，和大家分享。

（3）教师简单评价，活动自然、愉快地结束。

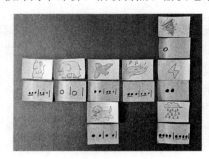
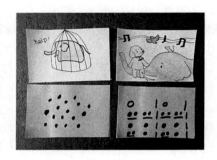

附故事：

大象和小老鼠

在大森林里，有一条美丽的小河，河水唱着好听的歌。一天，小老鼠来到河边喝水，一不小心掉进了水里。它大声地呼喊："救命！救命！"一只小鸟看见了，也大声地呼喊，一只戴着铃铛的小狗跑来了，也大声地呼喊……一只大象慢吞吞地走来，救起了小老鼠。小老鼠很感谢大象，它对大象说："以后，我也要帮助你！"可是，大象却说："你的个子那么小，我可不需要你的帮助！"说完，就慢吞吞地走了。

大象走到了森林里，不小心掉进了一个大大的网里，它大声呼喊："救命！救命！"可是，周围没有人。天渐渐黑了，刮起了风，下起了雨。风越刮越大，雨越下越大。大象伤心地哭了……这时，小老鼠跑来了，小鸟飞来了，戴着铃铛的小狗也来了，它们都来救大象。小老鼠用牙咬，小鸟用嘴啄，小狗用脚踢，网破了一个大洞洞……大象得救了！天亮了，风停了，雨停了。四个小伙伴在一起唱歌、跳舞、做游戏，可开心了！

◆ **活动延伸**

（1）配音游戏具有很强的延展性，可以根据幼儿在活动中的表现灵活地增加可以配音的故事情节。

（2）活动还可以与表演活动相结合，幼儿自愿分为表演组与配音组，合作游戏。

◆ **活动反思**

本次活动自始至终幼儿都表现出极大的兴趣，主要是选材内容有利于幼儿表现。在活动过程中，我注重与幼儿的有效互动，运用多种方法鼓励幼儿表达自己的想法。如：及时激励法，如"你太棒啦！你想的，我都没想到！""谁能用不一样的材料、不一样的节奏制造出更像的声音？"

对比法，如"这两种方法，你们都可以试一试，看看哪个更像？"总结汇总法，如"河水歌唱的声音，下小雨的声音和打雷的声音，它们的声音不一样，它们的节奏一样吗？"……"它们的节奏是一样的 𝄞 ♩ | 𝄞 ♩ 。"帮助幼儿树立自信心，提升有关节奏的新经验。通过几种方法的组合，达到了预期的目标。

◆ **活动点评**

本次活动从幼儿的状态来看，幼儿对活动非常感兴趣，表现出积极性、主动性和创造性。分析原因有以下几个方面。

1. 选材生动、有趣又利于表现

教师由短小的故事切入，里面的动物形象、可以表现的声音都是幼儿感兴趣的事。幼儿可以结合自己的经验，发现藏在故事里的声音，用符号记录、用词汇表达、用材料表现、用合作表演等方式开展配音探究活动。因为选材适宜，为幼儿多元化的表达与表现提供了依据。

2. 有效引导又留有空间

活动中，教师能够借助师幼互动的方式，帮助幼儿发现声音表达和表现的多样性。有效的引导表现在问题设计和梳理经验方面，同样的声音可以用什么不同的词汇、不同的节奏、不同的材料去表现等问题，对于引导幼儿的行为起到了很好的作用，为幼儿个性化的表达和表现提供了条件。

3. 材料多样又富于变化

活动中的配音材料是生活中常见的物品，虽然简单，但创意无限。材料的不同音质和音色既可以满足幼儿敲敲打打的愿望，又可以激发他们探究、创造的乐趣，更让幼儿充分感受声音节奏的美妙。

4. 细节巧妙又利于拓展

对于活动中的很多细节，教师都进行了细致的思考：包括用符号记录声音的节奏、用录音记录幼儿的表演、用材料对比声音的大小、用分组提供合作表现的机会等，这些细节的巧妙设计都为完成目标起到了引导作用，同时又将活动可以拓展的方向和方法提供给幼儿，方便幼儿个性化的选择和利用，为活动的后续跟进留有极大的拓展空间。

（活动点评：北京教育科学研究院早期教育研究所 何桂香）

案例三：趣味跳舞毯（节奏游戏）

◆ **活动来源**

幼儿在生活中玩过跳舞毯（如图所示）的游戏，他们喜欢在跳舞毯上伴随音乐跳舞。孩子们也想在班里设计一张这样漂亮的跳舞毯，把它放在表演区里，这样，大家就可以边唱歌边跳舞了。

此次活动不仅来源于幼儿的兴趣和需求，而且也是依据大班幼儿年龄特点和发展目标所设计。大班幼儿对周围的事物充满好奇和探索欲，乐于动手、动脑探究问题，他们的动作协调性和合作能力有所增强。因此，教师利用跳舞毯开展了系列活动。此次活动是引导幼儿创编节奏卡进行游戏。

◆ **活动目标**

（1）理解跳舞毯游戏的规则，能够用动作表现音乐节奏。

（2）愿意尝试创编节奏型和改变动作方向表现音乐。

（3）体验合作创编、共同在跳舞毯上游戏的快乐。

◆ **活动重点**　理解跳舞毯游戏的规则，能够用动作表现音乐节奏。

◆ **活动难点**　愿意尝试创编节奏型和改变动作方向表现音乐。

◆ **活动准备**

1. 经验准备

（1）幼儿会唱《小星星》歌曲，了解歌曲的 6 句结构。

（2）幼儿具有用"一个字动一下"和"两个字动一下"给《小星星》歌曲打节奏的经验，知道两种节奏的速度不同。

2. 物质准备

（1）幼儿用的物品：跳舞毯（人手一张）、节奏卡（人手一张）、水彩笔（人手一支）、摸箱、特制的只有数字"4"和"8"的骰子。

（2）教师用的物品：跳舞毯图一张、左上、左下、右上、右下箭头 4 个，节奏图示（一拍一动和两拍一动），投影仪，黑板，轻音乐，《小星星》歌曲。

◆ **活动过程**

（一）开始部分：谈话引入活动，激发幼儿参与活动的兴趣

教师：今天，老师要在咱们班开一个舞会。这个舞会很好玩，很有挑战性，和我们平时看到的舞会有点儿不一样。请小朋友猜一猜，会是什么样的舞会呢？

幼儿：我猜是化装舞会吗？

教师：不是。

幼儿：是不是小朋友表演节目？

教师：不是。

幼儿：是不是生日 Party？

教师：不是。

教师：小朋友们猜得都不是。我给小朋友们准备了一个能跳舞的东西，我们能踩着它来跳舞呢！猜猜是什么？

幼儿（集体）：跳舞毯！

（二）基本部分

1. 观察游戏材料：跳舞毯

教师：今天的舞会是请小朋友们来编节奏的，再合着音乐把它跳出来，很好玩。可是，有点难度。

幼儿：老师，怎么玩儿啊？

教师出示跳舞毯范图，引导幼儿观察跳舞毯里的秘密。

教师：我们先来看看怎么玩。这个跳舞毯上都有什么呢？

幼儿 1：脚印。

幼儿 2：箭头。

幼儿 3：上箭头、下箭头、左箭头、右箭头。

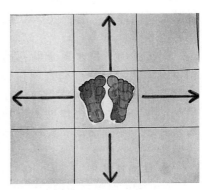

教师：它们代表什么意思呢？

幼儿 2：上、下、左、右。

教师：上、下、左、右，这些是方向。脚印是站在中间来跳舞的意思。

教师：我们有了跳舞毯，还需要什么就可以来跳舞了？

幼儿1：音乐。

幼儿2：漂亮的服装。

幼儿3：麦克风。

教师：你们说得都很对！我们需要跟着音乐，才能一起来跳舞！

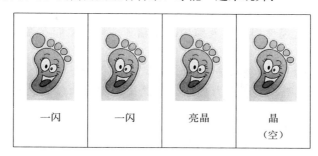

2. 了解游戏玩法，感知音乐的节奏型

教师选择一首幼儿最熟悉的歌曲《小星星》，边唱边打节奏。

出示"两个字动一下"的图示卡片，引导幼儿边唱边打节奏。

教师：我们有了节奏、跳舞毯和音乐，就可以来跳舞了！但我们可不是随便跳的，要编上漂亮的动作才可以呢！那些动作记在哪里呢？

3. 出示节奏卡，教师与幼儿讨论创编节奏卡

教师：节奏卡上有什么呢？

幼儿1：姓名。

幼儿2："节奏卡"三个字和数字。

幼儿3：格子。

教师：这些格子是干什么用的呢？

幼儿3：写方向的。

教师：这些方向就是咱们跳的动作，把动作记在上面。

再次引导幼儿观察图示卡，观察小脚一共动了4下，所以一句要编4个动作。

教师：这首《小星星》的歌曲一共有几句歌词？

幼儿：6句。

教师：为什么节奏卡上的数字1、3、5在一个格子里，数字2、4、6在一个格子里呢？

幼儿：1句、3句和5句用一样的动作，2句、4句和6句用一样的动作。

节奏卡　　姓名：	
1、3、5	
2、4、6	

4. 引导幼儿用"两个字动一下"的节奏创编动作，幼儿尝试表演

教师引导幼儿发现问题、解决问题。

教师：我们用上、下、左、右这4个方向给《小星星》这首歌创编跳舞毯上漂亮的动作，好吗？

教师：一句要编几个动作呀？

幼儿：4个动作。

引导幼儿发现问题，共同解决。编完动作之后，一定要再检查一遍。

教师为幼儿播放音乐，幼儿尝试随音乐做自己创编的动作。

5. 引导幼儿增加游戏难度

（1）教师启发幼儿，增加游戏难度。

教师：孩子们，我发现你们每个人编的动作都不一样。你们在做动作的时候，有什么窍门吗？

幼儿：我要看我画的图，还要听音乐。

教师：眼睛看，耳朵听，要注意力集中。这样玩跳舞毯时就不会跳错，还能合上音乐的节奏。

教师：我们的"跳舞毯"游戏还可以怎么玩？

幼儿1：可以方向多一点。

幼儿2：还可以把动作变快。

（2）教师引导幼儿变快节奏，变难节奏卡。

教师：刚才，有个小朋友说，可以把动作变快，要怎么变快呢？

幼儿：一个字动一下。

教师出示"一个字动一下"的节奏卡，和幼儿感受"一个字动一下"的节奏。

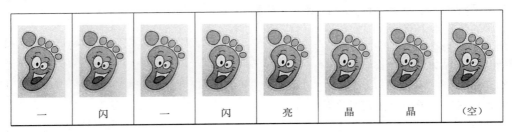

| 一 | 闪 | 一 | 闪 | 亮 | 晶 | 晶 | （空） |

引导幼儿观察小脚一共动了8下。最后一下是空拍，空拍也要有动作。

（3）教师引导幼儿再增加4个方向，变难节奏卡。

教师：跳舞毯上除了有上、下、左、右这4个方向外，还能怎么变难呢？

幼儿：加上左上、左下、右上、右下的方向。

教师请幼儿尝试摆一摆这4个方向，说一说、做一做这些新动作，充分感知这些方向。

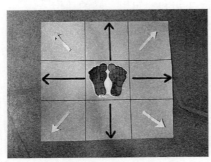

6. 鼓励幼儿尝试分组创编不同的节奏卡，体验合作创编的快乐

（1）教师：新的挑战开始啦！小朋友们自愿组合成4人挑战小组，一起商量运用不同的方向，设计一张节奏卡给《小星星》的歌曲编出新的"跳舞毯"游戏动作。

（2）幼儿自愿结合，分组创编。教师了解每个小组在创编过程中的想法，适当引导、启发。

（3）展示与分享。

教师：哪个小组愿意分享你们创编的节奏卡，你们是怎么设计的？

幼儿：我们用了上、下、左、右的方向，我们一个字动了一下。

幼儿：这样做的时候，脚不会糊涂啦！

教师：这是一个创编的小窍门，方向变化少，节奏变快的方法。

节奏卡	
1、3、5	↑ → ↓ ← ↑ ↓ ← ↓
2、4、6	↓ ↑↓ ← ↑ → ↓ ↑

幼儿：我们组的方法和他们不一样，我们 8 个方向都用了。第一句用上、下、左、右，第二句用左上、左下、右上、右下。

教师：你们也发明了创编小窍门，增加了方向变化，节奏不变。

节奏卡	
1、3、5	↑ ↓ ← →
2、4、6	↖ ↙ ↗ ↘

幼儿：我们组也是 8 个方向，一个字动一下。

教师：你们也发明了创编小窍门，方向变化多，节奏也变快了。

节奏卡	
1、3、5	↑↓ ↑ → ↖ ↗ ↓ ↑
2、4、6	↓ ← ↑ → ↓ ↑ ↘ ↘

教师：今天，我们的《小星星》歌曲 1、3、5 句是一样的节奏卡，2、4、6 句是一样的节奏卡，重复同样的动作，让我们玩游戏时不会乱，容易记，这样的方法叫作"规律"。

教师：今天，小朋友们都成功地接受了挑战，发明了和别人不一样的好方法。我们的"跳舞毯"游戏更好玩了！

7. 终极挑战"神奇的摸箱"，进一步感受创造节奏表现音乐的快乐

教师：今天，还有最后一项终极挑战，你们敢接受这个挑战吗？

幼儿：当然。敢。没问题。

教师出示摸箱和特制只有数字"4"和"8"的骰子，介绍游戏规则。

4个小组分别选派一位代表，先掷骰子，如数字"4"朝上，即从摸箱中抽取4张方向卡，摆在白板上相应的卡袋位置，组成终极挑战卡，由其他小组边唱边进行跳舞毯游戏的终极挑战。

（三）结束部分

简单小结，活动自然结束。

教师：今天，我们每个小朋友都成功地完成了终极挑战。我们为什么能成功，你有什么想法，愿意分享给大家吗？我们把跳舞毯和节奏卡放到音乐区去，这样大家就可以把今天的好方法和小窍门教给其他小朋友，一起创编更多、更好玩的"跳舞毯"游戏啦！

附图谱：

4/4　小星星

◆ **活动反思**

本次活动前，幼儿对跳舞毯已经有了初步的认识，知道有几个格子，格子里的方向和脚印的含义。在幼儿最初探索跳舞毯时，幼儿能用最熟悉的节奏（两个字动一下）为《小星星》创编动作。但在《小星星》歌曲中，有一个比较特殊的"空拍"，通过教师的讲解，幼儿能对空拍有所了解，知道空拍也要唱出来，了解空拍存在的意义。幼儿在为《小星星》歌曲用"两个字动一下"的节奏创编动作时，对跳舞毯的方位有了更进一步的认知，能初步感受到跳舞毯带来的快乐体验，了解在跳舞毯上的舞步，如何交换脚跳舞。

再次尝试时，幼儿通过教师的引导能增加跳舞毯的游戏难度，从4个方向变为8个方向，从"两个字一动"的节奏变到"一个字一动"的节奏，不断加大难度。幼儿在合作创编中，不仅创编能力有所提升，同时幼儿对节奏和方位产生更深的感知和理解，能够发挥想象力和创造力，感受跳舞毯带来的无限魅力和快乐体验。

（执教教师：北京市第四幼儿园　吴　思）
（活动指导：北京市西城区三义里第一幼儿园　陈　莉）

◆ **活动点评**

在"趣味跳舞毯"的活动中，教师以"节奏"和"方向"作为探索的主导，引导幼儿在游戏中主动学习，发现和探索跳舞毯的不同玩法。教师在设计活动时，能充分考虑幼儿的年龄特点，从尝试玩法到改进玩法，一步步地深入探索，激发了幼儿创造性的思维，使幼儿愿意大胆表达、表现自己的想法。

在初步尝试时，幼儿通过观察"两个字动一下"的节奏图示卡，不仅能为歌曲打出好听的节奏，还能为其编上漂亮的动作并表演出来。通过教师的逐步引导，幼儿初步体验如何创编跳舞毯的动作和节奏，对方位和节奏也有了初步的感知和体会，能够发现动作和节奏的规律。

教师的引导体现了层层递进、难度叠加的过程。同时，又为幼儿主动活动、自我表现、合作完成创编提供了很大的空间。随着对跳舞毯玩法难度的逐步加大，幼儿能从"方向"和"节奏"两个维度进行探索和尝试，发现空拍的秘密，用节奏和动作去表现。从"节奏"这个方面看，幼儿能够举一反三，由两个字一动到一个字一动，为"节奏"变身，不仅进行了新的体验，也增强了幼儿的节奏感和表现力，取得了很好的活动效果，激发了幼儿后续不断挑战新玩法的热情。

（活动点评：北京教育科学研究院早期教育研究所　何桂香）

案例四：奇妙的舞会（音乐欣赏）

◆ **活动来源**

在图书分享活动中，果果拿来一本有关古生物化石的立体书。这本书吸引了很多孩子的注意。在自主活动时，大家都围在图书区一起翻看，并且向教师提出了很多有关化石的问题。对于这些问题的解答，教师提议可以去其他书中、网络上或是相关博物馆找一找。根据孩子们的需要，教师利用业余时间到古生物博物馆、自然博物馆观看化石，了解化石的形成及其多样性。没想到，接下来，孩子们对化石的热情更高涨了。他们纷纷从家里带来了有关化石的资料或图书与其他幼儿分享。因此，班级开展了以化石为主题的系列活动，还联合家长一起运用多种材料制作化石服装，幼儿穿着这些新奇的服装，在幼儿园的走廊和操场上开展了一场艺术秀，艺术秀里播放了乐曲《化石》，孩子们即兴表演，意犹未尽。他们都觉得这首乐曲十分有趣。于是，教师找到了圣桑《动物狂欢曲》中的第十二曲目《化石》这首乐曲，和孩子们一起欣赏。音乐中有三个风格对比分明的乐段，不仅易于幼儿在欣赏的过程中大胆进行想象，还能引发他们用形态各异的化石律动将自己对音乐的感受表现出来。另外，也便于幼儿尝试创造出更多的事物来表现这首乐曲。孩子们的兴趣拉近了他们与名曲之间的距离，他们在音乐欣赏的过程中感受着艺术创造的广阔性和趣味性。

◆ **活动目标**

（1）感受乐曲中 3 个乐段的特点，愿意用语言或肢体动作表达、表现对音乐的理解。

（2）尝试创编情节和动作，并能够合拍表现音乐的不同特点。

（3）体验大胆进行即兴创作和表演的快乐。

◆ **活动重点**　感受乐曲中 3 个乐段的特点，愿意用语言或肢体动作表达、表现对音乐的理解。

◆ **活动难点** 尝试创编情节和动作，并能够合拍表现音乐的不同特点。

◆ **活动准备**

1. 经验准备 听过两段体类型的乐曲；有分角色进行表演的经验；了解多种化石的形态。

2. 物质准备 双色水彩笔、白纸、各种动植物的化石图片；PPT 课件（内容：随乐进行曲式绘画录像；第三乐段游戏图片）；《化石》乐曲、《化石》ABC 段乐曲、《慢慢走》音乐；孔子鸟化石图片。

参观古生物博物馆时拍的照片　　　　　　　　　　植物化石图片

◆ **活动过程**

（一）开始部分：自然导入，引发幼儿倾听乐曲的兴趣

1. 师幼共同随歌曲《慢慢走》的节奏走进活动室

教师：《慢慢走》是小朋友们十分熟悉的歌曲。今天，我们就随着它的速度变换来模仿各种化石行走的样子。在歌曲还没开始之前，请你先想一下自己要扮演哪种化石。

幼儿随歌曲的节奏变换，在活动室中即兴创作化石僵硬的行走舞步。歌曲结束后，盘坐在活动室地面的圆形标记上。

教师：刚才，我看到小朋友们僵硬的舞步，有种奇妙的感觉，觉得自己好像真的到了会动的化石博物馆里，为你们高超的化石表演点赞。

2. 相互交流，丰富对化石造型的创意

教师：谁能用语言或肢体动作表现的方式来说明你刚才扮演了哪种化石？在做什么事情或怎么随音乐行走的？

幼儿：我扮演的是恐龙化石（幼儿边说边用肢体再现了霸王龙化石造型）。音乐慢的时候，我在找食物，慢慢地走；音乐快的时候，我看到了三角龙，所以快速地追它。

教师：嗯！大家觉得这个小朋友模仿得怎么样？这些动作和音乐结合得如何？

幼儿：我觉得他模仿得挺好玩的。他的慢动作特别像化石，和音乐结合得挺好的。

教师：还有谁想来表演一下或者说一说你在《慢慢走》的音乐里扮演的是什么化石？它在这首音乐里都做了什么？

幼儿：我扮演的是水草化石（幼儿边说边用手臂上举的动作再现了水草化石的造型）。音乐慢的时候，我在原地摆动我的手臂；音乐快的时候，是海啸来了，我就跟着海水快快地走动。

教师：这位小朋友的想象很有意思，特别是和音乐的结合。原本水草不会动，正好用在音乐慢的段落，节奏快的段落又把它想象为海啸来了，带动水草向四面八方走动起来。这个创意有静、有动，非常有新意。

教师：我觉得大家一定都有自己独特的想象，即使是同样的化石，也会在音乐里有不同的趣事发生。今天，咱们就用另一首音乐开个化石的奇妙舞会吧！

（二）基本部分

1. 完整欣赏音乐，感受乐曲的特点

（1）倾听音乐，初步感受乐曲的段落特点。

教师：这首音乐叫《化石》，我们边听边想象化石在音乐里都跳了什么样的舞。

播放全曲，与幼儿共同倾听。

幼儿1：我想到化石在音乐里一会儿跳很快的舞蹈，一会儿跳很慢的舞蹈。

教师：音乐的什么地方让你有了这样的想象呢？

幼儿1：音乐快的地方是跳得快的舞蹈，音乐变慢的地方跳的就是慢的舞蹈。

教师：太棒了！这位小朋友将音乐想象为一个化石在跳快快舞和慢慢舞。大家还想到什么？

幼儿：我觉得快的地方是小鸟化石在空中跳舞，慢的地方是小鱼化石在跳舞。

教师：那么音乐快的地方和慢的地方，你们是怎么听出来的？

幼儿：快的地方就是"噔噔噔噔 噔"的好像敲什么的声音。（这里指 A 片段中十分明显的钢琴敲奏节奏×××× 　×　|×××× 　×　|×××× 　××　|×× 　×　|）

幼儿：慢的地方一下就变得温柔了，听起来很舒服。

教师：小朋友们一下子就听出这首音乐里有风格很不一样的两个乐段，一个是节奏鲜明的快节奏乐段，一个是舒缓旋律下的慢节奏乐段。想象的化石舞会内容也都很有趣，有的是一种化石随音乐变换舞姿，有的是随着音乐的变换由不同的化石出场舞蹈。那么，在这首乐曲里还有没有与它们都不一样的乐段？我们再来仔细地听一遍。

（2）熟悉乐曲，用手指模仿化石舞蹈，感受乐曲中的 3 个乐段。

教师：这一次的全曲欣赏，我们把自己的手指变成喜欢的化石造型，随着音乐跳舞，边跳边听，除了快和慢的音乐段落以外，还有没有其他不一样的乐段？在这段音乐里哪种化石在跳舞或你的小化石又在跳什么舞呢？

幼儿在原地边听音乐边用手指随音乐在身体和地面上舞动。

教师 A 段音乐动作说明：食指和中指变成"骷髅小人"的模样，在肢体各部位快速地"走动"。

教师 B 段音乐动作说明：双手十指交叉，变成"鳄鱼化石"的模样，随音乐在地面上模仿鳄鱼嘴巴一张一合的动作进行舞蹈。

教师 C 段音乐动作说明：双手手腕交叉，变成"小鸟化石"的模样，随音乐在空中自由舞动。

教师：第二遍完整的音乐欣赏完了，谁先发现与快慢乐段都不同的这段音乐在哪里？你的"手指化石"在这段音乐里做了什么？

幼儿：我发现了，就是《小星星》的音乐。我换了蚂蚱的化石。

幼儿：在第一次快的音乐后面，音乐就不一样了，里面有《小星星》的乐曲，我还是做的恐龙化石，只是在不停地变大和变小。

教师：现在，我们可以来小结一下了，这首音乐里有几个不同的乐段呢？

幼儿（齐声）：3 个。

教师：我们一起听出了这首音乐的特点是有 3 个不同的乐段。在手指舞会上，我看到很多的恐龙、小鱼、小鸟化石在跳舞。我们这是奇妙的舞会，邀请了地球上所有的化石，我觉得你们还可以根据音乐中乐段的特点用身体创编出更多的化石姿态和奇妙的舞蹈。

2. 分段欣赏音乐，感受每个乐段的不同特点

（1）欣赏 A 段音乐，感受木琴演奏×××× ×｜×××× ×｜×××× ××｜×× ×｜下快节奏的乐段特点。

①倾听 A 段音乐，大胆想象各种化石造型。

教师：我们先来听一下，在第一段音乐里都来了哪些化石？它们怎么跳舞的？

幼儿：小猴子化石，它在跳。

教师：跳的什么？

幼儿：随着音乐里的节奏在跳。

教师：第一段音乐里是什么节奏？我们一起试着把它拍出来。

幼儿：拍手（×××× ×｜×××× ×｜×××× ××｜×× ×｜）。

教师：有猴子化石在这样跳，还有哪些化石也来了呢？

幼儿：蚂蚁化石。

教师：我们一起来试，扮演蚂蚁化石，跳出这段音乐的节奏。

幼儿有的在地面上模仿蚂蚁爬行，有的站立做出蚂蚁触角，有的扮演蚂蚁在跳舞。

教师：还有什么化石？

幼儿：兔子化石、小仓鼠化石、小苍蝇化石、小草化石、花朵化石、蝴蝶化石……

教师：大家的想象力真是太丰富了！我们两人一组，把这些化石的舞蹈动作随着第一段音乐的节奏表现出来吧！

②双人扮演游戏，感受 A 段音乐中欢快的节奏。

教师：请相邻的两个小伙伴组成一组，快速地商量一下，你们想在第一段音乐中表现什么化石？

幼儿两人一组，随 A 段音乐（×××× ×｜×××× ×｜×××× ××｜×× ×｜）的节奏展现舞步。有的幼儿手挽手，打开各自外侧的手臂，变成了蝴蝶化石，踮着脚尖，在地面上走出了 A 段的节奏；有的幼儿，一个蹲在前面当花叶，一个站在后面当花朵，花叶随音乐节奏摇动手臂，花朵随音乐节奏小碎步顺时针转动身体等。

（2）欣赏 B 段音乐，感受提琴演奏下 B 段音乐的特点。

①倾听 B 段音乐，大胆想象两种不同形式的各种化石造型。

教师：按照开始时小朋友们的想法，这段开始有的化石变换了舞姿，有的换了上场跳舞的化石。我们现在还是和刚才的小朋友一组，边听边想你们要怎么做。

幼儿两人一组欣赏 B 段音乐，并在欣赏后进行简单的讨论。

教师敲击三角铁，作为讨论终止的提示。

②双人扮演游戏，感受 B 段音乐中两种不同形式的化石之舞。

幼儿：我们两个人想在这段音乐里换一个化石造型跳舞，我们这次换成了大黄蜂化石。

教师：嗯，这组勇敢地说出了想法。再分享的小组请边说边做出造型，让我们大家欣赏一下。如果变换了化石造型，还要先介绍第一段音乐里你们小组扮演的是哪种化石。

幼儿：我们在第一段音乐里扮演的是小狗，现在换成了蜜蜂。（两人一个在前，双手十指支在头上，扮演蜜蜂头，一个在后面翘起屁股，扮演蜜蜂的腹部）

幼儿：我们没有变，一直都是马门溪龙。（一个人在前，弯着腰，并将手臂使幼儿向上高高举起，扮演头，一个在后面弯着腰，抱着前面幼儿的腰，扮演马门溪龙的背部及尾部）

教师：还有很多小组都想表现自己组的独特创意，那么这次先邀请 10 组小朋友上来，伴随着音乐给大家表演一下吧！看看哪一组的舞姿和音乐最相配。

教师：每一组在表演时都注意和音乐结合在一起，非常棒！下面还有一段，是哪一段？

幼儿：温柔的、优美的一段。

（3）欣赏C段音乐，感受旋律柔美的特点。

①倾听C段音乐，大胆想象C段音乐中两种不同形式的化石舞蹈。

教师：这一段音乐的特点，小朋友们都说出来了。那么，在这一段音乐中，如果不变造型，该怎么舞蹈？如何变换化石造型？变成谁？又怎么舞蹈呢？

幼儿：我们不变，还是马门溪龙。这一段音乐中，我们就慢慢地走和摇头舞蹈。

幼儿：我们想换小蝴蝶，在空中慢慢地扇动翅膀跳舞。

教师：这一次的挑战不再是两个人一组，也不是你们自己原来想象的化石了。我们有个"命题游戏"。请小朋友们结合第三段音乐的特点，在大组中进行讨论、创编。

②命题创作游戏，分组用肢体表现C段音乐的特点。

教师："命题游戏"的玩法就是先请全体小朋友分成两个大组，然后观看PPT课件。

幼儿按空间方位分为一组和二组。

教师：请一组幼儿观看PPT中滚动的题目，当有人喊停时，屏幕上显示的题目为第一组需要创作的内容。第二组用同样的方式选出创作内容。

题目：

幼儿分组结果为第一组"猛犸象"，第二组"鲨鱼"。

教师：现在，各组都知道要在第三段扮演的角色了。下面，我会播放3遍第三段音乐，每个大组讨论并尝试要怎样进行角色表演。

幼儿分组讨论。

第一组模仿猛犸象群，即每个小朋友都是一头猛犸象，所有的幼儿几乎都是站立着用手臂当象鼻子。在教师的指导下，有的幼儿尝试四肢着地，其中一只手臂放在鼻子处当象鼻子；有的幼儿双脚站立，双臂弯曲，放在头的两侧，当象耳朵；有的幼儿两人一组，用肢体组合成一头大的猛犸象，他们都跟着第一头象随着音乐不时地扬鼻子或扇动耳朵进行着舞蹈。

第二组开始讨论时，几乎每个幼儿都只是游动，当教师提问"鲨鱼有什么特点可以用我们的身体来扮演"时，有的幼儿双手合十放在头顶，做出了鲨鱼鳍的姿态，有的幼儿双手十指相对，做出了鲨鱼牙齿的动作。教师提出："鲨鱼的牙很厉害，首先光是数量就比别的动物都多，我们怎么来表现那么多的牙齿？"几名幼儿一下子就想到可以合作，他们几个人排成一排，同时双手十指交叉扮演鲨鱼的牙齿。这时，有个幼儿提出牙齿可以相互交叉，这样才更像鲨鱼的牙齿。接下来，两名幼儿站到后面，高举手臂并合掌，做鲨鱼鳍。这样，第二组的大鲨鱼就在音乐下缓缓地前后游动起来。

教师：时间到了，各组都在规定的时间内完成了创意。我们来相互欣赏一下吧！

教师播放音乐，第一遍请一组进行表演，第二遍请二组进行表演。

3. 完整欣赏，了解乐曲曲式结构

边聆听音乐边观看 PPT 课件，随乐绘画，了解乐曲的曲式结构。

教师：《化石》这首乐曲里的 3 段音乐，我们在各种角色游戏下已经非常熟悉了。谁能把刚刚三段的表演组合成一个好听的故事？

幼儿：一只马门溪龙化石高兴地参加了化石舞会。在舞会里，它跳了 3 种不同的舞蹈，十分开心地度过了这一天。

幼儿：地球上要开一场化石舞会，很多化石都来参加了。小狗化石跳了"叮叮舞"、小蜜蜂化石跳了"星星舞"、蝴蝶化石跳的舞蹈最美，它们都十分开心。

教师：我听出小朋友们的故事里每种舞就跳了一次，不过全曲音乐里这 3 个乐段可不是只出现了一次的。我用骷髅小化石、大鸟化石、植物化石代表 3 段音乐，制作了一个 PPT 课件。请小朋友们边听音乐边看 PPT 课件，再来思考一下，每个乐段出现了几次？哪个乐段出现得次数最多？

教师播放 PPT 课件，请幼儿观看曲式结构图（曲式结构图是随音乐的播放进行的绘画录制视频）。

幼儿：第一乐段最多，第二乐段和第三乐段就只有一次。

教师：通过观看，我们更加了解《化石》这首音乐了。

（三）结束部分

1. 根据乐曲的曲式结构和段落特点，集体拓展畅想其他情节的内容

教师：每首音乐都会让人产生很多想象。这首音乐除了可以进行各种化石舞会以外，你还能从这首乐曲的乐段顺序中想到发生什么样的事情呢？

幼儿：开始的音乐里，一只蚂蚁愉快地寻找着食物，然后它发现了一个很大的美食，可它抬不动，就用触角叫来很多伙伴。后来，伙伴们都快乐地向它走来。到第三段音乐，它们一起愉快地把食物运回洞里，然后又出发去找食物了。

教师：我们必须为小豆豆鼓掌，他看着我们电视上乐段在音乐中出现的顺序讲了一个这么有趣的故事，太棒了！

幼儿：这首音乐讲的是一只小老鼠要回家。它在马路上来回躲避车辆，然后有辆大卡车过来了，它一下子掉进了下水道里。然后，它不甘心，又上来了。最后，它累了，找了一个安全的地方，美美地睡了一觉。醒了之后，它又继续出发了。

教师：这是一只很能坚持、很有毅力、不怕困难的小老鼠。

2. 奇思妙想：即兴创作奇妙的舞会

教师：你们的创造力和想象力都太棒了！最后，"奇妙的舞会"向整个宇宙发出了邀请：当播放音乐时，所有的物体和动、植物都可以自由地跟随音乐舞动。但是，有一条注意事项：在第一段音乐里，无论你要扮演什么，都必须用肢体或嘴巴轻轻地发出那个轻快的节奏，是什么？你们还记得吗？

幼儿和教师一起用拍手或踏脚的方式回顾节奏×××× × |×××× × |××××
×× |×× × |。

播放音乐，师幼共舞。

◆ **活动延伸**

《化石》这首音乐的欣赏活动延展性很多，可以根据幼儿的发展现状和发展需要开展不同形式的音乐活动。

（1）欣赏活动：更换主题，请幼儿根据自己对音乐的理解，欣赏音乐并尝试绘画。

（2）节奏活动：感受 A 段音乐的节奏型，使用打击乐器进行多声部合奏。

（3）表演活动：请幼儿分组想象故事主题，进行配乐故事表演。

（4）歌唱活动：幼儿在小组活动中根据一个主题，分别为 ABC 段灌入歌词，进行歌唱活动。

◆ **活动反思**

从音乐选材上思考，这首音乐的选材具体、形象，便于幼儿大胆想象。虽然是三段体的音乐，但 3 段乐曲的风格迥异，易于幼儿听辨。整个活动中都以化石为主线，让幼儿在听、想、动、视等多种形式的辅助下欣赏音乐。同时，这首音乐本身具有诙谐、幽默的特点，乐段快慢的相互转变让幼儿始终抱有极高的参与兴趣，并随着环节层层递进，达到了预期的目标。

从活动设计上思考，采用先完整欣赏、再分段欣赏、最后再完整欣赏的方式，帮助幼儿细致地通过多种游戏和合作的方式在亲身体验中了解了音乐中 3 个段落的不同特点，且在幼儿对各个段落熟悉后，又用视觉感受的方式，让他们轻松地认识了《化石》这首音乐的乐曲曲式。而后引发幼儿对全曲进行发散性的创造和想象，打开了幼儿对音乐的感受空间，有效地使每个幼儿都能发挥自己对乐曲理解的独特性。

另外，在引导幼儿进行欣赏与想象的过程中，教师根据幼儿的回答帮助其先从两个维度上进行化石舞姿或更换化石跳舞的创想角度，使幼儿在探索乐段特点的同时，在一定范围内充分发挥想象力，再一步步拓展到对其他事物的想象与表现，有层次地结合音乐本身的特点对幼儿的创造力和想象力进行了深度挖掘，使幼儿对同一首音乐的欣赏有了不同的逻辑性理解。

（执教教师：中国运载火箭集团公司第一研究院航天幼儿园　屈　森）

◆ **活动点评**

幼儿在本次活动中始终保持专注，主动地进行音乐的倾听、想象和表现，表现出很大的积极性、主动性和创造性。剖析其原因，有以下几个方面：

1. 诙谐、幽默，利于幼儿表现的音乐选材

《化石》这首音乐曲风诙谐、幽默，对大班幼儿具有吸引力。教师又在之前一系列有关化石的活动中，使幼儿对化石有了深入的了解，且不断地扩展各种化石活动的边缘，让幼儿在音乐欣赏活动前的经验十分丰富。因此，才能使幼儿在活动中积极、主动地进行欣赏后的创造与表现。

2. 简洁、有效的引导和充分的表现空间，激发幼儿的创造力和表现力

活动中，教师的引导语言简洁、明确，能够借助师幼互动的问题引发幼儿通过不同维度的创想与多种表现方式欣赏音乐并自然地发现音乐是三段体曲式结构。教师组织幼儿用手指化石造型的转变、双人化石造型的两次不同创意、大组集体合作的化石造型、即兴合作表演等多种幼儿参与活动的形式，由简单到复杂地引导幼儿对化石舞的丰富创想，给不同发展能力的幼儿都创造了表现自己欣赏过程的空间和机会，做到了同时推动整体与个体创造力和表现力的发展。

3. 欣赏方式多样，层层推进目标完成

欣赏方式多样化，先从完整音乐欣赏出发，让幼儿产生最初整体音乐的印象；接下来，又从分段欣赏中运用听、想、表达与表现、创造、视看等方式使幼儿清晰地听辨出乐曲中的 3 个段落，从而巧妙地完成了对曲式结构的理解。形式虽然多样，却不失秩序和节奏，这些方式彼此推进，使幼儿在体验中逐渐深刻地了解了《化石》这首音乐。

（活动点评：中国运载火箭集团公司第一研究院航天幼儿园　李　京）

第九章　艺术领域美术教育与教学活动

艺术活动来源于人们的生活，并从人们的生活中提炼相关元素，再回归到生活中。艺术作品能够带给人美的感受和享受。即使原始人类在语言、文字尚未出现时，也会用一些舞蹈、岩画表达和宣泄自己的情感和思想。在当前的现代文明社会里，人们更加重视艺术品位，以便于提升自己高品质的生活。因此，无论成人、婴儿，还是古今中外，艺术活动是人类共同的需要。

➡ 第一节　艺术领域美术教育的价值

幼儿美术教育是教育者通过环境的感染、活动的设计与开展，与幼儿的相互作用，使幼儿在自发的和有组织的各种美术活动中用"另一种语言"来表达他们对美的感受、体验和创造。其核心价值体现在引导幼儿敞开心扉、大胆表现，在想象和创造中美育心灵，在奇思妙想中启迪智慧，在实践活动中健康身心。

一、在大胆表现中敞开心扉

幼儿期图示的表达优于语言的表达，幼儿的发展状况和自己的感受、体验在美术活动中可以自然地流露出来。这是幼儿表现、表达对生活的感受和宣泄自己真实情感的途径之一，也是成人了解他们真实发展状况的途径之一。因而，此时最重要的前提是提供让幼儿可以大胆表现的材料和工具，使之喜欢并习惯于大胆地表现自己的内心世界。

二、在想象、创造中美育心灵

美术活动可以引导每个幼儿用眼看、用手绘制、用语言表达自己感悟到的真、善、美及独特的心灵感受。而幼儿在创作过程中能体验到将复杂的事物借色、借形、借事、借景进行联想和表现，还能够经过线、形和色彩的提炼，表现出对生活的认识和体验，并从中能将繁琐的事情有条理地叙述好、整理好。在此过程中，不仅陶冶了他们美的情操，培养了他们健全的人格，也培养了幼儿与人交流、合作，以及大胆、自信、耐心、细致等品质。

三、在奇思妙想中启迪智慧

美术活动可以帮助幼儿处于观察、回忆、思考、想象、创作的多种情境，在看、听、闻、摸的活动中学会观察，在游戏和活动中回忆情境，在语言故事中想象、创造，在肢体动作中感知细节，在生活活动中积累经验，在交流中进行语言表达，从而启迪智慧，获得认知和智力的发展。

四、在实践活动中健康身心

幼儿在美术活动中大胆表达、创作，能不断地提升身体动作的协调性，在活动中发展认知，在交流中丰富情感，在互动中形成良好性格，在表达中体验情绪、情感，在创作之后展现成果，满足自我价值的实现，从而有利于身心健康。

➡ 第二节　艺术领域美术教育的特点

对于幼儿来说，涂涂抹抹是他们的天性，也是幼儿喜欢的一种游戏形式，不应存在任何的功利性。教师在教学中要顺应幼儿喜爱游戏的特点，引导他们在摆弄、使用像玩玩具一样的各种美术工具和材料中，在大胆地玩色和制作自己想要的物品中，在美化自己的生活环境中，在使用"另一种语言"的表达中，宣泄自己的情感体验和美好愿望。因此，美术活动的特点体现在以下几个方面。

一、美术工具和材料的多样化

美术工具和材料是幼儿进行美术活动的必要支持。教师要尽可能多地为幼儿提供功能齐全、品种丰富的美术材料，以满足幼儿不同发展及不同兴趣的需要。同时，与丰富多样艺术材料的接触、探索和使用，可以帮助幼儿积累艺术工具和材料的特点和使用经验，为后续艺术创作提供基础。不仅如此，幼儿美术工具和材料的不同特点、多样化的使用方法、各具特色的艺术表现力等，潜移默化地引导幼儿形成艺术是开放的、具有多样性的观念。多样化的美术工具和材料不仅包括一些成品，如大小、质地、颜色不同的画纸，各种彩色或单色的软、硬画笔，水彩、水粉、油画、丙烯等不同色彩的颜料，包括日常生活中常见的瓶子、盒子等，也包括因地制宜的自制工具和材料。

二、美术活动题材的幼儿化

幼儿美术活动应以幼儿的兴趣和生活经验为基础，在活动题材选择上应符合幼儿特点，具有幼儿化的特征。我们支持、鼓励幼儿从大胆的涂鸦开始，把自己感到好玩、有趣的事物大胆地表现出来。这类题材既包括表达情绪、情感和想象力的开放性主题，如"快乐涂鸦""会变的泥""到处游玩的线"等；也包括幼儿生活中感兴趣的事物和生活经历，比如"我的彩虹桥""下雨了""我的家"等。

三、美术活动表现方式的多样化

在美术活动中有很多表现方式，绘画只是其中最常见的一种方式。除了绘画，还有制作、泥塑、扎染、剪纸、撕纸、拼贴、拓印等表现方式。在幼儿阶段，应让幼儿有机会接触多样的表现方式，感受不同的艺术形式，积累丰富的艺术经验，激发幼儿美术活动的兴趣。

➡ 第三节　艺术领域美术教学活动的目标及内容

一、艺术领域美术教学活动的目标

在教育部《纲要》与《指南》中，一致性地表明了艺术领域的目标是：让幼儿喜欢并能初步感受到自然界与生活环境中美的事物；喜欢欣赏多种多样的艺术作品，喜欢参加艺术活动，能在活动中大胆地表现自己的情感和体验；在喜欢进行的艺术创作活动中能大胆表现，有初步的艺术表现力与创造力，鼓励幼儿用自己喜欢的方式进行艺术表现活动；艺术教育活动是把幼儿的情感体验用自己的方式表达、表现出来的途径；在吸引幼儿喜欢参加艺术创作活动的同时，培养幼儿对美的感受和表达，特别强调以幼儿为主体，在自主活动中发现美、感受美、体验美、喜爱美、表现美、创造美。

二、艺术领域美术教学活动的内容

幼儿园美术教育主要由绘画、手工和欣赏3种类型的内容组成。

1. 绘画的内容

绘画的创作内容包括：色彩的选用、造型活动及合理的构图。

色彩：幼儿是从选自己喜欢颜色的物品、玩色游戏开始进入到美术活动中的。幼儿的色彩感知可以增加幼儿对色彩的兴趣，增强色彩敏感度；幼儿的色彩表达能反映出其心理状态，是他们感受美和表达、宣泄、转移情感的途径。可以运用环境中的色彩对幼儿进行熏陶，以颜色认知为基础，感知色彩的美，并以此为基础，鼓励幼儿运用色彩大胆表现、表达自己的情绪情感。

造型：学龄前幼儿的绘画会经历涂鸦期、象征期和形象期，而造型上的特点是从胡乱的涂抹到有含义的乱线，再到一条线能代表火车、房子或是飞走的大雁。从很不准确、但有含义地表达，逐步发展到能抓住事物最主要的特征，并夸张地表现出自己认为很重要的部分。整个学龄前的幼儿由于其方位知觉尚未发展成熟，对事物的观察、认知较为粗略，不能细致地反映出事物的全部特征，常常遗漏某些部分，而出现"画不像"的现象。但是，他们会伴随心智的成熟，随着不断观察和对事物的理解而越画越完整。因此，鼓励幼儿大胆表现，引导他们有兴趣地表达、表现，是提高其造型能力最重要的因素。

构图：引导幼儿合理的构图，使他能感受到自己作品的美，体验自己的成功。通过欣赏各种佳作，可以引导幼儿了解多种构图的方法，如对称式的构图、突出主题式的构图、满天星式的构图、放射式的构图、并列排队式的构图、遮挡式的构图等。鼓励幼儿从最简单的、突出主题的构图开始，逐步通过适宜的题材尝试其他各种构图方式，并逐步发展到理解和活用构图法则。幼儿绘画中对构图没有统一的要求，但均衡、有韵律感的构图会给画面增色，提高表现的质量。

2. 手工制作的内容

手工制作活动中，教师可以引导幼儿有序摆放和正确使用工具、材料，养成分类、整理、有序存放的良好习惯，了解各种制作用的工具、材料的性质和使用方法，尝试多种制作方法，掌握基本的制作技能，如折、剪、撕、粘贴、塑、染、编制等，能够创造出表达自己意愿的作品。

（1）折：是指用纸折叠出立体形象，主要有对边折、对角折、双正方形折、双三角形折、集中一角折、集中一边折、四角向中心折和组合折等基本技能。

（2）剪：是指用剪刀在纸上剪出物品或图案，常用目测剪、沿轮廓剪和折叠剪3种方式。

（3）撕：是指以手为工具，利用双手手指互相配合撕纸，撕出自己想要表达的物品或图案，常用目测撕、沿轮廓撕和折叠撕3种方式。

（4）粘贴：用于纸工或点状物，如种子、纸盒、纸袋等物品的粘贴，有连接性的粘贴和立体浮雕式的粘贴两种方式。

（5）塑：是指将泥、面团等可塑性的块状材料用手塑造成立体形态的物象。有团、搓、按压、连接、拉、捏等基本技能。

（6）染：是指把生宣等吸水性强的纸折叠后，再用水性染料进行染制。有渍染和点染两种方式。渍染是指将折好的纸插入染料中，让纸自动吸色；点染是用毛笔蘸色，点在纸上，如纸的中心部位或细小的地方。

（7）编织：是指按照经纬线交叉的原理将线状材料编织成平面或立体的物象。

3. 欣赏的内容

幼儿美术欣赏的内容大致可以分为以下几类：

一是对大自然和周围生活环境的欣赏。大自然中的大树、河流、绿草、花朵、各种水果、农作物、食品及动物身上皮毛的色彩搭配、四季的变化，城市及幼儿生活环境中的高楼大厦、玩具、图书、生活用品等都是引导幼儿欣赏的内容。

二是经典艺术作品的欣赏。不仅可以引导幼儿欣赏莫奈、米罗、马蒂斯、凡高、毕加索等大师的经典佳作，这些作品有的色彩奔放、艳丽，有的容易引起幼儿的情感共鸣，有利于引发他们快乐的情绪体验，易于被幼儿理解、接受；可以引导幼儿对中国画的欣赏，欣赏齐白石、潘天寿、林风眠、吴冠中、韩美林等大师的经典作品，有的国画虽然只有简单的墨色，却浓淡相宜，十分轻柔、淡雅，可以舒缓幼儿易于兴奋、浮躁的情绪，引发他们无尽的遐想；还可以给幼儿提供民间工艺品和农民画。这些艺术作品与幼儿单纯、浪漫、夸张个性十分相符，能够引发幼儿的共鸣；而青花瓷、剪纸、马勺脸谱、扎染等民间美术作品色彩质朴、图案简约、情感热烈……很快就会被孩子们所理解和接受。教师要通过引导幼儿欣赏这些作品，让幼儿感受到作品色彩与图案的明亮与欢快、悲伤与忧郁，发现作品中不同的构图方式及对比色、和谐色等视觉审美因素，充分地享受和吸取艺术大餐的营养。

三是同伴作品的欣赏。可以选用更多幼儿的美术作品作为美术欣赏材料。小作者将自己的故事和喜怒哀乐在作品中毫不掩饰地表达出来，作品简单、直观，易于观察、品味，适于幼儿欣赏。欣赏这样的内容更有利于幼儿自信心的培养，激励他们创作出更多、更好的作品来。

➡ 第四节　艺术领域美术教学活动中的常见问题

《指南》提出：不能为追求结果的"完美"对幼儿进行千篇一律地训练。要萌发幼儿对美的感受和体验，丰富其想象力和创造力，引导幼儿学会用心灵去感受和发现美，用自己的方式去表现和创造美。为此，《指南》明确了3个要点：一是不能用统一教授的方式对幼儿进行训练，二是要引导幼儿提高对美的鉴赏能力，三是在表达方面，使每个幼儿具有独特性。根据这3点，教师要思考："什么样的美术教育方式能够较好地贯彻《指南》精神？""美术教育活动到底要如何开展？"在教师没有思考清楚这两个内容之前，开展相应的美术教学活动，就会出现很多问题。常见的和最主要的问题有以下几点：

一、忽视美术活动中唤醒幼儿已有经验

在组织美术教学活动中，教师容易过于注重依赖于范画，注重幼儿创作的内容及形式，注重绘画的结果，而对幼儿本身原有经验和对被创作事物感知、感受的过程缺乏认真分析和重点关注，忽视了幼儿创作中真实的感知与感受——这个最重要的因素和源泉。例如：教师在组织小班幼儿绘画"小鱼"的过程中，和幼儿谈论了"你们见过小鱼吗""小鱼是什么样子的""小鱼有什么颜色"等，貌似围绕小鱼的外形特征在开展引导，但每个幼儿对小鱼的原有经验都不同，比如有的幼儿见过小鱼，但只停留在知道小鱼名称的层面，教师只用语言调动幼儿进行抽象性的回顾，并没有提供给幼儿对小鱼的外形特征真实观察和细致发现的机会，从而提炼、总结出小鱼外形特征。可见，教师在设计和组织活动过程中没有从幼儿的原有经验和幼儿建构经验的过程思

考，没有考虑如何支持幼儿对创作事物产生情感共鸣。

二、忽视美术活动中真实情境的创设

教师在组织美术活动中大多重视幼儿的创作、绘画方法、操作步骤等环节和内容，忽视幼儿在创作过程中引导情景的创设，不能用真实、有趣的情景引发幼儿的情感和创作欲望。如，教师在组织"撕贴大树"的活动中，借助语言或图片讨论了大树的外形特征后，就向幼儿介绍创作材料，让幼儿进行创作。没有给幼儿在真实的环境中感受"树身高大、枝叶繁茂"的机会，忽视了美术活动中情景和情境的创设，从而不能很好地激发幼儿的创作热情。

三、忽视美术活动过程的游戏化

对幼儿来说，美术创作过程是一种游戏。部分教师只重视幼儿所画事物的结果，而将美术活动完全指向活动结果的呈现，忽视轻松、愉悦的创作氛围创设，忽视对幼儿艺术兴趣的萌发和保护，忽视创作过程的游戏性。如，在美术活动中，只表现美术就是画画，就是做手工，单纯为画而画，为手工而做，活动指向单一、过程紧绷，没有意识到这都是幼儿的游戏，更应该用游戏的方式开展，让幼儿感受美术活动的乐趣。

四、不能正确评价幼儿美术作品

教师对幼儿美术活动容易更多地关注其创作结果，重视对幼儿作品艺术效果的评价；容易将幼儿作品像不像、美不美等作为评价作品的标准，将画得色彩鲜艳、涂画均匀、形象完整的作品评价为优秀作品，而忽视了幼儿创作过程中个性的表达、对事物独特的认知与情感的抒发。

➔ 第五节　艺术领域美术教学活动的指导要点

每个幼儿都有美术的表现能力，有用美术手段表达情感体验的需要，有展现、表达个性的愿望，并能通过艺术活动表达自己对事物的观察、认知、想象和情感体验。因此，美术教育活动的目标和施教方法要遵循幼儿的发展规律和发展需求，多给幼儿创设他们可以自发地进行美术创作的时间、空间等，及时满足幼儿表现与创作的愿望。

一、尊重与理解幼儿内心世界表达的独特性

教师要多鼓励幼儿用自己的眼睛看世界，用自己的方式表达对世界的理解和感悟。要尊重与相信幼儿、理解幼儿的个性表现，并多与之进行交流，用笔和照片等方式记录下幼儿可贵的童心世界。特别是当幼儿画不像时，教师要知道这是其成长过程中的必经阶段，并相信他们会逐渐进步；当幼儿画得很夸张时，教师要知道这是童心灵性的表达，是幼儿时期独特的真、善、美表达；当幼儿不敢将画示人时，教师要知道他们最恐慌的是教师和同伴的讥笑，最需要的是教师和同伴的理解；当幼儿画得很简单时，教师可以鼓励他们继续思考，丰富画面，但万不可强求；当幼儿画得不如别人好时，教师要给予更多的理解和认可……相信有自信的幼儿是教师给予空间成长起来的，他们非常需要鼓励、鼓励、再鼓励的精神氛围！

二、关注美术活动中幼儿感受与原有经验

幼儿对事物的认知和理解是不断建构经验的过程，而建构是要在与事物不断互动、探索中逐渐完善与深入的。杨景芝在《儿童绘画心理与教育》一书中指出："儿童的视觉符号创造来源于

感知。"幼儿的视觉符号是在自身经验和感受不断建构的过程中提炼的。他们以对事物的感知经验为基础，在头脑中建立表象，进而创造性地使用符号进行创作；幼儿对事物的感知是否清晰、认知是否全面对幼儿的创作有非常重要的影响。因此，在美术创作中，教师不仅要以幼儿的原有经验为基础设计活动，同时还要重视幼儿在美术活动过程中对创作事物的体验过程，加强对事物的感受。例如，在美术活动"心情冷暖色"中，教师通过引导幼儿感受生活中冷的事物——冰、风，暖的事物——热水袋、热毛巾等，帮助幼儿获得触觉冷与暖的感受与体验，进而再请幼儿给颜色分类——冷色和暖色有哪些，通过触觉帮助幼儿获得视觉的感受和体验。

三、加强美术活动情境化的创设

学龄前幼儿的思维水平以具体形象思维为主，真实情境会引发幼儿深刻的感受和体会。美术活动是情感的表达，表达幼儿内心对世界的认识，所以在活动的设计和组织过程中要用故事、游戏等情境引导幼儿把自己经历过的、想象的各种奇妙事情再现出来。如"池塘里的水""小小粉刷匠""做月饼""果子多又多"等，为幼儿之后的美术表现活动做铺垫，使他们能想象并表现出来，使他们的作品充满美好的童话色彩。

四、注重美术活动过程的游戏化

美术活动要强调以游戏引发幼儿的兴趣和表达表现的欲望，强调幼儿在活动中获得美的情感体验，将美术活动作为幼儿表达自我、释放其创造力潜能的有效途径。教师要注重幼儿想表现、表达的内容是什么，而不要以掌握技能的好坏作为评价幼儿艺术活动的唯一标准。教师应及时了解幼儿在美术活动中的困难、疑问，针对不同的幼儿进行有效的引导、鼓励和帮助。在理解的前提下，帮助幼儿提升美术的表现力。因此，在幼儿美术活动的全过程中，都要强调以游戏引发幼儿的兴趣和表达、表现的欲望。

幼儿在美术活动过程中，常常把自己当做作品中的主角，想象自己能和线条游玩、自己是小厨师、成为水里的鱼儿等，这个过程像游戏一样可以不断建构、发展情节。教师在美术教学活动中应增加游戏性的内容，如使用气球印泡泡、小手跳舞、爱游戏的线宝宝等内容，并且在教师与幼儿的互动过程中，也要更加注重使用游戏化的语言激发幼儿创作。

五、尝试多角度、多种方式评价幼儿美术作品

教师要尝试从多角度解读、评价儿童画，因为作品里的每一个笔触都是幼儿真情实感的表露，而不能用简单的好与坏、像与不像来评价。如果能从心理学、教育学、美学等角度来看待他们的作品，教师就会更加了解幼儿的发展现状并有效地与之沟通、互动，从而促进幼儿更好的发展。从心理发展的角度，教师能够看出幼儿的心情、情绪是高兴的、还是难过的，能看到幼儿的性格是开朗的、还是孤僻的；从认知的角度，能看出幼儿对事物的认识是细致的、还是比较笼统的……因此，学会读懂幼儿画的画，学会从幼儿的作品中分析、感悟童心，而不是从自己主观视角感受来评判幼儿，是教师和家长必须要掌握的教育技能。在评价儿童画时可以从内容是否表现出自主性来看，幼儿是否表达的是自己所看、所知、所想，而不是符号的直接模仿；从幼儿的天真性来看，作品是否是幼儿自己的构思，天真无拘束，不合常理而通画理；从幼稚性来看，其造型及想法是否是同等年龄童真、童趣的夸张表现；从内容的故事性来看，创作画面内容与情节是否与其喜欢听故事的心理相通；从造型、符号的随机性来看，幼儿运笔是否随机、自然，不修改、不做作、不准确，但每一笔都有含义；从作品的自由性来看，无论从画面的内容或构图都能体现出自由自在、随心所欲的表现等。

在评价幼儿作品的过程中，教师采用多鼓励的方式，鼓励或帮助幼儿将作品编出有情节的故事，并向同伴、教师、家长进行介绍和分享。在评价的过程中，引导幼儿发现每一位幼儿作品中好的表现方法，通过交流向同伴学习。在此过程中，体会接纳和欣赏同伴。

总之，发展幼儿审美与创造的兴趣和能力是教师由衷的想法，愿此书能够成为提升教师教育观念和教育能力的桥梁。愿幼儿在教师和家长的引领下，能够表达和释放自己对世界的感悟和想象，大胆表现自己对真、善、美的感受和理解。

➔ 第六节 艺术领域美术教学活动案例及点评

一、小班活动案例

案例一：葡萄多多（拓印活动）

◆ 活动来源

幼儿园里的葡萄架上结满了紫色的葡萄，一串串特别美丽。幼儿从葡萄没成熟时就问："老师，什么时候可以吃葡萄呀？"此活动源于幼儿对吃葡萄的渴望。在葡萄成熟后，师幼一起在葡萄架下看葡萄、说葡萄、吃葡萄、画葡萄……感受着葡萄的甘甜，紫色的美丽，紧凑的结构……

《指南》艺术领域的教育建议中指出："创造条件让幼儿接触多种艺术形式和作品。""提供丰富便于幼儿操作的材料、工具或物品，支持幼儿进行自主绘画、手工等艺术活动。"在这次活动中，幼儿使用的创作工具是小气球。新颖的创作工具吸引着他们，创作时独特的手感和画面效果也为幼儿带来了新的感受与体验。

◆ 活动目标

（1）了解葡萄的颜色、形状、形态等典型特征。

（2）愿意尝试使用气球进行自主印画，感受和体验拓印画的乐趣。

◆ 活动重点　了解葡萄的主要特点，愿意探索用气球拓印葡萄的方法。

◆ 活动难点　尝试运用一个挨一个的方式表现成串儿的葡萄。

◆ 活动准备

1. 经验准备　对葡萄有简单的认知，品尝过葡萄。

2. 物质准备　若干串葡萄，紫色、绿色的水粉颜料，颜料盘，灌有水的气球，擦手毛巾。

◆ 活动过程

（一）开始部分

1. 导入环节：葡萄架下看葡萄

（1）组织幼儿到户外葡萄架下观察葡萄。

教师（指着头顶的葡萄）：小朋友们看一看，这些是什么呀？

幼儿：是葡萄！

教师：幼儿园的葡萄宝宝都成熟了。

（2）引导幼儿细致观察。

教师将每串葡萄用大托盘装好。幼儿分为几人一组，围在托盘周围，观察一串葡萄。

教师：葡萄是什么颜色的？

幼儿：紫色。

教师：葡萄粒是什么形状的？

幼儿：是圆的。

教师：葡萄粒是怎么在一起，变成一串串的？

幼儿：很多个葡萄宝宝挨在一起。

小结：葡萄宝宝是紫色的，圆圆的，一颗一颗紧紧地靠在一起。

2. 玩"葡萄宝宝"的游戏

教师组织幼儿玩"葡萄宝宝"游戏，引导幼儿感知"挨、靠在一起"的感觉。

教师：让我们一起来玩一个"葡萄宝宝"的游戏吧！你们都来当一个个的葡萄宝宝，当老师说"一串葡萄"时，小朋友们就集中到老师这里，一个个挨到一起，变成一串葡萄。

教师：游戏时，要注意安全。和别人挨上就可以，不能把葡萄宝宝挤倒了。那样，葡萄宝宝会破、会疼的！

教师和幼儿一起伴随音乐玩变葡萄串儿的游戏。

（二）基本部分：气球变葡萄

1. 感受拓印材料

引导幼儿感知装水的气球，教师：今天，老师还给你们带来了一个有趣的物品，看看它是谁？

幼儿：气球！

教师：小朋友们都认识它，你们每人一个，和它玩玩，好吗？

教师给每个幼儿一个装水的气球。

教师：这个小气球和我们平时看到的气球有什么不一样呢？

幼儿：它里面有东西。

教师：谁能猜到里面有什么？

幼儿：水。

教师：好聪明的小朋友！对了，这个气球里面有水。我们一起来揉一揉，摸一摸，装水的气球给你什么感觉呢？

幼儿1：滑滑的。

幼儿2：软软的。

幼儿3：凉凉的。

幼儿4：会跳，有弹性。

2. 引导幼儿尝试用气球表现葡萄

（1）教师介绍绘画材料。

教师：今天，除了气球，老师还给你们准备了紫色的颜料。你们能不能用气球和紫色的颜料在白纸上变出葡萄呢？

（2）教师鼓励幼儿自由尝试。

教师：谁能大胆地试一试，小气球和颜料怎么用呢？怎么能印出圆圆的葡萄呢？

幼儿尝试作画。

（3）教师根据幼儿的尝试，总结较为合适的方法。

教师：我看到有的小朋友手握气球，用气球的底部亲亲颜料宝宝，点在纸上，按一按，就变出来一个葡萄宝宝。

（4）幼儿独立操作，感受层叠拓印的效果。

教师：你们快用这个好方法来变你的葡萄吧！

幼儿操作材料，拓印葡萄，教师巡回指导。

教师：要让你的葡萄宝宝们挨在一起，这样，它们才能变成一串儿葡萄。

教师：在蘸颜料时，要让气球多蘸一些。

教师：一颗颗葡萄要紧紧地靠在一起，有的葡萄还躲在其他葡萄的后面。

（三）结束部分

1. 给葡萄添绿叶

教师：葡萄印好了，我们可以用自己的小手掌给葡萄印出绿绿的叶子！

2. 展示作品，分享葡萄

教师：宝宝们的本领真大，气球印出来的葡萄真好看！我们夸夸自己吧！

教师：大家一起品尝葡萄吧！

幼儿作品：

◆ **活动延伸**

在活动区游戏时，美工区提供其他材料，引导幼儿进一步感受和体验表现葡萄的多样化方法；可以提供的材料有：为葡萄涂色、用棉签画葡萄、用团纸粘贴表现立体的葡萄等多种方法，进一步引发幼儿感受绘画和玩色的乐趣。

◆ **活动反思**

户外葡萄架下的观察活动，很自然地调动起幼儿参与活动的积极性。观察他们生活中常见的葡萄，再观察不常见的葡萄生长时的样子，这些内容都是幼儿喜欢的，跟着兴趣自然而然地引发活动，所以活动开始部分完成得比较顺利。在幼儿创作时，因为操作方法简单，适合小班幼儿；同时，教师鼓励幼儿自己先尝试，再根据幼儿的尝试总结适合的操作方法，与幼儿分享。活动进行得有趣、生动，幼儿被新奇的游戏内容所吸引。几天后，幼儿的兴趣不减，仍然喜爱玩用气球拓印葡萄的游戏。

（执教教师：北京市西城区三教寺幼儿园　韩　鸪）

◆ **活动点评**

本次教学活动充分利用自然环境中的教育资源开展活动，采用新颖、有趣的创作工具吸引幼儿参与活动。活动中有3个亮点：

一是注重通过多种途径加强幼儿对葡萄的感知经验。观察、了解葡萄是艺术感受的前提，同时，感受是表现的基础。本次活动不仅通过眼睛的视觉观察来认识葡萄，如，活动开始部分，教师引导幼儿观察、了解葡萄，通过"大体观察"与"细致观察"两个部分引导幼儿观察、发现葡萄的颜色、形状、形态等特征，还设计了有趣的身体动作游戏来感受葡萄成串的形态，丰富和加强幼儿对葡萄的感知，如通过相互挤在一起的身体动作游戏，帮助幼儿感受葡萄成"串"的形态特征。

二是注重幼儿对艺术工具和材料的探索和感受。在引入装水的气球这一印画材料时，给予幼儿时间去揉一揉，摸一摸，了解和感受气球这一材料的特征，为后续探索使用气球拓印画奠定了基础。

三是尊重幼儿的艺术探索，在玩中学、做中学。幼儿对印画方法的探索是本次活动的重要内容。在印画方法的学习过程中，教师摒弃了教师讲、幼儿听、学着教师的样子来拓印的教学方式，而是充分相信幼儿，给予幼儿自主的探索空间，而后通过提炼幼儿探索经验的方法来学习，这样的教法更加自然、有效。教师在学习借鉴此活动的经验后，也可以变化其他材料引导幼儿表现葡萄的特点。

（活动点评：北京市西城区教育研修学院　白　戈）

案例二：泥巴上的花纹（拓印活动）

◆ **活动来源**

开学初，班上的幼儿开展了以绘本《小泥巴，咕咚咕咚》为线索的主题活动。在活动中，幼儿从了解泥土到感知泥土的特性，他们的兴趣越来越高涨。以前玩颜料时，总会有些幼儿因为怕脏、怕弄到身上而不愿意用手触摸颜料。但是，在和泥巴的过程中，幼儿并没有表现出抵触情绪，幼儿都想试一试，对泥巴充满了好奇，情绪都很高涨。为了引导幼儿能够更多地了解泥的特性，发现更多泥的新玩法。近期，教师又开展了"玩泥巴"的一系列活动，从和泥巴开始，到用泥巴进行创作、游戏。今天的活动也由此而来。

◆ **活动目标**

（1）尝试使用各种玩具、材料进行泥的压印。

（2）能够在泥的压印作品上涂色，愿意尝试拓印画的方法。

（3）喜欢参与玩泥活动，体验压印、拓印带来的快乐。

◆ **活动重点**　尝试使用各种玩具、材料进行泥的压印。

◆ **活动难点**　尝试拓印画的方法。

◆ **活动准备**

1. 经验准备　和过泥巴，初步欣赏过壁画，有过做壁画的经验。

2. 物质准备　土、水、各种玩具若干、各色颜料、板刷、画纸若干、PPT课件。

◆ **活动过程**

（一）开始部分

1. 导入环节：玩泥巴

（1）回忆和泥巴的经验。

教师：孩子们，还记得咱们是怎样和泥巴的吗？

幼儿：记得。

教师：今天，我们一起来玩"和泥巴"的游戏吧！

幼儿一起和泥巴。

（2）发现可以在泥巴上印出花纹。

教师：咱们把泥巴放在桌上的垫板上来揉一揉。咦？小朋友们快看，我的泥巴上出现了一个什么？

幼儿1：手印。

幼儿2：哇！太神奇了。

幼儿3：我也想试一试……

教师：那咱们一起试一试吧！把小手放在泥巴上，用力一按，快看看，上面有什么？

幼儿：有手印！

教师：原来把物体放在泥巴上，用力按一按，就可以把这个物体的样子印在泥巴上了。

（二）基本部分：感受和尝试拓印的方法

1. 尝试拓印

找材料，印泥印儿。

教师：你们想不想用其他东西试一试？咱们一起去找一找，把你们喜欢的玩具印在泥巴上吧！

幼儿到四周去寻找玩具，并将找到的玩具放在泥巴上，用力按压，然后再将玩具抬起来。（提示：幼儿在按压的过程中要用力；两个玩具之间要留缝隙）

教师：你印出了什么图案，它们像什么呢？

幼儿1：老师，您快看，我印出了好多动物的小脚印儿。

幼儿2：老师，你看，我把小车印在上面了。

幼儿3：我印了一个方形。

幼儿4：我印了一只犀牛。

2. 制作壁画

教师：小朋友们，你们印得可真好！今天，老师带来了一个好办法，能帮你们把之前印在泥上的图案画下来，你们想不想看一看？

教师示范制作方法。幼儿制作壁画：选择自己喜欢的颜色，用板刷将颜料均匀地刷在泥巴上，取一张绘画纸，放在涂好颜色的泥巴上，用手轻轻地压一压，然后轻轻地拿起来，看！一幅美丽的壁画就做好了。

3. 幼儿创作

幼儿大胆创作，反复拓印，教师进行指导。

（1）幼儿进行初步尝试。

鼓励幼儿将颜色均匀地涂在泥巴上。印的时候，纸不能动。

（2）进行再拓印。

鼓励幼儿尝试用不同的玩具进行拓印。

幼儿1：我印下来了。看，这是一只骆驼。

幼儿2：我也印下来了。我的是一只犀牛。

教师：你们可真厉害！一下子就学会了这个新本领。如果你想再试一试其他的玩具，你可以再将你的泥巴揉一揉、按一按，再去找一个你喜欢的玩具印在上面。

（3）幼儿进行反复尝试、体验。

（三）结束部分：泥工作品欣赏

教师：小朋友们，你们用泥巴做的壁画可真漂亮！老师这里还有一些不一样的泥巴作品，咱们一起来看一看吧！（观看 PPT 课件中的图片）

幼儿：好！

教师：刚刚，咱们是用玩具在泥巴上印出花纹的。现在，咱们看到的这些泥巴作品上的花纹是怎么出现的？

幼儿：用刀刻出来的。

教师：原来泥巴上的花纹还可以用工具制作出来。

教师：咱们一会儿也去找一找，看看班里有没有适合的工具。咱们也来试一试，用工具来刻泥巴吧！

◆ **活动反思**

由于活动内容和材料新颖、有趣，在整个活动过程中，孩子们玩得都很开心，都能够很投入地进行活动，基本达到了目标要求。活动中，游戏和体验的形式与使用泥巴这种贴近自然的材料都深受幼儿喜爱，且非常适合小班幼儿的年龄特点。在整个活动实施过程中，幼儿从"和泥巴"的游戏导入，他们反复揉按，不断操作，在游戏中充分感受泥巴的特性，自然地发现泥巴上可以印出纹路，从而引发幼儿想要将自己喜欢的玩具印在泥巴上的愿望，也体验到了操作过程中带来的愉悦感。

（执教教师：北京市西城区三教寺幼儿园　王　娜）

◆ **活动点评**

"不一样的花纹"是一次新颖而有趣的活动，其趣味性主要表现在：一是材料选择有趣，压印和拓印比较多的是直接在纸上印的，这次活动则选择泥作为材料，充分运用泥的柔软性和可塑性，在泥上压印、拓印，增加了活动的趣味性和作品的艺术性；二是活动过程充满趣味和探索。和泥是有趣的，压印是有趣的，拓印更是有趣的。幼儿始终沉浸在有趣的探索、发现和惊喜之中。

"不一样的花纹"是一次循序渐进的探索发现之旅。活动环节设计上，幼儿已有玩泥和和泥经验，在此基础上引入手的压印、玩具材料的压印，最后又在压印的基础上引入涂色和拓印，和泥——压印——拓印在操作难度上由简单到复杂、难度小步递进，易于小班幼儿学习和探索。活动过程中，提供了幼儿材料选择的自主性，幼儿可以自由选择各种玩具材料进行压印，自由选择颜色进行涂色和拓印，从而发现不同玩具材料和色彩带来的艺术变化。同时，幼儿在活动中有反复操作、不断尝试、探索的时间和空间，在多次操作中感受到动作带来的快感，积累和泥、压印、涂色、拓印的经验。活动的延伸方面，最后环节，教师为幼儿提供刻刀雕刻花纹的视频作为结尾，引导幼儿发现除了用压印、拓印花纹的方法外，还可以用其他工具进行创作，进而扩展幼儿的视野，激发幼儿进行多样化的尝试和探索。

（活动点评：北京教育科学研究院早期教育研究所　张　霞）

案例三：好玩的水墨画（绘画活动）

◆ **活动来源**

幼儿在观赏了水墨动画片《小蝌蚪找妈妈》后，动画片中淡雅的色彩和灵动的形象使幼儿对水墨画产生了兴趣。由于幼儿从未接触过墨汁、宣纸等水墨画的绘画材料，因此，教师设计了这次水墨玩色活动，引导幼儿感知墨的浓淡和宣纸吸水的特性，激发幼儿对不同绘画形式的兴趣。

◆ **活动目标**

（1）愿意尝试使用滴管进行创作，体验水墨晕染的美和乐趣。

（2）乐于表达对水墨晕染效果的想法。

◆ **活动重点**　愿意尝试使用滴管进行创作，体验水墨晕染的美和乐趣。

◆ **活动难点** 乐于表达对水墨晕染效果的想法。

◆ **活动准备** 墨汁、水彩色（红色、黄色、蓝色、绿色、橙色、紫色）、大小不同的宣纸、滴管、喷壶、报纸、背景音乐。

◆ **活动过程**

（一）开始部分：故事情景引入活动，激发幼儿兴趣

教师：今天，老师请小朋友们和我一起表演一个故事。故事发生在一个池塘里。池塘是什么样的？

幼儿1：池塘里有好多水。

幼儿2：池塘是大大的。

幼儿3：池塘里有小蝌蚪和青蛙妈妈，还有红鲤鱼……

教师一边讲述故事，一边引导幼儿操作绘画材料。

（二）基本部分：在故事情境中进行创作

1. 边讲故事边操作材料

教师：我们就用这张大大的白纸来当池塘吧！故事开始了。

一天，池塘里下起了雨（用喷壶把宣纸喷湿），你的池塘里下雨了吗？（引导幼儿往自己的纸上喷水）雨下得好大呀！（引导幼儿反复喷，让纸湿透）池塘里长着一片片荷叶。（用滴管吸墨汁，滴在宣纸上）你的池塘里有荷叶吗？（鼓励幼儿大胆尝试用滴管滴墨汁）看看你的荷叶有什么变化。

幼儿1：哇，我的荷叶长大了！

幼儿2：我的荷叶中间是黑色的，边上是灰色的。

幼儿3：我滴的点点都变成小荷叶了……

2. 丰富画面内容

教师：一只小青蛙跳了过来，又一只小青蛙跳了过来，（用滴管吸绿色颜料随意滴在纸上）它们说："下雨真开心啊，快叫朋友们都出来玩吧！"你的池塘里有没有它的好朋友啊？它们是什么颜色的？（启发幼儿根据颜色进行想象）

幼儿1：我有红鲤鱼。

幼儿2：我也有小青蛙。

幼儿3：我有小蝌蚪。

幼儿4：我有小金鱼……

教师：它们叫来了红色的金鱼、橙色的鲤鱼，池塘里还有什么呢？（观察颜色融合后的变化，鼓励幼儿根据颜色大胆想象，激发幼儿的创作热情）

幼儿1：我的池塘里开出了一朵花。

幼儿2：我的池塘里有好多小蝌蚪。

幼儿3：我这个是小金鱼的家……

3. 拓印作品

教师：池塘里好热闹啊！好朋友们凑在一起，真开心啊！快来拍个合影吧！（拿出同样大小的宣纸铺在画面上，轻轻地拍打）

教师：给你的小池塘也拍张照片吧！（引导幼儿拓印自己的作品）

教师：拿起来看一看，照片拍得漂亮吗？（把印好的宣纸揭下来，和底稿一起铺在报纸上晾干）

（三）结束部分：欣赏作品

教师：你喜欢哪张作品？（引导幼儿注意观察同伴的作品）

教师：猜猜他画的是什么。（鼓励幼儿大胆想象）

幼儿1：池塘里的好朋友在捉迷藏。

幼儿2：好朋友一起玩。

幼儿3：小青蛙的家。

教师：他用了哪些颜色？（引导幼儿辨认不同的颜色）

幼儿：红色、绿色、蓝色、黄色、橙色、紫色。

教师：你认为画面上哪个地方最漂亮？（鼓励幼儿表达自己的观点）

幼儿1：荷花好看，大大的。

幼儿2：小金鱼好看，有好多。

幼儿3：有很多颜色，很好看。

◆ **活动延伸**

这次活动是小班幼儿第一次集体创作水墨画。活动很好地激发了幼儿进行水墨绘画的创作兴趣。后续活动可以根据幼儿的兴趣和需要来确定如何拓展和延伸。比如，如果幼儿对色彩的晕染感兴趣，可以将滴墨晕染活动投放到区域中，鼓励幼儿继续探索晕染技巧，积累水墨画活动经验；也可以引导幼儿观察晕染带来的艺术效果，感受色彩的碰撞、渗透产生的视觉效果，同时适当增加彩墨画欣赏和创作活动；如果幼儿对滴墨创作感兴趣，可以变换不同的场景，如将池塘换成花园等，鼓励幼儿创作，充分体验水墨活动的乐趣；教师也可以变换操作步骤，先滴颜料，后将画纸喷湿，产生不同的晕染效果，激发幼儿持续的艺术创作热情。

幼儿作品：

◆ **活动反思**

由于幼儿平时接触水墨画的机会比较少，水墨画的色彩又比较单一，没有具体、清晰的形象，和幼儿平时的绘画方法及使用的工具有较大差异。如果单纯教授技法，幼儿难以掌握。因此，活动开始从激发兴趣入手，通过欣赏水墨动画片，使幼儿对水墨画产生兴趣，再通过对工具和材料的探索产生绘画的愿望，之后再与颜料相结合，用新奇的绘画方式引导幼儿进一步感受水墨及宣纸的特性，用出其不意的绘画效果让幼儿感受到水墨绘画的奇妙和创作的自信，从而产生再创作的愿望。

（执教教师：北京市西城区三教寺幼儿园　李　蓉）

◆ **活动点评**

感受和体验不同的艺术形式、形成丰富多样的艺术经验是小班幼儿美术活动的重要目标。本次活动将水墨画作为小班玩色活动的内容之一，使用喷壶、滴管等便于小班幼儿操作的材料进行艺术表现，符合小班幼儿的年龄特点及绘画发展水平。活动采用滴管进行创作，同时通过墨和色彩的搭配，产生了色彩丰富的彩墨晕染效果，对于丰富幼儿艺术体验、激发幼儿创作水墨画兴趣、萌发传承中国传统艺术的情感具有重要意义。

教师以故事情境贯穿整个活动，活动一开始便以观看《小蝌蚪找妈妈》的水墨动画经验为基础，设计了池塘的情境，幼儿跟随池塘的故事情境边联想边创作，呈现出了浓厚的艺术创作兴趣和表达愿望。一方面，小班幼儿非常喜欢情境化的活动，容易追随情境进入活动状态；另一方面，幼儿观看水墨动画的经验为后面水墨画创作奠定了很好的基础，避免了幼儿由于缺乏相关经验而不知道画什么等问题的发生；同时，观看水墨动画的经验也为幼儿对滴墨晕染形象进行艺术想象和语言表达提供了潜移默化的影响。

教师注重幼儿的自主创作、想象和表达。活动中，教师没有为幼儿应该画什么内容设限，也没有对画出来的是什么"定型"；而是在故事情境中鼓励幼儿多多尝试，通过提问不断鼓励幼儿自主进行滴墨创作、借形想象和语言表达。比如：第一次滴墨后，引导幼儿观察晕染效果："看看你的荷叶有什么变化？"第二次滴墨后，通过提问鼓励幼儿自主创作："你的池塘里有没有它的好朋友啊？它们是什么颜色的？"接着鼓励和启发幼儿大胆创作："池塘里还有什么呢？"

（活动点评：北京教育科学研究院早期教育研究所　张　霞）

二、中班活动案例

案例一：超级变脸（绘画活动）

◆ **活动来源**

中班幼儿已经开始进入"形象期"，能用不同的形状表现越来越多的事物。他们对自己表现的事物有了明确的目的，也开始追求作品的像与不像。但是受这一阶段幼儿的身心发展水平限制，幼儿还不能准确地绘画事物特征，所以，有些幼儿在绘画活动中，会产生挫败感。近期，在网络上比较流行变脸软件，幼儿总是在幼儿园里议论纷纷，他们对新鲜、生动、有趣的变脸非常感兴趣。因此，结合幼儿在美术方面的发展水平和特点，以及幼儿的兴趣，利用现代信息科技手段，教师设计了本次绘画活动"超级变脸"，使得幼儿通过活动能够体验更多绘画的乐趣，增强自信心。

◆ **活动目标**

（1）将 APP 软件和绘画形式相结合，进行五官与脸型的夸张与变形。

（2）体验艺术夸张和变形带来的乐趣。

◆ **活动重点** 尝试使用变脸软件，发现并用绘画形式进行脸型、五官的夸张、变形、扭曲等创作。

◆ **活动难点** 能够大胆使用夸张、变形的方法表现脸型、五官等。

◆ **活动准备**

1. 经验准备 幼儿已了解人的面部特征；能够简单绘画面部的典型特征；有操作触控电视和手机的经验。

2. 物质准备 电脑及触控电视各一台，手机每人一台、超级变脸及微信操作软件、砂纸每人一张、油画棒、音乐《欢乐舞曲》《乐队进行曲》、毕加索相关作品及作者照片 PPT 课件。

◆ **活动过程**

（一）开始部分："超级变脸"引入活动

1. 导入环节：通过触控电视应用软件"超级变脸"，激发幼儿活动兴趣

教师：刚刚，老师给琪琪照了一张漂亮的照片，大家来一起看看吧！

教师：谁能告诉我，我们的脸上都有什么呢？

幼儿 1：鼻子、眼睛、嘴巴。

幼儿 2：还有耳朵和眉毛。

教师：这就是我们的五官。

2. 欣赏、感受脸型和五官的夸张与变形

（1）欣赏感受变脸，引导幼儿初步了解软件的使用方法。

教师：一会儿，会发生特别神奇的事情，大家注意看哦！（教师操作软件，将眼睛放大，鼻子缩小）你们看，有什么变化？

幼儿 1：太有意思了，鼻子变小了！

幼儿 2：眼睛变大了！

幼儿 3：我们也想试试。

教师：下面有不同的按键，谁先来试试？（幼儿操作）现在有什么变化呢？

幼儿 1：哈哈，眼睛变得像蜗牛一样，转起来了。

幼儿 2：耳朵立起来了。

幼儿 3：嘴巴也变大啦，太好玩了！

（2）幼儿操作感受。

教师：我们先给自己的伙伴拍张照片，一起来玩一下超级变脸吧！变一个最有意思的脸，和我们一起分享一下。

（二）基本部分：进行创作

1. 了解材料

（1）教师介绍绘画内容及绘画材料。

教师：一会儿，我们用桌子上的彩色油画棒和砂纸创作一个有趣的变脸。大家想画一个什么样的变脸呢？

幼儿 1：我想画一个刚才那个眼睛变得超级大的！

教师：你喜欢的超大眼睛是什么形状的？

幼儿 1：是圆形，圆形，超大的眼睛！

幼儿 2：我喜欢这个奇怪的嘴巴，嘴巴像波浪。

幼儿 3：我一会儿变一个特别好玩的，鼻子大、耳朵长，一会儿等着看吧！

教师：小朋友们开始创作自己喜欢的变脸吧！

（2）幼儿自由创作超级变脸。

①情景1：幼儿用一个椭圆画了一个头后，就迟迟不动手绘画了。

幼儿：老师，我不会画！我不知道这变脸要怎么画！

教师：没关系，你可以先告诉我，你想画一个什么样的变脸呢？

幼儿：我喜欢就是这样的！嘴巴是这样的，眼睛特别大的！（边说边指着手机上螺旋扭曲的嘴巴）

教师：你刚刚这奇怪的嘴巴是怎样变出来的呢？

幼儿：就是选的像蜗牛那样的图形按键。

教师：那你看看现在的嘴巴，像是个什么图形，能用什么线条来画呢？

幼儿：嗯……好像个大蜗牛。就是这样的！（幼儿用手比画螺旋，画蜗牛的样子）

教师：那你是不是可以试试用这种像蜗牛一样的螺旋线画一个这样的嘴巴呢？

幼儿：嗯，也许可以。（说完幼儿动笔画了起来）

②情景2：幼儿很快完成了自己的创作。

教师：你可以试试用更多的方法进行变脸，试试刚刚你没使用过的按键，或者变换一下方向或位置，看看有什么有意思的事情发生！

幼儿：那我还可以再画一个吗？

教师：当然可以！

（三）结束部分：作品欣赏与分享

1. 展示与分享

所有幼儿完成创作后，邀请幼儿利用大屏幕分享、介绍自己的作品。

教师：你喜欢哪幅作品？给你感觉怎么样？为什么？

幼儿1：我喜欢这个，特别好笑，眼睛都是这样转转转的！

幼儿2：琪琪的太逗了，嘴巴那么大！眼睛那么小！

幼儿3：这个整个脸都转晕了，太好玩了！

幼儿4：这个牙那么大！

2. 欣赏、感受世界名画毕加索作品

感受绘画大师利用夸张变形的手法创作出来的美术作品，激发幼儿进一步创作的兴趣，增强幼儿对绘画的自信心和成就感。

教师：老师也带来了一些超级变脸，我们一起来看看吧！（一起欣赏毕加索的绘画作品）

幼儿1：这个跟我的像，大鼻子的。

幼儿2：这个的，眼睛也像我画的，那么小。

幼儿3：这个嘴都噘起来了，真奇怪，不过很好玩。

教师：这些超级变脸作品是世界上特别有名的画家毕加索爷爷创作的。我们小朋友也是小画家，和爷爷一样，能创作出这么有意思的作品，你们真棒！

幼儿作品：

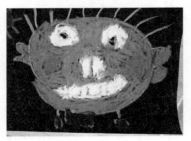 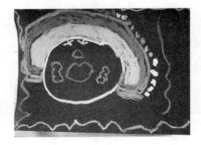

◆ **活动反思**

本次教学内容主要来源于幼儿的生活以及科技软件给予教师的教育灵感。幼儿对于"超级变脸"这一教学内容非常感兴趣。教师能够利用"超级变脸"软件结合中班幼儿在美术方面发展的特点和水平，制订出适宜本班幼儿发展水平且具体、可操作的目标。

从幼儿在活动中的表现来看，通过信息技术的应用，很大程度上调动了幼儿参与活动的积极性，幼儿在整个活动中都保持了非常浓厚的兴趣。在创作过程中，也非常专注、认真。

从幼儿完成的作品来看，所有幼儿都能够在"超级变脸"的绘画活动中，体验到变脸的乐趣，并通过绘画五官和脸型的扭曲、变形、位置的改变、大小的变化等方式，非常富有独特个性地表现自己喜欢的"超级变脸"。

（执教教师：北京市第十五中学附属陶然亭幼儿园　杨　颖）

◆ **活动点评**

此次活动利用了现代的信息科技手段，打破了过去单纯的图片欣赏、观察提问、语言表达的方式，而是通过手机软件设计生动、有趣、富有挑战与创意的游戏情节和操作环节，更加尊重和支持幼儿的学习方式，启发了幼儿通过直接感知、实际操作、亲身体验深入感受和欣赏夸张、变形的脸，给予了幼儿自由发挥个性进行艺术创作的时间和空间。

活动主题既具有对幼儿生活经验的敏感性，又彰显了艺术的创造性。一方面，幼儿使用各种电子产品的机会和经验非常丰富，自拍、美拍等不仅是幼儿已有经验，也是幼儿喜欢玩的活动；另一方面，活动主题选择了打破常规、具有创造性的主题——变脸，通过五官和脸型的扭曲、变形、位置的改变、大小的变化等，打破幼儿已有对脸的认识，为发挥创造性和想象力提供了充足的空间，在愉悦的氛围中自主探索和创造。

教师利用信息技术，采用"自主操作——感受欣赏——大胆创作"的方式，为幼儿创设了宽松、愉悦的创作氛围。幼儿在操作 APP 软件过程中感受、体验变脸的特点和乐趣，在绘画中自由创作自己的变脸。整个活动体现了幼儿的主体地位和主动探索、学习的状态。

教师有意识地支持幼儿艺术经验的积累和扩展。在活动结束环节，除了互相欣赏同伴作品之外，教师还引入了毕加索作品作为活动的延伸，对于进一步开阔幼儿视野，积累更为丰富的艺术经验具有积极意义。

（活动点评：北京教育科学研究院早期教育研究所　张　霞）

案例二：大怪脸（撕纸活动）

◆ **活动来源**

一天，孩子们在图书区阅读《走开，绿色大怪物》的绘本。他们对书里大怪物的形象特别感兴趣，还时不时地把大怪物那页放在自己的脸上，逗逗自己、逗逗同伴。没想到，他们不但没有害怕大怪物这个形象，反而很喜欢。看到幼儿很感兴趣，教师提问幼儿是否要做一个类似的大怪物脸谱，孩子们表示赞同，开心极了！于是，师幼一起阅读绘本，观察书中大怪物的细节、分析其特点，开展了制作大怪脸这样一次美术活动！

◆ **活动目标**

（1）能够大胆想象大怪物的五官特征，尝试用撕贴或剪贴的方法表现怪脸。

（2）敢于大胆表达与表现，感受想象带来的快乐。

◆ **活动重点**　尝试用撕贴或剪贴的方式粘贴怪脸。

◆ **活动难点**　愿意大胆表达与表现大怪物的"怪"。

◆ **活动准备**

1. **经验准备**　活动前，撕好大怪物脸部的轮廓（A3 纸）。

2. 物质准备 图画书、彩色纸、剪刀、胶棒若干。

◆ **活动过程**

（一）开始部分：绘本故事引入活动

1. 导入环节：观察图书并讨论

教师：前几天，老师和小朋友们一起看了《走开，绿色大怪物》这本书。因为今天我们也要做一个大怪物，所以我们先来回忆一下这个故事。在回忆的过程中，我有问题要问小朋友们，看看谁的回答和别人不一样。

（1）观察第一页（眼睛）。

教师：这个大怪物有什么颜色、什么形状的眼睛？

幼儿：黄色的圆形眼睛。

教师：想一想，一会儿，你要做什么样的眼睛？

幼儿1：我想做红色正方形的眼睛。

幼儿2：我想做三角形的眼睛。

幼儿3：我想做一只正方形的眼睛，一只圆形的眼睛。

（2）观察第二页（鼻子）。

教师：我们再一起来看一看，大怪物的鼻子是什么样子的？

幼儿1：绿色的。

幼儿2：长长的。

教师：大怪物的鼻子还能变成什么样？

幼儿1：可以是三角形的鼻子。

幼儿2：很大很大，比眼睛嘴巴都大。

（3）观察第三页（嘴巴和牙齿）。

教师：我们一起来学一学，大怪物的嘴巴是什么样的？（幼儿都争先恐后地模仿）

教师：再一起看一看，大怪物的牙齿是什么形状的？

幼儿1：尖尖的！

幼儿2：三角形的。

教师：它的嘴巴和牙齿还能变成什么样子？

幼儿1：可以特别大，圆圆的嘴。

（4）观察第四页（耳朵）、第五页（头发）、第六页（脸）。

教师：你们还记得大怪物的耳朵（头发、脸）什么样吗？它还能变成什么样？看谁和别人想的不一样！

幼儿1：我想让大怪物长着五颜六色的长头发。

幼儿2：我想让大怪物的脸上长出手。

（二）基本部分：表达、表现大怪物

1. 感受怪物的特征：出示不同的大怪物图片

（1）观察第一个大怪物。

教师：老师，这儿还有几张大怪物的图片，咱们一起来看一看，它有多怪！

教师：这只大怪物，它怪在哪儿？

幼儿1：它的头上长了好多的犄角。

幼儿2：它是对眼。

幼儿3：它的牙齿有大有小。

（2）观察第二个大怪物。

教师：这只大怪物，它怪在哪儿？

幼儿1：它的眉毛粗粗的。

幼儿2：它的耳朵很大而且很尖。

幼儿3：它的牙齿很尖、很锋利，而且有大、有小。

幼儿4：它的脸上长了很多的毛。

（3）观察第三个大怪物。

教师：这只大怪物，它怪在哪儿？

幼儿1：它的嘴巴特别大，而且它只有两颗牙，牙齿很尖。

幼儿2：它的头上长了胳膊和腿，还长了很多的毛。

幼儿3：它的头上还有两个犄角。

教师总结：你们想不想也做一个和别人不一样的大怪物？大家还记得咱们前几天自己剪了个怪物的脸吗？但是脸上还没有五官、头发和耳朵。一会儿，咱们就要做一个你觉得最怪的、和别人不一样的大怪物。

2. 自愿选组，制作大怪物

教师：有两种方法可以制作大怪物，你可以选择用手撕大怪物的五官、头发和耳朵，或者用剪刀剪出大怪物的五官、头发和耳朵。想好就可以去制作了！

幼儿1：老师，我要做一个长头发的大怪物，还要给它戴一副眼镜。

教师：眼镜，你要怎么做？

幼儿1：撕一个长方形，然后再撕出两个洞。

教师：你想得真好！撕洞的时候，注意眼睛的距离和位置。

幼儿2：老师，我要做一个大嘴怪物，它长了很多的牙齿。

教师：它的牙齿是一种形状吗？是不是形状多样，更可以突出它的怪呢！

幼儿2：我还可以把它的牙齿做成不同的颜色。

幼儿3：老师，我的大怪物只有一只眼睛。

教师：我看到了，虽然它只有一只眼睛，眼睫毛可真多啊，还很长。

幼儿3：老师，你说对了。这只怪物，我给它起的名字就是长睫毛怪物。

教师：小朋友们制作了很多有趣的大怪物，而且都突出了"怪"这个字，给你们的想法点赞。

（三）结束部分：幼儿之间互相欣赏作品

教师：我们一起来看一看，这个小朋友画的大怪物怪在哪里？

幼儿：这只怪物只有一只眼睛，而且睫毛又长又多。

教师：谁还想来分享一下自己的作品？

幼儿1：你们看看，我的怪物怪在哪里？

幼儿2：耳朵特别大，耳朵上还有毛。

幼儿1：你说对了。我特意给它的耳朵上长了很多毛。

幼儿作品：

◆ **活动反思**

在整个活动中，幼儿都非常开心、投入，兴趣高涨。幼儿在前期绘本阅读的过程中对图书内容有了初步了解。此次活动开始时，教师和幼儿回忆图书内容并讨论了新的问题，引导幼儿在前期经验的基础上充分想象，发散思维，如："大怪物的嘴巴还能变成什么样"，并鼓励幼儿模仿大怪物的嘴巴等，希望通过身体的感受和体验让幼儿有更加多元的想象和创造，并能带动幼儿更多参与活动的兴趣。

（执教教师：北京市西城区槐柏幼儿园　刘梦文）

◆ **活动点评**

教学活动将图书内容中的人物形象作为创作主题。教师通过"问题引导""物象分析"的方式引导幼儿分析绘本中人物的外形特征，帮助幼儿理解与认识怪物"怪"在何处，进而突破活动的难点；同时，活动增加了3种大怪物怪脸的图片，进一步加强幼儿对"怪"的理解，丰富幼儿对怪物的认识。活动注重引导幼儿进行了创作前的事先构思，比如在回顾分析《走开，绿色大怪物》中的怪物形象时，提问"想一想，一会儿，你要做什么样的眼睛""大怪物的鼻子还能变成什么样"这类提问，自然而然地提示幼儿去思考自己想要创作一个什么样的怪物，为后续自主撕贴奠定了很好的基础，减少了幼儿不知道想要创作以及如何表现等问题的出现。活动内容的选择符合中班幼儿想象力丰富、表现夸张的绘画特点。同时，撕纸粘贴的创作方式——易操作、易组合、易造型，符合中班幼儿有想法但缺乏表现技能的特点。整个活动完成了教师预设的活动目标，符合幼儿的年龄特点。教师给予幼儿充分地想象、感受、体验、表达的空间和时间，尊重了幼儿的创作需求、兴趣和个体差异，提供了适宜年龄、操作性强的材料，设计的活动层层递进，幼儿在参与活动的过程中投入、专注，活动受到了幼儿的喜爱！

（活动点评：北京教育科学研究院早期教育研究所　张　霞）

案例三：无限遐想（美术欣赏）

◆ **活动来源**

中班幼儿想象力丰富，敢想、会表达。他们对事物认知逐渐清晰，在创作过程中表征能力又不足。这一时期幼儿的特点使得他们的作品具有抽象性，简单的符号却蕴含着丰富的故事与内容，稚拙的笔触却隐藏着巨大的能量，强烈的色彩却彰显多种情绪、情感。因此，这一阶段，引导幼儿欣赏名家的抽象作品，感受作品中的故事与想象，有利于培养幼儿的审美能力和想象力。

本次欣赏的作品为西班牙画家米罗的作品《午夜和晨雨中夜莺的歌声》。作品通过点、线、面——平面的基本造型元素构成。画作元素信息简单，色彩强烈，用简单的色彩和基本元素组成了各种图形，表达了简单的事物形象，幼儿可以通过点、线、面这 3 种元素的不同形态和不同组合想象无限的故事空间，并创造出丰富多彩的美术作品。

◆ **活动目标**

（1）欣赏作品，感受点、线、面的变化及表现特点。

（2）尝试借形想象，大胆表达与表现作品。

（3）体验联想与表现作品的快乐。

◆ **活动重点** 欣赏作品，感受点、线、面的变化及表现特点。

◆ **活动难点** 尝试借形想象，大胆表达与表现作品。

◆ **活动准备**

1. 幼儿用物品 浅色 A3 大小画纸人手 1 张；红、黄、绿、蓝、黑、白 6 色水粉颜料每组一套，小号水粉笔每个颜色 2 支；黑色油性记号笔 17 支。

2. 教师用物品 米罗画作《午夜和晨雨中夜莺的歌声》教学 PPT 课件，游戏音乐，可操作电脑课件的移动终端（如 iPad）。

◆ **活动过程**

（一）开始部分：游戏引入，感受点、线、面的特点

1. 导入环节：游戏"飞舞的小蜜蜂"

教师引导幼儿发现游戏玩法。

教师：小朋友们，今天，老师给你们请来了一个好朋友，让我们一起看看它是谁。

教师出示蜜蜂图片。

教师：小蜜蜂特别喜欢在花丛中飞来飞去，采花蜜。今天，我们也来玩一个"小蜜蜂采蜜"的游戏，让我们一起听一听游戏的音乐。

教师播放游戏音乐，教师：你们觉得音乐的什么地方表现了小蜜蜂在花丛中飞舞？什么地方表现了小蜜蜂在采蜜？

幼儿 1：欢快的音乐是小蜜蜂在花中飞舞。

幼儿 2：长音是小蜜蜂在采蜜。

教师小结玩法：今天，我们也来当小蜜蜂，一起玩一个"小蜜蜂采蜜"的游戏。当我们听到欢快的音乐时，小蜜蜂就要在花丛中飞舞；当听到长音时，小蜜蜂就要停下来，采蜜。

教师组织幼儿初次尝试游戏。

教师：让我们一起听着音乐，玩一玩吧！

2. 教师组织幼儿游戏，在游戏中创造出各种不同的点

教师：我们再玩一次游戏。这次，老师要提出更难的要求了，一是请小蜜蜂飞到更远的地方（后面的桌子处）去采蜜，二是要在画纸上记录采蜜的次数与位置。

幼儿进行游戏。

教师：小蜜蜂采了很多的蜜，快看看我们的画纸上，留下了很多的什么？

幼儿：点，很多的点。

（二）基本部分：欣赏米罗画作《午夜和晨雨中夜莺的歌声》

1. 介绍画家

教师用 iPad 播放 PPT 课件米罗的照片。

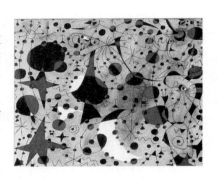

教师：今天，老师给你们介绍一位西班牙的大画家。这位大画家也喜欢画点，他叫米罗，他特别爱像小朋友一样画画。让我们来看看，他都画了什么？

2. 欣赏米罗的作品

（1）教师用 iPad 播放 PPT 课件（只有画中的点）。教师通过点引出画家米罗的作品，请幼儿欣赏画作中的点。

教师：你看到了什么？

幼儿：点。

教师：看到了这些点，你觉得它们像什么？你有什么感受？

幼儿1：像石头，很多的石头。

幼儿2：像雪花，从天空上飘下来。

幼儿3：像星球，有大，有小；有的远，有的近。

幼儿4：像海边的贝壳，落在沙滩上。

幼儿5：像小朋友玩的皮球，在蹦蹦跳跳。

（2）播放 PPT 课件（只有点和线）：欣赏画作中通过点的连接形成线，感受点线的变化，进行造型联想。

教师：米罗不光画了点，还用线把这点给穿了起来。我们来看看，他都用了什么线？你觉得他将点连起来后，画了什么？

幼儿1：用了直线，画了三角形、礼花。

幼儿2：用了蜗牛线，画了贝壳。

幼儿3：用了曲线，画了过山车的轨道、小蛇。

幼儿4：用了折线，画了星星。

幼儿5：还用线组合，画了太阳。

（3）播放 PPT 课件（完整图片）：完整欣赏米罗作品。

教师：米罗最后还给画涂上了颜色。快来看看，他都涂了什么颜色？

幼儿：红色、黄色、白色、黑色、蓝色、绿色。

教师：涂上颜色后，你觉得他画了什么？

幼儿1：画了戴着黑帽子的白月亮。

幼儿2：画了蓝色的大星星和小星星。

幼儿3：画了一个有红指头的黑色手掌，像一个大熊掌。

幼儿4：画了一个潜水艇，白色的指挥舱外面还有指示灯。

教师：画面给你什么感受？

幼儿1：有些乱，像宇宙中的星球。

幼儿2：像海底，潜水艇在水下工作，看到了很多奇怪的生物在水中游。

幼儿3：像游乐场，有各种各样的游乐设施，线就是道路。

（4）教师介绍作品名称。

教师：米罗的这幅用点和线画的有趣作品名字叫《午夜和晨雨中夜莺的歌声》。

3. 幼儿尝试创作绘画

教师：你们想不想也把你们创作的点像米罗一样用线连接起来，变出许多有趣的图案。

教师：请小朋友们每人选一张作品放在桌上，先用线把点穿起来，如果你觉得点不够多，可以添加。画好线后，你看看自己创作出了什么图案，想一想它像什么，再进行添画、涂色。

幼儿创作。教师重点鼓励幼儿大胆连接点，根据连接出的图形进行想象，再涂色。

（三）结束部分：集体欣赏作品

1. 幼儿之间自由交流自己的作品

2. 教师请幼儿讲述自己的作品

教师：你们把点连起来后，创作出了什么？

幼儿1：我画的是迷宫，里面藏了很多宝贝。

幼儿2：我画的是色彩星球，还有很多小的星星。

幼儿3：我画的是去旅游的地图，有很多景色。

幼儿4：我画的是城市，有颜色的是有人住的，没有颜色的还没有人住。

教师：说说你今天活动后的感受。

幼儿1：我特别高兴，因为今天的画画就像做游戏。

幼儿2：我特别快乐，因为今天我可以想画什么就画什么。

◆ 活动延伸

（1）美术教学活动中尝试不同材料进行点、线、面的创作活动，并引导幼儿利用自由线创作出来的形进行游戏，进一步帮助幼儿感受点、线、面的变化。

（2）欣赏米罗的其他作品以及蒙特里安的《百老汇爵士乐》《红、黄、蓝的构成》等，感受不同的点、线、面及色彩组合后带来的奇妙形状和有趣的画面效果。

（3）可以与美术区活动相结合，引导幼儿感受多种材料和绘画方法，用自己的方式去创作个性化的作品。

幼儿作品：

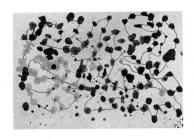 

◆ **活动反思**

本次教学活动利用游戏激发幼儿对活动的兴趣。教学活动中，通过情景营造与音乐旋律变化，引导幼儿在游戏中点点画画，感受音乐与绘画结合带来的快乐体验。同时，幼儿扮作小蜜蜂，飞舞时行走的是不停移动的线，当停下来绘画时是一个个的点。在游戏的过程中，通过身体的动与静，幼儿就已经开始感受线与点的变化了。

米罗的这幅《午夜和晨雨中夜莺的歌声》作品是利用美术最基本的点、线、面元素自由重构组合出新奇的画面，让人充满想象。多种元素重叠、同时出现，幼儿容易被各种欣赏内容干扰，造成观察目标不明确的现象。为了引导幼儿更清晰的欣赏和理解作品，在活动中，教师运用分层欣赏的策略，让幼儿感知作品中的点、线、面，帮助幼儿感受点、线、面、颜色基本元素给自身带来的感受，又通过层层叠加引发幼儿不断深入的连续想象，在联想中，获得多次感受与想象的升华，从而发现作品的魅力和有趣。

活动中，教师使用移动终端代替电脑操作教学课件，教师与幼儿可以共同控制，操作灵活、方便。教师允许幼儿操作移动终端也大大提高了幼儿主动观察、主动想象、主动表达的积极性，增强了教师与幼儿、幼儿与作品、幼儿与幼儿之间的互动性。

（执教教师：北京市西城区三教寺幼儿园　韩　鸪）

◆ **活动点评**

"无限遐想"活动中，教师将游戏贯穿教学活动始终，以游戏化的教学方式开展，采用音乐与美术、游戏与学习、欣赏与创作3方面相结合的手段，使用了长音记录、作品分层赏析、激发想象创作等教学方法，完成引入、拓展、创作、反思的教学过程，幼儿在玩玩、看看、说说、画画的过程中感受点、线、面的美与大师作品的魅力。

正如教师活动反思所说，活动运用分层、分类欣赏的策略，引导幼儿分别欣赏作品中点、线、面的特点，又通过层层叠加，引发幼儿不断深入联想，在联想中获得多次欣赏、感受的升华，发现和体验到作品的魅力和有趣。这种欣赏方法对于这类艺术作品的欣赏有借鉴和启示意义。

利用信息技术完整和局部欣赏作品，使幼儿的大胆猜想与大师作品完美结合。幼儿随意并富有想象的绘画充满童真、童趣，给艺术插上了想象的翅膀。活动中，幼儿专注、积极、乐于体验与表达，在欣赏与绘画的过程中，运用已有经验，大胆想象，很好地理解点、线变化，共同创作的作品灵动、有艺术气息。

（活动点评：北京市西城区教育研修学院　白　戈）

三、大班活动案例

案例一：有趣的动词（绘画活动）

◆ **活动来源**

大班幼儿活泼、好动，运动能力发展迅速，语言也更加丰富，能理解并使用常见的形容词、动词、同义词等。但是，通过什么方法能够了解幼儿已经了解、感受到的动词意义和内涵呢？结合幼儿的特点，教师设计了这次活动，旨在引导幼儿在游戏中丰富、感受动词。希望绘画活动"有趣的动词"能够给幼儿一个诠释动词的"平台"，引导他们大胆地表达自己对动词的理解。

◆ **活动目标**

（1）尝试用绘画的形式表现不同动作的姿态和特征。

（2）愿意大胆地表达与表现自己对动词的理解。

◆ **活动重点** 尝试用绘画的形式表现不同动作的姿态和特征。

◆ **活动难点** 愿意大胆地表达、表现自己对动词的理解。

◆ **活动准备** 幼儿户外活动各种动作的照片、纸、水彩笔。

◆ **活动过程**

（一）开始部分：感知常见动词

1. 导入环节：出示照片，引导幼儿观察

教师：小朋友们，请你们欣赏一组照片。请小朋友们看一看，照片中的小朋友在做什么？

幼儿1：在跨障碍。

幼儿2：在垫子上向前爬。

幼儿3：在测试跳远。

教师随着幼儿讲述把每张照片代表的动词贴出来。如，幼儿在跨过障碍物，那么教师就在这张照片下面贴上"跨"；幼儿在海绵垫子上向前爬，教师就在这张照片下面贴上"爬"等。

教师：原来这些照片都是我们在户外做运动时，老师给你们拍下来的。现在，老师把这些动作用文字进行了标注。请谁来猜一猜，这些字都念什么？

2. 鼓励幼儿根据照片中的内容猜文字

教师：钻、爬、绕、走、跑、跨、跳、穿，这些词有一个共同的名字，就是"动词"。也就是当我们一说到这些文字时，我们就会想到相应的动作。所以，它们共同的名字叫"动词"。

（二）基本部分：绘画表现动作

1. 游戏"我说你做"，感受动词表现的动作

教师：小朋友们，现在，我们来玩一个游戏，游戏的名称叫"我说你做"。你可以用自己的方式表现我说的动词，也可以和小朋友合作来表现动词中的动作。

教师依次发出口令：穿、绕、跑、跨、跳、摘等。

教师：我看到许多小朋友的动作特别有意思。现在，我请一位小朋友上来展示。其他小朋友要仔细观察，展示动作的小朋友身体有什么样的变化？

教师：哪位小朋友愿意给我们展示一下"跑"？请其他小朋友观察，他跑的时候和站立的时候有什么不一样？

幼儿1：跑是身体在动，站立是不动的。

幼儿2：跑的时候，腿和胳膊是弯着的。

教师：哪位小朋友愿意展示一下"爬"？其他小朋友观察一下，他爬的时候，身体是如何变化的？

幼儿1：爬的时候，手和脚都要在地上。

幼儿2：身体是弯着的。

教师：哪位小朋友愿意展示一下"跨"？其他小朋友观察他跨的时候身体的变化。

幼儿：跨的时候，两条腿是分开的。

教师：哪位小朋友想表演一下"跳"？其他小朋友观察他跳的时候身体的变化。

幼儿：跳的时候，双脚是离开地面的。

教师：我刚才看到有几个小朋友合作表演了"钻"。现在，我请3位小朋友来展示一下"钻"。

两名幼儿双手搭在一起，当做门，另一名幼儿钻过去。

幼儿1：钻的小朋友，腰是弯着的。

幼儿2：头也要低下去。

教师：你们观察得都特别仔细！原来运动的时候，我们的身体是有很大变化的！

2. 绘画表现动作

教师：请小朋友们到前面来，每人拿一张动词卡，然后用绘画的形式告诉我们，你在什么情况下会做这个动作？之后，请大家一起来猜一猜，你画的是什么动作？

（1）指导案例1：

幼儿：我选择的是"跑"。

教师：如何能够让小朋友看出你是在画跑呢？

幼儿：我可以画上跑道。

教师：很棒，周围的环境可以帮助我们解释动作！那么画出来的身体呢？怎么能够帮助我们解释跑这个动作呢？

幼儿：跑步中的腿是弯弯的。我在画的时候，也要画弯弯的腿。

教师：没错，那么跑步时我们的腿是并在一起的吗？

幼儿：不是，是前后分开的。我画的时候也要画出前后分开的两条腿。

教师：非常棒，你观察得很仔细！我相信小朋友们肯定能够猜出来！

（2）指导案例2：

幼儿：我选择绘画的动作是"钻"。

教师：如何能够让小朋友看出你是在画"钻"呢？

幼儿：我想要画一个钻圈，这样大家就知道我画的是钻了。

教师：哦，可光有圈，没有动作的提示，我们也会以为是走过去啊！

幼儿：我要画一个小朋友弯着腰，身体有一半在圈里，这样大家就知道是钻了！

教师：太棒了，这个动作能够说明是钻。那你想想，周围小朋友的动作能不能区别钻时弯腰的小朋友，这样更能够帮助我们猜出来。

幼儿：哦，我可以将周围画一些站得直直的小朋友，而且要比钻的小朋友高，这样，大家就能猜出来啦！

教师：你的想法太棒啦，期待你的作品。

教师巡回指导过程中，注意引导幼儿把对动词的认识表达清楚，与他说一说，平时都做哪些事情能够用到相应的动词。在绘画动词时，身体姿势会有哪些变化。同时，提示幼儿画出周围环境，因为环境也可以帮助看图的人很好地理解动词。

（三）结束部分：以"猜画"游戏进一步感受动词

教师：请小朋友们将你的字贴在画的背面，我们先来一起猜一猜你画的动作，最后请你揭晓答案。

幼儿开始进行"猜画"游戏，最后翻开画的背面，揭晓答案。在揭晓答案后，请幼儿说一说为什么能猜对，如果大部分幼儿都没有猜对，那么请幼儿说一说可以怎么调整。

◆ **活动延伸**

在户外活动中，多引导幼儿用动作感受动词的实际意义，并引导幼儿创造简单的动词符号。

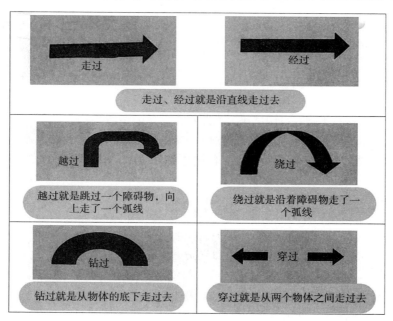

◆ **活动反思**

首先，随着大班幼儿阅读能力的增强，鼓励幼儿自主阅读的机会就会增多。图画书中有很多图画表示一些常见的动词，比如《母鸡萝丝去散步》《了不起的巨人》等。这次利用绘画活动帮助幼儿认识、理解、表达动词，符合大班幼儿最近发展区的需要。因此，在这次活动中，幼儿没有因为有识字内容而感到枯燥、无味，而是充满了兴趣。

其次，教学环节设计层层递进，符合幼儿的年龄特点。从最初的看照片辨识动词，到说动词，画动词，幼儿一步步地认识、了解、表达了对动词的理解和认知。

（执教教师：北京市西城区槐柏幼儿园　隋富雅）

◆ **活动点评**

动词对于幼儿来说是抽象的，不易理解和区分。在"有趣的动词"这一美术活动中，教师以前期收集的照片为线索引发幼儿原有经验，从幼儿熟悉和喜爱的户外运动入手，将"动词"结合幼儿的生活经验而具体形象化，通过观察、猜测、体验等途径帮助幼儿感知动作和动词的关系，并用文字这一"媒介"将动作与动词联系起来，动作、语言、文字、绘画巧妙地结合，使得大班幼儿不仅建立了文字符号的概念，而且建立了"动词"的概念，并从多角度对"动词"有了较为深刻的理解。

在活动中，教师能用照片、动作等积极调动幼儿原有经验。当幼儿出现新的经验时，能及时地总结、提升，同时运用绘画手段巧妙地、有创造性地表达与表现自己所理解的动词，绘画的运用过程也体现了幼儿经验的建立、连接和运用的过程。

（活动点评：北京教育科学研究院早期教育研究所　张　霞）

案例二：我的梦（美术欣赏）

◆ **活动来源**

大班幼儿对美有一定的欣赏能力，他们喜欢用自己的语言描述自己的内心感受。如果这时给幼儿提供一些大师作品或是生活中美的事物，调动他们内心丰富的感受，并且运用感受创作属于自己的、美的作品，会不断地提高幼儿的欣赏能力和表达能力。本次活动从名画欣赏——毕加索的《梦》引入，引导幼儿发现美、感受美、体验美，增加幼儿对色调的认识和理解，激发幼儿运用色调进行表现的兴趣。

◆ **活动目标**

（1）理解色彩带给人的不同感受。

（2）尝试运用色彩表达不同的心情和想法。

（3）能大胆地表达与表现自己的感受，体验自由创作的乐趣。

◆ **活动重点**　理解色彩带给人的不同感受，了解暖色和冷色在绘画作品中的作用。

◆ **活动难点**　尝试运用不同色彩表达不同的心情和故事，知道绘画的主体和背景颜色要有差异。

◆ **活动准备**

1. 经验准备

（1）有一定的生活经验，大家一起讨论过做梦的话题。

（2）对颜色有一定的认知，有使用过水粉绘画的经验。

2. 物质准备

（1）PPT 课件，内容包括毕加索作品《梦》及由名画组成的不同背景。

（2）绘画纸、水粉颜料、刮画板、水粉笔等。

（3）音乐《星空》。

◆ **活动过程**

（一）开始部分：欣赏作品导入

播放毕加索的作品《梦》的课件，师幼共同欣赏。

教师：有一个国家叫西班牙，那里有一个大画家名字叫毕加索。今天，我们一起来看看他的一幅作品。

教师：画家画了一个什么人？她在做什么？

幼儿1：一位阿姨，她在睡觉。

幼儿2：是个女人，好像在做梦。

教师：请小朋友们看一看，这位阿姨的表情是怎样的？

幼儿1：阿姨在笑。

幼儿2：是笑的表情。

教师：画家在这幅画里用了哪些颜色？

幼儿1：红红的，软软的沙发。

幼儿2：阿姨粉红色的手臂。

幼儿3：我觉得画家使用了很多暖色。

教师：如果她在做梦，你想她是在做什么梦呢？你是从什么地方看出来的？

幼儿1：我觉得是美梦，因为颜色都特别温暖。

幼儿2：我觉得是个高兴的梦，因为阿姨表情是笑的。

教师：红色和黄色这些暖色的色调会给人一种暖洋洋的感觉。看到这样的色调，我们心情会怎样？

幼儿1：高兴。

幼儿2：美美哒！

（二）基本部分：感受色彩变化

1. 欣赏作品，引发幼儿对色调的感受和体验

教师：我们一起来学学这个阿姨做美梦的样子。

教师：我们看看这个背景色，猜猜她梦见了什么？

幼儿：梦见了蓝色的夜晚。

教师：现在，阿姨睡在冷色的调子里是什么感觉？

幼儿1：睡得特别香甜。

幼儿2：而且睡得还很安静。

教师：我们看看这个背景色，猜猜她正在做什么梦呢？

幼儿：梦见了鲜花。

教师：红色、黄色为主的鲜花给人什么感觉？

幼儿1：美丽的感觉。

幼儿2：幸福的感觉。

教师：我们看看这个背景色，猜猜她还梦见了什么？

幼儿：绿色的树林。

教师：睡在绿色的树林里是什么感觉？

幼儿1：让我感觉空气很好。

幼儿2：阿姨睡得应该很舒服。

教师：我们看看这个背景色，猜猜她还梦见了什么？

幼儿：梦见自己睡在小河边。

教师：睡在蓝色的小河边是什么感觉？

幼儿：蓝色的河水，粉色的睡莲，让我感觉小河边好像

有风要吹过来，很凉爽。

教师：不同环境的背景色调给阿姨带来了不同的美梦，带来的心情也是不一样的。

2. 构思和表现自己的美梦作品

教师：你做过梦吗？给你印象最深刻的是什么梦？

幼儿1：我的梦是妈妈带我去游乐园，我特别高兴！

幼儿2：我的梦是和好朋友一起玩。

幼儿3：我的梦是去海边游泳了。

教师：如果用颜色表达你美梦的心情，你会用什么颜色？为什么？

幼儿1：我会用粉色，粉色是特别甜蜜的感觉。

幼儿2：我会用绿色，因为我的梦是去大草原，那里都是绿色。

教师：小朋友们也能像画家一样把你的美梦变成一幅美丽的作品！

教师：首先，要选一种颜色或色调作为美梦的背景色，这个背景色要能代表你美梦的心情。

教师：请把选的颜色随意挤在画纸上，用小刮板把颜色刮满画纸，作为你美梦的背景色。

教师：然后选择与背景不同的颜色，绘画美梦里让你觉得漂亮的人、好玩的事、有意思的东西……

3. 指导幼儿创作

教师：你做过什么梦？

幼儿：我梦见我和我的好朋友一起跳舞。

教师：这真是一个美好的梦。你准备怎么创作这幅作品？

幼儿：我还没想好。

教师：梦里都有谁？

幼儿：我和依依。

教师：你和依依是长头发，还是短头发，你和依依穿着什么样的衣服？

幼儿：我们都是长头发，梳着长长的辫子，我们都穿着漂亮的长裙子，上面还有很多花。

教师：你们跳的什么舞？胳膊和腿，还有身体是什么样子的？

幼儿：我们是这样跳的。（幼儿表演）

教师：哦！胳膊向上，并且一高一低，腿是分开的，是吗？

幼儿：是的。

教师：现在，可以创作你的跳舞梦了吗？

幼儿：可以了。

（三）结束部分：分享自己表现的"美梦"作品

教师（在展示台上展示幼儿作品）：猜一猜同伴的美梦是什么。

幼儿1：这个梦里有很多小汽车，一定是堵车了吧！

幼儿2：这个梦里有很多小花，太好看了。

教师：请哪个小朋友说一说你的美梦，大家一同感受做美梦的感觉。

幼儿1：我的梦是我飞上天空了，这是我看到的彩虹。

幼儿2：我的梦是我当了一名勇士，我在和怪兽战斗。最后，我赢了。

幼儿3：我的梦是我和妈妈、爸爸，还有我的朋友。我们一起去了海边，我们玩得特别开心!

幼儿4：我梦见我和依依一起跳舞。

教师：老师希望大家都能美梦成真，快乐成长！

幼儿作品：

◆ **活动反思**

这次活动通过不断转换的背景激发幼儿的原有经验，将色彩与幼儿的感受相结合。在构思环节中，教师能够鼓励幼儿大胆表现自己的感受，激发幼儿对原有经验的再加工，把自己的感受和经验借助色彩、线条、造型等表达，体验自由表现的乐趣，幼儿基本能达成目标。活动中，幼儿对背景的设计大胆而丰富，奇思妙想，创意地表达了自己的内心感受。

需要调整的是，活动中幼儿对自己梦的内容更加感兴趣，与色彩联系得还不够紧密，这也与幼儿思维方式比较具体、形象有关。在构思自己梦的时候，可以更加突出与色彩建立的联系。延伸活动中，创作形式也可以更加多样，如加入超轻黏土、水彩笔等，利用多种材料支持幼儿的想象与创造。

（执教教师：北京市西城区三教寺幼儿园　张　妍）

◆ **活动点评**

课件的设计是活动的一大亮点。首先，课件色彩鲜艳、明快，能够吸引幼儿的注意力，课件取代了传统教学法中的图片，让名画活了起来，有利于幼儿在欣赏的过程中体验美感。其次，名画的背景采用蒙太奇方式切换，引导幼儿充分感受随着背景色调的变化而引起的不同心理感受。这样，幼儿很容易将抽象的色调转化、理解为直观感受。在这里，课件发挥了无可替代的作用。

另外，幼儿在教师的引导下，从欣赏名画到背景切换感受名画，最后到动笔创作的过程，幼儿对美术作品赋予了自身的情感，让作品更加生动，更富有个性的表达。

建议尽量选择主题内容简单的作品，在色彩情感表达、欣赏名画作品方面，以减少作品内容带给幼儿对于色彩情感理解和表达上的干扰。

（活动点评：北京市西城区教育研修学院　白　戈）

案例三：面部彩绘（绘画活动）

◆ **活动来源**

近期，班里开展了"京剧小戏迷"的主题活动。幼儿通过观察、感受、体验，喜欢上了京剧艺术。他们知道京剧是中国的国粹，这让他们感到自豪。在了解脸谱的同时，幼儿对京剧演员绘画在脸部的花纹、颜色很感兴趣，他们大胆地在纸上尝试了绘画。一天，然然说："我们可以在脸上尝试绘画吗？"然然的突发奇想，得到了大家的赞同。由此，从幼儿的兴趣出发，我们开展了这次"面部彩绘"活动。活动中，使用的材料是炫彩棒，炫彩棒安全无毒，比颜料更加便于操作。

◆ **活动目标**

（1）能够观察、发现不同类型面部彩绘的特点，愿意大胆尝试镜面彩绘。

（2）乐于表达自己的想法，体验运用炫彩笔在面部彩绘的方法。

（3）对脸部彩绘和身体彩绘感兴趣。

◆ **活动重点**　能够观察、发现不同类型面部彩绘的特点，愿意大胆尝试镜面彩绘。

◆ **活动难点**　乐于表达自己的想法，体验运用炫彩笔在面部彩绘的方法。

◆ **活动准备**

1. 经验准备　幼儿通过杂志和图片对脸谱有基本的认识。

2. 物质准备　PPT 课件、镜子、彩色炫彩笔、婴儿脸部湿纸巾。

◆ **活动过程**

（一）开始部分：游戏引入，激发幼儿参与的兴趣

1. 导入环节：玩转"疯狂的小脸"

教师：咱们一起玩一个游戏——"疯狂的小脸"吧！小朋友们还记得怎么玩吗？

幼儿：我们听音乐，音乐停，我们就做一个表情。

教师：我来当摄影师，把小朋友们做的表情拍下来。

2. 初步了解面部彩绘

教师：你们的小脸真可爱，能做出各种各样的表情。老师要给你们看几张照片，看看这些人的脸上有什么特别的地方？

教师播放 PPT 课件，引导幼儿欣赏球迷们的面部彩绘图片。

教师：谁来说一说，你看到了什么？

幼儿1：我看到了球迷。

幼儿2：他们脸上有画。

教师：在脸上画画，就叫"面部彩绘"。他们为什么要在脸上画画呢？

幼儿：他们彩绘的是喜欢的球队标志。

教师：他们的脸上绘画了图案，图案很特别，色彩很鲜艳。这些图案有特殊的含义，代表了他们喜欢的国家和球队，这种把美丽的图案描绘在脸上的绘画形式叫"面部彩绘"。

（二）基本部分

1. 欣赏面部彩绘作品

（1）欣赏戏曲演员的面部彩绘。

教师：你看到了什么？

幼儿1：我看到了京剧演员。

幼儿2：京剧演员脸上也有彩绘。

教师：京剧演员的面部彩绘能让我们了解什么？

幼儿：让我们知道他们扮演的角色。

（2）欣赏时尚模特们的面部彩绘。

教师：你看到了什么？

幼儿1：我看到了模特，模特的面部彩绘非常漂亮。

幼儿2：他们彩绘的颜色很多。

幼儿3：在脸上各个地方都可以画。

（3）欣赏土著人的面部彩绘。

教师：看看这些土著人的面部彩绘，你能想到什么呢？

幼儿1：他们脸部的图案可以保护自己。

幼儿2：让人感觉到勇敢。

教师总结：我们看到的人物有球迷、京剧演员、时装模特、土著人。他们的面部彩绘有一个共同点，图案精致而特别，色彩鲜艳，可以描绘在脸部的各个地方，表达人们内心不一样的情感。

（4）重点观察幼儿面部彩绘。

教师：小朋友们也很喜欢面部彩绘，快来看一看，他们绘画的面部彩绘。（教师播放幼儿用炫彩笔在面部彩绘的照片）

教师：你最喜欢哪一张？为什么？

幼儿1：我喜欢小狗的面部彩绘，特别像真的，很可爱。

幼儿2：我喜欢蜘蛛侠的面部彩绘，造型很酷，蜘蛛侠可以打败坏人。

幼儿3：我喜欢小蝴蝶的面部彩绘，因为颜色特别鲜艳。

教师：这些小朋友的脸上有的画了漂亮的图案，有的颜色很鲜艳，有的造型简洁、特别……这种把美丽的图案描绘在脸上的方法叫作"面部彩绘"。

2. 幼儿尝试面部彩绘

教师鼓励幼儿大胆表达自己的想法，探索用炫彩笔在面部进行创意彩绘。

（1）交流各自的想法。

教师：小朋友们可以和同伴、老师一起分享你的想法，说说你想画什么？怎么画？

（2）了解使用工具的安全提示（注意不要画在眼睛上、嘴里）。

教师：小朋友们都想好图案了吗？老师为你们准备了一种新的美工用具——炫彩笔。如果画错了，需要改的话，怎么办？

幼儿：桌子上有湿纸巾，用湿纸巾擦掉。

教师：画的时候，要避开哪里？为什么？

幼儿1：眼睛和嘴巴不要画。

幼儿2：因为很危险，容易让眼睛受伤，容易吃进肚子里。

（3）幼儿自由创作，教师巡视指导。

教师：每张桌子上都有镜子，小朋友们可以选择座位，开始彩绘吧！

（三）结束部分：分享、展示面部彩绘

教师：小朋友们的彩绘都画好了吗？我们一起进行 T 台秀表演吧，也可以邀请客人一起参加哦！

◆ **活动延伸**

（1）活动区提供相关材料供幼儿表现，可以在脸上彩绘，也可以选择石膏脸谱进行彩绘。

（2）引导幼儿进一步了解京剧脸谱的相关知识，引发幼儿绘画表现喜欢的人物脸谱。

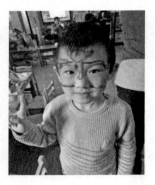

◆ **活动反思**

活动运用了幻灯片游戏、PPT 课件等信息技术手段，教师以假装拍照定格表情的"疯狂的小脸"游戏导入，将幼儿带入到球迷、京剧演员、时装模特、土著人的美丽世界，帮助幼儿在观察面部彩绘的过程中，感受面部彩绘的三要素，不仅激发了幼儿对面部彩绘的兴趣，为创作奠定了基础，而且丰富了幼儿的审美认知和体验，满足了幼儿的审美需求。幼儿脸部彩绘艺术走进了幼儿的生活。幼儿在欣赏、审美的同时，受到了美的熏陶，幼儿表现美、创造美的欲望被充分调动起来。

（执教教师：北京市西城区长椿街幼儿园　刘　鑫）

◆ **活动点评**

"面部彩绘"活动是一次幼儿从未尝试的美术活动。有趣的活动激发了大班幼儿参与活动的欲望，他们敢于大胆操作、表达和创作。此次活动较好地完成了活动目标。首先，新颖的、游戏性的导入活动，激发了幼儿参与活动的欲望。教师通过图片，利用启发式的提问，丰富了幼儿的原有认知和经验。其次，活动环节层层递进，教师充分支持幼儿自主发现、观察、感受、体验，幼儿能自由、自主地利用绘画表现美、展现美、分享美，表达自己内心的心情与感受。再次，教师在此过程中为幼儿提供宽松、民主的环境和氛围，尊重幼儿的探索与发现、感受与表达。幼儿在彩绘过程中遇到困难时，会积极动脑筋、想办法，经过不断尝试和努力，最终表现自信，获得成功。

需要注意的是，不同类型人脸彩绘的感知是本次活动的重点。活动中，对球迷、京剧演员、彩绘模特、土著人四种不同风格脸部彩绘进行观察、分析和比较，帮助幼儿更好地认识和理解不同风格的彩绘，观察的内容可以有重点地分层次进行。

（活动点评：北京市西城区教育研修学院 白 戈）

案例四：小人国和我的头发（绘画活动）

◆ **活动来源**

近期，班里开展了"小小漂亮剪"美发屋活动。幼儿对各种发型特别感兴趣，收集来了各种各样发型的图片，平时在活动区还经常给教师、幼儿设计不同的发型。针对幼儿的这一兴趣，教师设计了"小人国与我的头发"想象绘画的活动，引导幼儿想象小人国的小人们会把各种发型当成什么。

本次活动结合幼儿敢于大胆想象的特点，将发型特点放大化，并与小人国的小人相结合，幼儿大胆进行想象，运用绘画的方式表现小人国里的小人在不同发型里发生的故事。

◆ **活动目标**

（1）敢于大胆想象和创造不同的发型。

（2）打破常规，激发幼儿想象力。

◆ **活动重点** 打破对于发型及其作用的固定认知，敢于大胆想象、创作。

◆ **活动难点** 敢于用绘画的形式表达自己的想象。

◆ **活动准备**

1. **经验准备** 幼儿有绘画多种发型的经验。

2. **物质准备** 不同发型的图片、水彩笔、绘画纸。

◆ **活动过程**

（一）开始部分：故事导入，引发兴趣

1. 导入环节：通过小人国的故事，引发幼儿对活动的兴趣

（1）故事引入，激发幼儿创作的兴趣。

教师：小人国里出现了什么？他们在干什么？

幼儿1：出现了一个巨大的东西。

幼儿2：小矮人们都不知道是什么。

教师：他们把这个巨大的东西当成了什么？

幼儿1：当成了滑梯。

幼儿2：在玩滑梯呢！

2. 观察图片，引发联想

教师：我们一起看一看，原来是什么变成了滑梯？

幼儿：小朋友的小辫儿。

教师：哪里是滑梯的楼梯？哪里是滑的地方呢？

幼儿：一边的小辫当滑的地方了，一边当做爬上去的梯子。

教师：我们再一起看一看，还有哪些发型，能把它变成什么？

（二）基本部分：小人国里的发型创想

1．创想引导：出示不同的发型图片，幼儿根据小人国中发生的故事进行创想

教师：小人国里的小人们会把这样的发型当成什么？他们在干什么？

幼儿1：这个可以当成草坪，小矮人在上面踢足球。

幼儿2：这个可以当做拔河的绳子，小矮人就能拔河了。

幼儿3：这个特别像游乐园里的飞椅，小矮人们都坐在了上面。

幼儿4：这个可以变成秋千，拽着小辫，悠来悠去。

2．幼儿创作

教师：你的发型会在小人国里发生了什么有趣的事情？快想象一下，把它画下来吧！

（1）教师巡视，根据幼儿的需要给予引导。

（2）及时了解幼儿需要，有针对性地进行指导。

（3）根据幼儿的需要，教师可以为幼儿做出相应的动作，供幼儿观察，帮助幼儿进行表现。

（4）欣赏幼儿的创作，发现幼儿的点滴进步，给予肯定，使幼儿获得自信。

（三）结束部分：分享作品

（1）幼儿分享自己作品中的想法，教师引导其他幼儿发现幼儿作品中好的经验，进行分享。

（2）幼儿之间相互讲述自己的作品内容。

◆ 活动延伸

（1）可以引导幼儿将绘画的作品编成小故事，讲给同伴或家长听，发展幼儿的语言表达能力。

（2）可以根据幼儿的绘画作品，在活动区游戏时，为同伴设计不同的发型。

幼儿作品：

光秃秃的头发当成了溜冰场　　　头发当成了山洞　　　刮风了，头发变成了安全绳

小辫当成了旋转秋千，我的头一晃，小矮人就能玩了　　　头发成了小矮人捉迷藏的地方

小矮人用我的头发拔河

小矮人把我的头发当成扫帚

小矮人把我的头发当成了草坪，玩起了踢足球

小矮人把我的小辫当成了滑梯

小矮人用我的头发帘当被子

小矮人把我的小辫当滑梯

小矮人把我的发型当山洞

小矮人把我的发型当羊角球，我一跳，
他们就能高兴地玩起来

◆ 活动反思

幼儿喜欢用绘画的方式表达自己的所知、所见和所想。大班幼儿不但能用流畅的线条描绘表现对象的整体形象，还能通过绘画细节来表现事物的基本特征。这次绘画活动的内容非常有趣，借助小人国和发型的变化引导幼儿表现，幼儿兴趣极高，他们的想象力也非常丰富。有的幼儿把女孩子的小辫当成了扫帚；有的幼儿把男孩子的头发当成了草坪；还有的幼儿把光秃秃的发型比作了溜冰场，所有的幼儿都沉浸在了有趣的想象中。因为题材有利于幼儿表现，活动过程也为幼儿自主表现提供了很大的空间，所以很好地完成了活动目标。

（执教教师：北京市西城区三教寺幼儿园　刘　婷）

◆ 活动点评

绘画活动主题具有打破常规、富有想象的特点。幼儿期是培养幼儿想象力的最佳时期，而美术教育被认为是培养想象力最有成效的活动之一。教师能够抓住这点，从幼儿的兴趣、经验出发，有目的、有计划地创设这次幼儿喜欢的、想象空间较大的美术活动。

小人国的故事引入为创造和想象带来了现实和想象之间的良好平衡。一方面，小人国故事的引入为幼儿想象提供了一个很好的鹰架，幼儿可以借助小人想要做什么、喜欢做什么等进行想象和创造，避免了单纯的空想可能带来的不知道画什么的问题；另一方面，因为小人国的人小，所以在发型作用的不同变化之中显得非常合理，使得想象既可以打破常规，又合情合理，实现了在合理和不合理之间达到了一个很好的平衡。

活动的环节设计具有层次性，引导幼儿在惊奇中发现想象的奇特和有趣。"兴趣激发"——头发可以做滑梯。"打破常规、展开想象"——在分析和讨论中积累想象的经验，不同的发型可以设计出不同的作用。"扩展想象、丰富经验"——最后进行想象画，给小人国设计发型。"创作表现"，活动层层递进，幼儿不但能够在讨论中展开丰富的想象，同时能够将自己的想象通过绘画的方式表现出来，呈现出一幅幅童真、童趣的作品。

（活动点评：北京教育科学研究院早期教育研究所　张　霞）

主要参考文献

[1] 中华人民共和国教育部.3～6岁儿童学习与发展指南.2012.

[2] 李季湄，冯晓霞.《3～6岁儿童学习与发展指南》解读［M］.北京：人民教育出版社，2013.

[3] 中华人民共和国教育部.幼儿园工作规程.2016.

[4] 冯晓霞.幼儿园课程［M］.北京：高等教育出版社，2000.

[5] 中华人民共和国教育部.幼儿园教育指导纲要（试行）.2001.

[6] 黄人颂.学前教育学（第三版）［M］.北京：人民教育出版社，2015.

[7] 俞春晓.幼儿园集体教学活动设计方法与实例［M］.北京：中国轻工业出版社，2012.

[8] 叶平枝.幼儿园健康领域教育精要——关键经验与活动指导［M］.北京：教育科学出版社，2018.

[9] 张兴娇.新理念下幼儿体育活动的科学性与有效性［J］.黔西南日报，2019：3-19.

[10] 李玉平.简析大班幼儿户外体育游戏运动量的适宜性［J］.青少年体育，2013.

[11] （美）谢弗（David R. Shaffer）.发展心理学［M］.邹泓，译.北京：中国轻工业出版社.

[12] 张明红.学前儿童语言教育与活动指导［M］.上海：华东师范大学出版社，2014.

[13] 余珍有.幼儿园语言领域教育精要——关键经验与活动指导［M］.北京：教育科学出版社，2015.

[14] 刘晶波等著.幼儿园社会领域教育精要——关键经验与活动指导［M］.北京：教育科学出版社，2015.

[15] 刘占兰.《指南》中的幼儿科学探究——价值取向、目标与实施策略［J］.幼儿教育：教育教学，2013（6）：14-16.

[16] 张俊等.幼儿园科学领域教育精要——关键经验与活动指导［M］.北京：教育科学出版社，2015.

[17] 金浩.学前儿童数学教育概论［M］.上海：华东师范大学出版社，2000.

[18] 陈杰琦，黄瑾.i思考——数学经验核心经验［M］.南京：南京师范大学出版社，2000.

[19] 李晋瑗.幼儿音乐教育［M］.北京：北京师范大学出版社，2000.

[20] 张敏杰.幼儿音乐教育对幼儿发展的价值［J］.滁州学院教育科学院，安徽滁州 239000（2017）18-0077-01

[21] 车玲玉.学前幼儿音乐教育的价值和意义研究［J］.长江丛刊，2017（33）

[22] 刘焱.幼儿音乐教育的价值与策略——幼儿教师网儿童游戏通论［M］.北京：北京师范大学出版社，2004.

[23] 孔起英.皮亚杰儿童发展理论与学前儿童绘画的发展和教育［J］.学前教育研究，1996，04：18-21.

[24] 马菁汝.罗恩菲德和艾斯纳美术教育思想与当代中国美术教育［D］.北京：首都师范大学出版社，2004.

[25] 尹少淳.给理性抹上暖色——艾斯纳美术教育思想评析［J］.中国美术教育，1998，03：34-36.

[26] 张琳.鉴赏与表现相结合的幼儿美术教育研究［D］.华东师范大学，2012.

[27] 边霞.儿童的艺术与艺术教育［D］.南京师范大学博士学位论文，2000年版.

后　　记

　　这本书是在应广大一线教师需求的基础上，历经两年的策划、磨合、修改和不断完善，终于出版了，背后付出了很多艰辛的劳动。它不同于其他同类书的地方在于所有的案例都是真实的过程呈现，大到领域活动的价值、常见问题和指导要点，小到案例中的每一个提问细节都经过推敲和精雕细琢的过程，不仅是成功案例的复制，而且依据领域的核心价值和幼儿年龄特点呈现活动最佳的引导过程和精彩的活动点评，每个案例都是教师的实践智慧，正因为如此，增强了此书的实用性和指导性。

　　在这里，我要衷心地表示感谢：感谢梁雅珠、郎明琪两位师傅对我的厚爱和对书的指导建议；感谢北京教育科学研究院早期教育研究所领导和老师们对此项工作的大力支持；感谢参与编写的作者付出的智慧和辛勤劳动；感谢提供优秀活动案例的幼儿园和老师；感谢出版社张志社长和孙利平编辑为此书付出的辛劳和努力，再此一并感谢！

　　鸣谢：

　　北京市西城区教育研修学院学前教研室

　　北京教育学院丰台分院学前教研室

　　北京市朝阳区教研中心学前教研室

北京教育科学研究院早期教育研究所　何桂香

2020 年 7 月

图书在版编目（CIP）数据

教学有方：幼儿园教学活动设计与实施／何桂香
著. —北京：中国农业出版社，2020.11（2023.6 重印）
ISBN 978-7-109-27137-1

Ⅰ.①教… Ⅱ.①何… Ⅲ.①幼儿园－教学活动－教
学设计 Ⅳ.①G612

中国版本图书馆 CIP 数据核字（2020）第 139835 号

中国农业出版社出版

地址：北京市朝阳区麦子店街 18 号楼
邮编：100125
责任编辑：孙利平　张　志
版式设计：王　晨　　责任校对：吴丽婷
印刷：中农印务有限公司
版次：2020 年 11 月第 1 版
印次：2023 年 6 月北京第 2 次印刷
发行：新华书店北京发行所
开本：787mm×1092mm　1/16
印张：22
字数：620 千字
定价：68.00 元